HELLENISTIC GREEK TEXTS

HELLENISTIC GREEK TEXTS

ALLEN WIKGREN

with the collaboration of

ERNEST CADMAN COLWELL

RALPH MARCUS

THE UNIVERSITY OF CHICAGO PRESS

CHICAGO & LONDON

THE UNIVERSITY OF CHICAGO PRESS, CHICAGO 60637
The University of Chicago Press, Ltd., London

International Standard Book Number: 0-226-89688-9
Library of Congress Catalog Card Number: 47-4029

ACKNOWLEDGMENTS

The authors express their appreciation

to the following publishers for permission to reprint selections from the works listed:

Priviligierte Württembergische Bibelanstalt: Alfred Rahlfs, *Septuaginta;* D. Eberhard Nestle, novis curis elaboravit, D. Erwin Nestle, *Novum Testamentum Graece,* cum apparatu critico curavit, editio sexta decima;

Christophers: Campbell Bonner, *The Last Chapters of Enoch in Greek;*

Mendelssohn: R. A. Lipsius and M. Bonnet, *Acta Apostolorum Apocrypha;*

J. J. Augustin: Carl Schmidt and Wilhelm Schubart; *Acta Pauli;*

University of Chicago Press: E. J. Goodspeed and E. C. Colwell, *A Greek Papyrus Reader;*

Harvard University Press (Loeb Classical Library): H. St. J. Thackeray and Ralph Marcus, *Josephus;* K. Lake, *The Apostolic Fathers;* A. S. Hunt, *Select Papyri;* C. H. Oldfather, *Diodorus of Sicily;* H. L. Jones, *The Geography of Strabo;* W. A. Oldfather, *Epictetus;*

to William A. Beardslee and Erroll F. Rhodes, Fellows in the Divinity School, for able assistance in the making of the Vocabulary and the preparation of the typescript; to Claude D. Dicks, student in the Divinity School, for careful help in the typing of the Vocabulary.

Allen Wikgren
Ernest Cadman Colwell
Ralph Marcus

CONTENTS

BIBLIOGRAPHY

1. Hellenistic Culture and Religion

Angus, S. *The Religious Quests of the Graeco-Roman World.* New York: Scribner's, 1929. Semi-popular but solid and readable.

Cary, Max. *A History of the Greek World from 323 to 146 B.C.* New York: Macmillan, 1932. A brief survey written by a first-class ancient historian.

Cary, M., and Haarhoff, T. J. *Life and Thought in the Greek and Roman World.* New York: Crowell, 1942. Good though rapid survey of political, material and cultural aspects of the period.

Cumont, Franz. *Les religions orientales dans le paganisme romain.* 3d ed., Paris: Geuthner, 1929. Probably the best one-volume treatment of the subject.

Deissmann, Adolf. *Light from the Ancient East: The New Testament Illustrated by Recently Discovered Texts of the Graeco-Roman World.* (trans. from the 4th German ed. by L.R.M. Strachan) London: Hodder and Stoughton, 1927. A non-technical and dramatic exposition of the significant recent discoveries.

Dill, Samuel. *Roman Society from Nero to Marcus Aurelius.* (Reprint of 2d ed.) London: Macmillan, 1920. A fascinating sketch including valuable chapters on popular religion and oriental cults.

Greene, William C. *Moira: Fate, Good and Evil in Greek Thought.* Cambridge: Harvard University Press, 1944. A wonderfully compact and interestingly written account of the chief themes of Greek religious philosophy.

Hicks, R. D. *Stoic and Epicurean.* New York: Scribner's, 1910. Perhaps the best brief account of most important Hellenistic philosophies.

Jones, A.H.M. *The Cities of the Eastern Roman Provinces.* Oxford: Clarendon Press, 1937. Gives a wealth of material on political, social and cultural aspects of the Roman East.

Kaerst, Julius. *Geschichte des Hellenismus.* Vol. I, 3d ed., 1927, Vol. II, 2d ed., 1926. Leipzig: Teubner. An authoritative exposition of the leading cultural traits.

Kraeling, Carl H. *Anthropos and the Son of Man.* New York: Columbia University Press, 1927. A very suggestive and informative survey of the problems raised in Philonic, Pauline and Gnostic speculation about the primal man.

Legge, F. *Forerunners and Rivals of Christianity.. 330 B.C. to 330 A.D.* 2 vols. Cambridge University Press, 1915. The most ambitious work in English on Hellenistic cults.

Lovejoy, Arthur O., and Boas, George. *Primitivism and Related Ideas in Antiquity.* Baltimore: Johns Hopkins Press, 1935. A fascinating collection of sources with translation and notes on the theme of man's cultural progress and degeneration according to ancient thinkers.

McEwan, Calvin. *The Oriental Origin of Hellenistic Kingship.* Chicago: University of Chicago Press, 1934. A brief treatment of a subject that belongs to religious as well as to political thought in the Hellenistic period.

Nicholson, Dorothy (Lamb) Brooke. *Private Letters, Pagan and Christian.* London: E. Benn, 1929; New York: E. P. Dutton, 1930. An intelligently compiled anthology in translation, illustrating many aspects of Hellenistic life.

Nilsson, Martin P. *A History of Greek Religion.* (trans. from the Swedish by F.J. Fielden) Oxford: Clarendon Press, 1925. A broad non-technical survey by a great authority.

Nock, Arthur D. *Conversion. The Old and New in Religion from Alexander the Great to Augustine of Hippo.* Oxford: Clarendon Press, 1933. A lively and informative sketch by a leading scholar in the field of Hellenistic religion.

Reitzenstein, Richard. *Die hellenistischen Mysterienreligionen.* 3d ed., Leipzig: Teubner, 1927. A somewhat difficult but very suggestive and learned book by an outstanding authority.

Salmon, Edward T. *A History of the Roman World from 30 B.C. to A.D. 138.* New York: Macmillan, 1944. A companion volume to Cary's *History* mentioned above, serving the same purpose for the political background of the early Roman Empire.

Tarn, W.W. *Hellenistic Civilisation.* 2d ed., London: Arnold, 1930. A very readable and compressed treatment by a master of this field.

Wendland, Paul. *Die hellenistisch-römische Kultur in ihren Beziehungen zu Judentum und Christentum.* 3d ed., Tübingen: Mohr, 1912. Probably the best work on the subject.

Willoughby, Harold R. *Pagan Regeneration. A Study of Mystery Initiations in the Graeco-Roman World.* Chicago: University of Chicago Press, 1929. A judicious and interesting survey with useful bibliographies.

Winter, J.G. *Life and Letters in the Papyri.* Ann Arbor: University of Michigan Press, 1933. More inclusive than Deissmann, with but one chapter devoted to Christian papyri. Valuable bibliography in the footnotes.

Wright, F.A. *A History of Later Greek Literature from the Death of Alexander...to the Death of Justinian* etc. London: G. Routledge and Sons, 1932. A very concise but useful reference book.

2. The *Koine*

Abbott-Smith, G. *A Manual Greek Lexicon of the New Testament* 2d ed., New York: Macmillan, 1923. Makes some use of the results of the study of the *Koine*.

Abel, F.-M. *Grammaire du grec biblique.* Paris: J. Gabalda, 1927.

Bauer, Walter. *Griechisch-deutsches Wörterbuch zu den Schriften des Neuen Testaments und der übrigen urchristlichen Literatur.* 4th ed., Berlin: Töpelmann, 1952. The best lexicon in the field - for readers of German. Rich bibliographical data. The second edition gave a fine survey of the characteristics of the *Koine.*

Bihlmeyer, K. *Die apostolischen Väter, Neubearbeitung der Funk-schen Ausgabe.* Vol. I, Tübingen: Mohr, 1924. The best critical edition of the Apostolic Fathers.

Bultmann, R. K. *Der Stil der paulinischen Predigt und die kynisch-stoische Diatribe.* Göttingen: Vandenhoek & Ruprecht, 1910. A valuable contribution to the understanding of Paul's style.

Burton, E. D. *New Testament Moods and Tenses.* Chicago: University of Chicago Press, 1898. Thorough and stimulating, but pre-Deissmann in methods and materials.

Cadbury, H. J. *The Style and Literary Method of Luke.* (Harvard Theological Studies VI.) Cambridge: Harvard University Press, 1919, 1920. A distinguished linguistic study.

Colwell, E. C. *The Greek of the Fourth Gospel: A Study of its Aramaisms in the Light of Hellenistic Greek.* Chicago: University of Chicago Press, 1931. The Hellenistic parallels are drawn largely from the papyri and the *Discourses* of Epictetus.

Dana, H. E., and Mantey, J. R. *A Manual Grammar of the Greek New Testament.* New York: Macmillan, 1927. The most useful grammar in English at the intermediate level.

Debrunner, A. *Friedrich Blass' Grammatik des neutestamentlichen Griechisch.* 8th ed., Göttingen: Vandenhoek & Ruprecht, 1948. The best formal grammar of the Greek New Testament. Good bibliography.

Goodspeed, E. J. and Colwell, E. C. *A Greek Papyrus Reader.* (2d printing) Chicago: University of Chicago Press, 1936. Contains 82 texts with brief introductions and notes, and complete vocabulary.

Goodspeed, E. J. *Index Patristicus.* Leipzig: Hinrich's, 1907. An index-concordance of the Apostolic Fathers. *Index Apologeticus.* Leipzig: Hinrichs, 1912. Index-concordance of the early apologists.

Goodwin, W. W., and Gulick, C. B., *Greek Grammar.* New York: Ginn and Co., 1930. This revision of Goodwin by Gulick is a valuable classical Grammar at the intermediate level.

Hatch, E., and Redpath, H. A. *A Concordance to the Septuagint and the Other Greek Versions of the Old Testament Including the Apocryphal Books.* Oxford: Clarendon Press, 1897.

Helbing, R. *Grammatik der Septuaginta:* Vol. I *Laut- und Wortlehre* (1907), Vol. II. 1. *Die Kasussyntax der Verba bei den Septuaginta* (1928). Göttingen: Vandenhoek & Ruprecht. Both these volumes are but the preface to a grammar of the Septuagint. There is more general discussion of Septuagint grammar in Thackeray's work.

Hunt, A. S., and Edgar, C. C. *Selections from the Papyri.* 2 Vols. (Loeb Library) Cambridge: Harvard University Press. Texts with English translation on opposite page.

Kennedy, H. A. A. *Sources of New Testament Greek: or The Influence of the Septuagint on the Vocabulary of the New Testament.* Edinburgh: T. and T. Clark, 1895.

Kittel, R., ed. *Theologisches Wörterbuch zum Neuen Testaments.* Stuttgart: Kohlhammer, 1932—. Exhaustive word studies of the important terms in the New Testament. As there are many collaborators, the work is uneven in quality, but the average is high. The work has progressed (August, 1954) to Vol. VI, Part 1, περιστερά.

Liddell, H. G., and Scott, R., *A Greek-English Lexicon: New Edition, Revised and Augmented by H. S. Jones and R. McKenzie.* Oxford: Clarendon Press, 1925-1940. This (10th) edition is more valuable to the student of *Koine* Greek because of larger inclusion of non-literary sources.

Lietzmann, H. *Griechische Papyri.* (Kleine Texte für theologische Vorlesungen und Übungen, 14) Bonn: Marcus & Weber, 1905. (English edition, Cambridge, 1905). Contains 25 short papyri with some notes.

Lipsius, R. A., and Bonnet, M. *Acta Apostolorum Apocrypha.* Leipzig: Mendelssohn, 1891-1903.

Mayser, E. *Grammatik der griechischen Papyri aus der Ptolemäerzeit mit Einschluss der gleichzeitigen Ostraka und der in Ägypten verfassten Inschriften.* Berlin and Leipzig: de Gruyter, 1923-34. A valuable grammar of those Greek papyri written at the time the Septuagint translation of the Old Testament was being made.

Milligan, G. *Here and There Among the Papyri.* London: Hodder & Stoughton, 1922. A general discussion of the nature of papyrus study and its significance for the student of the Bible. The texts cited are given only in English translation. *Selections from the Greek Papyri.* Cambridge: University Press, 1927. Texts with English translation.

Mitteis, L., and Wilcken, U. *Grundzüge und Chrestomathie der Papyruskunde.* Leipzig and Berlin: Teubner, 1912. The classic introduction to the study of papyri.

Moulton, J. H. *A Grammar of New Testament Greek:* Vol. I *Prolegomena.* Edinburgh: T. & T. Clark, 1908. (Revised German edition, 1911). One of the most stimulating introductions to the modern study of New Testament Grammar. Vol. II. (1929), *Accidence and Word Formation,* with an appendix on Semitisms, has been edited after Moulton's death by W. F. Howard.

Moulton, J. H., and Milligan, G. *The Vocabulary of the Greek Testament Illustrated from the Papyri and other Non-literary Sources.* London: Hodder & Stoughton, 1914-29. Gives only those words on which the collaborators had found fresh information in the papyri or other non-literary sources.

Moulton, W. F., and Geden, A. S. *A Concordance of the Greek Testament according to the Texts of Westcott and Hort, Tischendorf, and the English Revisers.* New York: Scribner's, 1897. A concordance is as indispensable as grammar and lexicon.

Nestle, Eberhard. *Novum Testamentum Graece cum apparatu critico curavit.* (16th ed. by Erwin Nestle) Stuttgart: Priviligierte Württembergische Bibelanstalt, 1936. The best edition for classroom use. Less expensive than its rivals, equipped with more "helps," with an up-to-date critical apparatus. A 17th ed. appeared in 1941, but differs little from the 16th, and is not at present generally available.

Preisigke, F. *Wörterbuch der griechischen Papyrusurkunden.* Berlin: 1925-27. A Greek-German lexicon of the papyri.

Radermacher, L. *Neutestamentliche Grammatik: Das Griechisch des Neuen Testaments im Zusammenhang mit der Volkssprache.* 2d ed., Tübingen: Mohr, 1925. The best discussion of the relation of New Testament syntax to that of the non-literary *Koine.*

Rahlfs, A. *Septuaginta.* Stuttgart: Priviligierte Württembergische Bibelanstalt, 1935. This appears in two forms — a two volume student edition and a one volume de luxe edition. It is cheaper, more legible, and more up-to-date than Swete's edition. *Septuaginta.* Vol. I, *Genesis.* Stuttgart: Priviligierte Württembergische Bibelanstalt, 1926. Vol. X, *Psalmi cum odis,* and Vol. IX, 1, *Maccabaeorum liber I,* Göttingen: Vandenhoek & Ruprecht, 1931, 1936. W. Kappler edited I Maccabees. J. Ziegler has edited Vol. XIV, *Isaias,* 1939; Vol. XIII, *Duodecim Prophetae,* 1943; Vol. XVI,1, *Ezechiel,* 1952; Vol. XVI,2, *Daniel, Susanna, Bel et Draco,* 1954. This gives the best critical text and a fine apparatus criticus.

Robertson, A. T. *A Grammar of the Greek New Testament in the Light of Historical Research.* 4th ed., New York: Doran, 1923. Quotes extensively from most of the important works earlier than 1914.

Sharp, Douglas S. *Epictetus and the New Testament.* London: Charles H. Kelly, 1914. A comparison of various linguistic phenomena in Epictetus and the New Testament.

Smyth, H. W. *A Greek Grammar for Colleges.* New York: American Book Co., 1920. A useful systematic grammar.

Souter, A. *A Pocket Lexicon to the Greek New Testament.* Oxford: Clarendon Press, 1916. Fresh and vivid definitions. The faults are those of brevity and omission of helps for the novice.

Thackeray, H. St. John. *A Lexicon to Josephus.* Paris: Geuthner,

1930 —. This useful work is being completed by Ralph Marcus. *A Grammar of the Old Testament in Greek.* Vol. I Cambridge: University Press, 1909.

Thayer, J. H. *A Greek-English Lexicon of the New Testament, being Grimm's Wilke's Clavis Novi Testamenti.* 2d ed., New York: Harpers, 1894.

Thumb, A. *Die griechische Sprache im Zeitalter des Hellenismus.* Strassburg: Trübner, 1901.

Tischendorf, C. *Evangelia apocrypha adhibitis plurimis codicibus graecis et latinis maximam partem nunc primum consultis atque ineditorum copia insignibus.* 2d ed., Leipzig: Mendelssohn, 1876.

Westcott, B. F., and Hort, F. J. A. *The New Testament in the Original Greek* (without lexicon) New York: Macmillan, 1925. A good critical edition of the text, but without a critical apparatus.

ADDENDA

Grant, F. C. (ed.) *Hellenistic Religions. The Age of Syncretism. The Library of Religion.* Vol. II. New York: Liberal Arts Press, 1953. An excellent collection of readings in English.

The Cambridge Ancient History. Cambridge: University Press, 1923-39.

Rostovtzeff, M. *The Social and Economic History of the Hellenistic World.* 3 Vols. Oxford: Clarendon Press, 1941.

INTRODUCTION

This book is meant to be an introduction to the Greek liter-
ature of Judaism, Christianity and pagan religion of the period
between Alexander the Great and Constantine, that is, in the peri-
od called Hellenistic-Roman by most students of political history
but more simply Hellenistic by students of cultural history.   It
seems appropriate to prefix to the selected sources a brief char-
acterization of 1) Hellenistic Culture and Religious Syncretism;
and 2) the *Koine* or the common language of Greeks and Greek-speaking
Orientals in the period in question.

1. Hellenistic Culture and Religious Syncretism

The course of Western (that is, Near Eastern and European)
civilization has been an uninterrupted succession of cultural
stages from the fourth millenium B. C. to the present day. To one
who sees this whole development in world-perspective it may seem
meaningless to call one stage more significant than another. Sim-
ilarly to the people of any age its own time is of course the most
significant of all the periods it knows. However, the philosopher
of history finds it both convenient and theoretically justifiable
to break up this continual process of social and cultural evolu-
tion into separate periods and to try to describe the material and
spiritual pattern of each of them. He also finds it helpful to
characterize a particular period as "significant" not in respect
to the history of Western Civilization as a whole but in respect

to one or several of its aspects, such as religion or art or science and so on.

In respect to religion, at least, it is clear that the Hellenistic age is very "significant" because it was in this period that both Christianity and Talmudic Judaism originated (which, in turn, were the chief sources of Islam), as did certain philosophical and theosophical movements, such as Neo-Platonism and Gnosticism, which continued to be important elements of medieval and Renaissance culture. Though we are not here concerned with the natural sciences, we may point out in passing that in several of these fields the thinkers of the Hellenistic age reached a stage that was not surpassed by European scientists until the sixteenth century.

The world-empire created by Alexander the Great, and extending from Greece to India, was politically subdivided after his death but it continued to be a social and cultural unity for several centuries, first under his Macedonian successors, and then under the Romans. Alexander himself was not only ambitious for military glory but was also concerned to bring about at least a partial fusion of Greek and Oriental cultures. This was the first step in the preparation of the ancient world for the reception of Christianity. The next step was the fusion of certain elements of Greek -Oriental and Jewish religion.

But we should not imagine that this process of fusion or syncretism was the meeting of two originally quite distinct cultures. From the Bronze Age to the time of Alexander there had been alternating currents of cultural interaction between the Minoans, Myceneans and Greeks on the one hand, and the Oriental peoples on the other. Moreover, in the period between Alexander and the rise of Christianity there had been a partial fusion of Judaism, chiefly

in the Diaspora, to a less extent in Palestine, with the cultures
of Greece, Babylonia and Persia. Thus we find early Christianity
to be not merely a double braid made up of Greek and Jewish threads,
but a bundle of fibers, each of which is itself a double or triple
thread.

The salient features of Hellenistic pagan culture have been
well formulated by a number of recent scholars, such as Tarn, Wend-
land and Kaerst. For our purposes it will suffice to enumerate a
few which may be of interest to the readers of this book.

A Greek *polis* or city-state, such as Athens, Sparta or Thebes
on the Greek mainland or Ephesus in Asia Minor, had been, in the
period before Alexander, a self-contained political, social and
cultural community. Folk-ways, religious belief and practice, art
and literature were regarded by the citizens of the *polis* as a leg-
acy handed down by their ancestors, setting them apart from the
rest of the world. With the establishment of Alexander's Greek-
Oriental empire, its break-up into Greek and Greek-Oriental king-
doms and the ensuing expansion of the Roman empire there occurred
far-reaching changes in the whole cultural life of the Greeks, and
to a lesser extent in that of the Hellenized Orientals and Romans.

These changes resulted in the spread of the idea of a world-
community or *oikoumenē*. The sharp contrast between Greek and bar-
barian became considerably less well defined. There was a corres-
ponding growth of humanitarianism and awareness of the human needs
of submerged classes. The old loyalties to civic myths and cults,
which had already been weakened by the critical relativism of the
fifth-century Sophists and the philosophers whom they influenced,
were no longer strong enough to make the Greeks feel at home in
the world of Homeric gods. Their religious needs caused the edu-
cated classes to look for reassurance either to rationalism and

religious philosophy or to a religion founded on the science of
their day. The transition from Homeric religion to religious philo-
sophy was effected by allegory, and the Olympic gods were now ex-
plained as physical or ethical abstractions. Some of the educated
Greeks, like many of the ignorant urban class, turned to astrolo-
gy or magic or the various Greek-Oriental mystery-cults, such as
those of Dionysos, Isis, Cybele, Mithra and other gods. Some found
consolation in asceticism or in mysticism or in both, and became
followers of the Pythagorean and Orphic movements. Street corner
preachers harangued their audiences on the subject of the simple
life and the evils of civilization. Such Stoic-Cynic discourses
or Diatribes were the models of later Christian sermons and tracts.
Charlatans who professed to work miracles, and by the use of in-
genious mechanisms seemed to do so, made a living by traveling
from city to city in the fashion of the medicine-men who flourished
in rural American communities until recently.

Almost all these religious and superstitious tendencies are
illustrated, however inadequately, by the selections from pagan
literature given in this Reader. As for the nature and contents of
the selections from early Christian literature, the editors have
assumed that they are too well known to need comment here. Let us
therefore turn to the specimens of Hellenistic Jewish writings,
most of which are taken from the Greek Old Testament or Septuagint.

This Greek version of the Hebrew Scriptures is obviously of
the utmost historical importance because its existence made possi-
ble the more rapid spread of nascent Christianity among the Greek-
speaking Jews and especially the Judaizing pagans of the Diaspora,
and also because it was the *Vorlage* or source of all the ancient
translations of the Old Testament, the Latin, Syriac, Coptic, Ar-
menian, Gothic and Slavonic versions.

But here we are interested in another aspect of the Septuagint, namely, as a document of cultural assimilation, illustrating how Palestinian Judaism was subtly but on the whole not radically transformed among Hellenistic Jews. The Greek elements of the Septuagint are mostly decorative and external; the central, dominant and innermost traits of the Septuagint are Jewish. We know that the strange Semitic coloring of the Greek Old Testament is due not to the fact that Egyptian Jews spoke a different kind of Greek from that spoken by Gentiles but to the desire of translators to preserve the distinctive character of their sacred books. At the same time they tried to naturalize the Hebrew Scriptures by adopting a number of surface Hellenizations, such as Greek case-endings for Hebrew names, the substitution of Greek technical names for Hebrew terms, e.g., "didrachmon" for "shekel," occasional references to Greek rather than Semitic mythological beings (e.g. "Titans"), or even Greek metrical forms, as in parts of the Book of Proverbs.

Opposed to these and similar forms of external Hellenization in the Septuagint are not only the external forms of Semitic influence, such as survivals of Hebrew syntax and rhetoric, but also the evidences of an inner Jewish motivation. Among the latter are special renderings for Jewish religious terms and the preservation in Greek of distinctions between different shades of meaning in the same Hebrew word (e.g. *thysiasterion* for *mizbeah* = Israelite altar, *bomos* for *mizbeah* = pagan altar). Such distinctions, incidentally, are also found in the Targum. Moreover, there is a considerable amount of unobtrusive exegesis in both legal and narrative passages in the Greek Old Testament, which is undoubtedly due to the influence of Palestinian interpretation. Furthermore, there are traces of liturgical elements in the Greek version of the Psalms and Prophets. Thus we may say that, while the Septuagint represents a

Hellenized form of Palestinian Judaism, it is important to remember that it was a Hellenistic Jewish, not a Hellenistic pagan, document.

2. The Koine

The one technical term most commonly used as a label for the Greek of the Hellenistic period is the word *Koine*. In itself it is simply a Greek word meaning "common"; the extent of the language so labelled demands that this definition be supplemented. *Koine* Greek has three distinctive qualities: (1) the temporal quality of being post-classical; (2) the "common" quality of being non-dialectical but a wide-spread common language; (3) the quality of being "common" in a cultural sense, of being "vulgar," though here a further distinction might well be made between semi-literary *Koine,* which approximated classical style, and non-literary *Koine* used by people of little education.

The temporal definition of the *Koine* as Greek spoken and written after the golden age had passed away finds its significance in the fact that languages change, even though we are not all aware of such changes in our own tongue. Social change and the infinite variety of human thought make their own rich contribution to the growth and differentiation of both spoken and written language.

These noticeable changes in pronunciation and vocabulary are accompanied by a slow but significant change in forms. Classical Greek was more synthetic than modern English. When a speaker of modern English says, "I have loosed," he is using analytic language. When an ancient Greek expressed the same idea by saying λέλυκα, he was using synthetic language, for the word was built up by the addition of prefix and suffix to a verbal base. These additions are called "inflection." In the course of time classical Greek became less synthetic or inflected and more analytic. Progress in this direction was comparatively rapid in the three centuries after Alexander the Great, and has gone on continuously to the present day, so that in modern Greek there is no infinitive, the participle has only one form, most speakers use only two case-forms, etc.

But this does not mean that there was no standard after Alexander. The usage of Attic prose in the Golden Age became the pattern of linguistic excellence. This gave rise to a definite movement in the first century B. C. - Atticism, the imitation of Attic usage. But the number of people speaking the Greek language was increasing rapidly in each generation; a simple and common language was needed for both army and empire, extending over Greece, Syria, Asia Minor, Egypt and the islands of the sea. Resulting developments make it linguistically significant to define Hellenistic Greek as post-classical Greek.

We have said above that the *Koine* was "common" also in the sense that it was not divided into dialects, but was rather the common possession of all who spoke Greek in the post-classical period. Various attempts have been made to identify provincial or local elements within the *Koine*, but as yet none of these has won the general assent of scholars. Certain words, however, or certain meanings have been identified as peculiar to Egypt or Syria and Asia Minor, but there is no such clear distinction between Egyptian *Koine* and Syrian *Koine* as between earlier dialects, for example, Attic and Doric. The dominant source of the *Koine* was Attic, but some elements were drawn from other dialects, notably the Ionic.

In the second sense the *Koine* was common in that it was the language of the common people. Literary Greek of the period was mimetic. In general it may be said that the more cultured an author was, the more Atticistic was his work. If the writer were one of the common people, say the writer of a tax receipt in Egypt, he never felt the touch of Attic style. But if he were one of the intellectuals, as Lucian was, he let his Attic models influence almost every line he wrote. Between these two extremes there yawns no empty gulf. On the contrary, every possible degree of Atticism can be illustrated from the writers of this period. Nor were all writers equally good Atticists in every detail. The historian Diodorus, a *Koine* writer, interchanges εἰς and ἐν, yet comes closer to Attic usage in his employment of πρίν than does the contemporary Atticist, Dionysius of Halicarnassus. The most common Greek in the New Testament is that of the Apocalypse; yet its author clearly distinguishes the function of εἰς and ἐν. Luke is one of the most cultured authors of the New Testament, but he confuses the two.

Where such variation exists, a clear division between literary and non-literary Greek is an impossibility, but it is possible to start with the language of the masses as it is preserved in the papyri, to go on to authors who best reflect the vernacular like those of the Greek Bible, Epictetus, Strabo and Diodorus, and to banish from the non-literary group all the avowed Atticists.

This non-literary Greek was vigorous, alive and fresh with the tang of everyday living. Radermacher has a great phrase (page 152), "The Hellenistic period loved the living expressions." This is the common element of all vernaculars. In the *Koine* it meant the use of the historical present in narration, the use of the vivid present tense for the future, the use of the perfect in a present sense, a preference for superlatives over comparatives and for direct rather than indirect discourse. There is a constant overstriving for emphasis characteristic of any naive, unschooled author. False emphases like "the very same," "each and every," "very unique" garnish his compositions; and they had their counterparts in the non-literary *Koine* of the New Testament period.

The vernacular strives as hard for clarity as it does for emphasis. This leads to that over-fulness of expression characteristic of the modern newspaper as of the Greek *Koine*. Pronouns are used as subjects for verbs that do not need them; they are sprinkled lavishly through every clause. Parenthetical glosses distend the body of innumerable sentences. Prepositions and adverbs pile up before and after verbs; compound verbs are preferred to the simple forms; prepositional phrases replace the simple case, etc.

The heavy emphasis and redundancy of the *Koine* is offset by its simplicity. In so far as it is a language of the people, it lacks or ignores those subtleties of expression which delighted the great minds of the golden age of Greek literature. The loss of the dual and the optative is due not only to the general "tendency" of the Greek language to abandon inflection but also to the limitations of low-brow thinking. The simplicity of much of the *Koine* is due to the lack of subtlety and sophistication in its authors. That glory of Attic prose, a wealth of connectives adequate to express the most minute differences in the relationship of clauses, is one of the last elements of the language to be mastered by the modern schoolboy. In the ancient world the use of all these conjunctions was beyond the powers of the Egyptian merchant and the Roman soldier — not only beyond his ability but also outside his needs. Therefore the *Koine* knows few conjunctions. Its favorite is "and," and the paratactic style of the six-year old describing a visit to the zoo frequently occurs. Coordinate clauses far outnumber subordinate in this as in many other vernaculars. If the *Koine* resembles Hebrew in this area, it does it for the same reason that it resembles Anglo-Saxon.

But the language of the people is not all simple and bare. Where a more sophisticated writer (at least in the golden age) would avoid the poetic and learned word in writing simple prose, the *Koine* author often belongs to a class that welcomes the most garish style with the reverent sigh, "He talks just like a book!" There is often a bookish flavor in the *Koine;* poetic phrases, archaic words, learned tags are used to give it color.

This ancient Greek vernacular is beyond description except in paradox. Its language was robust but limited, vulgar but exalted by simplicity, bare but colorful, and so varied as to make all generalities inaccurate when applied to it.

THE GREEK OLD TESTAMENT

The Greek Bible is today the most important book written in the *Koine*. Within that linguistic mélange, it is hard to locate it accurately. It is less common (in the vulgar sense) than the papyri; it is less literary than the writings of the Atticists. Generally speaking, Atticism has touched it but little, yet it has an Atticism of its own. Most of the Old Testament is translation Greek, and for much of it the Semitic original was a sacred language to be changed as little as possible in translation. For the New Testament writers the Greek Old Testament itself had a position of prestige analagous to that held by Attic in the esteem of cultured Greeks. Semitic elements entered through this detour, as well as through the primitive Aramaic elements in the authentic tradition of Jesus' teaching. Linguistically this volume, The Greek Bible, is a worthy representative of the variety of the *Koine*. Its individual books run the gamut from slavish translation to free composition, from the "vulgar" Greek of the *Apocalypse* to the cultured Greek of *Wisdom*. In this as in many other aspects it gives a reliable picture of the contemporary *Koine*.

To present the student with an objective and expert judgment of this diversity in style and idiom as found in the Greek Old Testament or Septuagint (so-called from the tradition of seventy or seventy-two translators), we summarize the linguistic classification of H. St. John Thackeray in his *Grammar of the Old Testament in Greek,* p. 13f.

1

A. Translations.

    1. Good *Koine* Greek: Pentateuch, Joshua (part), Isaiah, I Maccabees.

    2. Indifferent Greek: Jeremiah 1-28, Ezekiel except 36:24-38, Minor Prophets, I and II Chronicles, I Kingdoms, II Kingdoms 1:1-11:1, III Kingdoms 2:1-21:43, Psalms, Sirach, Judith.

    3. Literal Translations: Jeremiah 29-41, Baruch 1:1-3:8, Judges (in the text of Codex Vaticanus), Ruth, II Kingdoms 11:2-III Kingdoms 2:11, III Kingdoms 22, IV Kingdoms, Song of Solomon, Lamentations, Daniel in the version of Theodotion, II Esdras, Ecclesiastes.

B. Paraphrases and Free Renderings.

    4. Literary Greek: I Esdras, Daniel in the Greek Old Testament version, Esther, Job, Proverbs.

C. Free Greek, i.e., works composed in Greek.

    5. Literary and Atticistic: Wisdom, Epistle of Jeremiah, Baruch 3:9ff, II, III, IV Maccabees.

    6. Vernacular: Tobit (in both forms of the text). Thackeray leaves open the question of whether or not Tobit is a paraphrase of a Hebrew original.

The examples of Septuagint text given in this volume have been selected in order to illustrate each of these types of Greek and to exemplify various important aspects of Hebrew and Jewish religious faith and practice. The additional factor of special Christian usage of certain portions of the Old Testament has also operated in the choice of several of the passages.

Classification of the selections according to Thackeray's linguistic categories is as follows:

1. Good *Koine* Greek: Exodus, Isaiah, I Maccabees.

2. Indifferent Greek: Amos, Zechariah, I and II Kingdoms, Psalms, Sirach 44.

3. Literal Translation Greek: Judges, Jeremiah, Ecclesiastes.

4. Literary Translation Greek: Job, Proverbs, Daniel (LXX).

5. Literary and Atticistic Composition Greek: II and IV Maccabees, Wisdom of Solomon, Sirach (Preface).

6. Vernacular: Tobit.

The Old Testament Apocrypha included in this description, which were part of the Greek Bible as used by the early Christians, are grouped for representation with the so-called "Pseudepigrapha" (see pp. 28ff.), documents also illustrative of the above categories.

The first part of the Old Testament to be translated into Greek was the Pentateuch, the translation of which was begun about the middle of the third century B.C. The rest of the books of the Hebrew canon were translated from time to time, and it is probable that most if not all of them existed in Greek by the beginning of the Christian era. We reproduce the text edited by Rahlfs; see the bibliography.

EXODUS 14:1-31

¹Καὶ ἐλάλησεν κύριος πρὸς Μωυσῆν λέγων ²Λάλησον τοῖς υἱοῖς Ἰσραήλ, καὶ ἀποστρέψαντες στρατοπεδευσάτωσαν ἀπέναντι τῆς ἐπαύλεως ἀνὰ μέσον Μαγδώλου καὶ ἀνὰ μέσον τῆς θαλάσσης ἐξ ἐναντίας Βεελσεπφών, ἐνώπιον αὐτῶν στρατοπεδεύσεις ἐπὶ τῆς θαλάσσης. ³καὶ ἐρεῖ Φαραὼ τῷ λαῷ αὐτοῦ Οἱ υἱοὶ Ἰσραὴλ πλανῶνται οὗτοι ἐν τῇ γῇ· συγκέκλεικεν γὰρ αὐτοὺς ἡ ἔρημος. ⁴ἐγὼ δὲ σκληρυνῶ τὴν καρδίαν Φαραω, καὶ καταδιώξεται ὀπίσω αὐτῶν· καὶ ἐνδοξασθήσομαι ἐν Φαραὼ καὶ ἐν πάσῃ τῇ στρατιᾷ αὐτοῦ, καὶ γνώσονται πάντες οἱ Αἰγύπτιοι ὅτι ἐγώ εἰμι κύριος. καὶ ἐποίησαν οὕτως. ⁵καὶ ἀνηγγέλη τῷ βασιλεῖ τῶν Αἰγυπτίων ὅτι πέφευγεν ὁ λαός· καὶ μετεστράφη ἡ καρδία Φαραὼ καὶ

τῶν θεραπόντων αὐτοῦ ἐπὶ τὸν λαόν, καὶ εἶπαν Τί τοῦτο ἐποιήσαμεν
τοῦ ἐξαποστεῖλαι τοὺς υἱοὺς Ἰσραὴλ τοῦ μὴ δουλεύειν ἡμῖν; ⁶ἔξευ-
ξεν οὖν Φαραὼ τὰ ἅρματα αὐτοῦ καὶ πάντα τὸν λαὸν αὐτοῦ συναπήγαγεν
μεθ' ἑαυτοῦ ⁷καὶ λαβὼν ἑξακόσια ἅρματα ἐκλεκτὰ καὶ πᾶσαν τὴν ἵπ-
πον τῶν Αἰγυπτίων καὶ τριστάτας ἐπὶ πάντων. ⁸καὶ ἐσκλήρυνεν κύριος
τὴν καρδίαν Φαραὼ βασιλέως Αἰγύπτου καὶ τῶν θεραπόντων αὐτοῦ, καὶ
κατεδίωξεν ὀπίσω τῶν υἱῶν Ἰσραήλ· οἱ δὲ υἱοὶ Ἰσραὴλ ἐξεπορεύοντο
ἐν χειρὶ ὑψηλῇ. ⁹καὶ κατεδίωξαν οἱ Αἰγύπτιοι ὀπίσω αὐτῶν καὶ εὕ-
ροσαν αὐτοὺς παρεμβεβληκότας παρὰ τὴν θάλασσαν, καὶ πᾶσα ἡ ἵππος
καὶ τὰ ἅρματα Φαραὼ καὶ οἱ ἱππεῖς καὶ ἡ στρατιὰ αὐτοῦ ἀπέναντι τῆς
ἐπαύλεως ἐξ ἐναντίας Βεελσεπφών. ¹⁰καὶ Φαραὼ προσῆγεν· καὶ ἀναβλέ-
ψαντες οἱ υἱοὶ Ἰσραὴλ τοῖς ὀφθαλμοῖς ὁρῶσιν, καὶ οἱ Αἰγύπτιοι ἐσ-
τρατοπέδευσαν ὀπίσω αὐτῶν, καὶ ἐφοβήθησαν σφόδρα· ἀνεβόησαν δὲ οἱ
υἱοὶ Ἰσραὴλ πρὸς κύριον. ¹¹καὶ εἶπαν πρὸς Μωυσῆν Παρὰ τὸ μὴ ὑπάρ-
χειν μνήματα ἐν γῇ Αἰγύπτῳ ἐξήγαγες ἡμᾶς θανατῶσαι ἐν τῇ ἐρήμῳ; τί
τοῦτο ἐποίησας ἡμῖν ἐξαγαγὼν ἐξ Αἰγύπτου; ¹²οὐ τοῦτο ἦν τὸ ῥῆμα,
ὃ ἐλαλήσαμεν πρὸς σὲ ἐν Αἰγύπτῳ λέγοντες Πάρες ἡμᾶς, ὅπως δουλεύ-
σωμεν τοῖς Αἰγυπτίοις; κρεῖσσον γὰρ ἡμᾶς δουλεύειν τοῖς Αἰγυπτίοις
ἢ ἀποθανεῖν ἐν τῇ ἐρήμῳ ταύτῃ. ¹³εἶπεν δὲ Μωυσῆς πρὸς τὸν λαὸν
Θαρσεῖτε· στῆτε καὶ ὁρᾶτε τὴν σωτηρίαν τὴν παρὰ τοῦ θεοῦ, ἣν ποι-
ήσει ἡμῖν σήμερον· ὃν τρόπον γὰρ ἑωράκατε τοὺς Αἰγυπτίους σήμερον,
οὐ προσθήσεσθε ἔτι ἰδεῖν αὐτοὺς εἰς τὸν αἰῶνα χρόνον· ¹⁴κύριος
πολεμήσει περὶ ὑμῶν, καὶ ὑμεῖς σιγήσετε.

¹⁵Εἶπεν δὲ κύριος πρὸς Μωυσῆν Τί βοᾷς πρός με; λάλησον τοῖς
υἱοῖς Ἰσραήλ, καὶ ἀναζευξάτωσαν· ¹⁶καὶ σὺ ἔπαρον τῇ ῥάβδῳ σου καὶ
ἔκτεινον τὴν χεῖρά σου ἐπὶ τὴν θάλασσαν καὶ ῥῆξον αὐτήν, καὶ εἰσ-
ελθάτωσαν οἱ υἱοὶ Ἰσραὴλ εἰς μέσον τῆς θαλάσσης κατὰ τὸ ξηρόν.
¹⁷καὶ ἰδοὺ ἐγὼ σκληρυνῶ τὴν καρδίαν Φαραὼ καὶ τῶν Αἰγυπτίων πάν-
των, καὶ εἰσελεύσονται ὀπίσω αὐτῶν· καὶ ἐνδοξασθήσομαι ἐν Φαραὼ
καὶ ἐν πάσῃ τῇ στρατιᾷ αὐτοῦ καὶ ἐν τοῖς ἅρμασιν καὶ ἐν τοῖς ἵπποις

αύτοῦ. ¹⁸καὶ γνώσονται πάντες οἱ Αἰγύπτιοι ὅτι ἐγώ εἰμι κύριος

ἐνδοξαζομένου μου ἐν Φαραὼ καὶ ἐν τοῖς ἄρμασιν καὶ ἵπποις αὐτοῦ.

¹⁹ἐξῆρεν δὲ ὁ ἄγγελος τοῦ θεοῦ ὁ προπορευόμενος τῆς παρεμβολῆς τῶν

υἱῶν Ἰσραὴλ καὶ ἐπορεύθη ἐκ τῶν ὄπισθεν· ἐξῆρεν δὲ καὶ ὁ στῦλος

τῆς νεφέλης ἀπὸ προσώπου αὐτῶν καὶ ἔστη ἐκ τῶν ὀπίσω αὐτῶν. ²⁰καὶ

εἰσῆλθεν ἀνὰ μέσον τῆς παρεμβολῆς τῶν Αἰγυπτίων καὶ ἀνὰ μέσον τῆς

παρεμβολῆς Ἰσραὴλ καὶ ἔστη· καὶ ἐγένετο σκότος καὶ γνόφος, καὶ δι-

ῆλθεν ἡ νύξ, καὶ οὐ συνέμιξαν ἀλλήλοις ὅλην τὴν νύκτα· ²¹ἐξέτεινεν

δὲ Μωυσῆς τὴν χεῖρα ἐπὶ τὴν θάλασσαν, καὶ ὑπήγαγεν κύριος τὴν θά-

λασσαν ἐν ἀνέμῳ νότῳ βιαίῳ ὅλην τὴν νύκτα καὶ ἐποίησεν τὴν θάλασ-

σαν ξηράν, καὶ ἐσχίσθη τὸ ὕδωρ. ²²καὶ εἰσῆλθον οἱ υἱοὶ Ἰσραὴλ εἰς

μέσον τῆς θαλάσσης κατὰ τὸ ξηρόν, καὶ τὸ ὕδωρ αὐτοῖς τεῖχος ἐκ

δεξιῶν καὶ τεῖχος ἐξ εὐωνύμων· ²³κατεδίωξαν δὲ οἱ Αἰγύπτιοι καὶ

εἰσῆλθον ὀπίσω αὐτῶν, πᾶσα ἡ ἵππος Φαραὼ καὶ τὰ ἄρματα καὶ οἱ ἀνα-

βάται, εἰς μέσον τῆς θαλάσσης. ²⁴ἐγενήθη δὲ ἐν τῇ φυλακῇ τῇ ἑωθινῇ

καὶ ἐπέβλεψεν κύριος ἐπὶ τὴν παρεμβολὴν τῶν Αἰγυπτίων ἐν στύλῳ πυ-

ρὸς καὶ νεφέλης καὶ συνετάραξεν τὴν παρεμβολὴν τῶν Αἰγυπτίων ²⁵καὶ

συνέδησεν τοὺς ἄξονας τῶν ἁρμάτων αὐτῶν καὶ ἤγαγεν αὐτοὺς μετὰ

βίας. καὶ εἶπαν οἱ Αἰγύπτιοι Φύγωμεν ἀπὸ προσώπου Ἰσραήλ· ὁ γὰρ

κύριος πολεμεῖ περὶ αὐτῶν τοὺς Αἰγυπτίους. ²⁶εἶπεν δὲ κύριος πρὸς

Μωυσῆν ῎Εκτεινον τὴν χεῖρά σου ἐπὶ τὴν θάλασσαν, καὶ ἀποκαταστήτω

τὸ ὕδωρ καὶ ἐπικαλυψάτω τοὺς Αἰγυπτίους, ἐπί τε τὰ ἄρματα καὶ τοὺς

ἀναβάτας. ²⁷ἐξέτεινεν δὲ Μωυσῆς τὴν χεῖρα ἐπὶ τὴν θάλασσαν, καὶ

ἀπεκατέστη τὸ ὕδωρ πρὸς ἡμέραν ἐπὶ χώρας· οἱ δὲ Αἰγύπτιοι ἔφυγον

ὑπὸ τὸ ὕδωρ, καὶ ἐξετίναξεν κύριος τοὺς Αἰγυπτίους μέσον τῆς θα-

λάσσης. ²⁸καὶ ἐπαναστραφὲν τὸ ὕδωρ ἐκάλυψεν τὰ ἄρματα καὶ τοὺς

ἀναβάτας καὶ πᾶσαν τὴν δύναμιν Φαραὼ τοὺς εἰσπεπορευμένους ὀπίσω

αὐτῶν εἰς τὴν θάλασσαν, καὶ οὐ κατελείφθη ἐξ αὐτῶν οὐδὲ εἷς. ²⁹οἱ

δὲ υἱοὶ Ἰσραὴλ ἐπορεύθησαν διὰ ξηρᾶς ἐν μέσῳ τῆς θαλάσσης, τὸ δὲ

ὕδωρ αὐτοῖς τεῖχος ἐκ δεξιῶν καὶ τεῖχος ἐξ εὐωνύμων. ³⁰καὶ ἐρρύσατο κύριος τὸν Ἰσραὴλ ἐν τῇ ἡμέρᾳ ἐκείνῃ ἐκ χειρὸς τῶν Αἰγυπτίων· καὶ

εἶδεν Ἰσραὴλ τοὺς Αἰγυπτίους τεθνηκότας παρὰ τὸ χεῖλος τῆς θαλάσ-

σης. ³¹εἶδεν δὲ Ἰσραὴλ τὴν χεῖρα τὴν μεγάλην, ἃ ἐποίησεν κύριος

τοῖς Αἰγυπτίοις· ἐφοβήθη δὲ ὁ λαὸς τὸν κύριον καὶ ἐπίστευσαν τῷ

θεῷ καὶ Μωυσῇ τῷ θεράποντι αὐτοῦ.

JUDGES 5:1-7, 12-31

5:¹Καὶ ᾖσεν Δεββωρὰ καὶ Βαρὰκ υἱὸς Ἀβινεὲμ ἐν τῇ ἡμέρᾳ ἐκείνῃ

καὶ εἶπεν

²Ἐν τῷ ἄρξασθαι ἀρχηγοὺς ἐν Ἰσραήλ,

ἐν προαιρέσει λαοῦ εὐλογεῖτε τὸν κύριον.

³ἀκούσατε, βασιλεῖς, ἐνωτίζεσθε, σατράπαι δυνατοί·

ἐγὼ τῷ κυρίῳ ᾄσομαι,

ψαλῶ τῷ θεῷ Ἰσραήλ.

⁴κύριε, ἐν τῇ ἐξόδῳ σου ἐκ Σηίρ,

ἐν τῷ ἀπαίρειν σε ἐξ ἀγροῦ Ἐδὼμ

γῆ ἐσείσθη, καὶ ὁ οὐρανὸς ἐξεστάθη,

καὶ αἱ νεφέλαι ἔσταξαν ὕδωρ·

⁵ὄρη ἐσαλεύθησαν ἀπὸ προσώπου κυρίου,

τοῦτο Σινᾶ ἀπὸ προσώπου κυρίου θεοῦ Ἰσραήλ.

⁶ἐν ἡμέραις Σαμεγὰρ υἱοῦ Ανάθ, ἐν ἡμέραις Ἰαὴλ

ἐξέλιπον βασιλεῖς καὶ ἐπορεύθησαν τρίβους,

ἐπορεύθησαν ὁδοὺς διεστραμμένας.

⁷ἐξέλιπεν φραζων ἐν τῷ Ἰσραήλ, ἐξέλιπεν,

ἕως οὗ ἐξανέστη Δεββωρά,

ὅτι ἀνέστη μήτηρ ἐν τῷ Ἰσραήλ.

¹²ἐξεγείρου ἐξεγείρου, Δεββωρά,

ἐξέγειρον μυριάδας μετὰ λαοῦ,

ἐξεγείρου ἐξεγείρου, λάλει μετ' ᾠδῆς·

ἐνισχύων ἐξανίστασο, Βαράκ·

αἰχμαλώτιζε αἰχμαλωσίαν σου, υἱὸς Ἀβινεέμ.

13πότε ἐμεγαλύνθη ἡ ἰσχὺς αὐτοῦ;

κύριε, ταπείνωσόν μοι τοὺς ἰσχυροτέρους μου.

14λαὸς Ἐφράιμ ἐτιμωρήσατο αὐτοὺς

ἐν κοιλάδι ἀδελφοῦ σου Βενιαμὶν ἐν λαοῖς σου.

ἐξ ἐμοῦ Μαχὶρ κατέβησαν ἐξερευνῶντες,

καὶ ἐκ Ζαβουλῶν κύριος ἐπολέμει μοι ἐν δυνατοῖς

ἐκεῖθεν ἐν σκήπτρῳ ἐνισχύοντος ἡγήσεως.

15ἐν Ἰσσαχὰρ μετὰ Δεββωρᾶς

ἐξαπέστειλεν πεζοὺς αὐτοῦ εἰς τὴν κοιλάδα.

ἵνα τί σὺ κατοικεῖς ἐν μέσῳ χειλέων;

ἐξέτεινεν ἐν τοῖς ποσὶν αὐτοῦ.

ἐν διαιρέσεσιν Ῥουβὴν

μεγάλοι ἀκριβασμοὶ καρδίας.

16ἵνα τί μοι κάθησαι ἀνὰ μέσον τῶν μοσφαθαιμ

τοῦ εἰσακούειν συρισμοὺς ἐξεγειρόντων;

τοῦ διελθεῖν εἰς τὰ τοῦ Ῥουβὴν

μεγάλοι ἐξιχνιασμοὶ καρδίας.

17Γαλαὰδ ἐν τῷ πέραν τοῦ Ἰορδάνου κατεσκήνωσεν·

καὶ Δὰν ἵνα τί παροικεῖ πλοίοις;

Ἀσὴρ παρῴκησεν παρ' αἰγιαλὸν θαλασσῶν

καὶ ἐπὶ τὰς διακοπὰς αὐτοῦ κατεσκήνωσεν·

18Ζαβουλῶν λαὸς ὀνειδίσας ψυχὴν αὐτοῦ εἰς θάνατον

καὶ Νεφθαλὶμ ἐπὶ ὕψη ἀγροῦ.

19ἦλθον βασιλεῖς καὶ παρετάξαντο,

τότε ἐπολέμησαν βασιλεῖς Χανάαν

ἐν Θεννὰχ ἐπὶ ὕδατος Μαγεδδώ·

πλεονεξίαν ἀργυρίου οὐκ ἔλαβον.

20ἐκ τοῦ οὐρανοῦ ἐπολέμησαν ἀστέρες,

ἐκ τῆς τάξεως αὐτῶν ἐπολέμησαν μετὰ Σισαρά.

21χειμάρρους Κισὼν ἐξέβαλεν αὐτούς,

χειμάρρους καδημιμ, χειμάρρους Κισών·

καταπατήσει αὐτοὺς ψυχή μου δυνατή.

22τότε ἀπεκόπησαν πτέρναι ἵππου,

αμαδαρωθ δυνατῶν αὐτοῦ.

23καταράσασθε Μαρώζ, εἶπεν ὁ ἄγγελος κυρίου,

καταράσει καταράσασθε τοὺς ἐνοίκους αὐτῆς,

ὅτι οὐκ ἦλθοσαν εἰς τὴν βοήθειαν κυρίου·

βοηθὸς ἡμῶν κύριος ἐν μαχηταῖς δυνατός.

24εὐλογηθείη ἐκ γυναικῶν Ἰαὴλ

γυνὴ Χάβερ τοῦ Κιναίου,

ἐκ γυναικῶν ἐν σκηνῇ εὐλογηθείη.

25ὕδωρ ᾔτησεν αὐτήν, καὶ γάλα ἔδωκεν αὐτῷ,

ἐν λακάνῃ ἰσχυρῶν προσήγγισεν βούτυρον.

26τὴν χεῖρα αὐτῆς τὴν ἀριστερὰν εἰς πάσσαλον ἐξέτεινεν,

τὴν δεξιὰν αὐτῆς εἰς ἀποτομὰς κατακόπων

καὶ ἀπέτεμεν Σισαρά, ἀπέτριψεν τὴν κεφαλὴν αὐτοῦ

καὶ συνέθλασεν καὶ διήλασεν τὴν γνάθον αὐτοῦ.

27ἀνὰ μέσον τῶν ποδῶν αὐτῆς συγκάμψας ἔπεσεν,

ἐκοιμήθη μεταξὺ ποδῶν αὐτῆς·

ἐν ᾧ ἔκαμψεν, ἐκεῖ ἔπεσεν ταλαίπωρος.

28διὰ τῆς θυρίδος διέκυπτεν ἡ μήτηρ Σισαρὰ

διὰ τῆς δικτυωτῆς ἐπιβλέπουσα ἐπὶ τοὺς μεταστρέφοντας

    μετὰ Σισαρὰ

Διὰ τί ἠσχάτισεν τὸ ἅρμα αὐτοῦ παραγενέσθαι;

διὰ τί ἐχρόνισαν ἴχνη ἁρμάτων αὐτοῦ;

²⁹σοφαὶ ἀρχουσῶν αὐτῆς ἀνταπεκρίναντο πρὸς αὐτήν,

καὶ αὐτὴ ἀπεκρίνατο ἐν ῥήμασιν αὐτῆς

³⁰Οὐχὶ εὑρήσουσιν αὐτὸν διαμερίζοντα σκῦλα;

φιλιάζων φίλοις εἰς κεφαλὴν δυνατοῦ·

σκῦλα βαμμάτων Σισαρὰ

σκῦλα βαμμάτων ποικιλίας,

βαφὴ ποικίλων περὶ τράχηλον αὐτοῦ σκῦλον.

³¹οὕτως ἀπόλοιντο πάντες οἱ ἐχθροί σου, κύριε·

καὶ οἱ ἀγαπῶντες αὐτὸν καθὼς ἡ ἀνατολὴ τοῦ ἡλίου ἐν

δυναστείαις αὐτοῦ.

Καὶ ἡσύχασεν ἡ γῆ τεσσαράκοντα ἔτη.

I KINGDOMS 16:1-13

16:1Καὶ εἶπεν κύριος πρὸς Σαμουὴλ Ἕως πότε σὺ πενθεῖς ἐπὶ
Σαοὺλ, κἀγὼ ἐξουδένωκα αὐτὸν μὴ βασιλεύειν ἐπὶ Ἰσραήλ; πλῆσον
τὸ κέρας σου ἐλαίου, καὶ δεῦρο ἀποστείλω σε πρὸς Ἰεσσαὶ ἕως εἰς
Βηθλέεμ, ὅτι ἑόρακα ἐν τοῖς υἱοῖς αὐτοῦ ἐμοὶ βασιλεύειν. ²καὶ εἶπεν
Σαμουὴλ Πῶς πορευθῶ; καὶ ἀκούσεται Σαοὺλ καὶ ἀποκτενεῖ με. καὶ
εἶπεν κύριος Δάμαλιν βοῶν λαβὲ ἐν τῇ χειρί σου καὶ ἐρεῖς Θῦσαι
τῷ κυρίῳ ἥκω· ³καὶ καλέσεις τὸν Ἰεσσαὶ εἰς τὴν θυσίαν, καὶ γνω-
ριῶ σοι ἃ ποιήσεις, καὶ χρίσεις ὃν ἐὰν εἴπω πρὸς σέ. ⁴καὶ ἐποί-
ησεν Σαμουὴλ πάντα, ἃ ἐλάλησεν αὐτῷ κύριος, καὶ ἦλθεν εἰς Βηθλέεμ.
καὶ ἐξέστησαν οἱ πρεσβύτεροι τῆς πόλεως τῇ ἀπαντήσει αὐτοῦ καὶ
εἶπαν Εἰρήνη ἡ εἴσοδός σου, ὁ βλέπων; ⁵καὶ εἶπεν Εἰρήνη· θῦσαι τῷ
κυρίῳ ἥκω, ἁγιάσθητε καὶ εὐφράνθητε μετ’ ἐμοῦ σήμερον. καὶ ἡγί-
ασεν τὸν Ἰεσσαὶ καὶ τοὺς υἱοὺς αὐτοῦ καὶ ἐκάλεσεν αὐτοὺς εἰς τὴν
θυσίαν. ⁶καὶ ἐγενήθη ἐν τῷ αὐτοὺς εἰσιέναι καὶ εἶδεν τὸν Ἐλιὰβ
καὶ εἶπεν Ἀλλὰ καὶ ἐνώπιον κυρίου χριστὸς αὐτοῦ. ⁷καὶ εἶπεν

κύριος πρὸς Σαμουὴλ Μὴ ἐπιβλέψῃς ἐπὶ τὴν ὄψιν αὐτοῦ μηδὲ εἰς τὴν
ἕξιν μεγέθους αὐτοῦ, ὅτι ἐξουδένωκα αὐτόν· ὅτι οὐχ ὡς ἐμβλέψεται
ἄνθρωπος, ὄψεται ὁ θεός, ὅτι ἄνθρωπος ὄψεται εἰς πρόσωπον, ὁ δὲ
θεὸς ὄψεται εἰς καρδίαν. ⁸καὶ ἐκάλεσεν Ἰεσσαὶ τὸν Ἀμιναδάβ, καὶ
παρῆλθεν κατὰ πρόσωπον Σαμουήλ· καὶ εἶπεν Οὐδὲ τοῦτον ἐξελέξατο
κύριος. ⁹καὶ παρήγαγεν Ἰεσσαὶ τὸν Σαμά· καὶ εἶπεν Καὶ ἐν τούτῳ
οὐκ ἐξελέξατο κύριος. ¹⁰καὶ παρήγαγεν Ἰεσσαὶ τοὺς ἑπτὰ υἱοὺς αὐ-
τοῦ ἐνώπιον Σαμουήλ· καὶ εἶπεν Σαμουὴλ Οὐκ ἐξελέξατο κύριος ἐν
τούτοις. ¹¹Καὶ εἶπεν Σαμουὴλ πρὸς Ἰεσσαὶ Ἐκλελοίπασιν τὰ παιδά-
ρια; καὶ εἶπεν Ἔτι ὁ μικρὸς ἰδοὺ ποιμαίνει ἐν τῷ ποιμνίῳ. καὶ
εἶπεν Σαμουὴλ πρὸς Ἰεσσαὶ Ἀπόστειλον καὶ λαβὲ αὐτόν, ὅτι οὐ μὴ
κατακλιθῶμεν ἕως τοῦ ἐλθεῖν αὐτόν. ¹²καὶ ἀπέστειλεν καὶ εἰσήγαγεν
αὐτόν· καὶ οὗτος πυρράκης μετὰ κάλλους ὀφθαλμῶν καὶ ἀγαθὸς ὁράσει
κυρίῳ· καὶ εἶπεν κύριος πρὸς Σαμουὴλ Ἀνάστα καὶ χρῖσον τὸν Δαυίδ,
ὅτι οὗτος ἀγαθός ἐστιν. ¹³καὶ ἔλαβεν Σαμουὴλ τὸ κέρας τοῦ ἐλαίου
καὶ ἔχρισεν αὐτὸν ἐν μέσῳ τῶν ἀδελφῶν αὐτοῦ, καὶ ἐφήλατο πνεῦμα
κυρίου ἐπὶ Δαυὶδ ἀπὸ τῆς ἡμέρας ἐκείνης καὶ ἐπάνω. καὶ ἀνέστη
Σαμουὴλ καὶ ἀπῆλθεν εἰς Ἀρμαθάιμ.

III KINGDOMS 17

¹⁷:¹Καὶ εἶπεν Ἠλιοὺ ὁ προφήτης ὁ Θεσβίτης ἐκ Θεσβῶν τῆς Γαλαὰδ
πρὸς Ἀχαὰβ Ζῇ κύριος ὁ θεὸς τῶν δυνάμεων ὁ θεὸς Ἰσραήλ, ᾧ παρέστην
ἐνώπιον αὐτοῦ, εἰ ἔσται τὰ ἔτη ταῦτα δρόσος καὶ ὑετὸς ὅτι εἰ μὴ
διὰ στόματος λόγου μου. ²καὶ ἐγένετο ῥῆμα κυρίου πρὸς Ἠλιοὺ ³Πο-
ρεύου ἐντεῦθεν κατὰ ἀνατολὰς καὶ κρύβηθι ἐν τῷ χειμάρρῳ Χορρὰθ τοῦ
ἐπὶ προσώπου τοῦ Ἰορδάνου· ⁴καὶ ἔσται ἐκ τοῦ χειμάρρου πίεσαι ὕδωρ,
καὶ τοῖς κόραξιν ἐντελοῦμαι διατρέφειν σε ἐκεῖ. ⁵καὶ ἐποίησεν Ἠλιοὺ
κατὰ τὸ ῥῆμα κυρίου καὶ ἐκάθισεν ἐν τῷ χειμάρρῳ Χορρὰθ ἐπὶ προσώ-

που τοῦ Ἰορδάνου. ⁶καὶ οἱ κόρακες ἔφερον αὐτῷ ἄρτους τὸ πρωὶ καὶ
κρέα τὸ δείλης, καὶ ἐκ τοῦ χειμάρρου ἔπινεν ὕδωρ.

⁷Καὶ ἐγένετο μετὰ ἡμέρας καὶ ἐξηράνθη ὁ χειμάρρους, ὅτι οὐκ
ἐγένετο ὑετὸς ἐπὶ τῆς γῆς. ⁸καὶ ἐγένετο ῥῆμα κυρίου πρὸς Ἠλιοῦ
⁹Ἀνάστηθι καὶ πορεύου εἰς Σάρεπτα τῆς Σιδωνίας· ἰδοὺ ἐντέταλμαι
ἐκεῖ γυναικὶ χήρᾳ τοῦ διατρέφειν σε. ¹⁰καὶ ἀνέστη καὶ ἐπορεύθη
εἰς Σάρεπτα εἰς τὸν πυλῶνα τῆς πόλεως, καὶ ἰδοὺ ἐκεῖ γυνὴ χήρα συν-
έλεγεν ξύλα· καὶ ἐβόησεν ὀπίσω αὐτῆς Ἠλιοῦ καὶ εἶπεν αὐτῇ Λαβὲ δή
μοι ὀλίγον ὕδωρ εἰς ἄγγος καὶ πίομαι. ¹¹καὶ ἐπορεύθη λαβεῖν, καὶ
ἐβόησεν ὀπίσω αὐτῆς Ἠλιοῦ καὶ εἶπεν Λήμψῃ δή μοι ψωμὸν ἄρτου ἐν
τῇ χειρί σου. ¹²καὶ εἶπεν ἡ γυνή Ζῇ κύριος ὁ θεός σου, εἰ ἔστι μοι
ἐγκρυφίας ἀλλ' ἢ ὅσον δρὰξ ἀλεύρου ἐν τῇ ὑδρίᾳ καὶ ὀλίγον ἔλαιον
ἐν τῷ καψάκῃ· καὶ ἰδοὺ ἐγὼ συλλέγω δύο ξυλάρια καὶ εἰσελεύσομαι
καὶ ποιήσω αὐτὸ ἐμαυτῇ καὶ τοῖς τέκνοις μου, καὶ φαγόμεθα καὶ ἀπο-
θανούμεθα. ¹³καὶ εἶπεν πρὸς αὐτὴν Ἠλιοῦ Θάρσει, εἴσελθε καὶ ποίη-
σον κατὰ τὸ ῥῆμά σου· ἀλλὰ ποίησον ἐμοὶ ἐκεῖθεν ἐγκρυφίαν μικρὸν
ἐν πρώτοις καὶ ἐξοίσεις μοι, σαυτῇ δὲ καὶ τοῖς τέκνοις σου ποιή-
σεις ἐπ' ἐσχάτου· ¹⁴ὅτι τάδε λέγει κύριος Ἡ ὑδρία τοῦ ἀλεύρου οὐκ
ἐκλείψει καὶ ὁ καψάκης τοῦ ἐλαίου οὐκ ἐλαττονήσει ἕως ἡμέρας τοῦ
δοῦναι κύριον τὸν ὑετὸν ἐπὶ τῆς γῆς. ¹⁵καὶ ἐπορεύθη ἡ γυνὴ καὶ
ἐποίησεν· καὶ ἤσθιεν αὐτὴ καὶ αὐτὸς καὶ τὰ τέκνα αὐτῆς. ¹⁶καὶ ἡ
ὑδρία τοῦ ἀλεύρου οὐκ ἐξέλιπεν καὶ ὁ καψάκης τοῦ ἐλαίου οὐκ ἐλατ-
τονώθη κατὰ τὸ ῥῆμα κυρίου, ὃ ἐλάλησεν ἐν χειρὶ Ἠλιού.

¹⁷Καὶ ἐγένετο μετὰ ταῦτα καὶ ἠρρώστησεν ὁ υἱὸς τῆς γυναικὸς
τῆς κυρίας τοῦ οἴκου, καὶ ἦν ἡ ἀρρωστία αὐτοῦ κραταιὰ σφόδρα, ἕως
οὗ οὐχ ὑπελείφθη ἐν αὐτῷ πνεῦμα. ¹⁸καὶ εἶπεν πρὸς Ἠλιοῦ Τί ἐμοὶ
καὶ σοί, ἄνθρωπε τοῦ θεοῦ; εἰσῆλθες πρός με τοῦ ἀναμνῆσαι τὰς ἀδι-
κίας μου καὶ θανατῶσαι τὸν υἱόν μου. ¹⁹καὶ εἶπεν Ἠλιοῦ πρὸς τὴν
γυναῖκα Δός μοι τὸν υἱόν σου. καὶ ἔλαβεν αὐτὸν ἐκ τοῦ κόλπου αὐ-

τῆς καὶ ἀνήνεγκεν αὐτὸν εἰς τὸ ὑπερῷον, ἐν ᾧ αὐτὸς ἐκάθητο ἐκεῖ,

καὶ ἐκοίμισεν αὐτὸν ἐπὶ τῆς κλίνης αὐτοῦ. [20]καὶ ἀνεβόησεν Ἠλιοὺ

καὶ εἶπεν Οἴμμοι, κύριε ὁ μάρτυς τῆς χήρας, μεθ' ἧς ἐγὼ κατοικῶ

μετ' αὐτῆς, σὺ κεκάκωκας τοῦ θανατῶσαι τὸν υἱὸν αὐτῆς. [21]καὶ ἐν-

εφύσησεν τῷ παιδαρίῳ τρὶς καὶ ἐπεκαλέσατο τὸν κύριον καὶ εἶπεν

Κύριε ὁ θεός μου, ἐπιστραφήτω δὴ ἡ ψυχὴ τοῦ παιδαρίου τούτου εἰς

αὐτόν. [22]καὶ ἐγένετο οὕτως, καὶ ἀνεβόησεν τὸ παιδάριον. [23]καὶ κατ-

ήγαγεν αὐτὸν ἀπὸ τοῦ ὑπερῴου εἰς τὸν οἶκον καὶ ἔδωκεν αὐτὸν τῇ μη-

τρὶ αὐτοῦ· καὶ εἶπεν Ἠλιοὺ Βλέπε, ζῇ ὁ υἱός σου. [24]καὶ εἶπεν ἡ

γυνὴ πρὸς Ἠλιοὺ Ἰδοὺ ἔγνωκα ὅτι ἄνθρωπος θεοῦ εἶ σὺ καὶ ῥῆμα κυ-

ρίου ἐν στόματί σου ἀληθινόν.

ΑΜΟS 5:14-27

5:14Ἐκζητήσατε τὸ καλὸν καὶ μὴ τὸ πονηρόν, ὅπως ζήσητε· καὶ

ἔσται οὕτως μεθ' ὑμῶν κύριος ὁ θεὸς ὁ παντοκράτωρ, ὃν τρόπον εἴπα-

τε [15]Μεμισήκαμεν τὰ πονηρὰ καὶ ἠγαπήκαμεν τὰ καλά· καὶ ἀποκαταστή-

σατε ἐν πύλαις κρίμα, ὅπως ἐλεήσῃ κύριος ὁ θεὸς ὁ παντοκράτωρ τοὺς

περιλοίπους τοῦ Ἰωσήφ. [16]διὰ τοῦτο τάδε λέγει κύριος ὁ θεὸς ὁ παν-

τοκράτωρ Ἐν πάσαις πλατείαις κοπετός, καὶ ἐν πάσαις ὁδοῖς ῥηθήσε-

ται Οὐαὶ οὐαί· κληθήσεται γεωργὸς εἰς πένθος καὶ κοπετὸν καὶ εἰς

εἰδότας θρῆνον, [17]καὶ ἐν πάσαις ὁδοῖς κοπετός, διότι διελεύσομαι

διὰ μέσου σου, εἶπεν κύριος.

[18]Οὐαὶ οἱ ἐπιθυμοῦντες τὴν ἡμέραν κυρίου· ἵνα τί αὕτη ὑμῖν ἡ

ἡμέρα τοῦ κυρίου; καὶ αὕτη ἐστὶν σκότος καὶ οὐ φῶς, [19]ὃν τρόπον

ὅταν φύγῃ ἄνθρωπος ἐκ προσώπου τοῦ λέοντος καὶ ἐμπέσῃ αὐτῷ ἡ ἄρκος,

καὶ εἰσπηδήσῃ εἰς τὸν οἶκον αὐτοῦ καὶ ἀπερείσηται τὰς χεῖρας αὐ-

τοῦ ἐπὶ τὸν τοῖχον καὶ δάκῃ αὐτὸν ὁ ὄφις. [20]οὐχὶ σκότος ἡ ἡμέρα

τοῦ κυρίου καὶ οὐ φῶς; καὶ γνόφος οὐκ ἔχων φέγγος αὐτῇ. [21]μεμίσηκα

ἀπῶσμαι ἑορτὰς ὑμῶν καὶ οὐ μὴ ὀσφρανθῶ ἐν ταῖς πανηγύρεσιν ὑμῶν·
22διότι καὶ ἐὰν ἐνέγκητέ μοι ὁλοκαυτώματα καὶ θυσίας ὑμῶν, οὐ προσ-
δέξομαι αὐτά, καὶ σωτηρίου ἐπιφανείας ὑμῶν οὐκ ἐπιβλέψομαι.23μετά-
στησον ἀπ' ἐμοῦ ἦχον ᾠδῶν σου, καὶ ψαλμὸν ὀργάνων σου οὐκ ἀκούσο-
μαι· 24καὶ κυλισθήσεται ὡς ὕδωρ κρίμα καὶ δικαιοσύνη ὡς χειμάρρους
ἄβατος. 25μὴ σφάγια καὶ θυσίας προσηνέγκατέ μοι ἐν τῇ ἐρήμῳ τεσσα-
ράκοντα ἔτη, οἶκος Ἰσραήλ; 26καὶ ἀνελάβετε τὴν σκηνὴν τοῦ Μολὸχ
καὶ τὸ ἄστρον τοῦ θεοῦ ὑμῶν Ῥαιφάν, τοὺς τύπους αὐτῶν, οὓς ἐποιή-
σατε ἑαυτοῖς. 27καὶ μετοικιῶ ὑμᾶς ἐπέκεινα Δαμασκοῦ, λέγει κύριος,
ὁ θεὸς ὁ παντοκράτωρ ὄνομα αὐτῷ.

ISAIAH 11:1-9

11:1Καὶ ἐξελεύσεται ῥάβδος ἐκ τῆς ῥίζης Ἰεσσαί, καὶ ἄνθος ἐκ
τῆς ῥίζης ἀναβήσεται. 2καὶ ἀναπαύσεται ἐπ' αὐτὸν πνεῦμα τοῦ θεοῦ,
πνεῦμα σοφίας καὶ συνέσεως, πνεῦμα βουλῆς καὶ ἰσχύος, πνεῦμα γνώ-
σεως καὶ εὐσεβείας· 3ἐμπλήσει αὐτὸν πνεῦμα φόβου θεοῦ. οὐ κατὰ τὴν
δόξαν κρινεῖ οὐδὲ κατὰ τὴν λαλιὰν ἐλέγξει, 4ἀλλὰ κρινεῖ ταπεινῷ
κρίσιν καὶ ἐλέγξει τοὺς ταπεινοὺς τῆς γῆς· καὶ πατάξει γῆν τῷ λόγῳ
τοῦ στόματος αὐτοῦ καὶ ἐν πνεύματι διὰ χειλέων ἀνελεῖ ἀσεβῆ. 5καὶ
ἔσται δικαιοσύνη ἐζωσμένος τὴν ὀσφὺν αὐτοῦ καὶ ἀληθείᾳ εἰλημένος
τὰς πλευράς. 6καὶ συμβοσκηθήσεται λύκος μετὰ ἀρνός, καὶ πάρδαλις
συναναπαύσεται ἐρίφῳ, καὶ μοσχάριον καὶ ταῦρος καὶ λέων ἅμα βοσκη-
θήσονται, καὶ παιδίον μικρὸν ἄξει αὐτούς· 7καὶ βοῦς καὶ ἄρκος ἅμα
βοσκηθήσονται, καὶ ἅμα τὰ παιδία αὐτῶν ἔσονται, καὶ λέων καὶ βοῦς
ἅμα φάγονται ἄχυρα. 8καὶ παιδίον νήπιον ἐπὶ τρώγλην ἀσπίδων καὶ ἐπὶ
κοίτην ἐκγόνων ἀσπίδων τὴν χεῖρα ἐπιβαλεῖ. 9καὶ οὐ μὴ κακοποιήσω-
σιν οὐδὲ μὴ δύνωνται ἀπολέσαι οὐδένα ἐπὶ τὸ ὄρος τὸ ἅγιόν μου, ὅτι
ἐνεπλήσθη ἡ σύμπασα τοῦ γνῶναι τὸν κύριον ὡς ὕδωρ πολὺ κατακαλύψαι
θαλάσσας.

ISAIAH 52:7-53:12

52:7Ὡς ὥρα ἐπὶ τῶν ὀρέων, ὡς πόδες εὐαγγελιζομένου ἀκοὴν εἰ-
ρήνης, ὡς εὐαγγελιζόμενος ἀγαθά, ὅτι ἀκουστὴν ποιήσω τὴν σωτηρίαν
σου λέγων Σιὼν Βασιλεύσει σου ὁ θεός. 8ὅτι φωνὴ τῶν φυλασσόντων σε
ὑψώθη, καὶ τῇ φωνῇ ἅμα εὐφρανθήσονται· ὅτι ὀφθαλμοὶ πρὸς ὀφθαλμοὺς
ὄψονται, ἡνίκα ἂν ἐλεήσῃ κύριος τὴν Σιών. 9ῥηξάτω εὐφροσύνην ἅμα
τὰ ἔρημα Ἰερουσαλήμ, ὅτι ἠλέησεν κύριος αὐτὴν καὶ ἐρρύσατο Ἰερου-
σαλήμ. 10καὶ ἀποκαλύψει κύριος τὸν βραχίονα αὐτοῦ τὸν ἅγιον ἐνώ-
πιον πάντων τῶν ἐθνῶν, καὶ ὄψονται πάντα τὰ ἄκρα τῆς γῆς τὴν σωτη-
ρίαν τὴν παρὰ τοῦ θεοῦ. 11ἀπόστητε ἀπόστητε ἐξέλθατε ἐκεῖθεν καὶ
ἀκαθάρτου μὴ ἅπτεσθε, ἐξέλθατε ἐκ μέσου αὐτῆς ἀφορίσθητε, οἱ φέρον-
τες τὰ σκεύη κυρίου· 12ὅτι οὐ μετὰ ταραχῆς ἐξελεύσεσθε οὐδὲ φυγῇ
πορεύσεσθε, πορεύσεται γὰρ πρότερος ὑμῶν κύριος καὶ ὁ ἐπισυνάγων
ὑμᾶς κύριος ὁ θεὸς Ἰσραήλ.

13Ἰδου συνήσει ὁ παῖς μου καὶ ὑψωθήσεται καὶ δοξασθήσεται σφό-
δρα. 14ὃν τρόπον ἐκστήσονται ἐπὶ σὲ πολλοί -- οὕτως ἀδοξήσει ἀπὸ
ἀνθρώπων τὸ εἶδός σου καὶ ἡ δόξα σου ἀπὸ τῶν ἀνθρώπων --, 15οὕτως
θαυμάσονται ἔθνη πολλὰ ἐπ᾽ αὐτῷ, καὶ συνέξουσιν βασιλεῖς τὸ στόμα
αὐτῶν· ὅτι οἷς οὐκ ἀνηγγέλη περὶ αὐτοῦ, ὄψονται, καὶ οἱ οὐκ ἀκηκό-
ασιν, συνήσουσιν. -- 53:1κύριε, τίς ἐπίστευσεν τῇ ἀκοῇ ἡμῶν; καὶ
ὁ βραχίων κυρίου τίνι ἀπεκαλύφθη; 2ἀνηγγείλαμεν ἐναντίον αὐτοῦ ὡς
παιδίον, ὡς ῥίζα ἐν γῇ διψώσῃ, οὐκ ἔστιν εἶδος αὐτῷ οὐδὲ δόξα· καὶ
εἴδομεν αὐτόν, καὶ οὐκ εἶχεν εἶδος οὐδὲ κάλλος· 3ἀλλὰ τὸ εἶδος αὐ-
τοῦ ἄτιμον ἐκλεῖπον παρὰ πάντας ἀνθρώπους, ἄνθρωπος ἐν πληγῇ ὢν καὶ
εἰδὼς φέρειν μαλακίαν, ὅτι ἀπέστραπται τὸ πρόσωπον αὐτοῦ, ἠτιμάσθη
καὶ οὐκ ἐλογίσθη. 4οὗτος τὰς ἁμαρτίας ἡμῶν φέρει καὶ περὶ ἡμῶν ὀδυ-

νᾶται, καὶ ἡμεῖς ἐλογισάμεθα αὐτὸν εἶναι ἐν πόνῳ καὶ ἐν πληγῇ καὶ
ἐν κακώσει. ⁵αὐτὸς δὲ ἐτραυματίσθη διὰ τὰς ἀνομίας ἡμῶν καὶ μεμα-
λάκισται διὰ τὰς ἁμαρτίας ἡμῶν· παιδεία εἰρήνης ἡμῶν ἐπ' αὐτόν, τῷ
μώλωπι αὐτοῦ ἡμεῖς ἰάθημεν. ⁶πάντες ὡς πρόβατα ἐπλανήθημεν, ἄνθρω-
πος τῇ ὁδῷ αὐτοῦ ἐπλανήθη· καὶ κύριος παρέδωκεν αὐτὸν ταῖς ἁμαρτί-
αις ἡμῶν. ⁷καὶ αὐτὸς διὰ τὸ κεκακῶσθαι οὐκ ἀνοίγει τὸ στόμα· ὡς πρόβ-
βατον ἐπὶ σφαγὴν ἤχθη καὶ ὡς ἀμνὸς ἐναντίον τοῦ κείροντος αὐτὸν ἄ-
φωνος οὕτως οὐκ ἀνοίγει τὸ στόμα αὐτοῦ. ⁸ἐν τῇ ταπεινώσει ἡ κρίσις
αὐτοῦ ἤρθη· τὴν γενεὰν αὐτοῦ τίς διηγήσεται; ὅτι αἴρεται ἀπὸ τῆς
γῆς ἡ ζωὴ αὐτοῦ, ἀπὸ τῶν ἀνομιῶν τοῦ λαοῦ μου ἤχθη εἰς θάνατον.
⁹καὶ δώσω τοὺς πονηροὺς ἀντὶ τῆς ταφῆς αὐτοῦ καὶ τοὺς πλουσίους
ἀντὶ τοῦ θανάτου αὐτοῦ· ὅτι ἀνομίαν οὐκ ἐποίησεν, οὐδὲ εὑρέθη δόλος
ἐν τῷ στόματι αὐτοῦ. ¹⁰καὶ κύριος βούλεται καθαρίσαι αὐτὸν τῆς πλη-
γῆς· ἐὰν δῶτε περὶ ἁμαρτίας, ἡ ψυχὴ ὑμῶν ὄψεται σπέρμα μακρόβιον·
καὶ βούλεται κύριος ἀφελεῖν ¹¹ἀπὸ τοῦ πόνου τῆς ψυχῆς αὐτοῦ, δεῖξαι
αὐτῷ φῶς καὶ πλάσαι τῇ συνέσει, δικαιῶσαι δίκαιον εὖ δουλεύοντα πολ-
λοῖς, καὶ τὰς ἁμαρτίας αὐτῶν αὐτὸς ἀνοίσει. ¹²διὰ τοῦτο αὐτὸς κλη-
ρονομήσει πολλοὺς καὶ τῶν ἰσχυρῶν μεριεῖ σκῦλα, ἀνθ' ὧν παρεδόθη
εἰς θάνατον ἡ ψυχὴ αὐτοῦ, καὶ ἐν τοῖς ἀνόμοις ἐλογίσθη· καὶ αὐτὸς
ἁμαρτίας πολλῶν ἀνήνεγκεν καὶ διὰ τὰς ἁμαρτίας αὐτῶν παρεδόθη.

JEREMIAH 38 (31):27-34

38:27Διὰ τοῦτο ἰδοὺ ἡμέραι ἔρχονται, φησὶν κύριος, καὶ σπερῶ
τὸν Ἰσραὴλ καὶ τὸν Ἰούδαν σπέρμα ἀνθρώπου καὶ σπέρμα κτήνους. ²⁸
καὶ ἔσται ὥσπερ ἐγρηγόρουν ἐπ' αὐτοὺς καθαιρεῖν καὶ κακοῦν, οὕτως
γρηγορήσω ἐπ' αὐτοὺς τοῦ οἰκοδομεῖν καὶ καταφυτεύειν, φησὶν κύριος.
²⁹ἐν ταῖς ἡμέραις ἐκείναις οὐ μὴ εἴπωσιν Οἱ πατέρες ἔφαγον ὄμφακα,
καὶ οἱ ὀδόντες τῶν τέκνων ἡμωδίασαν· ³⁰ἀλλ' ἢ ἕκαστος ἐν τῇ ἑαυτοῦ

ἁμαρτίᾳ ἀποθανεῖται, καὶ τοῦ φαγόντος τὸν ὄμφακα αἱμωδιάσουσιν οἱ
ὁδόντες αὐτοῦ.

³¹'Ιδοὺ ἡμέραι ἔρχονται, φησὶν κύριος, καὶ διαθήσομαι τῷ οἴκῳ
'Ισραὴλ καὶ τῷ οἴκῳ 'Ιούδα διαθήκην καινήν, ³²οὐ κατὰ τὴν διαθήκην,
ἣν διεθέμην τοῖς πατράσιν αὐτῶν ἐν ἡμέρᾳ ἐπιλαβομένου μου τῆς χει-
ρὸς αὐτῶν ἐξαγαγεῖν αὐτοὺς ἐκ γῆς Αἰγύπτου, ὅτι αὐτοὶ οὐκ ἐνέμειναν
ἐν τῇ διαθήκῃ μου, καὶ ἐγὼ ἡμέλησα αὐτῶν, φησὶν κύριος· ³³ὅτι αὕτη
ἡ διαθήκη, ἣν διαθήσομαι τῷ οἴκῳ 'Ισραὴλ μετὰ τὰς ἡμέρας ἐκείνας,
φησὶν κύριος Διδοὺς δώσω νόμους μου εἰς τὴν διάνοιαν αὐτῶν καὶ ἐπὶ
καρδίας αὐτῶν γράψω αὐτούς· καὶ ἔσομαι αὐτοῖς εἰς θεόν, καὶ αὐτοὶ
ἔσονταί μοι εἰς λαόν· ³⁴καὶ οὐ μὴ διδάξωσιν ἕκαστος τὸν πολίτην
αὐτοῦ καὶ ἕκαστος τὸν ἀδελφὸν αὐτοῦ λέγων Γνῶθι τὸν κύριον· ὅτι
πάντες εἰδήσουσίν με ἀπὸ μικροῦ αὐτῶν καὶ ἕως μεγάλου αὐτῶν, ὅτι
ἵλεως ἔσομαι ταῖς ἀδικίαις αὐτῶν καὶ τῶν ἁμαρτιῶν αὐτῶν οὐ μὴ μνη-
σθῶ ἔτι.

ZECHARIAH   9:9-17

9:9Χαῖρε σφόδρα, θύγατερ Σιών· κήρυσσε, θύγατερ 'Ιερουσαλήμ·
ἰδοὺ ὁ βασιλεύς σου ἔρχεταί σοι, δίκαιος καὶ σῴζων αὐτός, πραῢς
καὶ ἐπιβεβηκὼς ἐπὶ ὑποζύγιον καὶ πῶλον νέον. ¹⁰καὶ ἐξολεθρεύσει
ἅρματα ἐξ 'Εφράιμ καὶ ἵππον ἐξ 'Ιερουσαλήμ, καὶ ἐξολεθρευθήσεται
τόξον πολεμικόν, καὶ πλῆθος καὶ εἰρήνη ἐξ ἐθνῶν· καὶ κατάρξει ὑδά-
των ἕως θαλάσσης καὶ ποταμῶν διεκβολὰς γῆς. ¹¹καὶ σὺ ἐν αἵματι δια-
θήκης ἐξαπέστειλας δεσμίους σου ἐκ λάκκου οὐκ ἔχοντος ὕδωρ. ¹²καθ-
ήσεσθε ἐν ὀχυρώματι, δέσμιοι τῆς συναγωγῆς, καὶ ἀντὶ μιᾶς ἡμέρας
παροικεσίας σου διπλᾶ ἀνταποδώσω σοι· ¹³διότι ἐνέτεινά σε, 'Ιούδα,
ἐμαυτῷ τόξον, ἔπλησα τὸν 'Εφράιμ καὶ ἐπεγερῶ τὰ τέκνα σου, Σιών, ἐπὶ
τὰ τέκνα τῶν 'Ελλήνων καὶ ψηλαφήσω σε ὡς ῥομφαίαν μαχητοῦ· ¹⁴καὶ

κύριος ἔσται ἐπ᾽ αὐτοὺς καὶ ἐξελεύσεται ὡς ἀστραπὴ βολίς, καὶ κύρ-
ιος παντοκράτωρ ἐν σάλπιγγι σαλπιεῖ καὶ πορεύσεται ἐν σάλῳ ἀπειλῆς
αὐτοῦ. ¹⁵κύριος παντοκράτωρ ὑπερασπιεῖ αὐτῶν, καὶ καταναλώσουσιν
αὐτοὺς καὶ καταχώσουσιν αὐτοὺς ἐν λίθοις σφενδόνης καὶ ἐκπίονται
αὐτοὺς ὡς οἶνον καὶ πλήσουσιν ὡς φιάλας θυσιαστήριον. ¹⁶καὶ σώσει
αὐτοὺς κύριος ἐν τῇ ἡμέρᾳ ἐκείνῃ, ὡς πρόβατα λαὸν αὐτοῦ, διότι λί-
θοι ἅγιοι κυλίονται ἐπὶ τῆς γῆς αὐτοῦ. ¹⁷ὅτι εἴ τι ἀγαθὸν αὐτοῦ καὶ
εἴ τι καλὸν παρ᾽ αὐτοῦ, σῖτος νεανίσκοις καὶ οἶνος εὐωδιάζων εἰς
παρθένους.

PSALM 2

2:1"Ινα τί ἐφρύαξαν ἔθνη
καὶ λαοὶ ἐμελέτησαν κενά;
²παρέστησαν οἱ βασιλεῖς τῆς γῆς,
καὶ οἱ ἄρχοντες συνήχθησαν ἐπὶ τὸ αὐτὸ
κατὰ τοῦ κυρίου καὶ κατὰ τοῦ χριστοῦ αὐτοῦ.
         διάψαλμα.
³Διαρρήξωμεν τοὺς δεσμοὺς αὐτῶν
καὶ ἀπορρίψωμεν ἀφ᾽ ἡμῶν τὸν ζυγὸν αὐτῶν.
⁴ὁ κατοικῶν ἐν οὐρανοῖς ἐκγελάσεται αὐτούς,
καὶ ὁ κύριος ἐκμυκτηριεῖ αὐτούς.
⁵τότε λαλήσει πρὸς αὐτοὺς ἐν ὀργῇ αὐτοῦ
καὶ ἐν τῷ θυμῷ αὐτοῦ ταράξει αὐτούς.
⁶Ἐγὼ δὲ κατεστάθην βασιλεὺς ὑπ᾽ αὐτοῦ
ἐπὶ Σιὼν ὄρος τὸ ἅγιον αὐτοῦ,
⁷διαγγέλλων τὸ πρόσταγμα κυρίου.
Κύριος εἶπεν πρός με Υἱός μου εἶ σύ,

ἐγὼ σήμερον γεγέννηκά σε·

⁸αἴτησαι παρ' ἐμοῦ, καὶ δώσω σοι ἔθνη τὴν κληρονομίαν σου

καὶ τὴν κατάσχεσίν σου τὰ πέρατα τῆς γῆς·

⁹ποιμανεῖς αὐτοὺς ἐν ῥάβδῳ σιδηρᾷ,

ὡς σκεῦος κεραμέως συντρίψεις αὐτούς.

¹⁰καὶ νῦν, βασιλεῖς, σύνετε·

παιδεύθητε, πάντες οἱ κρίνοντες τὴν γῆν.

¹¹δουλεύσατε τῷ κυρίῳ ἐν φόβῳ

καὶ ἀγαλλιᾶσθε αὐτῷ ἐν τρόμῳ.

¹²δράξασθε παιδείας, μήποτε ὀργισθῇ κύριος

καὶ ἀπολεῖσθε ἐξ ὁδοῦ δικαίας.

ὅταν ἐκκαυθῇ ἐν τάχει ὁ θυμὸς αὐτοῦ,

μακάριοι πάντες οἱ πεποιθότες ἐπ' αὐτῷ.

PSALM 21 (22)

²¹:¹Εἰς τὸ τέλος, ὑπὲρ τῆς ἀντιλήμψεως τῆς ἑωθινῆς·

ψαλμὸς τῷ Δαυίδ.

²Ὁ θεὸς ὁ θεός μου, πρόσχες μοι· ἵνα τί ἐγκατέλιπές με;

μακρὰν ἀπὸ τῆς σωτηρίας μου οἱ λόγοι τῶν παραπτωμάτων μου.

³ὁ θεός μου, κεκράξομαι ἡμέρας, καὶ οὐκ εἰσακούσῃ,

καὶ νυκτός, καὶ οὐκ εἰς ἄνοιαν ἐμοί.

⁴σὺ δὲ ἐν ἁγίοις κατοικεῖς, ὁ ἔπαινος Ἰσραήλ.

⁵ἐπὶ σοὶ ἤλπισαν οἱ πατέρες ἡμῶν,

ἤλπισαν, καὶ ἐρρύσω αὐτούς·

⁶πρὸς σὲ ἐκέκραξαν καὶ ἐσώθησαν,

ἐπὶ σοὶ ἤλπισαν καὶ οὐ κατῃσχύνθησαν.

⁷ἐγὼ δέ εἰμι σκώληξ καὶ οὐκ ἄνθρωπος,

ὄνειδος ἀνθρώπου καὶ ἐξουδένημα λαοῦ.

[8]πάντες οἱ θεωροῦντές με ἐξεμυκτήρισάν με,

ἐλάλησαν ἐν χείλεσιν, ἐκίνησαν κεφαλήν

[9]Ἤλπισεν ἐπὶ κύριον, ῥυσάσθω αὐτόν.

σωσάτω αὐτόν, ὅτι θέλει αὐτόν.

[10]ὅτι σὺ εἶ ὁ ἐκσπάσας με ἐκ γαστρός,

ἡ ἐλπίς μου ἀπὸ μαστῶν τῆς μητρός μου·

[11]ἐπὶ σὲ ἐπερρίφην ἐκ μήτρας,

ἐκ κοιλίας μητρός μου θεός μου εἶ σύ.

[12]μὴ ἀποστῇς ἀπ᾽ ἐμοῦ, ὅτι θλῖψις ἐγγύς,

ὅτι οὐκ ἔστιν ὁ βοηθῶν.

[13]περιεκύκλωσάν με μόσχοι πολλοί,

ταῦροι πίονες περιέσχον με·

[14]ἤνοιξαν ἐπ᾽ ἐμὲ τὸ στόμα αὐτῶν

ὡς λέων ὁ ἁρπάζων καὶ ὠρυόμενος.

[15]ὡσεὶ ὕδωρ ἐξεχύθην,

καὶ διεσκορπίσθη πάντα τὰ ὀστᾶ μου,

ἐγενήθη ἡ καρδία μου ὡσεὶ κηρὸς τηκόμενος ἐν μέσῳ τῆς κοιλίας

μου·

[16]ἐξηράνθη ὡς ὄστρακον ἡ ἰσχύς μου,

καὶ ἡ γλῶσσά μου κεκόλληται τῷ λάρυγγί μου,

καὶ εἰς χοῦν θανάτου κατήγαγές με.

[17]ὅτι ἐκύκλωσάν με κύνες πολλοί,

συναγωγὴ πονηρευομένων περιέσχον με,

ὤρυξαν χεῖράς μου καὶ πόδας.

[18]ἐξηρίθμησα πάντα τὰ ὀστᾶ μου,

αὐτοὶ δὲ κατενόησαν καὶ ἐπεῖδόν με.

[19]διεμερίσαντο τὰ ἱμάτιά μου ἑαυτοῖς

καὶ ἐπὶ τὸν ἱματισμόν μου ἔβαλον κλῆρον.

[20]σὺ δέ, κύριε, μὴ μακρύνῃς τὴν βοήθειάν μου,

εἰς τὴν ἀντίλημψίν μου πρόσχες.

²¹ῥῦσαι ἀπὸ ῥομφαίας τὴν ψυχήν μου

καὶ ἐκ χειρὸς κυνὸς τὴν μονογενῆ μου·

²²σῶσόν με ἐκ στόματος λέοντος

καὶ ἀπὸ κεράτων μονοκερώτων τὴν ταπείνωσίν μου.

²³διηγήσομαι τὸ ὄνομά σου τοῖς ἀδελφοῖς μου,

ἐν μέσῳ ἐκκλησίας ὑμνήσω σε.

²⁴Οἱ φοβούμενοι κύριον, αἰνέσατε αὐτόν,

ἅπαν τὸ σπέρμα Ἰακώβ, δοξάσατε αὐτόν,

φοβηθήτωσαν αὐτὸν ἅπαν τὸ σπέρμα Ἰσραήλ,

²⁵ὅτι οὐκ ἐξουδένωσεν οὐδὲ προσώχθισεν τῇ δεήσει τοῦ πτωχοῦ

οὐδὲ ἀπέστρεψεν τὸ πρόσωπον αὐτοῦ ἀπ' ἐμοῦ,

καὶ ἐν τῷ κεκραγέναι με πρὸς αὐτὸν εἰσήκουσέν μου.

²⁶παρὰ σοῦ ὁ ἔπαινός μου ἐν ἐκκλησίᾳ μεγάλῃ,

τὰς εὐχάς μου ἀποδώσω ἐνώπιον τῶν φοβουμένων αὐτόν.

²⁷φάγονται πένητες καὶ ἐμπλησθήσονται,

καὶ αἰνέσουσιν κύριον οἱ ἐκζητοῦντες αὐτόν·

ζήσονται αἱ καρδίαι αὐτῶν εἰς αἰῶνα αἰῶνος.

²⁸μνησθήσονται καὶ ἐπιστραφήσονται πρὸς κύριον πάντα τὰ πέρατα

    τῆς γῆς

καὶ προσκυνήσουσιν ἐνώπιόν σου πᾶσαι αἱ πατριαὶ τῶν ἐθνῶν,

²⁹ὅτι τοῦ κυρίου ἡ βασιλεία,

καὶ αὐτὸς δεσπόζει τῶν ἐθνῶν.

³⁰ἔφαγον καὶ προσεκύνησαν πάντες οἱ πίονες τῆς γῆς,

ἐνώπιον αὐτοῦ προπεσοῦνται πάντες οἱ καταβαίνοντες εἰς τὴν γῆν.

καὶ ἡ ψυχή μου αὐτῷ ζῇ,

³¹καὶ τὸ σπέρμα μου δουλεύσει αὐτῷ·

ἀναγγελήσεται τῷ κυρίῳ γενεὰ ἡ ἐρχομένη,

³²καὶ ἀναγγελοῦσιν τὴν δικαιοσύνην αὐτοῦ

λαῷ τῷ τεχθησομένῳ, ὅτι ἐποίησεν ὁ κύριος.

JOB 23

23:1 Ὑπολαβὼν δὲ Ἰὼβ λέγει

2 Καὶ δὴ οἶδα ὅτι ἐκ χειρός μου ἡ ἔλεγξίς ἐστιν,

καὶ ἡ χεὶρ αὐτοῦ βαρεῖα γέγονεν ἐπ' ἐμῷ στεναγμῷ.

3 τίς δ' ἄρα γνοίη ὅτι εὕροιμι αὐτὸν

καὶ ἔλθοιμι εἰς τέλος;

4 εἴποιμι δὲ ἐμαυτοῦ κρίμα,

τὸ δὲ στόμα μου ἐμπλήσαιμι ἐλέγχων·

5 γνῴην δὲ ῥήματα, ἅ μοι ἐρεῖ,

αἰσθοίμην δὲ τίνα μοι ἀπαγγελεῖ.

6 καὶ εἰ ἐν πολλῇ ἰσχύι ἐπελεύσεταί μοι,

εἶτα ἐν ἀπειλῇ μοι οὐ χρήσεται·

7 ἀλήθεια γὰρ καὶ ἔλεγχος παρ' αὐτοῦ,

ἐξαγάγοι δὲ εἰς τέλος τὸ κρίμα μου.

8 εἰς γὰρ πρῶτα πορεύσομαι καὶ οὐκέτι εἰμί·

τὰ δὲ ἐπ' ἐσχάτοις τί οἶδα;

9 ἀριστερὰ ποιήσαντος αὐτοῦ καὶ οὐ κατέσχον·

περιβαλεῖ δεξιά, καὶ οὐκ ὄψομαι.

10 οἶδεν γὰρ ἤδη ὁδόν μου,

διέκρινεν δέ με ὥσπερ τὸ χρυσίον.

11 ἐξελεύσομαι δὲ ἐν ἐντάλμασιν αὐτοῦ,

ὁδοὺς γὰρ αὐτοῦ ἐφύλαξα καὶ οὐ μὴ ἐκκλίνω.

12 ἀπὸ ἐνταλμάτων αὐτοῦ καὶ οὐ μὴ παρέλθω,

ἐν δὲ κόλπῳ μου ἔκρυψα ῥήματα αὐτοῦ.

13 εἰ δὲ καὶ αὐτὸς ἔκρινεν οὕτως, τίς ἐστιν ὁ ἀντειπὼν αὐτῷ;

ὁ γὰρ αὐτὸς ἠθέλησεν, καὶ ἐποίησεν.

15 διὰ τοῦτο ἐπ' αὐτῷ ἐσπούδακα·

νουθετούμενος δὲ ἐφρόντισα αὐτοῦ.

15 ἐπὶ τούτῳ ἀπὸ προσώπου αὐτοῦ κατασπουδασθῶ·

κατανοήσω καὶ πτοηθήσομαι ἐξ αὐτοῦ.

¹⁶κύριος δὲ ἐμαλάκυνεν τὴν καρδίαν μου,

ὁ δὲ παντοκράτωρ ἐσπούδασέν με.

¹⁷οὐ γὰρ ᾔδειν ὅτι ἐπελεύσεταί μοι σκότος,

πρὸ προσώπου δέ μου ἐκάλυψεν γνόφος.

ECCLESIASTES 1:1-18

¹:¹῾Ρήματα ᾽Εκκλησιαστοῦ υἱοῦ Δαυὶδ

βασιλέως ᾽Ισραὴλ ἐν ᾽Ιερουσαλήμ.

²Ματαιότης ματαιοτήτων, εἶπεν ὁ ᾽Εκκλησιαστής,

ματαιότης ματαιοτήτων, τὰ πάντα ματαιότης.

³τίς περισσεία τῷ ἀνθρώπῳ

ἐν παντὶ μόχθῳ αὐτοῦ, ᾧ μοχθεῖ ὑπὸ τὸν ἥλιον;

⁴γενεὰ πορεύεται καὶ γενεὰ ἔρχεται,

καὶ ἡ γῆ εἰς τὸν αἰῶνα ἕστηκεν.

⁵καὶ ἀνατέλλει ὁ ἥλιος καὶ δύνει ὁ ἥλιος

καὶ εἰς τὸν τόπον αὐτοῦ ἕλκει·

⁶ἀνατέλλων αὐτὸς ἐκεῖ πορεύεται πρὸς νότον

καὶ κυκλοῖ πρὸς βορρᾶν·

κυκλοῖ κυκλῶν, πορεύεται τὸ πνεῦμα,

καὶ ἐπὶ κύκλους αὐτοῦ ἐπιστρέφει τὸ πνεῦμα.

⁷πάντες οἱ χείμαρροι πορεύονται εἰς τὴν θάλασσαν,

καὶ ἡ θάλασσα οὐκ ἔσται ἐμπιμπλαμένη·

εἰς τόπον, οὗ οἱ χείμαρροι πορεύονται,

ἐκεῖ αὐτοὶ ἐπιστρέφουσιν τοῦ πορευθῆναι.

⁸πάντες οἱ λόγοι ἔγκοποι·

οὐ δυνήσεται ἀνὴρ τοῦ λαλεῖν,

καὶ οὐκ ἐμπλησθήσεται ὀφθαλμὸς τοῦ ὁρᾶν,

καὶ οὐ πληρωθήσεται οὖς ἀπὸ ἀκροάσεως.

⁹τί τὸ γεγονός, αὐτὸ τὸ γενησόμενον·

καὶ τί τὸ πεποιημένον, αὐτὸ τὸ ποιηθησόμενον·

καὶ οὐκ ἔστιν πᾶν πρόσφατον ὑπὸ τὸν ἥλιον.

¹⁰ὃς λαλήσει καὶ ἐρεῖ Ἰδὲ τοῦτο καινόν ἐστιν,

ἤδη γέγονεν ἐν τοῖς αἰῶσιν

τοῖς γενομένοις ἀπὸ ἔμπροσθεν ἡμῶν.

¹¹οὐκ ἔστιν μνήμη τοῖς πρώτοις,

καί γε τοῖς ἐσχάτοις γενομένοις

οὐκ ἔσται αὐτοῖς μνήμη

μετὰ τῶν γενησομένων εἰς τὴν ἐσχάτην.

¹²Ἐγὼ Ἐκκλησιαστὴς ἐγενόμην

βασιλεὺς ἐπὶ Ἰσραὴλ ἐν Ἰερουσαλήμ·

¹³καὶ ἔδωκα τὴν καρδίαν μου τοῦ ἐκζητῆσαι

καὶ τοῦ κατασκέψασθαι ἐν τῇ σοφίᾳ περὶ πάντων

τῶν γινομένων ὑπὸ τὸν οὐρανόν·

ὅτι περισπασμὸν πονηρὸν

ἔδωκεν ὁ θεὸς τοῖς υἱοῖς τοῦ ἀνθρώπου

τοῦ περισπᾶσθαι ἐν αὐτῷ.

¹⁴εἶδον σὺν πάντα τὰ ποιήματα᾽

τὰ πεποιημένα ὑπὸ τὸν ἥλιον,

καὶ ἰδοὺ τὰ πάντα ματαιότης καὶ προαίρεσις πνεύματος.

¹⁵διεστραμμένον οὐ δυνήσεται τοῦ ἐπικοσμηθῆναι,

καὶ ὑστέρημα οὐ δυνήσεται τοῦ ἀριθμηθῆναι.

¹⁶ἐλάλησα ἐγὼ ἐν καρδίᾳ μου τῷ λέγειν

Ἐγὼ ἰδοὺ ἐμεγαλύνθην

καὶ προσέθηκα σοφίαν ἐπὶ πᾶσιν,

οἳ ἐγένοντο ἔμπροσθέν μου ἐν Ἰερουσαλήμ,

καὶ καρδία μου εἶδεν πολλά, σοφίαν καὶ γνῶσιν,

[17]καὶ ἔδωκα καρδίαν μου τοῦ γνῶναι σοφίαν καὶ γνῶσιν,

παραβολὰς καὶ ἐπιστήμην ἔγνων,

ὅτι καί γε τοῦτ' ἔστιν προαίρεσις πνεύματος·

[18]ὅτι ἐν πλήθει σοφίας πλῆθος γνώσεως,

καὶ ὁ προστιθεὶς γνῶσιν προσθήσει ἄλγημα.

PROVERBS   1:1-9

[1:1]Παροιμίαι Σαλωμῶντος υἱοῦ Δαυίδ,

ὃς ἐβασίλευσεν ἐν Ἰσραήλ,

[2]γνῶναι σοφίαν καὶ παιδείαν

νοῆσαί τε λόγους φρονήσεως

[3]δέξασθαί τε στροφὰς λόγων

νοῆσαί τε δικαιοσύνην ἀληθῆ

καὶ κρίμα κατευθύνειν,

[4]ἵνα δῷ ἀκάκοις πανουργίαν,

παιδὶ δὲ νέῳ αἴσθησίν τε καὶ ἔννοιαν·

[5]τῶνδε γὰρ ἀκούσας σοφὸς σοφώτερος ἔσται,

ὁ δὲ νοήμων κυβέρνησιν κτήσεται

[6]νοήσει τε παραβολὴν καὶ σκοτεινὸν λόγον

ῥήσεις τε σοφῶν καὶ αἰνίγματα.

[7]Ἀρχὴ σοφίας φόβος θεοῦ,

σύνεσις δὲ ἀγαθὴ πᾶσι τοῖς ποιοῦσιν αὐτήν.

εὐσέβεια δὲ εἰς θεὸν ἀρχὴ αἰσθήσεως,

σοφίαν δὲ καὶ παιδείαν ἀσεβεῖς ἐξουθενήσουσιν.

[8]ἄκουε, υἱέ, παιδείαν πατρός σου·

καὶ μὴ ἀπώσῃ θεσμοὺς μητρός σου·

[9]στέφανον γὰρ χαρίτων δέξῃ σῇ κορυφῇ

καὶ κλοιὸν χρύσεον περὶ σῷ τραχήλῳ.

12:¹ Ὁ ἀγαπῶν παιδείαν ἀγαπᾷ αἴσθησιν,

   ὁ δὲ μισῶν ἐλέγχους ἄφρων.

²κρείσσων ὁ εὑρὼν χάριν παρὰ κυρίῳ

   ἀνὴρ δὲ παράνομος παρασιωπηθήσεται.

³οὐ κατορθώσει ἄνθρωπος ἐξ ἀνόμου,

   αἱ δὲ ῥίζαι τῶν δικαίων οὐκ ἐξαρθήσονται.

⁴γυνὴ ἀνδρεία στέφανος τῷ ἀνδρὶ αὐτῆς·

   ὥσπερ δὲ ἐν ξύλῳ σκώληξ, οὕτως ἄνδρα ἀπόλλυσιν γυνὴ κακο-

   ποιός.

⁵λογισμοὶ δικαίων κρίματα,

   κυβερνῶσιν δὲ ἀσεβεῖς δόλους.

⁶λόγοι ἀσεβῶν δόλιοι,

   στόμα δὲ ὀρθῶν ῥύσεται αὐτούς.

⁷οὗ ἐὰν στραφῇ, ἀσεβὴς ἀφανίζεται,

   οἶκοι δὲ δικαίων παραμένουσιν.

⁸στόμα συνετοῦ ἐγκωμιάζεται ὑπὸ ἀνδρός,

   νωθροκάρδιος δὲ μυκτηρίζεται.

⁹κρείσσων ἀνὴρ ἐν ἀτιμίᾳ δουλεύων ἑαυτῷ

   ἢ τιμὴν ἑαυτῷ περιτιθεὶς καὶ προσδεόμενος ἄρτου.

¹⁰δίκαιος οἰκτίρει ψυχὰς κτηνῶν αὐτοῦ,

   τὰ δὲ σπλάγχνα τῶν ἀσεβῶν ἀνελεήμονα.

¹¹ὁ ἐργαζόμενος τὴν ἑαυτοῦ γῆν ἐμπλησθήσεται ἄρτων,

   οἱ δὲ διώκοντες μάταια ἐνδεεῖς. φρενῶν.

¹¹ᵃὅς ἐστιν ἡδὺς ἐν οἴνων διατριβαῖς,

   ἐν τοῖς ἑαυτοῦ ὀχυρώμασιν καταλείψει ἀτιμίαν.

¹²ἐπιθυμίαι ἀσεβῶν κακαί,

   αἱ δὲ ῥίζαι τῶν εὐσεβῶν ἐν ὀχυρώμασιν.

¹³δι' ἁμαρτίαν χειλέων ἐμπίπτει εἰς παγίδας ἁμαρτωλός,

ἐκφεύγει δὲ ἐξ αὐτῶν δίκαιος.

13aδ βλέπων λεῖα ἐλεηθήσεται,

ὁ δὲ συναντῶν ἐν πύλαις ἐκθλίψει ψυχάς.

14ἀπὸ καρπῶν στόματος ψυχὴ ἀνδρὸς πλησθήσεται ἀγαθῶν,

ἀνταπόδομα δὲ χειλέων αὐτοῦ δοθήσεται αὐτῷ.

15ὁδοὶ ἀφρόνων ὀρθαὶ ἐνώπιον αὐτῶν,

εἰσακούει δὲ συμβουλίας σοφός.

DANIEL 12

12:1Καὶ κατὰ τὴν ὥραν ἐκείνην παρελεύσεται Μιχαὴλ ὁ ἄγγελος ὁ μέγας ὁ ἑστηκὼς ἐπὶ τοὺς υἱοὺς τοῦ λαοῦ σου· ἐκείνη ἡ ἡμέρα θλίψεως, οἵα οὐκ ἐγενήθη ἀφ' οὗ ἐγενήθησαν ἕως τῆς ἡμέρας ἐκείνης· καὶ ἐν ἐκείνῃ τῇ ἡμέρᾳ ὑψωθήσεται πᾶς ὁ λαός, ὃς ἂν εὑρεθῇ ἐγγεγραμμένος ἐν τῷ βιβλίῳ. 2καὶ πολλοὶ τῶν καθευδόντων ἐν τῷ πλάτει τῆς γῆς ἀναστήσονται, οἱ μὲν εἰς ζωὴν αἰώνιον, οἱ δὲ εἰς ὀνειδισμόν, οἱ δὲ εἰς διασπορὰν καὶ αἰσχύνην αἰώνιον. 3καὶ οἱ συνιέντες φανοῦσιν ὡς φωστῆρες τοῦ οὐρανοῦ καὶ οἱ κατισχύοντες τοὺς λόγους μου ὡσεὶ τὰ ἄστρα τοῦ οὐρανοῦ εἰς τὸν αἰῶνα τοῦ αἰῶνος. 4καὶ σύ, Δανιήλ, κάλυψον τὰ προστάγματα καὶ σφράγισαι τὸ βιβλίον ἕως καιροῦ συντελείας, ἕως ἂν ἀπομανῶσιν οἱ πολλοὶ καὶ πλησθῇ ἡ γῆ ἀδικίας. -- 5καὶ εἶδον ἐγὼ Δανιὴλ καὶ ἰδοὺ δύο ἕτεροι εἱστήκεισαν, εἷς ἔνθεν τοῦ ποταμοῦ καὶ εἷς ἔνθεν. 6καὶ εἶπα τῷ ἑνὶ τῷ περιβεβλημένῳ τὰ βύσσινα τῷ ἐπάνω Πότε οὖν συντέλεια ὧν εἴρηκάς μοι τῶν θαυμαστῶν καὶ ὁ καθαρισμὸς τούτων; 7καὶ ἤκουσα τοῦ περιβεβλημένου τὰ βύσσινα, ὃς ἦν ἐπάνω τοῦ ὕδατος τοῦ ποταμοῦ Ἕως καιροῦ συντελείας· καὶ ὕψωσε τὴν δεξιὰν καὶ τὴν ἀριστερὰν εἰς τὸν οὐρανὸν καὶ ὤμοσε τὸν ζῶντα εἰς τὸν αἰῶνα θεὸν ὅτι εἰς καιρὸν καὶ καιροὺς καὶ ἥμισυ καιροῦ ἡ συντέλεια χειρῶν ἀφέσεως λαοῦ ἁγίου, καὶ συντελεσθήσεται πάντα ταῦτα. 8καὶ ἐγὼ ἤκουσα καὶ οὐ διενοήθην παρ' αὐτὸν τὸν καιρὸν καὶ εἶπα Κύριε,

τίς ἡ λύσις τοῦ λόγου τούτου, καὶ τίνος αἱ παραβολαὶ αὗται; [9]καὶ

εἶπέν μοι Ἀπότρεχε, Δανιήλ, ὅτι κατακεκαλυμμένα καὶ ἐσφραγισμένα

τὰ προστάγματα, ἕως ἂν [10]πειρασθῶσι καὶ ἁγιασθῶσι πολλοί, καὶ ἁμάρ-

τωσιν οἱ ἁμαρτωλοί· καὶ οὐ μὴ διανοηθῶσι πάντες οἱ ἁμαρτωλοί, καὶ

οἱ διανοούμενοι προσέξουσιν. [11]ἀφ' οὗ ἂν ἀποσταθῇ ἡ θυσία διὰ παν-

τὸς καὶ ἑτοιμασθῇ δοθῆναι τὸ βδέλυγμα τῆς ἐρημώσεως, ἡμέρας χιλίας

διακοσίας ἐνενήκοντα. [12]μακάριος ὁ ἐμμένων καὶ συνάξει εἰς ἡμέρας

χιλίας τριακοσίας τριάκοντα πέντε. [13]καὶ σὺ βάδισον ἀναπαύου· ἔτι

γὰρ εἰσιν ἡμέραι καὶ ὧραι εἰς ἀναπλήρωσιν συντελείας, καὶ ἀναπαύσῃ

καὶ ἀναστήσῃ ἐπὶ τὴν δόξαν σου εἰς συντέλειαν ἡμερῶν.

THE APOCRYPHA AND PSEUDEPIGRAPHA

Along with selections from the "apocryphal" Old Testament books we shall here for convenience also include the so-called "pseudepigrapha," since the distinction between the two groups is to some extent artificial. These books were produced in the period roughly 200 B.C. - 100 A.D., some in Hebrew and some in Greek; and they are indispensable for our knowledge of Judaism in the intertestamental era. Several of them were of great popularity and influence among the early Christians, as will be apparent from some of the passages selected for reading.

The language, place and date of composition of the books from which our passages are chosen may be tabulated in accordance with the weight of scholarly opinion somewhat as follows:

Palestinian (Hebrew or Aramaic originals)

Apocrypha	Tobit (place uncertain)	ca. B.C. 200
	Wisdom of ben Sira (Sirach)	B.C. 190-170
	I Maccabees	ca. B.C. 100
Pseudepigrapha	Testaments of the XII Patriarchs	B.C. 109-106
	Psalms of Solomon	ca. B.C. 50
	I Enoch	ca. B.C. 160- 60

Egyptian or extra-Palestinian (Greek originals)

Apocrypha	II Maccabees	ca. B.C. 125
	Wisdom of Solomon	ca. B.C. 100- 10
	Sirach (Preface)	B.C. 132
Pseudepigrapha	Letter of Aristeas	ca. B.C. 150
	IV Maccabees	ca. B.C. 50-A.D. 50

28

A brief characterization of the books may be helpful. TOBIT is a didactic romance reflecting devout Judaism mingled with a bit of Persian angelology, demonology and magic. Its use of several earlier sources such as the *Wisdom of Ahikar* is of particular interest. THE WISDOM OF YESHUA BEN SIRA (Jesus the son of Sirach), also known by its Latin title, Ecclesiasticus, is a great exaltation of "wisdom" and righteousness. Except perhaps for the cosmic significance attached to the semi-personified Wisdom, the religious standpoint of the book is that of orthodox Judaism. In a prologue to the Greek version the author's grandson explains the reason and circumstances of his translation of the book. I MACCABEES, written by an admirer of the early Hasmoneans, is a trustworthy and important source for our knowledge of the Jewish struggle for religious liberty and political independence in the period B.C. 175-135, the leadership for which was furnished by the family of Judas Maccabeus and his brothers. THE TESTAMENTS OF THE XII PATRIARCHS (the sons of Jacob) is a pseudepigraphic and apocalyptic expression of essentially Pharisaic Judaism of the time of its composition, notable for its ethical teaching and for its view of the Messiah as a descendant of Levi. The book appears to have exerted a great influence upon Jesus and Paul. THE PSALMS OF SOLOMON, also known more accurately as the Psalms of the Pharisees, is a pseudepigraphic collection of eighteen psalms representing a devout, Pharisaic and anti-Hellenizing type of Judaism of ca. 50 B.C. A strong messianic hope finds expression in the last two compositions. THE BOOK OF ENOCH (often called I Enoch or the Ethiopic Enoch to distinguish it from the Slavonic Enoch) is a composite of apocalyptic and ethical teaching whose various sections are dated between B.C. 160 and 60. While its general standpoint is zealous, Pharisaic Judaism, it is featured by an emphatic and detailed eschatology of special interest for its "apocalyptic" Messiah. R. H. Charles refers to it as the most important pseudepigraph of the first two centuries B.C. for the history of Jewish theological development, and indicates that its influence on the New Testament exceeds that of any other pseudepigraphic or apocalyptic work. The Greek version is extant only in 1-32 and 97:6-104:13, 106-107.

Among the extra-Palestinian Greek productions II MACCABEES is a rhetorical and propagandistic portrayal of the events of B.C. 175-161. It is represented to be an epitome of a larger work by Jason of Cyrene, and is on the whole of less historical value than I Maccabees. THE LETTER OF ARISTEAS, or Pseudo-Aristeas, is a Jewish apology combining a semi-legendary account of the origin of the Septuagint translation of the Pentateuch with a Judaized form of secular Greek ethical philosophy. It contains also an interesting description of Jerusalem and an eloquent defense of the Law. The latter, from which we quote, is considered by some to be a later addition to the book. THE WISDOM OF SOLOMON, or Book of Wisdom (Latin title), combines an attractive and noble ethical teaching and exaltation of Wisdom with speculative interests reflecting some modification of its basic Jewish outlook through Hellenistic influences, e.g., in the doctrine of the immortality of the soul. Some scholars believe that chapters 1-5 or 1-6 are of Palestinian and Hebrew origin, but this is unproved. In IV MACCABEES the stories already recounted in II Maccabees of the martyrdom of Eleazer and a mother with her seven sons are elaborated and made the vehicle for interpreting Jewish orthodoxy in terms of the Stoic virtues. This anonymous composition perhaps served Diaspora Jews as an address for the Feast of Rededication of the Temple.

In all except three of the selected passages we reproduce the text edited by Rahlfs (see Bibliography). For the Testaments of the

Twelve Patriarchs and I Enoch 1 we have used the editions of R. H.
Charles (*The Greek Versions of the Testaments of the Twelve Patri-
archs edited from nine mss., etc.*, Oxford, Clarendon Press, 1908;
The Book of Enoch or I Enoch, the Gizeh Fragment in Appendix I, Ox-
ford, Clarendon Press, 1912). For I Enoch 106-107 we give the
text of the important University of Michigan papyrus published by
Campbell Bonner (*The Last Chapters of Enoch in Greek,* in *Studies
and Documents,* edited by Kirsopp Lake and Silva Lake, vol. VIII,
London, Christophers, 1937). For the Letter of Pseudo-Aristeas we
reprint the text edited by H. St. J. Thackeray and published as
an appendix to H. B. Swete's *Introduction to the Old Testament
in Greek* (Cambridge: University Press, 2d ed., 1914).

TOBIT 4:1-5, 6:1-19

⁴:¹Ἐν τῇ ἡμέρᾳ ἐκείνῃ ἐμνήσθη Τωβὶτ περὶ τοῦ ἀργυρίου, οὗ
παρέθετο Γαβαὴλ ἐν Ῥάγοις τῆς Μηδίας, ²καὶ εἶπεν ἐν ἑαυτῷ Ἐγὼ
ᾐτησάμην θάνατον· τί οὐ καλῶ Τωβίαν τὸν υἱόν μου, ἵνα αὐτῷ ὑπο-
δείξω πρὶν ἀποθανεῖν με; ³καὶ καλέσας αὐτὸν εἶπεν Παιδίον, ἐὰν
ἀποθάνω, θάψον με· καὶ μὴ ὑπερίδῃς τὴν μητέρα σου, τίμα αὐτὴν
πάσας τὰς ἡμέρας τῆς ζωῆς σου καὶ ποίει τὸ ἀρεστὸν αὐτῇ καὶ μὴ
λυπήσῃς αὐτήν. ⁴μνήσθητι, παιδίον, ὅτι πολλοὺς κινδύνους ἑόρακεν
ἐπὶ σοὶ ἐν τῇ κοιλίᾳ· ὅταν ἀποθάνῃ, θάψον αὐτὴν παρ’ ἐμοὶ ἐν ἑνὶ
τάφῳ. ⁵πάσας τὰς ἡμέρας, παιδίον, κυρίου τοῦ θεοῦ ἡμῶν μνημόνευε
καὶ μὴ θελήσῃς ἁμαρτάνειν καὶ παραβῆναι τὰς ἐντολὰς αὐτοῦ· δικαι-
οσύνην ποίει πάσας τὰς ἡμέρας τῆς ζωῆς σου καὶ μὴ πορευθῇς ταῖς
ὁδοῖς τῆς ἀδικίας.

⁶:¹οἱ δὲ πορευόμενοι τὴν ὁδὸν ἦλθον ἑσπέρας ἐπὶ τὸν Τίγριν πο-
ταμὸν καὶ ηὐλίζοντο ἐκεῖ. ²τὸ δὲ παιδάριον κατέβη περικλύσασθαι,

καὶ ἀνεπήδησεν ἰχθὺς ἀπὸ τοῦ ποταμοῦ καὶ ἐβουλήθη καταπιεῖν τὸ
παιδάριον. ³ὁ δὲ ἄγγελος εἶπεν αὐτῷ 'Επιλαβοῦ τοῦ ἰχθύος. καὶ
ἐκράτησεν τὸν ἰχθὺν τὸ παιδάριον καὶ ἀνέβαλεν αὐτὸν ἐπὶ τὴν γῆν.
⁴καὶ εἶπεν αὐτῷ ὁ ἄγγελος 'Ανάτεμε τὸν ἰχθὺν καὶ λαβὼν τὴν καρ-
δίαν καὶ τὸ ἧπαρ καὶ τὴν χολὴν θὲς ἀσφαλῶς. ⁵καὶ ἐποίησεν τὸ παι-
δάριον ὡς εἶπεν αὐτῷ ὁ ἄγγελος, τὸν δὲ ἰχθὺν ὀπτήσαντες ἔφαγον.—
⁶καὶ ὥδευον ἀμφότεροι, ἕως ἤγγισαν ἐν 'Εκβατάνοις. ⁷καὶ εἶπεν τὸ
παιδάριον τῷ ἀγγέλῳ 'Αζαριὰ ἄδελφε, τί ἐστιν τὸ ἧπαρ καὶ ἡ καρδία
καὶ ἡ χολὴ τοῦ ἰχθύος; ⁸καὶ εἶπεν αὐτῷ 'Η καρδία καὶ τὸ ἧπαρ, ἐάν
τινα ὀχλῇ δαιμόνιον ἢ πνεῦμα πονηρόν, ταῦτα δεῖ καπνίσαι ἐνώπιον
ἀνθρώπου ἢ γυναικός, καὶ οὐκέτι οὐ μὴ ὀχληθῇ· ⁹ἡ δὲ χολή, ἐγχρῖσαι
ἄνθρωπον, ὃς ἔχει λευκώματα ἐν τοῖς ὀφθαλμοῖς, καὶ ἰαθήσεται.

¹⁰'Ως δὲ προσήγγισαν τῇ 'Ράγῃ, ¹¹εἶπεν ὁ ἄγγελος τῷ παιδαρίῳ
"Αδελφε, σήμερον αὐλισθησόμεθα παρὰ 'Ραγουήλ, καὶ αὐτὸς συγγενής
σού ἐστιν, καὶ ἔστιν αὐτῷ θυγάτηρ μονογενὴς ὀνόματι Σάρρα· ¹²λα-
λήσω περὶ αὐτῆς τοῦ δοθῆναί σοι αὐτὴν εἰς γυναῖκα, ὅτι σοὶ ἐπι-
βάλλει ἡ κληρονομία αὐτῆς, καὶ σὺ μόνος εἶ ἐκ τοῦ γένους αὐτῆς·
καὶ τὸ κοράσιον καλὸν καὶ φρόνιμόν ἐστιν. ¹³καὶ νῦν ἄκουσόν μου
καὶ λαλήσω τῷ πατρὶ αὐτῆς, καὶ ὅταν ὑποστρέψωμεν ἐκ 'Ράγων, ποι-
ήσομεν τὸν γάμον. διότι ἐπίσταμαι Ραγουὴλ ὅτι οὐ μὴ δῷ αὐτὴν ἀν-
δρὶ ἑτέρῳ κατὰ τὸν νόμον Μωυσῆ ἢ ὀφειλέσει θάνατον, ὅτι τὴν κληρο-
νομίαν σοὶ καθήκει λαβεῖν ἢ πάντα ἄνθρωπον. ¹⁴τότε εἶπεν τὸ παι-
δάριον τῷ ἀγγέλῳ 'Αζαριὰ ἄδελφε, ἀκήκοα ἐγὼ τὸ κοράσιον δεδόσθαι
ἑπτὰ ἀνδράσιν καὶ πάντας ἐν τῷ νυμφῶνι ἀπολωλότας. ¹⁵καὶ νῦν ἐγὼ
μόνος εἰμὶ τῷ πατρὶ καὶ φοβοῦμαι μὴ εἰσελθὼν ἀποθάνω καθὼς καὶ οἱ
πρότεροι, ὅτι δαιμόνιον φιλεῖ αὐτήν, ὃ οὐκ ἀδικεῖ οὐδένα πλὴν τῶν
προσαγόντων αὐτῇ. καὶ νῦν ἐγὼ φοβοῦμαι μὴ ἀποθάνω καὶ κατάξω τὴν
ζωὴν τοῦ πατρός μου καὶ τῆς μητρός μου μετ' ὀδύνης ἐπ' ἐμοὶ εἰς
τὸν τάφον αὐτῶν· καὶ υἱὸς ἕτερος οὐχ ὑπάρχει αὐτοῖς, ὃς θάψει

αὐτούς. ¹⁶εἶπεν δὲ αὐτῷ ὁ ἄγγελος Οὐ μέμνησαι τῶν λόγων, ὧν ἐν-
ετείλατό σοι ὁ πατήρ σου ὑπὲρ τοῦ λαβεῖν σε γυναῖκα ἐκ τοῦ γένους
σου; καὶ νῦν ἄκουσόν μου, ἄδελφε, διότι σοὶ ἔσται εἰς γυναῖκα, καὶ
τοῦ δαιμονίου μηδένα λόγον ἔχε, ὅτι τὴν νύκτα ταύτην δοθήσεταί σοι
αὕτη εἰς γυναῖκα. ¹⁷καὶ ἐὰν εἰσέλθῃς εἰς τὸν νυμφῶνα, λήμψῃ τέφραν
θυμιαμάτων καὶ ἐπιθήσεις ἀπὸ τῆς καρδίας καὶ τοῦ ἥπατος τοῦ ἰχθύος
καὶ καπνίσεις, καὶ ὀσφρανθήσεται τὸ δαιμόνιον καὶ φεύξεται καὶ οὐκ
ἐπανελεύσεται τὸν αἰῶνα τοῦ αἰῶνος. ¹⁸ὅταν δὲ προσπορεύῃ αὐτῇ,
ἐγέρθητε ἀμφότεροι καὶ βοήσατε πρὸς τὸν ἐλεήμονα θεόν, καὶ σώσει
ὑμᾶς καὶ ἐλεήσει· μὴ φοβοῦ, ὅτι σοὶ αὐτὴ ἡτοιμασμένη ἦν ἀπὸ τοῦ
αἰῶνος, καὶ σὺ αὐτὴν σώσεις, καὶ πορεύσεται μετὰ σοῦ, καὶ ὑπολαμ-
βάνω ὅτι σοὶ ἔσται ἐξ αὐτῆς παιδία. ¹⁹καὶ ὡς ἤκουσεν Τωβίας ταῦτα,
ἐφίλησεν αὐτήν, καὶ ἡ ψυχὴ αὐτοῦ ἐκολλήθη αὐτῇ σφόδρα.

WISDOM OF SIRACH, Preface; 44:1-15

¹Πολλῶν καὶ μεγάλων ἡμῖν διὰ τοῦ νόμου καὶ τῶν προφητῶν
    καὶ τῶν ἄλλων τῶν κατ' αὐτοὺς ἠκολουθηκότων δεδομένων,
    ὑπὲρ ὧν δέον ἐστὶν ἐπαινεῖν τὸν Ἰσραὴλ παιδείας καὶ σοφίας,
    καὶ ὡς οὐ μόνον αὐτοὺς τοὺς ἀναγινώσκοντας δέον ἐστὶν ἐπι-
        στήμονας γίνεσθαι,
5   ἀλλὰ καὶ τοῖς ἐκτὸς δύνασθαι τοὺς φιλομαθοῦντας χρησίμους
        εἶναι
    καὶ λέγοντας καὶ γράφοντας,
ὁ πάππος μου Ἰησοῦς ἐπὶ πλεῖον ἑαυτὸν δοὺς
    εἴς τε τὴν τοῦ νόμου
    καὶ τῶν προφητῶν
10 καὶ τῶν ἄλλων πατρίων βιβλίων ἀνάγνωσιν
    καὶ ἐν τούτοις ἱκανὴν ἕξιν περιποιησάμενος

προήχθη καὶ αὐτὸς συγγράψαι τι τῶν εἰς παιδείαν καὶ σοφίαν

    ἀνηκόντων,

ὅπως οἱ φιλομαθεῖς καὶ τούτων ἔνοχοι γενόμενοι

    πολλῷ μᾶλλον ἐπιπροσθῶσιν διὰ τῆς ἐννόμου βιώσεως.

15Παρακέκλησθε οὖν

    μετ' εὐνοίας καὶ προσοχῆς

    τὴν ἀνάγνωσιν ποιεῖσθαι

    καὶ συγγνώμην ἔχειν

    ἐφ' οἷς ἂν δοκῶμεν

20   τῶν κατὰ τὴν ἑρμηνείαν πεφιλοπονημένων τισὶν τῶν λέξεων

    ἀδυναμεῖν·

οὐ γὰρ ἰσοδυναμεῖ

    αὐτὰ ἐν ἑαυτοῖς Ἑβραϊστὶ λεγόμενα καὶ ὅταν μεταχθῇ εἰς

    ἑτέραν γλῶσσαν·

οὐ μόνον δὲ ταῦτα,

    ἀλλὰ καὶ αὐτὸς ὁ νόμος καὶ αἱ προφητεῖαι

25   καὶ τὰ λοιπὰ τῶν βιβλίων

    οὐ μικρὰν ἔχει τὴν διαφορὰν ἐν ἑαυτοῖς λεγόμενα.

Ἐν γὰρ τῷ ὀγδόῳ καὶ τριακοστῷ ἔτει ἐπὶ τοῦ Εὐεργέτου βασιλέως

    παραγενηθεὶς εἰς Αἴγυπτον καὶ συγχρονίσας

    εὑρὼν οὐ μικρᾶς παιδείας ἀφόμοιον *

30ἀναγκαιότατον ἐθέμην καὶ αὐτός τινα προσενέγκασθαι σπουδὴν καὶ

    φιλοπονίαν τοῦ μεθερμηνεῦσαι τήνδε τὴν βίβλον

    πολλὴν ἀγρυπνίαν καὶ ἐπιστήμην προσενεγκάμενος

    ἐν τῷ διαστήματι τοῦ χρόνου

    πρὸς τὸ ἐπὶ πέρας ἀγαγόντα τὸ βιβλίον ἐκδόσθαι

    καὶ τοῖς ἐν τῇ παροικίᾳ βουλομένοις φιλομαθεῖν

35 προκατασκευαζομένους τὰ ἤθη

    ἐννόμως βιοτεύειν.

* R. H. Charles suggests the emendation, ἀφορμήν.

44:1Αἰνέσωμεν δὴ ἄνδρας ἐνδόξους

καὶ τοὺς πατέρας ἡμῶν τῇ γενέσει·

2πολλὴν δόξαν ἔκτισεν ὁ κύριος,

τὴν μεγαλωσύνην αὐτοῦ ἀπ' αἰῶνος.

3κυριεύοντες ἐν ταῖς βασιλείαις αὐτῶν

καὶ ἄνδρες ὀνομαστοὶ ἐν δυνάμει·

βουλεύοντες ἐν συνέσει αὐτῶν,

ἀπηγγελκότες ἐν προφητείαις·

4ἡγούμενοι λαοῦ ἐν διαβουλίοις

καὶ συνέσει γραμματείας λαοῦ,

σοφοὶ λόγοι ἐν παιδείᾳ αὐτῶν·

5ἐκζητοῦντες μέλη μουσικῶν

καὶ διηγούμενοι ἔπη ἐν γραφῇ·

6ἄνδρες πλούσιοι κεχορηγημένοι ἰσχύι,

εἰρηνεύοντες ἐν κατοικίαις αὐτῶν·

7πάντες οὗτοι ἐν γενεαῖς ἐδοξάσθησαν,

καὶ ἐν ταῖς ἡμέραις αὐτῶν καύχημα.

8εἰσὶν αὐτῶν οἳ κατέλιπον ὄνομα

τοῦ ἐκδιηγήσασθαι ἐπαίνους·

9καὶ εἰσὶν ὧν οὐκ ἔστιν μνημόσυνον

καὶ ἀπώλοντο ὡς οὐχ ὑπάρξαντες

καὶ ἐγένοντο ὡς οὐ γεγονότες

καὶ τὰ τέκνα αὐτῶν μετ' αὐτούς.

10ἀλλ' ἢ οὗτοι ἄνδρες ἐλέους,

ὧν αἱ δικαιοσύναι οὐκ ἐπελήσθησαν·

11μετὰ τοῦ σπέρματος αὐτῶν διαμενεῖ,

ἀγαθὴ κληρονομία ἔκγονα αὐτῶν·

12ἐν ταῖς διαθήκαις ἔστη τὸ σπέρμα αὐτῶν

καὶ τὰ τέκνα αὐτῶν δι' αὐτούς·

¹³ἕως αἰῶνος μενεῖ σπέρμα αὐτῶν,

καὶ ἡ δόξα αὐτῶν οὐκ ἐξαλειφθήσεται·

¹⁴τὰ σώματα αὐτῶν ἐν εἰρήνῃ ἐτάφη,

καὶ τὸ ὄνομα αὐτῶν ζῇ εἰς γενεάς·

¹⁵σοφίαν αὐτῶν διηγήσονται λαοί,

καὶ τὸν ἔπαινον ἐξαγγέλλει ἐκκλησία.

I   MACCABEES   1:10-28

¹:¹⁰Καὶ ἐξῆλθεν ἐξ αὐτῶν ῥίζα ἁμαρτωλὸς ᾿Αντίοχος ᾿Επιφανὴς

υἱὸς ᾿Αντιόχου τοῦ βασιλέως, ὃς ἦν ὅμηρα ἐν ῾Ρώμῃ· καὶ ἐβασίλευσεν

ἐν ἔτει ἑκατοστῷ καὶ τριακοστῷ καὶ ἑβδόμῳ βασιλείας ῾Ελλήνων.

¹¹᾿Εν ταῖς ἡμέραις ἐκείναις ἐξῆλθον ἐξ ᾿Ισραὴλ υἱοὶ παράνομοι

καὶ ἀνέπεισαν πολλοὺς λέγοντες Πορευθῶμεν καὶ διαθώμεθα διαθήκην

μετὰ τῶν ἐθνῶν τῶν κύκλῳ ἡμῶν, ὅτι ἀφ᾿ ἧς ἐχωρίσθημεν ἀπ᾿ αὐτῶν,

εὗρεν ἡμᾶς κακὰ πολλά.   ¹²καὶ ἠγαθύνθη ὁ λόγος ἐν ὀφθαλμοῖς αὐτῶν,

¹³καὶ προεθυμήθησάν τινες ἀπὸ τοῦ λαοῦ καὶ ἐπορεύθησαν πρὸς τὸν

βασιλέα, καὶ ἔδωκεν αὐτοῖς ἐξουσίαν ποιῆσαι τὰ δικαιώματα τῶν ἐθ-

νῶν.   ¹⁴καὶ ᾠκοδόμησαν γυμνάσιον ἐν ῾Ιεροσολύμοις κατὰ τὰ νόμιμα

τῶν ἐθνῶν ¹⁵καὶ ἐποίησαν ἑαυτοῖς ἀκροβυστίας καὶ ἀπέστησαν ἀπὸ

διαθήκης ἁγίας καὶ ἐζευγίσθησαν τοῖς ἔθνεσιν καὶ ἐπράθησαν τοῦ ποι-

ῆσαι τὸ πονηρόν.

¹⁶Καὶ ἡτοιμάσθη ἡ βασιλεία ἐνώπιον ᾿Αντιόχου, καὶ ὑπέλαβεν βα-

σιλεῦσαι γῆς Αἰγύπτου, ὅπως βασιλεύσῃ ἐπὶ τὰς δύο βασιλείας.   ¹⁷καὶ

εἰσῆλθεν εἰς Αἴγυπτον ἐν ὄχλῳ βαρεῖ, ἐν ἅρμασιν καὶ ἐλέφασιν καὶ

ἱππεῦσιν καὶ ἐν στόλῳ μεγάλῳ ¹⁸καὶ συνεστήσατο πόλεμον πρὸς Πτο-

λεμαῖον βασιλέα Αἰγύπτου· καὶ ἐνετράπη Πτολεμαῖος ἀπὸ προσώπου αὐ-

τοῦ καὶ ἔφυγεν, καὶ ἔπεσον τραυματίαι πολλοί.   ¹⁹καὶ κατελάβοντο

τὰς πόλεις τὰς ὀχυρὰς ἐν γῇ Αἰγύπτου, καὶ ἔλαβεν τὰ σκῦλα γῆς

Αἰγύπτου. ²⁰καὶ ἐπέστρεψεν Ἀντίοχος μετὰ τὸ πατάξαι Αἴγυπτον ἐν

τῷ ἐκατοστῷ καὶ τεσσαρακοστῷ καὶ τρίτῳ ἔτει καὶ ἀνέβη ἐπὶ Ἰσραὴλ

καὶ ἀνέβη εἰς Ἱεροσόλυμα ἐν ὄχλῳ βαρεῖ. ²¹καὶ εἰσῆλθεν εἰς τὸ

ἁγίασμα ἐν ὑπερηφανίᾳ καὶ ἔλαβεν τὸ θυσιαστήριον τὸ χρυσοῦν καὶ

τὴν λυχνίαν τοῦ φωτὸς καὶ πάντα τὰ σκεύη αὐτῆς ²²καὶ τὴν τράπε-

ζαν τῆς προθέσεως καὶ τὰ σπονδεῖα καὶ τὰς φιάλας καὶ τὰς θυΐσκας

τὰς χρυσᾶς καὶ τὸ καταπέτασμα καὶ τοὺς στεφάνους καὶ τὸν κόσμον

τὸν χρυσοῦν τὸν κατὰ πρόσωπον τοῦ ναοῦ καὶ ἐλέπισεν παντα· ²³καὶ

ἔλαβεν τὸ ἀργύριον καὶ τὸ χρυσίον καὶ τὰ σκεύη τὰ ἐπιθυμητὰ καὶ

ἔλαβεν τοὺς θησαυροὺς τοὺς ἀποκρύφους, οὓς εὗρεν· ²⁴καὶ λαβὼν πάν-

τα ἀπῆλθεν εἰς τὴν γῆν αὐτοῦ. καὶ ἐποίησεν φονοκτονίαν καὶ ἐλάλη-

σεν ὑπερηφανίαν μεγάλην. ²⁵καὶ ἐγένετο πένθος μέγα ἐπὶ Ἰσραὴλ ἐν

παντὶ τόπῳ αὐτῶν. ²⁶καὶ ἐστέναξαν ἄρχοντες καὶ πρεσβύτεροι, παρ-

θένοι καὶ νεανίσκοι ἠσθένησαν, καὶ τὸ κάλλος τῶν γυναικῶν ἠλλοιώθη.

²⁷πᾶς νυμφίος ἀνέλαβεν θρῆνον, καὶ καθημένη ἐν παστῷ ἐπένθει.²⁸καὶ

ἐσείσθη ἡ γῆ ἐπὶ τοὺς κατοικοῦντας αὐτήν, καὶ πᾶς ὁ οἶκος Ἰακὼβ

ἐνεδύσατο αἰσχύνην.

TESTAMENTS OF THE XII PATRIARCHS
TESTAMENT OF LEVI 18

18:1Καὶ μετὰ τὸ γενέσθαι τὴν ἐκδίκησιν αὐτῶν παρὰ κυρίου,

  ἐκλείψει ἡ ἱερωσύνη.

²καὶ τότε ἐγερεῖ κύριος ἱερέα καινόν,

ᾧ πάντες οἱ λόγοι κυρίου ἀποκαλυφθήσονται,

καὶ αὐτὸς ποιήσει κρίσιν ἀληθείας ἐπὶ τῆς γῆς ἐν πλήθει ἡμερῶν.

³καὶ ἀνατελεῖ ἄστρον αὐτοῦ ἐν οὐρανῷ ὡς βασιλέως

φωτίζων φῶς γνώσεως ἐν ἡλίῳ ἡμέρα,

καὶ μεγαλυνθήσεται ἐν τῇ οἰκουμένῃ.

⁴οὗτος ἀναλάμψει ὡς ὁ ἥλιος ἐν τῇ γῇ,

καὶ ἐξαρεῖ πᾶν σκότος ἐκ τῆς ὑπ' οὐρανὸν

καὶ ἔσται εἰρήνη ἐν πάσῃ τῇ γῇ.

⁵οἱ οὐρανοὶ ἀγαλλιάσονται ἐν ταῖς ἡμέραις αὐτοῦ,

καὶ ἡ γῆ χαρήσεται,

καὶ αἱ νεφέλαι εὐφρανθήσονται.

[καὶ ἡ γνῶσις κυρίου ἐκχυθήσεται ἐπὶ τῆς γῆς ὡς ὕδωρ θαλασσῶν]

καὶ οἱ ἄγγελοι τῆς δόξης τοῦ προσώπου κυρίου εὐφρανθήσονται ἐν

        αὐτῷ.

⁶οἱ οὐρανοὶ ἀνοιγήσονται,

καὶ ἐκ τοῦ ναοῦ τῆς δόξης ἥξει ἐπ' αὐτὸν ἁγίασμα

μετὰ φωνῆς πατρικῆς ὡς ἀπὸ 'Αβραὰμ πρὸς 'Ισαάκ.

⁷καὶ δόξα ὑψίστου ἐπ' αὐτὸν ῥηθήσεται,

καὶ πνεῦμα συνέσεως καὶ ἁγιασμοῦ καταπαύσει ἐπ' αὐτόν [ἐν τῷ ὕδατι].

⁸αὐτὸς γὰρ δώσει τὴν μεγαλωσύνην κυρίου τοῖς υἱοῖς αὐτοῦ

        ἐν ἀληθείᾳ εἰς τὸν αἰῶνα,

καὶ οὐκ ἔσται διαδοχὴ αὐτοῦ εἰς γενεὰς καὶ γενεὰς ἕως τοῦ αἰῶνος.

⁹καὶ ἐπὶ τῆς ἱερωσύνης αὐτοῦ τὰ ἔθνη πληθυνθήσονται ἐν γνώσει ἐπὶ

        τῆς γῆς,

καὶ φωτισθήσονται διὰ χάριτος κυρίου.

[ὁ δὲ 'Ισραὴλ ἐλαττωθήσεται ἐν ἀγνωσίᾳ

καὶ σκοτισθήσεται ἐν πένθει]·

ἐπὶ τῆς ἱερωσύνης αὐτοῦ ἐκλείψει ἡ ἁμαρτία

καὶ οἱ ἄνομοι καταπαύσουσιν εἰς κακά,

[οἱ δὲ δίκαιοι καταπαύσουσιν ἐν αὐτῷ].

¹⁰καίγε αὐτὸς ἀνοίξει τὰς θύρας τοῦ παραδείσου,

καὶ ἀποστήσει τὴν ἀπειλοῦσαν ῥομφαίαν κατὰ τοῦ 'Αδάμ.

¹¹καὶ δώσει τοῖς ἁγίοις φαγεῖν ἐκ τοῦ ξύλου τῆς ζωῆς,

καὶ πνεῦμα ἁγιωσύνης ἔσται ἐπ' αὐτοῖς.

¹²καὶ ὁ Βελίαρ δεθήσεται ὑπ' αὐτοῦ,

καὶ δώσει ἐξουσίαν τοῖς τέκνοις αὐτοῦ πατεῖν ἐπὶ τὰ πονηρὰ πνεύματα.

¹³καὶ εὐφρανθήσεται κύριος ἐπὶ τοῖς τέκνοις αὐτοῦ,

καὶ εὐδοκήσει ἐπὶ τοῖς ἀγαπητοῖς αὐτοῦ ἕως αἰῶνος.

¹⁴τότε ἀγαλλιάσεται 'Αβραὰμ καὶ 'Ισαὰκ καὶ 'Ιακώβ,

κἀγὼ χαρήσομαι, καὶ πάντες οἱ ἅγιοι ἐνδύσονται δικαιοσύνην.

TESTAMENT OF JOSEPH 1

¹:¹'Αντίγραφον διαθήκης 'Ιωσήφ. ἐν τῷ μέλλειν αὐτὸν ἀποθνήσκειν,

καλέσας τοὺς υἱοὺς αὐτοῦ καὶ τοὺς ἀδελφοὺς αὐτοῦ εἶπεν αὐτοῖς.

²'Αδελφοί μου καὶ τέκνα μου,

ἀκούσατε 'Ιωσὴφ τοῦ ἠγαπημένου ὑπὸ 'Ισραήλ,

ἐνωτίσασθε ῥήματα τοῦ στόματός μου.

³ἐγὼ εἶδον ἐν τῇ ζωῇ μου τὸν φθόνον καὶ τὸν θάνατον

καὶ οὐκ ἐπλανήθην ἀλλ' ἔμεινα ἐν τῇ ἀληθείᾳ κυρίου.

⁴οἱ ἀδελφοί μου οὗτοι ἐμίσησάν με, ὁ δὲ κύριος ἠγάπησέ με·

αὐτοὶ ἤθελόν με ἀνελεῖν, ὁ δὲ θεὸς τῶν πατέρων μου ἐφύλαξέν με·

εἰς λάκκον με ἐχάλασαν, καὶ ὁ ὕψιστος ἀνήγαγέν με·

⁵ἐπράθην εἰς δουλείαν, καὶ ὁ πάντων δεσπότης ἠλευθέρωσέν με·

εἰς αἰχμαλωσίαν ἐλήφθην, καὶ ἡ κραταιὰ αὐτοῦ χεὶρ ἐβοήθησέ μοι·

ἐν λιμῷ συνεσχέθην, καὶ αὐτὸς ὁ κύριος διέθρεψέ με·

⁶μόνος ἤμην, καὶ ὁ θεὸς παρεκάλεσέ με·

ἐν ἀσθενείᾳ ἤμην, καὶ ὁ κύριος ἐπεσκέψατό με·

ἐν φυλακῇ ἤμην, καὶ ὁ σωτὴρ ἐχαρίτωσέ με·

[ἐν δεσμοῖς καὶ ἔλυσέ με.]

⁷ἐν διαβολαῖς καὶ συνηγόρησέ μοι.

ἐν λόγοις ἐνυπνίων πικροῖς καὶ ἐρρύσατό με.

δοῦλος καὶ ὕψωσέ με.

TESTAMENT OF GAD 4:1-6:4

⁴:¹Φυλάξασθε οὖν, τέκνα μου, ἀπὸ τοῦ μίσους, ὅτι καὶ εἰς αὐτὸν

τὸν κύριον ἀνομίαν ποιεῖ. ²οὐ γὰρ θέλει ἀκούειν λόγων ἐντολῶν

αὐτοῦ περὶ ἀγάπης τοῦ πλησίον καὶ εἰς θεὸν ἁμαρτάνει. ³ἐὰν γὰρ

πέσῃ ὁ ἀδελφός, σπουδάζει εὐθὺς ἀναγγεῖλαι τοῖς πᾶσιν, καὶ σπεύδει

περὶ αὐτοῦ ἵνα κριθεὶς καὶ κολασθεὶς ἀποθάνῃ. ⁴ἐὰν δὲ δοῦλός τις

ᾖ, συμβαλεῖ αὐτὸν πρὸς τὸν κύριον αὐτοῦ καὶ ἐν πάσῃ θλίψει ἐπιχαί-

ρει αὐτῷ, εἴπως θανατωθῇ. ⁵τῷ γὰρ φθόνῳ συνεργεῖ τὸ μῖσος, καὶ

κατὰ τῶν εὐπραγούντων· ἐν προκοπῇ ἀκούων καὶ ὁρῶν πάντοτε ἀσθενεῖ.

⁶ὥσπερ ἡ ἀγάπη καὶ τοὺς νεκροὺς θέλει ζωοποιῆσαι καὶ τοὺς ἐν ἀπο-

φάσει θανάτου θέλει ἀνακαλέσασθαι, οὕτως καὶ τὸ μῖσος τοὺς ζῶντας

θέλει ἀποκτεῖναι, καὶ τοὺς ἐν ὀλίγῳ ἁμαρτήσαντας οὐ θέλει ζῆν.

⁷τὸ γὰρ πνεῦμα τοῦ μίσους διὰ τῆς ὀλιγοψυχίας συνεργεῖ τῷ Σατανᾷ

ἐν πᾶσιν εἰς θάνατον τῶν ἀνθρώπων, τὸ δὲ πνεῦμα τῆς ἀγάπης ἐν μακ-

ροθυμίᾳ συνεργεῖ τῷ νόμῳ τοῦ θεοῦ εἰς σωτηρίαν τῶν ἀνθρώπων.

5:¹Κακὸν οὖν ἐστι τὸ μῖσος, ὅτι ἐνδελεχεῖ συνεχῶς τῷ ψεύδει,

λαλῶν κατὰ τῆς ἀληθείας, καὶ τὰ μικρὰ μεγάλα ποιεῖ, τὸ φῶς σκότος

παρέχει, καὶ τὸ γλυκὺ πικρὸν λέγει, καὶ συκοφαντίαν ἐδιδάσκει καὶ

ὀργὴν ἐκταράσσει καὶ πόλεμον διεγείρει, καὶ ὕβριν καὶ πᾶσαν πλεο-

νεξίαν, κακῶν καὶ ἰοῦ διαβολικοῦ τὴν καρδίαν ἐκπληροῖ. ²ταῦτα οὖν

ἐκ·πείρας λέγω ὑμῖν, τέκνα μου, ὅπως ἐξώσητε τὸ μῖσος τὸ διαβολικόν,

καὶ κολληθῆτε τῇ ἀγάπῃ τοῦ θεοῦ. ³ἡ δικαιοσύνη ἐκβάλλει τὸ μῖσος,

ἡ ταπείνωσις ἀναιρεῖ τὸ ζῆλος· ὁ γὰρ δίκαιος καὶ ταπεινὸς αἰδεῖται

ποιῆσαι ἄδικον, οὐχ ὑπ' ἄλλου καταγινωσκόμενος, ἀλλ' ὑπὸ τῆς ἰδίας

καρδίας, ὅτι κύριος ἐπισκοπεῖ τὴν ψυχὴν αὐτοῦ. ⁴οὐ καταλαλεῖ ἀν-

δρὸς ὁσίου, ἐπειδὴ ὁ φόβος τοῦ θεοῦ οἰκεῖ ἐν αὐτῷ. ⁵φοβούμενος

γὰρ μὴ προσκροῦσαι κυρίῳ, οὐ θέλει τὸ καθόλου οὐδὲ ἕως ἐννοίας ἀ-

δικῆσαι ἄνθρωπον. ⁶ταῦτα ἐγὼ ἔσχατον ἔγνων μετὰ τὸ μετανοῆσαί με

περὶ 'Ιωσήφ. ⁷ἡ γὰρ κατὰ θεὸν ἀληθὴς μετάνοια [ἀναιρεῖ τὴν ἄγνοι-

αν καὶ] φυγαδεύει τὸ σκότος, καὶ φωτίζει τοὺς ὀφθαλμοὺς καὶ γνῶσιν

παρέχει τῇ ψυχῇ, καὶ ὁδηγεῖ τὸ διαβούλιον πρὸς σωτηρίαν. ⁸καὶ οὐκ

ἔμαθεν ἀπὸ ἀνθρώπων τοῦτο ἀλλ' οἶδε διὰ μετανοίας τοὺς ἐπιστρέφον-
τας δέχεσθαι. ⁹ἐπήγαγε γάρ μοι ὁ θεὸς νόσον ἥπατος, καὶ εἰ μὴ αἱ
εὐχαὶ τοῦ πατρός μου ἐβοήθησάν μοι, ὀλίγου δεῖν ἐξέλειπε τὸ πνεῦμα
μου. ¹⁰δι' ὧν γὰρ ὁ ἄνθρωπος παρανομεῖ, δι' ἐκείνων κολάζεται. ¹¹ἐ-
πεὶ οὖν ἔκειτο τὰ ἥπατά μου ἀνίλεως κατὰ τοῦ Ἰωσήφ, τῷ ἥπατι πάσ-
χων ἀνίλεως ἐκρινόμην ἐπὶ χρόνους δέκα, καθ' ὧν χρόνων ἐνεῖχον τῷ
Ἰωσήφ.

^{6:1}Καὶ νῦν, τέκνα μου, παραινῶ ὑμῖν· ἀγαπᾶτε ἕκαστος τὸν πλη-
σίον αὐτοῦ, καὶ ἐξάρατε τὸ μῖσος ἀπὸ τῶν καρδιῶν ὑμῶν· ἀγαπήσατε
ἀλλήλους ἐν ἔργῳ καὶ λόγῳ καὶ διανοίᾳ ψυχῆς. ²ἐγὼ γὰρ κατὰ πρόσω-
πον τοῦ πατρός μου, εἰρηνικὰ ἐλάλουν τῷ Ἰωσήφ· ἐξερχόμενος δὲ ἐξ
αὐτοῦ τὸ πνεῦμα τοῦ μίσους ἐσκότιζέ μου τὸν νοῦν, καὶ ἐτάρασσέ μου
τὸν λογισμὸν πρὸς τὸ ἀνελεῖν αὐτόν. ³ἀγαπήσατε ἀλλήλους ἀπὸ καρ-
δίας, καὶ ἐάν τις ἁμαρτήσει εἰς σέ, εἰπὲ αὐτῷ εἰρήνην, καὶ ἐν τῇ
ψυχῇ σου μὴ κρατήσῃς δόλον· καὶ ἐὰν μετανοήσας ὁμολογήσῃ, ἄφες αὐ-
τῷ. ⁴ἐὰν δὲ ἀρνεῖται, μὴ φιλονείκει αὐτῷ, μήποτε ὀμόσαντος αὐτοῦ
δισσῶς ἁμαρτάνεις.

PSALMS OF SOLOMON 17:21-46

17:21 Ἰδέ, κύριε, καὶ ἀνάστησον αὐτοῖς τὸν βασιλέα αὐτῶν υἱὸν Δαυὶδ
εἰς τὸν καιρόν, ὃν εἵλου σύ, ὁ θεός, τοῦ βασιλεῦσαι ἐπὶ Ἰσραὴλ
        παῖδά σου·
²²καὶ ὑπόζωσον αὐτὸν ἰσχὺν τοῦ θραῦσαι ἄρχοντας ἀδίκους,
καθαρίσαι Ἰερουσαλὴμ ἀπὸ ἐθνῶν καταπατούντων ἐν ἀπωλείᾳ,
²³ἐν σοφίᾳ δικαιοσύνης ἐξῶσαι ἁμαρτωλοὺς ἀπὸ κληρονομίας,
ἐκτρῖψαι ὑπερηφανίαν ἁμαρτωλοῦ ὡς σκεύη κεραμέως,
²⁴ἐν ῥάβδῳ σιδηρᾷ συντρῖψαι πᾶσαν ὑπόστασιν αὐτῶν,
ὀλεθρεῦσαι ἔθνη παράνομα ἐν λόγῳ στόματος αὐτοῦ,

²⁵ἐν ἀπειλῇ αὐτοῦ φυγεῖν ἔθνη ἀπὸ προσώπου αὐτοῦ

καὶ ἐλέγξαι ἁμαρτωλοὺς ἐν λόγῳ καρδίας αὐτῶν.

²⁶Καὶ συνάξει λαὸν ἅγιον, οὗ ἀφηγήσεται ἐν δικαιοσύνῃ,

καὶ κρινεῖ φυλὰς λαοῦ ἡγιασμένου ὑπὸ κυρίου θεοῦ αὐτοῦ·

²⁷καὶ οὐκ ἀφήσει ἀδικίαν ἐν μέσῳ αὐτῶν αὐλισθῆναι ἔτι,

καὶ οὐ κατοικήσει πᾶς ἄνθρωπος μετ' αὐτῶν εἰδὼς κακίαν·

γνώσεται γὰρ αὐτοὺς ὅτι πάντες υἱοὶ θεοῦ εἰσιν αὐτῶν.

²⁸καὶ καταμερίσει αὐτοὺς ἐν ταῖς φυλαῖς αὐτῶν ἐπὶ τῆς γῆς,

καὶ πάροικος καὶ ἀλλογενὴς οὐ παροικήσει αὐτοῖς ἔτι·

²⁹κρινεῖ λαοὺς καὶ ἔθνη ἐν σοφίᾳ δικαιοσύνης αὐτοῦ.

            διάψαλμα.

³⁰Καὶ ἕξει λαοὺς ἐθνῶν δουλεύειν αὐτῷ ὑπὸ τὸν ζυγὸν αὐτοῦ

καὶ τὸν κύριον δοξάσει ἐν ἐπισήμῳ πάσης τῆς γῆς,

καὶ καθαριεῖ Ἰερουσαλὴμ ἐν ἁγιασμῷ ὡς καὶ τὸ ἀπ' ἀρχῆς

³¹ἔρχεσθαι ἔθνη ἀπ' ἄκρου τῆς γῆς ἰδεῖν τὴν δόξαν αὐτοῦ

φέροντες δῶρα τοὺς ἐξησθενηκότας υἱοὺς αὐτῆς

καὶ ἰδεῖν τὴν δόξαν κυρίου, ἣν ἐδόξασεν αὐτὴν ὁ θεός.

³²καὶ αὐτὸς βασιλεὺς δίκαιος διδακτὸς ὑπὸ θεοῦ ἐπ' αὐτούς,

καὶ οὐκ ἔστιν ἀδικία ἐν ταῖς ἡμέραις αὐτοῦ ἐν μέσῳ αὐτῶν,

ὅτι πάντες ἅγιοι, καὶ βασιλεὺς αὐτῶν χριστὸς κυρίου.

³³οὐ γὰρ ἐλπιεῖ ἐπὶ ἵππον καὶ ἀναβάτην καὶ τόξον

οὐδὲ πληθυνεῖ αὐτῷ χρυσίον οὐδὲ ἀργύριον εἰς πόλεμον

καὶ πολλοῖς <λαοῖς> οὐ συνάξει ἐλπίδας εἰς ἡμέραν πολέμου.

³⁴Κύριος αὐτὸς βασιλεὺς αὐτοῦ, ἐλπὶς τοῦ δυνατοῦ ἐλπίδι θεοῦ,

καὶ ἐλεήσει πάντα τὰ ἔθνη ἐνώπιον αὐτοῦ ἐν φόβῳ.

³⁵πατάξει γὰρ γῆν τῷ λόγῳ τοῦ στόματος αὐτοῦ εἰς αἰῶνα,

εὐλογήσει λαὸν κυρίου ἐν σοφίᾳ μετ' εὐφροσύνης·

³⁶καὶ αὐτὸς καθαρὸς ἀπὸ ἁμαρτίας τοῦ ἄρχειν λαοῦ μεγάλου,

ἐλέγξαι ἄρχοντας καὶ ἐξᾶραι ἁμαρτωλοὺς ἐν ἰσχύι λόγου.

37καὶ οὐκ ἀσθενήσει ἐν ταῖς ἡμέραις αὐτοῦ ἐπὶ θεῷ αὐτοῦ·

ὅτι ὁ θεὸς κατειργάσατο αὐτὸν δυνατὸν ἐν πνεύματι ἁγίῳ

καὶ σοφὸν ἐν βουλῇ συνέσεως μετὰ ἰσχύος καὶ δικαιοσύνης.

38καὶ εὐλογία κυρίου μετ' αὐτοῦ ἐν ἰσχύι,

καὶ οὐκ ἀσθενήσει.

39Ἡ ἐλπὶς αὐτοῦ ἐπὶ κύριον,

καὶ τίς δύναται πρὸς αὐτόν;

40ἰσχυρὸς ἐν ἔργοις αὐτοῦ καὶ κραταιὸς ἐν φόβῳ θεοῦ

ποιμαίνων τὸ ποίμνιον κυρίου ἐν πίστει καὶ δικαιοσύνῃ

καὶ οὐκ ἀφήσει ἀσθενῆσαι ἐν αὐτοῖς ἐν τῇ νομῇ αὐτῶν.

41ἐν ἰσότητι πάντας αὐτοὺς ἄξει,

καὶ οὐκ ἔσται ἐν αὐτοῖς ὑπερηφανία τοῦ καταδυναστευθῆναι ἐν αὐτοῖς.

42Αὕτη ἡ εὐπρέπεια τοῦ βασιλέως Ἰσραήλ, ἣν ἔγνω ὁ θεός,

ἀναστῆσαι αὐτὸν ἐπ' οἶκον Ἰσραὴλ παιδεῦσαι αὐτόν.

43τὰ ῥήματα αὐτοῦ πεπυρωμένα ὑπὲρ χρυσίον τὸ πρῶτον τίμιον,

ἐν συναγωγαῖς διακρινεῖ λαοῦ φυλὰς ἡγιασμένου,

οἱ λόγοι αὐτοῦ ὡς λόγοι ἁγίων ἐν μέσῳ λαῶν ἡγιασμένων.

44μακάριοι οἱ γενόμενοι ἐν ταῖς ἡμέραις ἐκείναις

ἰδεῖν τὰ ἀγαθὰ Ἰσραὴλ ἐν συναγωγῇ φυλῶν, ἃ ποιήσει ὁ θεός.

45ταχύναι ὁ θεὸς ἐπὶ Ἰσραὴλ τὸ ἔλεος αὐτοῦ,

ῥύσαιτο ἡμᾶς ἀπὸ ἀκαθαρσίας ἐχθρῶν βεβήλων.

46κύριος αὐτὸς βασιλεὺς ἡμῶν εἰς τὸν αἰῶνα καὶ ἔτι.

PSALMS OF SOLOMON 18

Ψαλμὸς τῷ Σαλωμών· ἔτι τοῦ χριστοῦ κυρίου.

18:1Κύριε, τὸ ἔλεός σου ἐπὶ τὰ ἔργα τῶν χειρῶν σου εἰς τὸν αἰῶνα,

ἡ χρηστότης σου μετὰ δόματος πλουσίου ἐπὶ Ἰσραήλ·

2οἱ ὀφθαλμοί σου ἐπιβλέποντες ἐπ' αὐτά, καὶ οὐχ ὑστερήσει ἐξ αὐτῶν·

τὰ ὦτά σου ἐπακούει εἰς δέησιν πτωχοῦ ἐν ἐλπίδι.

³τὰ κρίματά σου ἐπὶ πᾶσαν τὴν γῆν μετὰ ἐλέους,

καὶ ἡ ἀγάπη σου ἐπὶ σπέρμα Ἀβραὰμ υἱοὺς Ἰσραήλ.

⁴ἡ παιδεία σου ἐφ' ἡμᾶς ὡς υἱὸν πρωτότοκον μονογενῆ

ἀποστρέψαι ψυχὴν εὐήκοον ἀπὸ ἀμαθίας ἐν ἀγνοίᾳ.

⁵καθαρίσαι ὁ θεὸς Ἰσραὴλ εἰς ἡμέραν ἐλέους ἐν εὐλογίᾳ,

εἰς ἡμέραν ἐκλογῆς ἐν ἀνάξει χριστοῦ αὐτοῦ.

⁶Μακάριοι οἱ γενόμενοι ἐν ταῖς ἡμέραις ἐκείναις

ἰδεῖν τὰ ἀγαθὰ κυρίου, ἃ ποιήσει γενεᾷ τῇ ἐρχομένῃ

⁷ὑπὸ ῥάβδον παιδείας χριστοῦ κυρίου ἐν φόβῳ θεοῦ αὐτοῦ

ἐν σοφίᾳ πνεύματος καὶ δικαιοσύνης καὶ ἰσχύος

⁸κατευθῦναι ἄνδρα ἐν ἔργοις δικαιοσύνης φόβῳ θεοῦ

καταστῆσαι πάντας αὐτοὺς ἐνώπιον κυρίου,

⁹γενεὰ ἀγαθὴ ἐν φόβῳ θεοῦ ἐν ἡμέραις ἐλέους.

       διάψαλμα.

¹⁰Μέγας ἡμῶν ὁ θεὸς καὶ ἔνδοξος ἐν ὑψίστοις κατοικῶν,

ὁ διατάξας ἐν πορείᾳ φωστῆρας εἰς καιροὺς ὡρῶν ἀφ' ἡμερῶν

       εἰς ἡμέρας

καὶ οὐ παρέβησαν ἀπὸ ὁδοῦ, ἧς ἐνετείλω αὐτοῖς·

¹¹ἐν φόβῳ θεοῦ ἡ ὁδὸς αὐτῶν καθ' ἑκάστην ἡμέραν

ἀφ' ἧς ἡμέρας ἔκτισεν αὐτοὺς ὁ θεὸς καὶ ἕως αἰῶνος·

¹²καὶ οὐκ ἐπλανήθησαν ἀφ' ἧς ἡμέρας ἔκτισεν αὐτούς,

ἀπὸ γενεῶν ἀρχαίων οὐκ ἀπέστησαν ὁδῶν αὐτῶν,

εἰ μὴ ὁ θεὸς ἐνετείλατο αὐτοῖς ἐν ἐπιταγῇ δούλων αὐτοῦ.

       I   ENOCH   1:3-9;   106:1-9, 106:12-107:3

¹:³Καὶ περὶ τῶν ἐκλεκτῶν νῦν λέγω καὶ περὶ αὐτῶν ἀνέλαβον

τὴν παραβολήν μου.

[Καὶ] ἐξελεύσεται ὁ ἅγιός μου ὁ μέγας ἐκ τῆς κατοικήσεως αὐτοῦ,

⁴καὶ ὁ θεὸς τοῦ αἰῶνος ἐπὶ γῆν πατήσει ἐπὶ τὸ Σεινὰ ὄρος,

[καὶ φανήσεται ἐκ τῆς παρεμβολῆς αὐτοῦ]

καὶ φανήσεται ἐν τῇ δυνάμει τῆς ἰσχύος αὐτοῦ ἀπὸ τοῦ οὐρανοῦ

 τῶν οὐρανῶν.

⁵καὶ φοβηθήσονται πάντες

καὶ πιστεύσουσιν οἱ ἐγρήγοροι

καὶ λήμψεται αὐτοὺς τρόμος καὶ φόβος μέγας μέχρι τῶν περάτων

 τῆς γῆς,

⁶καὶ σεισθήσονται [καὶ πεσοῦνται καὶ διαλυθήσονται] ὄρη ὑψηλά

καὶ ταπεινωθήσονται βουνοὶ ὑψηλοὶ [τοῦ διαρυῆναι ὄρη]

καὶ τακήσονται ὡς κηρὸς ἀπὸ προσώπου πυρὸς [ἐν φλογί.]

⁷καὶ διασχισθήσεται ἡ γῆ σχίσμα [ῥαγάδι],

καὶ πάντα ὅσα ἐστὶν ἐπὶ τῆς γῆς ἀπολεῖται

καὶ κρίσις ἔσται κατὰ πάντων.

⁸καὶ μετὰ τῶν δικαίων τὴν εἰρήνην ποιήσει,

καὶ ἐπὶ τοὺς ἐκλεκτοὺς ἔσται συντήρησις καὶ εἰρήνη,

καὶ ἐπ' αὐτοὺς γενήσεται ἔλεος.

καὶ ἔσονται πάντες τοῦ θεοῦ,

καὶ τὴν εὐδοκίαν δώσει αὐτοῖς,

καὶ πάντας εὐλογήσει.

καὶ πάντων ἀντιλήμψεται, [καὶ βοηθήσει ἡμῖν]

καὶ φανήσεται αὐτοῖς φῶς

[καὶ ποιήσει ἐπ' αὐτοὺς εἰρήνην.]

9 Ὅτι ἔρχεται σὺν ταῖς μυριάσιν [αὐτοῦ καὶ τοῖς] ἁγίοις αὐτοῦ

ποιῆσαι κρίσιν κατὰ πάντων,

καὶ ἀπολέσαι πάντας τοὺς ἀσεβεῖς,

καὶ (ἐ)λέγξαι πᾶσαν σάρκα

περὶ πάντων ἔργων τῆς ἀσεβείας αὐτῶν ὧν ἠσέβησαν

καὶ σκληρῶν ὧν ἐλάλησαν λόγων κατ' αὐτοῦ ἁμαρτωλοὶ ἀσεβεῖς.

106:1 Μετὰ δὲ χρόνον ἔλαβον Μαθουσάλεκ τῷ υἱῷ μου γυναῖκα καὶ

ἔτεκεν υἱὸν καὶ ἐκάλεσεν τὸ ὄνομα αὐτοῦ Λάμεχ· ἐταπεινώθη ἡ δικαι-

οσύνη μέχρι τῆς ἡμέρας ἐκείνης. καὶ ὅτε εἰς ἡλικίαν ἐπῆλθεν, ἔλα-

βεν αὐτῷ γυναῖκα· 2 καὶ ἔτεκεν αὐτῷ παιδίον, καὶ ὅτε ἐγεννήθη τὸ

παιδίον ἦν τὸ σῶμα λευκότερον χιόνος καὶ πυρρότερον ῥόδου, τὸ τρί-

χωμα πᾶν λευκὸν καὶ ὡς ἔρια λευκὰ καὶ οὖλον καὶ ἔνδοξον. καὶ ὅτε

ἀνέῳξεν τοὺς ὀφθαλμούς, ἔλαμψεν ἡ οἰκία ὡσεὶ ἥλιος. 3 καὶ ἀνέστη

ἐκ τῶν χειρῶν τῆς μαίας καὶ ἀνέῳξεν τὸ στόμα καὶ εὐλόγησεν τῷ κυ-

ρίῳ· 4 καὶ ἐφοβήθη Λάμεχ ἀπ' αὐτο[ῦ] καὶ ἔφυγεν καὶ ἦλθεν πρὸς

Μαθου[σ]άλεκ τὸν πατέρα αὐτοῦ καὶ εἶπεν αὐτ[ῷ], 5 τέκνον ἐγεννήθη

μου ἀλλοῖον, οὐχ ὅμ[οι]ον τοῖς ἀνθρώποις ἀλλὰ τοῖς τέκνοι[ς τῶν]

ἀγγέλων τοῦ οὐρανοῦ, καὶ ὁ τύπος ἀλλο[ιό]τερος, οὐχ ὅμοιος ἡμῖν·

τὰ ὄμματά ἐστιν] ὡς ἀκτῖνες τοῦ ἡλίου, καὶ ἔνδοξον τὸ πρόσωπον·

6 καὶ ὑπολαμβάνω ὅτι οὐκ [ἔστιν] ἐξ <ἐμ>οῦ ἀλλὰ ἐξ ἀγγέλου, καὶ εὐ-

λαβο[ῦμαι αὐ]τὸν μήποτέ τι ἔσται ἐν ταῖς ἡμ[έραις αὐ]τοῦ ἐν τῇ γῇ.

7 καὶ παραιτοῦμαι, π[άτηρ, καὶ] δέομαι, βάδισον πρὸς Ἐνώ[χ τὸν πα-

τέρα ἡ]μῶν καὶ ἐ[ρώτησον?]....8 [ἦλθε]ν πρός ἐμὲ εἰς τὰ τέρματα τῆς

γῆς οὗ [εἶδ]εν τότε εἶναί με καὶ εἶπέν μοι, πάτερ [μου] ἐπάκουσον

τῆς φωνῆς μου καὶ ἧκε [πρός] με. καὶ ἤκουσα τὴν φωνὴν αὐτοῦ καὶ

[ἦλ]θον πρὸς αὐτὸν καὶ εἶπα, ἰδοὺ πάρειμι τέκνον· διὰ τί ἐλήλυθας

πρὸς ἐμέ, τέκνον; 9 καὶ ἀπεκρίθη λέγων, δι' ἀνάγκην μεγάλην ἦλθον

ὧδε, πάτερ·...12 καὶ ἐφοβήθη ὁ υἱός μου Λάμεχ, καὶ ἔφυγεν πρὸς ἐμέ,

καὶ οὐ πιστεύει ὅτι υἱὸς αὐτοῦ ἐστιν, ἀλλὰ ὅτι ἐξ ἀγγέλων ......

τὴν ἀκρίβειαν εχιει*καὶ τὴν ἀλήθειαν. ¹³τότε ἀπεκρίθην λέγων, ἀνα-
καινίσει ὁ κύριος πρόσταγμα ἐπὶ τῆς γῆς, καὶ τὸν αὐτὸν τρόπον τέκ-
νον τεθέαμαι καὶ ἐσήμανά σοι· ἐν γὰρ τῇ γενεᾷ Ἰάρεδ τοῦ πατρός μου
παρέβησαν τὸν λόγον κυρίου ἀπὸ τῆς διαθήκης τοῦ οὐρανοῦ. ¹⁴καὶ ἰ-
δοὺ ἁμαρτάνουσιν καὶ παραβαίνουσιν τὸ ἔθος, καὶ μετὰ γυναικῶν συγ-
γίνονται καὶ μετ᾿ αὐτῶν ἁμαρτάνουσιν καὶ ἔγημαν ἐξ αὐτῶν, ¹⁷ᵃκαὶ
τίκτουσιν οὐχ ὁμοίους πνεύμασι ἀλλὰ σαρκ<ίν>ους. ¹⁵καὶ ἔσται ὀργὴ
μεγάλη ἐπὶ τῆς γῆς καὶ κατακλυσμός, καὶ ἔσται ἀπώλεια μεγάλη ἐπὶ
ἐνιαυτὸν ἕνα· ¹⁶καὶ τόδ[ε] τὸ παιδίον τὸ γεννηθὲν καταλειφθήσεται,
καὶ τρία αὐτοῦ τέκνα σωθήσεται [ἀ]ποθανόντων τῶν ἐπὶ τῆς γῆς·
¹⁷ᵇ[καὶ] πραϋνεῖ τὴν γῆν ἀπὸ τῆς οὔσης ἐν [αὐτ]ῇ φθορᾶς. ¹⁸καὶ νῦν
λέγε Λάμεχ ὅτι τέ[κνο]ν σού ἐστιν δικαίως καὶ ὁσίως,<καὶ>κά[λεσο]ν
αὐτοῦ τὸ ὄνομα <Νῶε>· αὐτὸς γὰρ ἔσται ὑμῶν [κατά]λειμμα ἐφ᾿ οὗ ἂν
καταπαύσητε καὶ<οἱ>[υἱο]ὶ αὐτοῦ ἀπὸ τῆς φθορᾶς τῆς γῆς καὶ ἀ[πὸ]
πάντων τῶν ἁμαρτωλῶν κ[αὶ ἀ]πὸ [...πασῶ]ν τῶν συντελειῶν ἐ[πὶ τῆς
γῆς].....¹⁹ὑπέδειξέν μοι καὶ ἐμήνυ[σεν, καὶ ἐν] ταῖς πλαξὶν τοῦ
οὐρανοῦ ἀν[έγνων αὐτά.] ¹⁰⁷:¹τότε τεθέαμαι τὰ ἐγγεγραμμ[ένα ἐπ᾿
αὐ]τῶν, ὅτι γενεὰ γενεᾶς κακ[ίων ἔσται], καὶ εἶδον τόδε μέχρις τοῦ
ἀνασ[τῆναι] γενεὰν δικαιοσύνης, καὶ ἡ κακία [ἀπο]λεῖται καὶ ἡ ἁμαρ-
τία ἀλλάξει ἀπὸ [τῆς] γῆς καὶ τὰ ἀγαθὰ ἥξει ἐπὶ τῆς γῆς ἐπ᾿ αὐτούς.
²καὶ νῦν ἀπότρεχε τέκν[ον] καὶ σήμανον Λάμεχ τῷ υἱῷ σου ὅτι τὸ παι-
δίον τοῦτο τὸ γεννηθὲν τέκνον αὐτοῦ ἐστιν δικαίως καὶ οὐ ψευδῶς.
³καὶ ὅτε ἤκουσεν Μαθουσάλεκ τοὺς λόγους Ἐνὼχ τοῦ πατρὸς αὐτοῦ,
μυστηριακῶς γὰρ ἐδήλωσεν αὐτῷ, <ἐπέστρεψεν καὶ ἐδήλωσεν αὐτῷ>. καὶ
ἐκλήθη τὸ ὄνομα αὐτοῦ Νῶε, εὐφραίνων τὴν γῆν ἀπὸ τῆς ἀπωλείας.

---

*εχιει is corrupt; perhaps read ἣν ἔχεις.

II MACCABEES 6:1-17

$^{6:1}$Μετ' οὐ πολὺν δὲ χρόνον ἐξαπέστειλεν ὁ βασιλεὺς γέροντα
'Αθηναῖον ἀναγκάζειν τοὺς 'Ιουδαίους μεταβαίνειν ἀπὸ τῶν πατρίων
νόμων καὶ τοῖς τοῦ θεοῦ νόμοις μὴ πολιτεύεσθαι, ^{2}μολῦναι δὲ καὶ
τὸν ἐν 'Ιεροσολύμοις νεὼ καὶ προσονομάσαι Διὸς 'Ολυμπίου καὶ τὸν
ἐν Γαριζίν, καθὼς ἐτύγχανον οἱ τὸν τόπον οἰκοῦντες, Διὸς Ξενίου.
^{3}χαλεπὴ δὲ καὶ τοῖς ὅλοις ἦν δυσχερὴς ἡ ἐπίτασις τῆς κακίας. ^{4}τὸ
μὲν γὰρ ἱερὸν ἀσωτίας καὶ κώμων ὑπὸ τῶν ἐθνῶν ἐπεπληροῦτο ῥᾳθυμούν-
των μεθ' ἑταιρῶν καὶ ἐν τοῖς ἱεροῖς περιβόλαις γυναιξὶ πλησιαζόντων,
ἔτι δὲ τὰ μὴ καθήκοντα ἔνδον εἰσφερόντων. ^{5}τὸ δὲ θυσιαστήριον τοῖς
ἀποδιεσταλμένοις ἀπὸ τῶν νόμων ἀθεμίτοις ἐπεπλήρωτο. ^{6}ἦν δ' οὔτε
σαββατίζειν οὔτε πατρῴους ἑορτὰς διαφυλάττειν οὔτε ἁπλῶς 'Ιουδαῖον
ὁμολογεῖν εἶναι, ^{7}ἤγοντο δὲ μετὰ πικρᾶς ἀνάγκης εἰς τὴν κατὰ μῆνα
τοῦ βασιλέως γενέθλιον ἡμέραν ἐπὶ σπλαγχνισμόν, γενομένης δὲ Διο-
νυσίων ἑορτῆς ἠναγκάζοντο κισσοὺς ἔχοντες πομπεύειν τῷ Διονύσῳ.
^{8}ψήφισμα δὲ ἐξέπεσεν εἰς τὰς ἀστυγείτονας 'Ελληνίδας πόλεις Πτολε-
μαίου ὑποθεμένου τὴν αὐτὴν ἀγωγὴν κατὰ τῶν 'Ιουδαίων ἄγειν καὶ
σπλαγχνίζειν, ^{9}τοὺς δὲ μὴ προαιρουμένους μεταβαίνειν ἐπὶ τὰ 'Ελλη-
νικὰ κατασφάζειν. παρῆν οὖν ὁρᾶν τὴν ἐνεστῶσαν ταλαιπωρίαν. ^{10}δύο
γὰρ γυναῖκες ἀνήχθησαν περιτετμηκυῖαι τὰ τέκνα· τούτων δὲ ἐκ τῶν
μαστῶν κρεμάσαντες τὰ βρέφη καὶ δημοσίᾳ περιαγαγόντες αὐτὰς τὴν
πόλιν κατὰ τοῦ τείχους ἐκρήμνισαν. ^{11}ἕτεροι δὲ πλησίον συνδραμόν-
τες εἰς τὰ σπήλαια λεληθότως ἄγειν τὴν ἑβδομάδα μηνυθέντες τῷ Φι-
λίππῳ συνεφλογίσθησαν διὰ τὸ εὐλαβῶς ἔχειν βοηθῆσαι ἑαυτοῖς κατὰ τὴν
δόξαν τῆς σεμνοτάτης ἡμέρας.

^{12}Παρακαλῶ οὖν τοὺς ἐντυγχάνοντας τῇδε τῇ βίβλῳ μὴ συστέλλεσθαι
διὰ τὰς συμφοράς, λογίζεσθαι δὲ τὰς τιμωρίας μὴ πρὸς ὄλεθρον, ἀλλὰ
πρὸς παιδείαν τοῦ γένους ἡμῶν εἶναι· ^{13}καὶ γὰρ τὸ μὴ πολὺν χρόνον
ἐᾶσθαι τοὺς δυσσεβοῦντας, ἀλλ' εὐθέως περιπίπτειν ἐπιτίμοις,

μεγάλης εύεργεσίας σημεῖόν ἐστιν. ¹⁴ού γὰρ καθάπερ καὶ ἐπὶ τῶν

ἄλλων ἐθνῶν ἀναμένει μακροθυμῶν ὁ δεσπότης μέχρι τοῦ καταντήσαντας

αύτοὺς πρὸς ἐκπλήρωσιν ἁμαρτιῶν κολάσαι, οὕτως καὶ ἐφ' ἡμῶν ἔκρινεν

εἶναι, ¹⁵ἵνα μὴ πρὸς τέλος ἀφικομένων ἡμῶν τῶν ἁμαρτιῶν ὕστερον

ἡμᾶς ἐκδικᾷ. ¹⁶διόπερ ούδέποτε μὲν τὸν ἔλεον ἀφ' ἡμῶν ἀφίστησιν,

παιδεύων δὲ μετὰ συμφορᾶς ούκ ἐγκαταλείπει τὸν ἑαυτοῦ λαόν. ¹⁷πλὴν

ἕως ὑπομνήσεως ταῦθ' ἡμῖν εἰρήσθω· δι' ὀλίγων δ' ἐλευστέον ἐπὶ τὴν

διήγησιν.

LETTER OF ARISTEAS 128-144

128"Αξιον δὲ ἐπιμνησθῆναι <διὰ>βραχέων τῶν ὑποδειχθέντων ὑπ'

αύτοῦ πρὸς τὰ δι' ἡμῶν ἐπιζητηθέντα. νομίζω γὰρ τοὺς πολλοὺς

περιεργίαν ἔχειν τινὰ τῶν ἐν τῇ νομοθεσίᾳ περί τε τῶν βρωτῶν καὶ

ποτῶν καὶ τῶν νομιζομένων ἀκαθάρτων εἶναι κνωδάλων. ¹²⁹πυνθανομέ-

νων γὰρ ἡμῶν, διὰ τί, μιᾶς καταβολῆς οὔσης, τὰ μὲν ἀκάθαρτα νομίζ-

εται πρὸς βρῶσιν, τὰ δὲ καὶ πρὸς τὴν ἁφὴν (δεισιδαιμόνως γὰρ τὰ

πλεῖστα τὴν νομοθεσίαν ἔχειν, ἐν δὲ τούτοις πάνυ δεισιδαιμόνως)

πρὸς ταῦτα οὕτως ἐνήρξατο: ¹³⁰θεωρεῖς, ἔφη, τὰς ἀναστροφὰς καὶ τὰς

ὁμιλίας, οἷον ἐνεργάζονται πρᾶγμα, διότι κακοῖς ὁμιλήσαντες δια-

στροφὰς ἐπιλαμβάνουσιν ἄνθρωποι, καὶ ταλαίπωροι δι' ὅλου τοῦ ζῆν

εἰσιν· ἐὰν δὲ σοφοῖς καὶ φρονίμοις συζῶσιν, ἐξ ἀγνοίας ἐπανορθώ-

σεως εἰς τὸν βίον ἔτυχον. ¹³¹διαστειλάμενος οὖν τὰ τῆς εὐσεβείας

καὶ δικαιοσύνης πρῶτον ὁ νομοθέτης ἡμῶν, καὶ διδάξας ἕκαστα περὶ

τούτων, ούκ ἀπαγορευτικῶς μόνον ἀλλ' ἐνδεικτικῶς, καὶ τὰς βλάβας

προδήλους καὶ τὰς ὑπὸ τοῦ θεοῦ γινομένας ἐπιπομπὰς τοῖς αἰτίοις —

¹³²προϋπέδειξε γὰρ πάντων πρῶτον, ὅτι μόνος ὁ θεός ἐστι, καὶ διὰ

πάντων ἡ δύναμις αύτοῦ φανερὰ γίνεται, πεπληρωμένου παντὸς τόπου

τῆς δυναστείας, καὶ ούθὲν αύτὸν λανθάνει τῶν ἐπὶ γῆς γινομένων ὑπ'

ἀνθρώπων κρυφίως, ἀλλ' ὅσα ποιεῖ τις αὐτῷ φανερὰ καθέστηκε, καὶ τὰ
μέλλοντα γίνεσθαι — 133ταῦτ' οὖν ἐξεργαζόμενος ἀκριβῶς καὶ πρόδη-
λα θεὶς ἔδειξεν ὅτι, κἂν ἐννοηθῇ τις κακίαν ἐπιτελεῖν, οὐκ ἂν λάθοι,
μὴ ὅτι καὶ πράξας, διὰ πάσης τῆς νομοθεσίας τὸ τοῦ θεοῦ δυνατὸν ἐν-
δεικνύμενος. 134ποιησάμενος οὖν τὴν καταρχὴν ταύτην, καὶ δείξας
ὅτι πάντες οἱ λοιποὶ παρ' ἡμᾶς ἄνθρωποι πολλοὺς θεοὺς εἶναι νομί-
ζουσιν, αὐτοὶ δυναμικώτεροι πολλῷ καθεστῶτες ὧν σέβονται ματαίως —
135ἀγάλματα γὰρ ποιήσαντες ἐκ λίθων καὶ ξύλων, εἰκόνας φασὶν εἶναι
τῶν ἐξευρόντων τι πρὸς τὸ ζῆν αὐτοῖς χρήσιμον, οἷς προσκυνοῦσι,
παρὰ πόδας ἔχοντες τὴν ἀναισθησίαν. 136εἴ τι γὰρ κατ' ἐκεῖνό τις
‹θεὸς εἴη›, κατὰ τὴν ἐξεύρεσιν, παντελῶς ἀνόητον· τῶν γὰρ ἐν τῇ κτί-
σει λαβόντες τινὰ συνέθηκαν καὶ προσυπέδειξαν εὔχρηστα, τὴν κατα-
σκευὴν αὐτῶν οὐ ποιήσαντες αὐτοί· διὸ κενὸν καὶ μάταιον τοὺς ὁμ-
οίους ἀποθεοῦν. 137καὶ γὰρ ἔτι καὶ νῦν εὑρεματικώτεροι καὶ πολυ-
μαθέστεροι τῶν ἀνθρώπων τῶν πρίν εἰσι πολλοί, καὶ οὐκ ἂν φθάνοιεν
αὐτοὺς προσκυνοῦντες. καὶ νομίζουσιν οἱ ταῦτα διαπλάσαντες καὶ
μυθοποιήσαντες τῶν Ἑλλήνων οἱ σοφώτατοι καθεστάναι. 138τῶν γὰρ
ἄλλων πολυματαίων τί δεῖ καὶ λέγειν, Αἰγυπτίων τε καὶ τῶν παραπλη-
σίων, οἵτινες ἐπὶ θηρία καὶ τῶν ἑρπετῶν τὰ πλεῖστα καὶ κνωδάλων τὴν
ἀπέρεισιν πεποίηνται, καὶ ταῦτα προσκυνοῦσι, καὶ θύουσι τούτοις καὶ
ζῶσι καὶ τελευτήσασι; — 139συνθεωρήσας οὖν ἕκαστα σοφὸς ὢν ὁ νομο-
θέτης, ὑπὸ θεοῦ κατεσκευασμένος εἰς ἐπίγνωσιν τῶν ἁπάντων, περιέφ-
ραξεν ἡμᾶς ἀδιακόποις χάραξι καὶ σιδηροῖς τείχεσιν, ὅπως μηθενὶ τῶν
ἄλλων ἐθνῶν ἐπιμισγώμεθα κατὰ μηδέν, ἁγνοὶ καθεστῶτες κατὰ σῶμα καὶ
κατὰ ψυχήν, ἀπολελυμένοι ματαίων δοξῶν, τὸν μόνον θεὸν καὶ δυνατὸν
σεβόμενοι παρ' ὅλην τὴν πᾶσαν κτίσιν. 140ὅθεν οἱ Αἰγυπτίων καθηγε-
μόνες ἱερεῖς, ἐγκεκυφότες εἰς πολλὰ καὶ μετεσχηκότες πραγμάτων, ἄν-
θρώπους θεοῦ προσονομάζουσιν ἡμᾶς· ὃ τοῖς λοιποῖς οὐ πρόσεστιν, εἰ
μή τις σέβεται τὸν κατὰ ἀλήθειαν θεόν, ἀλλ' εἰσὶν ἄνθρωποι βρωτῶν

καὶ ποτῶν καὶ σκέπης· [141]ἡ γὰρ πᾶσα διάθεσις αὐτῶν ἐπὶ ταῦτα κατα-
φεύγει. τοῖς δὲ παρ' ἡμῶν ἐν οὐδενὶ ταῦτα λελόγισται, περὶ δὲ τῆς
τοῦ θεοῦ δυναστείας δι' ὅλου τοῦ ζῆν ἡ σκέψις αὐτοῖς ἐστιν. [142]ὅπως
οὖν μηθενὶ συναλισγούμενοι μηδ' ὁμιλοῦντες φαύλοις διαστροφὰς λαμ-
βάνωμεν, πάντοθεν ἡμᾶς περιέφραξεν ἀγνείαις καὶ διὰ βρωτῶν καὶ πο-
τῶν καὶ ἀφῶν καὶ ἀκοῆς καὶ ὁράσεως νομικῶς. [143]τὸ γὰρ καθόλου πάντα
πρὸς τὸν φυσικὸν λόγον ὅμοια καθέστηκεν, ὑπὸ μιᾶς δυνάμεως οἰκονο-
μούμενα, καὶ καθ' ἓν ἕκαστον ἔχει λόγον βαθύν, ἀφ' ὧν ἀπεχόμεθα κα-
τὰ τὴν χρῆσιν, καὶ οἷς συγχρώμεθα. χάριν δὲ ὑποδείγματος ἐν ᾗ δεύ-
τερον ἐπιδραμών σοι σημανῶ. [144]μὴ γὰρ εἰς τὸν καταπεπτωκότα λόγον
ἔλθῃς, ὅτι ΜΥΩΝ καὶ ΓΑΛΗΣ ἢ τῶν τοιούτων χάριν περιεργίαν ποιούμε-
νος ἐνομοθέτει ταῦτα Μωϋσῆς· ἀλλὰ πρὸς ἀγνὴν ἐπίσκεψιν καὶ τρόπων
ἐξαρτισμὸν δικαιοσύνης ἕνεκεν σεμνῶς πάντα ἀνατέτακται.

WISDOM OF SOLOMON 9

[9:1]θεὲ πατέρων καὶ κύριε τοῦ ἐλέους
ὁ ποιήσας τὰ πάντα ἐν λόγῳ σου
[2]καὶ τῇ σοφίᾳ σου κατασκευάσας ἄνθρωπον,
ἵνα δεσπόζῃ τῶν ὑπὸ σοῦ γενομένων κτισμάτων
[3]καὶ διέπῃ τὸν κόσμον ἐν ὁσιότητι καὶ δικαιοσύνῃ
καὶ ἐν εὐθύτητι ψυχῆς κρίσιν κρίνῃ,
[4]δός μοι τὴν τῶν σῶν θρόνων πάρεδρον σοφίαν
καὶ μή με ἀποδοκιμάσῃς ἐκ παίδων σου.
[5]ὅτι ἐγὼ δοῦλος σὸς καὶ υἱὸς τῆς παιδίσκης σου,
ἄνθρωπος ἀσθενὴς καὶ ὀλιγοχρόνιος
καὶ ἐλάσσων ἐν συνέσει κρίσεως καὶ νόμων·
[6]κἂν γάρ τις ᾖ τέλειος ἐν υἱοῖς ἀνθρώπων,

τῆς ἀπὸ σοῦ σοφίας ἀπούσης εἰς οὐδὲν λογισθήσεται.

⁷σύ με προείλω βασιλέα λαοῦ σου

καὶ δικαστὴν υἱῶν σου καὶ θυγατέρων·

⁸εἶπας οἰκοδομῆσαι ναὸν ἐν ὄρει ἁγίῳ σου

καὶ ἐν πόλει κατασκηνώσεώς σου θυσιαστήριον,

μίμημα σκηνῆς ἁγίας, ἣν προητοίμασας ἀπ' ἀρχῆς.

⁹καὶ μετὰ σοῦ ἡ σοφία ἡ εἰδυῖα τὰ ἔργα σου

καὶ παροῦσα, ὅτε ἐποίεις τὸν κόσμον,

καὶ ἐπισταμένη τί ἀρεστὸν ἐν ὀφθαλμοῖς σου

καὶ τί εὐθὲς ἐν ἐντολαῖς σου

¹⁰ἐξαπόστειλον αὐτὴν ἐξ ἁγίων οὐρανῶν

καὶ ἀπὸ θρόνου δόξης σου πέμψον αὐτήν,

ἵνα συμπαροῦσά μοι κοπιάσῃ,

καὶ γνῶ τί εὐάρεστόν ἐστιν παρὰ σοί.

¹¹οἶδε γὰρ ἐκείνη πάντα καὶ συνίει

καὶ ὁδηγήσει με ἐν ταῖς πράξεσί μου σωφρόνως

καὶ φυλάξει με ἐν τῇ δόξῃ αὐτῆς·

¹²καὶ ἔσται προσδεκτὰ τὰ ἔργα μου,

καὶ διακρινῶ τὸν λαόν σου δικαίως

καὶ ἔσομαι ἄξιος θρόνων πατρός μου.

¹³τίς γὰρ ἄνθρωπος γνώσεται βουλὴν θεοῦ;

ἢ τίς ἐνθυμηθήσεται τί θέλει ὁ κύριος;

¹⁴λογισμοὶ γὰρ θνητῶν δειλοί,

καὶ ἐπισφαλεῖς αἱ ἐπίνοιαι ἡμῶν·

¹⁵φθαρτὸν γὰρ σῶμα βαρύνει ψυχήν,

καὶ βρίθει τὸ γεῶδες σκῆνος νοῦν πολυφρόντιδα.

¹⁶καὶ μόλις εἰκάζομεν τὰ ἐπὶ γῆς

καὶ τὰ ἐν χερσὶν εὑρίσκομεν μετὰ πόνου·

τὰ δὲ ἐν οὐρανοῖς τίς ἐξιχνίασεν;

¹⁷βουλὴν δέ σου τίς ἔγνω, εἰ μὴ σὺ ἔδωκας σοφίαν

καὶ ἔπεμψας τὸ ἅγιόν σου πνεῦμα ἀπὸ ὑψίστων;

¹⁸καὶ οὕτως διωρθώθησαν αἱ τρίβοι τῶν ἐπὶ γῆς,

καὶ τὰ ἀρεστά σου ἐδιδάχθησαν ἄνθρωποι,

καὶ τῇ σοφίᾳ ἐσώθησαν.

IV MACCABEES 5:1-6, 14-25; 6:24-30

5:¹Προκαθίσας γέ τοι μετὰ τῶν συνέδρων ὁ τύραννος Ἀντίοχος
ἐπί τινος ὑψηλοῦ τόπου καὶ τῶν στρατευμάτων αὐτῷ παρεστηκότων κυ-
κλόθεν ἐνόπλων ²παρεκέλευεν τοῖς δορυφόροις ἕνα ἕκαστον Ἑβραῖον
ἐπισπᾶσθαι καὶ κρεῶν ὑείων καὶ εἰδωλοθύτων ἀναγκάζειν ἀπογεύεσθαι·
³εἰ δέ τινες μὴ θέλοιεν μιαροφαγῆσαι, τούτους τροχισθέντας ἀναιρε-
θῆναι. ⁴πολλῶν δὲ συναρπασθέντων εἷς πρῶτος ἐκ τῆς ἀγέλης ὀνόματι
Ἐλεάζαρος, τὸ γένος ἱερεύς, τὴν ἐπιστήμην νομικὸς καὶ τὴν ἡλικίαν
προήκων καὶ πολλοῖς τῶν περὶ τὸν τύραννον διὰ τὴν ἡλικίαν γνώριμος,
παρήχθη πλησίον αὐτοῦ.

⁵Καὶ αὐτὸν ἰδὼν ὁ Ἀντίοχος ἔφη ⁶Ἐγὼ πρὶν ἄρξασθαι τῶν κατὰ
σοῦ βασάνων, ὦ πρεσβῦτα, συμβουλεύσαιμ᾽ ἄν σοι ταῦτα, ὅπως ἀπογευ-
σάμενος τῶν ὑείων σῴζοιο·...

¹⁴Τοῦτον τὸν τρόπον ἐπὶ τὴν ἔκθεσμον σαρκοφαγίαν ἐποτρύνοντος
τοῦ τυράννου λόγον ᾔτησεν ὁ Ἐλεάζαρος ¹⁵καὶ λαβὼν τοῦ λέγειν ἐξ-
ουσίαν ἤρξατο δημηγορεῖν οὕτως ¹⁶Ἡμεῖς, Ἀντίοχε, θείῳ πεπεισμέ-
νοι νόμῳ πολιτεύεσθαι οὐδεμίαν ἀνάγκην βιαιοτέραν εἶναι νομίζομεν
τῆς πρὸς τὸν νόμον ἡμῶν εὐπειθείας· ¹⁷διὸ δὴ κατ᾽ οὐδένα τρόπον
παρανομεῖν ἀξιοῦμεν. ¹⁸καίτοι εἰ κατὰ ἀλήθειαν μὴ ἦν ὁ νόμος ἡμῶν,
ὡς ὑπολαμβάνεις, θεῖος, ἄλλως δὲ ἐνομίζομεν αὐτὸν εἶναι θεῖον, οὐδὲ
οὕτως ἐξὸν ἦν ἡμῖν τὴν ἐπὶ τῇ εὐσεβείᾳ δόξαν ἀκυρῶσαι. ¹⁹μὴ μικρὰν
οὖν εἶναι νομίσῃς ταύτην, εἰ μιαροφαγήσαιμεν, ἁμαρτίαν· ²⁰τὸ γὰρ

ἐπὶ μικροῖς καὶ μεγάλοις παρανομεῖν ἰσοδύναμόν ἐστιν, [21]δι' ἑκα-
τέρου γὰρ ὡς ὁμοίως ὁ νόμος ὑπερηφανεῖται. [22]χλευάζεις δὲ ἡμῶν τὴν
φιλοσοφίαν ὥσπερ οὐ μετὰ εὐλογιστίας ἐν αὐτῇ βιούντων· [23]σωφρο-
σύνην τε γὰρ ἡμᾶς ἐκδιδάσκει ὥστε πασῶν τῶν ἡδονῶν καὶ ἐπιθυμιῶν
κρατεῖν καὶ ἀνδρείαν ἐξασκεῖ ὥστε πάντα πόνον ἑκουσίως ὑπομένειν
[24]καὶ δικαιοσύνην παιδεύει ὥστε διὰ πάντων τῶν ἠθῶν ἰσονομεῖν καὶ
εὐσέβειαν ἐκδιδάσκει ὥστε μόνον τὸν ὄντα θεὸν σέβειν μεγαλοπρεπῶς.
[25]διὸ οὐ μιαροφαγοῦμεν· πιστεύοντες γὰρ θεοῦ καθεστάναι τὸν νόμον
οἴδαμεν ὅτι κατὰ φύσιν ἡμῖν συμπαθεῖ νομοθετῶν ὁ τοῦ κόσμου κτίσ-
της·....

   [6:24]Πρὸς τὰς ἀνάγκας οὕτως μεγαλοφρονοῦντα αὐτὸν ἰδόντες καὶ
μηδὲ πρὸς τὸν οἰκτιρμὸν αὐτῶν μεταβαλλόμενον ἐπὶ τὸ πῦρ αὐτὸν ἀν-
ῆγον· [25]ἔνθα διὰ κακοτέχνων ὀργάνων κακοφλέγοντες αὐτὸν ὑπερρίπ-
τοσαν, καὶ δυσώδεις χυλοὺς εἰς τοὺς μυκτῆρας αὐτοῦ κατέχεον. [26]ὁ
δὲ μέχρι τῶν ὀστέων ἤδη κατακεκαυμένος καὶ μέλλων λιποθυμεῖν ἀν-
έτεινε τὰ ὄμματα πρὸς τὸν θεὸν καὶ εἶπεν [27]Σὺ οἶσθα, θεέ, παρόν
μοι σῴζεσθαι βασάνοις καυστικαῖς ἀποθνῇσκω διὰ τὸν νόμον. [28]ἵλεως
γενοῦ τῷ ἔθνει σου ἀρκεσθεὶς τῇ ἡμετέρᾳ ὑπὲρ αὐτῶν δίκῃ. [29]καθάρ-
σιον αὐτῶν ποίησον τὸ ἐμὸν αἷμα καὶ ἀντίψυχον αὐτῶν λαβὲ τὴν ἑ-
μὴν ψυχήν. [30]καὶ ταῦτα εἰπὼν ὁ ἱερὸς ἀνὴρ εὐγενῶς ταῖς βασάνοις
ἐναπέθανεν καὶ μέχρι τῶν τοῦ θανάτου βασάνων ἀντέστη τῷ λογισμῷ
διὰ τὸν νόμον.

THE GREEK NEW TESTAMENT

The Greek of the New Testament is the *koine* of the first two centuries A. D. It is now generally agreed by New Testament scholars that the books as we have them were written in Greek. As was the case in the Septuagint, the quality of the language varies for two reasons: the strength of the Semitic element and the extent of the author's culture.

No one denies the presence of a Semitic element in the Greek New Testament. Its extent is vigorously debated. At the minimum, it must be admitted that all authentic sayings of Jesus in the Greek gospels are translations of an Aramaic original; and also that the Semitic elements of the Greek Old Testament were a Semitising influence upon the authors of the New Testament books. At the maximum, this Semitic element has been claimed to include all four gospels and much of Acts, since a few extremists claim that these are translations of Semitic originals. But the general opinion as to the maximum extent of Semitic influence traces it back either to Semitic originals of a few sources or to the authors' habit of thinking in Aramaic while writing in Greek.

The variation in the cultural level of the various books is not as wide in the New Testament as in the Greek Old Testament. No New Testament book is as Atticistic as the Wisdom of Solomon, although the Apocalypse of John is as "common" in quality as anything in the Old Testament. The Apocalypse is certainly the least cultured of the New Testament books in language. Yet even the Apocalypse stands definitely above large numbers of the papyri. Matthew and Mark correspond roughly to what Thackeray calls the "indifferent" Greek of the Old Testament. Linguistically John is not very far above the vernacular; but Luke-Acts and Hebrews reveal a more

advanced knowledge of the language. The identity of Paul's style
with that of the contemporary Stoic preachers is now recognized, and
the Epistle of James also has linguistic affinities with these pop-
ular preachers. Our selections give examples from each of these
areas.

We give the selections in the Nestle text; see the Bibliog-
raphy. This text is based on the Greek texts edited by Tischendorf,
Weiss, and Westcott & Hort, printing the agreement of any two of
these. Where square brackets appear in the text, as in Acts 9:12,
they indicate that the testimony of the three editions is divided
between omission, inclusion as doubtful, and unquestioned inclu-
sion. Nestle uses the brackets to show that he takes the median
position: inclusion as doubtful.

MATTHEW 5:1-16, 6:1-24

5:1 Ἰδὼν δὲ τοὺς ὄχλους ἀνέβη εἰς τὸ ὄρος· καὶ καθίσαντος αὐτοῦ
προσῆλθαν αὐτῷ οἱ μαθηταὶ αὐτοῦ. ²καὶ ἀνοίξας τὸ στόμα αὐτοῦ ἐδί-
δασκεν αὐτοὺς λέγων· ³Μακάριοι οἱ πτωχοὶ τῷ πνεύματι, ὅτι αὐτῶν
ἐστιν ἡ βασιλεία τῶν οὐρανῶν. ⁴μακάριοι οἱ πενθοῦντες, ὅτι αὐτοὶ
παρακληθήσονται. ⁵μακάριοι οἱ πραεῖς, ὅτι αὐτοὶ κληρονομήσουσιν
τὴν γῆν. ⁶μακάριοι οἱ πεινῶντες καὶ διψῶντες τὴν δικαιοσύνην, ὅτι
αὐτοὶ χορτασθήσονται. ⁷μακάριοι οἱ ἐλεήμονες, ὅτι αὐτοὶ ἐλεηθή-
σονται. ⁸μακάριοι οἱ καθαροὶ τῇ καρδίᾳ, ὅτι αὐτοὶ τὸν θεὸν ὄψον-
ται. ⁹μακάριοι οἱ εἰρηνοποιοί, ὅτι [αὐτοὶ] υἱοὶ θεοῦ κληθήσονται.
¹⁰μακάριοι οἱ δεδιωγμένοι ἕνεκεν δικαιοσύνης, ὅτι αὐτῶν ἐστιν ἡ
βασιλεία τῶν οὐρανῶν. ¹¹μακάριοί ἐστε ὅταν ὀνειδίσωσιν ὑμᾶς καὶ
διώξωσιν καὶ εἴπωσιν πᾶν πονηρὸν καθ' ὑμῶν ψευδόμενοι ἕνεκεν ἐμοῦ.

¹²χαίρετε καὶ ἀγαλλιᾶσθε, ὅτι ὁ μισθὸς ὑμῶν πολὺς ἐν τοῖς οὐρανοῖς·
οὕτως γὰρ ἐδίωξαν τοὺς προφήτας τοὺς πρὸ ὑμῶν.

¹³Ὑμεῖς ἐστε τὸ ἅλας τῆς γῆς· ἐὰν δὲ τὸ ἅλας μωρανθῇ, ἐν τίνι
ἁλισθήσεται; εἰς οὐδὲν ἰσχύει ἔτι εἰ μὴ βληθὲν ἔξω καταπατεῖσθαι
ὑπὸ τῶν ἀνθρώπων. ¹⁴Ὑμεῖς ἐστε τὸ φῶς τοῦ κόσμου. οὐ δύναται πό-
λις κρυβῆναι ἐπάνω ὄρους κειμένη· ¹⁵οὐδὲ καίουσιν λύχνον καὶ τι-
θέασιν αὐτὸν ὑπὸ τὸν μόδιον, ἀλλ' ἐπὶ τὴν λυχνίαν, καὶ λάμπει πᾶσιν
τοῖς ἐν τῇ οἰκίᾳ. ¹⁶οὕτως λαμψάτω τὸ φῶς ὑμῶν ἔμπροσθεν τῶν ἀν-
θρώπων, ὅπως ἴδωσιν ὑμῶν τὰ καλὰ ἔργα καὶ δοξάσωσιν τὸν πατέρα
ὑμῶν τὸν ἐν τοῖς οὐρανοῖς....

⁶:¹Προσέχετε δὲ τὴν δικαιοσύνην ὑμῶν μὴ ποιεῖν ἔμπροσθεν τῶν
ἀνθρώπων πρὸς τὸ θεαθῆναι αὐτοῖς· εἰ δὲ μή γε, μισθὸν οὐκ ἔχετε
παρὰ τῷ πατρὶ ὑμῶν τῷ ἐν τοῖς οὐρανοῖς. ²Ὅταν οὖν ποιῇς ἐλεημο-
σύνην, μὴ σαλπίσῃς ἔμπροσθέν σου, ὥσπερ οἱ ὑποκριταὶ ποιοῦσιν ἐν
ταῖς συναγωγαῖς καὶ ἐν ταῖς ῥύμαις, ὅπως δοξασθῶσιν ὑπὸ τῶν ἀνθρώ-
πων· ἀμὴν λέγω ὑμῖν, ἀπέχουσιν τὸν μισθὸν αὐτῶν. ³σοῦ δὲ ποιοῦντος
ἐλεημοσύνην μὴ γνώτω ἡ ἀριστερά σου τί ποιεῖ ἡ δεξιά σου,⁴ὅπως ᾖ
σου ἡ ἐλεημοσύνη ἐν τῷ κρυπτῷ· καὶ ὁ πατήρ σου ὁ βλέπων ἐν τῷ κρυ-
πτῷ ἀποδώσει σοι. ⁵Καὶ ὅταν προσεύχησθε, οὐκ ἔσεσθε ὡς οἱ ὑποκρι-
ταί· ὅτι φιλοῦσιν ἐν ταῖς συναγωγαῖς καὶ ἐν ταῖς γωνίαις τῶν πλα-
τειῶν ἐστῶτες προσεύχεσθαι, ὅπως φανῶσιν τοῖς ἀνθρώποις· ἀμὴν λέγω
ὑμῖν, ἀπέχουσιν τὸν μισθὸν αὐτῶν. ⁶σὺ δὲ ὅταν προσεύχῃ, εἴσελθε εἰς
τὸ ταμιεῖόν σου καὶ κλείσας τὴν θύραν σου πρόσευξαι τῷ πατρί σου τῷ
ἐν τῷ κρυπτῷ· καὶ ὁ πατήρ σου ὁ βλέπων ἐν τῷ κρυπτῷ ἀποδώσει σοι.

⁷Προσευχόμενοι δὲ μὴ βατταλογήσητε ὥσπερ οἱ ἐθνικοί· δοκοῦσιν γὰρ
ὅτι ἐν τῇ πολυλογίᾳ αὐτῶν εἰσακουσθήσονται. ⁸μὴ οὖν ὁμοιωθῆτε αὐ-
τοῖς· οἶδεν γὰρ [ὁ θεός] ὁ πατὴρ ὑμῶν ὧν χρείαν ἔχετε πρὸ τοῦ ὑμᾶς
αἰτῆσαι αὐτόν. ⁹οὕτως οὖν προσεύχεσθε ὑμεῖς·

Πάτερ ἡμῶν ὁ ἐν τοῖς οὐρανοῖς·

Ἁγιασθήτω τὸ ὄνομά σου·

[10]ἐλθάτω ἡ βασιλεία σου·

γενηθήτω τὸ θέλημά σου,

ὡς ἐν οὐρανῷ καὶ ἐπὶ γῆς·

[11]Τὸν ἄρτον ἡμῶν τὸν ἐπιούσιον δὸς ἡμῖν σήμερον·

[12]καὶ ἄφες ἡμῖν τὰ ὀφειλήματα ἡμῶν, ὡς καὶ ἡμεῖς ἀφήκαμεν

τοῖς ὀφειλέταις ἡμῶν·

[13]καὶ μὴ εἰσενέγκῃς ἡμᾶς εἰς πειρασμόν, ἀλλὰ ῥῦσαι ἡμᾶς ἀπὸ

τοῦ πονηροῦ.

[14]Ἐὰν γὰρ ἀφῆτε τοῖς ἀνθρώποις τὰ παραπτώματα αὐτῶν, ἀφήσει καὶ
ὑμῖν ὁ πατὴρ ὑμῶν ὁ οὐράνιος· [15]ἐὰν δὲ μὴ ἀφῆτε τοῖς ἀνθρώποις,
οὐδὲ ὁ πατὴρ ὑμῶν ἀφήσει τὰ παραπτώματα ὑμῶν. [16]Ὅταν δὲ νηστεύη-
ητε, μὴ γίνεσθε ὡς οἱ ὑποκριταὶ σκυθρωποί· ἀφανίζουσιν γὰρ τὰ πρόσ-
ωπα αὐτῶν ὅπως φανῶσιν τοῖς ἀνθρώποις νηστεύοντες· ἀμὴν λέγω ὑμῖν,
ἀπέχουσιν τὸν μισθὸν αὐτῶν. [17]σὺ δὲ νηστεύων ἄλειψαί σου τὴν κεφα-
λὴν καὶ τὸ πρόσωπόν σου νίψαι, [18]ὅπως μὴ φανῇς τοῖς ἀνθρώποις νη-
στεύων ἀλλὰ τῷ πατρί σου τῷ ἐν τῷ κρυφαίῳ· καὶ ὁ πατήρ σου ὁ βλέ-
πων ἐν τῷ κρυφαίῳ ἀποδώσει σοι.

[19]Μὴ θησαυρίζετε ὑμῖν θησαυροὺς ἐπὶ τῆς γῆς, ὅπου σὴς καὶ βρῶ-
σις ἀφανίζει, καὶ ὅπου κλέπται διορύσσουσιν καὶ κλέπτουσιν· [20]θη-
σαυρίζετε δὲ ὑμῖν θησαυροὺς ἐν οὐρανῷ, ὅπου οὔτε σὴς οὔτε βρῶσις
ἀφανίζει, καὶ ὅπου κλέπται οὐ διορύσσουσιν οὐδὲ κλέπτουσιν· [21]ὅπου
γάρ ἐστιν ὁ θησαυρός σου, ἐκεῖ ἔσται καὶ ἡ καρδία σου. [22]Ὁ λύχ-
νος τοῦ σώματός ἐστιν ὁ ὀφθαλμός. ἐὰν οὖν ᾖ ὁ ὀφθαλμός σου ἁπλοῦς,
ὅλον τὸ σῶμά σου φωτεινὸν ἔσται· [23]ἐὰν δὲ ὁ ὀφθαλμός σου πονηρὸς
ᾖ, ὅλον τὸ σῶμά σου σκοτεινὸν ἔσται. εἰ οὖν τὸ φῶς τὸ ἐν σοὶ σκό-
τος ἐστίν, τὸ σκότος πόσον. [24]Οὐδεὶς δύναται δυσὶ κυρίοις δουλεύειν·
ἢ γὰρ τὸν ἕνα μισήσει καὶ τὸν ἕτερον ἀγαπήσει, ἢ ἑνὸς ἀνθέξεται καὶ

τοῦ ἑτέρου καταφρονήσει. οὐ δύνασθε θεῷ δουλεύειν καὶ μαμωνᾷ.

MARK 2:1-3:6

2:1Καὶ εἰσελθὼν πάλιν εἰς Καφαρναοὺμ δι᾽ ἡμερῶν ἠκούσθη ὅτι ἐν οἴκῳ ἐστίν. 2καὶ συνήχθησαν πολλοί, ὥστε μηκέτι χωρεῖν μηδὲ τὰ πρὸς τὴν θύραν, καὶ ἐλάλει αὐτοῖς τὸν λόγον. 3καὶ ἔρχονται φέροντες πρὸς αὐτὸν παραλυτικὸν αἰρόμενον ὑπὸ τεσσάρων. 4καὶ μὴ δυνάμενοι προσενέγκαι αὐτῷ διὰ τὸν ὄχλον ἀπεστέγασαν τὴν στέγην ὅπου ἦν, καὶ ἐξορύξαντες χαλῶσι τὸν κράβατον ὅπου ὁ παραλυτικὸς κατέκειτο. 5καὶ ἰδὼν ὁ Ἰησοῦς τὴν πίστιν αὐτῶν λέγει τῷ παραλυτικῷ· τέκνον, ἀφίενταί σου αἱ ἁμαρτίαι. 6ἦσαν δέ τινες τῶν γραμματέων ἐκεῖ καθήμενοι καὶ διαλογιζόμενοι ἐν ταῖς καρδίαις αὐτῶν· 7τί οὗτος οὕτως λαλεῖ; βλασφημεῖ· τίς δύναται ἀφιέναι ἁμαρτίας εἰ μὴ εἷς ὁ θεός; 8καὶ εὐθὺς ἐπιγνοὺς ὁ Ἰησοῦς τῷ πνεύματι αὐτοῦ ὅτι οὕτως διαλογίζονται ἐν ἑαυτοῖς, λέγει αὐτοῖς· τί ταῦτα διαλογίζεσθε ἐν ταῖς καρδίαις ὑμῶν; 9τί ἐστιν εὐκοπώτερον, εἰπεῖν τῷ παραλυτικῷ· ἀφίενταί σου αἱ ἁμαρτίαι, ἢ εἰπεῖν· ἔγειρε καὶ ἆρον τὸν κράβατόν σου καὶ περιπάτει; 10ἵνα δὲ εἰδῆτε ὅτι ἐξουσίαν ἔχει ὁ υἱὸς τοῦ ἀνθρώπου ἀφιέναι ἁμαρτίας ἐπὶ τῆς γῆς, — λέγει τῷ παραλυτικῷ· 11σοὶ λέγω, ἔγειρε ἆρον τὸν κράβατόν σου καὶ ὕπαγε εἰς τὸν οἶκόν σου. 12καὶ ἠγέρθη καὶ εὐθὺς ἄρας τὸν κράβατον ἐξῆλθεν ἔμπροσθεν πάντων, ὥστε ἐξίστασθαι πάντας καὶ δοξάζειν τὸν θεὸν λέγοντας ὅτι οὕτως οὐδέποτε εἴδαμεν.

13Καὶ ἐξῆλθεν πάλιν παρὰ τὴν θάλασσαν· καὶ πᾶς ὁ ὄχλος ἤρχετο πρὸς αὐτόν, καὶ ἐδίδασκεν αὐτούς. 14Καὶ παράγων εἶδεν Λευὶν τὸν τοῦ Ἀλφαίου καθήμενον ἐπὶ τὸ τελώνιον, καὶ λέγει αὐτῷ· ἀκολούθει μοι. καὶ ἀναστὰς ἠκολούθησεν αὐτῷ. 15Καὶ γίνεται κατακεῖσθαι

αὐτὸν ἐν τῇ οἰκίᾳ αὐτοῦ, καὶ πολλοὶ τελῶναι καὶ ἁμαρτωλοὶ συναν-
έκειντο τῷ Ἰησοῦ καὶ τοῖς μαθηταῖς αὐτοῦ· ἦσαν γὰρ πολλοί, καὶ
ἠκολούθουν αὐτῷ. ¹⁶καὶ οἱ γραμματεῖς τῶν Φαρισαίων ἰδόντες ὅτι
ἐσθίει μετὰ τῶν ἁμαρτωλῶν καὶ τελωνῶν ἔλεγον τοῖς μαθηταῖς αὐτοῦ·
ὅτι μετὰ τῶν τελωνῶν καὶ ἁμαρτωλῶν ἐσθίει; ¹⁷καὶ ἀκούσας ὁ Ἰησοῦς
λέγει αὐτοῖς [ὅτι] οὐ χρείαν ἔχουσιν οἱ ἰσχύοντες ἰατροῦ ἀλλ᾽ οἱ
κακῶς ἔχοντες· οὐκ ἦλθον καλέσαι δικαίους ἀλλὰ ἁμαρτωλούς. ¹⁸Καὶ
ἦσαν οἱ μαθηταὶ Ἰωάννου καὶ οἱ Φαρισαῖοι νηστεύοντες. καὶ ἔρχον-
ται καὶ λέγουσιν αὐτῷ· διὰ τί οἱ μαθηταὶ Ἰωάννου καὶ οἱ μαθηταὶ
τῶν Φαρισαίων νηστεύουσιν, οἱ δὲ σοὶ μαθηταὶ οὐ νηστεύουσιν; ¹⁹καὶ
εἶπεν αὐτοῖς ὁ Ἰησοῦς· μὴ δύνανται οἱ υἱοὶ τοῦ νυμφῶνος ἐν ᾧ ὁ
νυμφίος μετ᾽ αὐτῶν ἐστιν νηστεύειν; ὅσον χρόνον ἔχουσιν τὸν νυμφίον
μετ᾽ αὐτῶν, οὐ δύνανται νηστεύειν. ²⁰ἐλεύσονται δὲ ἡμέραι ὅταν ἀπ-
αρθῇ ἀπ᾽ αὐτῶν ὁ νυμφίος, καὶ τότε νηστεύσουσιν ἐν ἐκείνῃ τῇ ἡμέρᾳ.
²¹Οὐδεὶς ἐπίβλημα ῥάκους ἀγνάφου ἐπιράπτει ἐπὶ ἱμάτιον παλαιόν· εἰ
δὲ μή, αἴρει τὸ πλήρωμα ἀπ᾽ αὐτοῦ τὸ καινὸν τοῦ παλαιοῦ, καὶ χεῖρον
σχίσμα γίνεται. ²²καὶ οὐδεὶς βάλλει οἶνον νέον εἰς ἀσκοὺς παλαι-
ούς· εἰ δὲ μή, ῥήξει ὁ οἶνος τοὺς ἀσκούς, καὶ ὁ οἶνος ἀπόλλυται καὶ
οἱ ἀσκοί. [ἀλλὰ οἶνον νέον εἰς ἀσκοὺς καινούς.]

²³Καὶ ἐγένετο αὐτὸν ἐν τοῖς σάββασιν παραπορεύεσθαι διὰ τῶν
σπορίμων, καὶ οἱ μαθηταὶ αὐτοῦ ἤρξαντο ὁδὸν ποιεῖν τίλλοντες τοὺς
στάχυας. ²⁴καὶ οἱ Φαρισαῖοι ἔλεγον αὐτῷ· ἴδε τί ποιοῦσιν τοῖς σάβ-
βασιν ὃ οὐκ ἔξεστιν; ²⁵καὶ λέγει αὐτοῖς· οὐδέποτε ἀνέγνωτε τί ἐ-
ποίησεν Δαυίδ, ὅτε χρείαν ἔσχεν καὶ ἐπείνασεν αὐτὸς καὶ οἱ μετ᾽
αὐτοῦ; ²⁶[πῶς] εἰσῆλθεν εἰς τὸν οἶκον τοῦ θεοῦ ἐπὶ Ἀβιαθὰρ ἀρχι-
ερέως καὶ τοὺς ἄρτους τῆς προθέσεως ἔφαγεν, οὓς οὐκ ἔξεστιν φαγεῖν
εἰ μὴ τοὺς ἱερεῖς, καὶ ἔδωκεν καὶ τοῖς σὺν αὐτῷ οὖσιν; ²⁷καὶ ἔλε-
γεν αὐτοῖς· τὸ σάββατον διὰ τὸν ἄνθρωπον ἐγένετο, καὶ οὐχ ὁ ἄνθρω-
πος διὰ τὸ σάββατον· ²⁸ὥστε κύριός ἐστιν ὁ υἱὸς τοῦ ἀνθρώπου καὶ

τοῦ σαββάτου. ³˙¹Καὶ εἰσῆλθεν πάλιν εἰς συναγωγήν, καὶ ἦν ἐκεῖ ἄνθρωπος ἐξηραμμένην ἔχων τὴν χεῖρα· ²καὶ παρετήρουν αὐτὸν εἰ τοῖς σάββασιν θεραπεύσει αὐτόν, ἵνα κατηγορήσωσιν αὐτοῦ. ³καὶ λέγει τῷ ἀνθρώπῳ τῷ τὴν χεῖρα ἔχοντι ξηράν· ἔγειρε εἰς τὸ μέσον. ⁴καὶ λέγει αὐτοῖς· ἔξεστιν τοῖς σάββασιν ἀγαθὸν ποιῆσαι ἢ κακοποιῆσαι, ψυχὴν σῶσαι ἢ ἀποκτεῖναι, οἱ δὲ ἐσιώπων. ⁵καὶ περιβλεψάμενος αὐτοὺς μετ᾽ ὀργῆς, συλλυπούμενος ἐπὶ τῇ πωρώσει τῆς καρδίας αὐτῶν, λέγει τῷ ἀνθρώπῳ· ἔκτεινον τὴν χεῖρα. καὶ ἐξέτεινεν, καὶ ἀπεκατεστάθη ἡ χεὶρ αὐτοῦ. ⁶καὶ ἐξελθόντες οἱ Φαρισαῖοι εὐθὺς μετὰ τῶν Ἡρῳδιανῶν συμβούλιον ἐδίδουν κατ᾽ αὐτοῦ, ὅπως αὐτὸν ἀπολέσωσιν.

LUKE 2:1-20, 15:11-32

²˙¹Ἐγένετο δὲ ἐν ταῖς ἡμέραις ἐκείναις ἐξῆλθεν δόγμα παρὰ Καίσαρος Αὐγούστου ἀπογράφεσθαι πᾶσαν τὴν οἰκουμένην. ²αὕτη ἀπογραφὴ πρώτη ἐγένετο ἡγεμονεύοντος τῆς Συρίας Κυρηνίου. ³καὶ ἐπορεύοντο πάντες ἀπογράφεσθαι, ἕκαστος εἰς τὴν ἑαυτοῦ πόλιν. ⁴Ἀνέβη δὲ καὶ Ἰωσὴφ ἀπὸ τῆς Γαλιλαίας ἐκ πόλεως Ναζαρὲθ εἰς τὴν Ἰουδαίαν εἰς πόλιν Δαυὶδ ἥτις καλεῖται Βηθλέεμ, διὰ τὸ εἶναι αὐτὸν ἐξ οἴκου καὶ πατριᾶς Δαυίδ, ⁵ἀπογράψασθαι σὺν Μαριὰμ τῇ ἐμνηστευμένῃ αὐτῷ, οὔσῃ ἐγκύῳ. ⁶Ἐγένετο δὲ ἐν τῷ εἶναι αὐτοὺς ἐκεῖ ἐπλήσθησαν αἱ ἡμέραι τοῦ τεκεῖν αὐτήν,⁷καὶ ἔτεκεν τὸν υἱὸν αὐτῆς τὸν πρωτότοκον, καὶ ἐσπαργάνωσεν αὐτὸν καὶ ἀνέκλινεν αὐτὸν ἐν φάτνῃ, διότι οὐκ ἦν αὐτοῖς τόπος ἐν τῷ καταλύματι. ⁸Καὶ ποιμένες ἦσαν ἐν τῇ χώρᾳ τῇ αὐτῇ ἀγραυλοῦντες καὶ φυλάσσοντες φυλακὰς τῆς νυκτὸς ἐπὶ τὴν ποίμνην αὐτῶν. ⁹καὶ ἄγγελος κυρίου ἐπέστη αὐτοῖς καὶ δόξα κυρίου περιέλαμψεν αὐτούς, καὶ ἐφοβήθησαν φόβον μέγαν. ¹⁰καὶ εἶπεν αὐτοῖς ὁ ἄγγελος· μὴ φοβεῖσθε· ἰδοὺ γὰρ εὐαγγελίζομαι ὑμῖν χαρὰν μεγάλην,

ἥτις ἔσται παντὶ τῷ λαῷ, ¹¹ὅτι ἐτέχθη ὑμῖν σήμερον σωτήρ, ὅς ἐστιν
χριστὸς κύριος, ἐν πόλει Δαυίδ. ¹²καὶ τοῦτο ὑμῖν σημεῖον, εὑρήσετε
βρέφος ἐσπαργανωμένον καὶ κείμενον ἐν φάτνῃ. ¹³καὶ ἐξαίφνης ἐγέ-
νετο σὺν τῷ ἀγγέλῳ πλῆθος στρατιᾶς οὐρανίου αἰνούντων τὸν θεὸν καὶ
λεγόντων·

¹⁴δόξα ἐν ὑψίστοις θεῷ καὶ ἐπὶ γῆς εἰρήνη ἐν ἀνθρώποις εὐδοκίας.
¹⁵Καὶ ἐγένετο ὡς ἀπῆλθον ἀπ' αὐτῶν εἰς τὸν οὐρανὸν οἱ ἄγγελοι, οἱ
ποιμένες ἐλάλουν πρὸς ἀλλήλους· διέλθωμεν δὴ ἕως Βηθλέεμ καὶ ἴδω-
μεν τὸ ῥῆμα τοῦτο τὸ γεγονὸς ὃ ὁ κύριος ἐγνώρισεν ἡμῖν. ¹⁶καὶ ἦλ-
θαν σπεύσαντες καὶ ἀνεῦραν τήν τε Μαριὰμ καὶ τὸν Ἰωσὴφ καὶ τὸ
βρέφος κείμενον ἐν τῇ φάτνῃ· ¹⁷ἰδόντες δὲ ἐγνώρισαν περὶ τοῦ ῥήμα-
τος τοῦ λαληθέντος αὐτοῖς περὶ τοῦ παιδίου τούτου. ¹⁸καὶ πάντες
οἱ ἀκούσαντες ἐθαύμασαν περὶ τῶν λαληθέντων ὑπὸ τῶν ποιμένων πρὸς
αὐτούς· ¹⁹ἡ δὲ Μαρία πάντα συνετήρει τὰ ῥήματα ταῦτα συμβάλλουσα
ἐν τῇ καρδίᾳ αὐτῆς. ²⁰καὶ ὑπέστρεψαν οἱ ποιμένες δοξάζοντες καὶ
αἰνοῦντες τὸν θεὸν ἐπὶ πᾶσιν οἷς ἤκουσαν καὶ εἶδον καθὼς ἐλαλήθη
πρὸς αὐτούς....

15:11Εἶπεν δέ· ἄνθρωπός τις εἶχεν δύο υἱούς. ¹²καὶ εἶπεν ὁ
νεώτερος αὐτῶν τῷ πατρί· πάτερ, δός μοι τὸ ἐπιβάλλον μέρος τῆς οὐ-
σίας. ὁ δὲ διεῖλεν αὐτοῖς τὸν βίον. ¹³καὶ μετ' οὐ πολλὰς ἡμέρας
συναγαγὼν πάντα ὁ νεώτερος υἱὸς ἀπεδήμησεν εἰς χώραν μακράν, καὶ
ἐκεῖ διεσκόρπισεν τὴν οὐσίαν αὐτοῦ ζῶν ἀσώτως. ¹⁴δαπανήσαντος δὲ
αὐτοῦ πάντα ἐγένετο λιμὸς ἰσχυρὰ κατὰ τὴν χώραν ἐκείνην, καὶ αὐτὸς
ἤρξατο ὑστερεῖσθαι. ¹⁵καὶ πορευθεὶς ἐκολλήθη ἑνὶ τῶν πολιτῶν τῆς
χώρας ἐκείνης, καὶ ἔπεμψεν αὐτὸν εἰς τοὺς ἀγροὺς αὐτοῦ βόσκειν χοί-
ρους· ¹⁶καὶ ἐπεθύμει γεμίσαι τὴν κοιλίαν αὐτοῦ ἐκ τῶν κερατίων ὧν
ἤσθιον οἱ χοῖροι, καὶ οὐδεὶς ἐδίδου αὐτῷ. ¹⁷εἰς ἑαυτὸν δὲ ἐλθὼν
ἔφη· πόσοι μίσθιοι τοῦ πατρός μου περισσεύονται ἄρτων, ἐγὼ δὲ λι-
μῷ ὧδε ἀπόλλυμαι. ¹⁸ἀναστὰς πορεύσομαι πρὸς τὸν πατέρα μου καὶ

ἐρῶ αὐτῷ· πάτερ, ἥμαρτον εἰς τὸν οὐρανὸν καὶ ἐνώπιόν σου, ¹⁹οὐκέτι εἰμὶ ἄξιος κληθῆναι υἱός σου· ποίησόν με ὡς ἕνα τῶν μισθίων σου. ²⁰καὶ ἀναστὰς ἦλθεν πρὸς τὸν πατέρα ἑαυτοῦ. ἔτι δὲ αὐτοῦ μακρὰν ἀπέχοντος εἶδεν αὐτὸν ὁ πατὴρ αὐτοῦ καὶ ἐσπλαγχνίσθη, καὶ δραμὼν ἐπέπεσεν ἐπὶ τὸν τράχηλον αὐτοῦ καὶ κατεφίλησεν αὐτόν. ²¹εἶπεν δὲ ὁ υἱὸς αὐτῷ· πάτερ, ἥμαρτον εἰς τὸν οὐρανὸν καὶ ἐνώπιόν σου, οὐκέτι εἰμὶ ἄξιος κληθῆναι υἱός σου. ²²εἶπεν δὲ ὁ πατὴρ πρὸς τοὺς δούλους αὐτοῦ· ταχὺ ἐξενέγκατε στολὴν τὴν πρώτην καὶ ἐνδύσατε αὐτόν, καὶ δότε δακτύλιον εἰς τὴν χεῖρα αὐτοῦ καὶ ὑποδήματα εἰς τοὺς πόδας, ²³καὶ φέρετε τὸν μόσχον τὸν σιτευτόν, θύσατε, καὶ φαγόντες εὐφρανθῶμεν, ²⁴ὅτι οὗτος ὁ υἱός μου νεκρὸς ἦν καὶ ἀνέζησεν, ἦν ἀπολωλὼς καὶ εὑρέθη. καὶ ἤρξαντο εὐφραίνεσθαι. ²⁵ἦν δὲ ὁ υἱὸς αὐτοῦ ὁ πρεσβύτερος ἐν ἀγρῷ· καὶ ὡς ἐρχόμενος ἤγγισεν τῇ οἰκίᾳ, ἤκουσεν συμφωνίας καὶ χορῶν, ²⁶καὶ προσκαλεσάμενος ἕνα τῶν παίδων ἐπυνθάνετο τί ἂν εἴη ταῦτα. ²⁷ὁ δὲ εἶπεν αὐτῷ ὅτι ὁ ἀδελφός σου ἥκει, καὶ ἔθυσεν ὁ πατήρ σου τὸν μόσχον τὸν σιτευτόν, ὅτι ὑγιαίνοντα αὐτὸν ἀπέλαβεν. ²⁸ὠργίσθη δὲ καὶ οὐκ ἤθελεν εἰσελθεῖν· ὁ δὲ πατὴρ αὐτοῦ ἐξελθὼν παρεκάλει αὐτόν. ²⁹ὁ δὲ ἀποκριθεὶς εἶπεν τῷ πατρί· ἰδοὺ τοσαῦτα ἔτη δουλεύω σοι καὶ οὐδέποτε ἐντολήν σου παρῆλθον, καὶ ἐμοὶ οὐδέποτε ἔδωκας ἔριφον ἵνα μετὰ τῶν φίλων μου εὐφρανθῶ. ³⁰ὅτε δὲ ὁ υἱός σου οὗτος ὁ καταφαγών σου τὸν βίον μετὰ πορνῶν ἦλθεν, ἔθυσας αὐτῷ τὸν σιτευτὸν μόσχον. ³¹ὁ δὲ εἶπεν αὐτῷ· τέκνον, σὺ πάντοτε μετ' ἐμοῦ εἶ, καὶ πάντα τὰ ἐμὰ σά ἐστιν· ³²εὐφρανθῆναι δὲ καὶ χαρῆναι ἔδει, ὅτι ὁ ἀδελφός σου οὗτος νεκρὸς ἦν καὶ ἔζησεν, καὶ ἀπολωλὼς καὶ εὑρέθη.

JOHN 3:1-21

3:1⁷Ἦν δὲ ἄνθρωπος ἐκ τῶν Φαρισαίων, Νικόδημος ὄνομα αὐτῷ, ἄρ-
χων τῶν Ἰουδαίων· ²οὗτος ἦλθεν πρὸς αὐτὸν νυκτὸς καὶ εἶπεν αὐτῷ·
ῥαββί, οἴδαμεν ὅτι ἀπὸ θεοῦ ἐλήλυθας διδάσκαλος· οὐδεὶς γὰρ δύνα-
ται ταῦτα τὰ σημεῖα ποιεῖν ἃ σὺ ποιεῖς, ἐὰν μὴ ᾖ ὁ θεὸς μετ' αὐτοῦ.
³ἀπεκρίθη Ἰησοῦς καὶ εἶπεν αὐτῷ· ἀμὴν ἀμὴν λέγω σοι, ἐὰν μή τις
γεννηθῇ ἄνωθεν, οὐ δύναται ἰδεῖν τὴν βασιλείαν τοῦ θεοῦ. ⁴λέγει
πρὸς αὐτὸν ὁ Νικόδημος· πῶς δύναται ἄνθρωπος γεννηθῆναι γέρων ὤν;
μὴ δύναται εἰς τὴν κοιλίαν τῆς μητρὸς αὐτοῦ δεύτερον εἰσελθεῖν καὶ
γεννηθῆναι; ⁵ἀπεκρίθη Ἰησοῦς· ἀμὴν ἀμὴν λέγω σοι, ἐὰν μή τις
γεννηθῇ ἐξ ὕδατος καὶ πνεύματος, οὐ δύναται εἰσελθεῖν εἰς τὴν βα-
σιλείαν τοῦ θεοῦ. ⁶τὸ γεγεννημένον ἐκ τῆς σαρκὸς σάρξ ἐστιν, καὶ
τὸ γεγεννημένον ἐκ τοῦ πνεύματος πνεῦμά ἐστιν. ⁷μὴ θαυμάσῃς ὅτι
εἶπόν σοι· δεῖ ὑμᾶς γεννηθῆναι ἄνωθεν. ⁸τὸ πνεῦμα ὅπου θέλει πνεῖ,
καὶ τὴν φωνὴν αὐτοῦ ἀκούεις, ἀλλ' οὐκ οἶδας πόθεν ἔρχεται καὶ ποῦ
ὑπάγει· οὕτως ἐστὶν πᾶς ὁ γεγεννημένος ἐκ τοῦ πνεύματος. ⁹ἀπεκρί-
θη Νικόδημος καὶ εἶπεν αὐτῷ· πῶς δύναται ταῦτα γενέσθαι; ¹⁰ἀπε-
κρίθη Ἰησοῦς καὶ εἶπεν αὐτῷ· σὺ εἶ ὁ διδάσκαλος τοῦ Ἰσραὴλ καὶ
ταῦτα οὐ γινώσκεις; ¹¹ἀμὴν ἀμὴν λέγω σοι ὅτι ὃ οἴδαμεν λαλοῦμεν
καὶ ὃ ἑωράκαμεν μαρτυροῦμεν, καὶ τὴν μαρτυρίαν ἡμῶν οὐ λαμβάνετε.
¹²εἰ τὰ ἐπίγεια εἶπον ὑμῖν καὶ οὐ πιστεύετε, πῶς ἐὰν εἴπω ὑμῖν τὰ
ἐπουράνια πιστεύσετε; ¹³καὶ οὐδεὶς ἀναβέβηκεν εἰς τὸν οὐρανὸν εἰ
μὴ ὁ ἐκ τοῦ οὐρανοῦ καταβάς, ὁ υἱὸς τοῦ ἀνθρώπου. ¹⁴Καὶ καθὼς
Μωϋσῆς ὕψωσεν τὸν ὄφιν ἐν τῇ ἐρήμῳ, οὕτως ὑψωθῆναι δεῖ τὸν υἱὸν
τοῦ ἀνθρώπου, ¹⁵ἵνα πᾶς ὁ πιστεύων ἐν αὐτῷ ἔχῃ ζωὴν αἰώνιον. 16
οὕτως γὰρ ἠγάπησεν ὁ θεὸς τὸν κόσμον, ὥστε τὸν υἱὸν τὸν μονογενῆ
ἔδωκεν, ἵνα πᾶς ὁ πιστεύων εἰς αὐτὸν μὴ ἀπόληται ἀλλ' ἔχῃ ζωὴν αἰ-
ώνιον. ¹⁷οὐ γὰρ ἀπέστειλεν ὁ θεὸς τὸν υἱὸν εἰς τὸν κόσμον ἵνα
κρίνῃ τὸν κόσμον, ἀλλ' ἵνα σωθῇ ὁ κόσμος δι' αὐτοῦ. ¹⁸ὁ πιστεύων

εἰς αὐτὸν οὐ κρίνεται· ὁ μὴ πιστεύων ἤδη κέκριται, ὅτι μὴ πεπίσ-
τευκεν εἰς τὸ ὄνομα τοῦ μονογενοῦς υἱοῦ τοῦ θεοῦ. [19]αὕτη δέ ἐστιν
ἡ κρίσις, ὅτι τὸ φῶς ἐλήλυθεν εἰς τὸν κόσμον καὶ ἠγάπησαν οἱ ἄν-
θρωποι μᾶλλον τὸ σκότος ἢ τὸ φῶς· ἦν γὰρ αὐτῶν πονηρὰ τὰ ἔργα. [20]
πᾶς γὰρ ὁ φαῦλα πράσσων μισεῖ τὸ φῶς καὶ οὐκ ἔρχεται πρὸς τὸ φῶς,
ἵνα μὴ ἐλεγχθῇ τὰ ἔργα αὐτοῦ· [21]ὁ δὲ ποιῶν τὴν ἀλήθειαν ἔρχεται
πρὸς τὸ φῶς, ἵνα φανερωθῇ αὐτοῦ τὰ ἔργα ὅτι ἐν θεῷ ἐστιν εἰργασ-
μένα.

ACTS 4:5-20; 9:1-21; 17:16-34

4:5 Ἐγένετο δὲ ἐπὶ τὴν αὔριον συναχθῆναι αὐτῶν τοὺς ἄρχοντας
καὶ τοὺς πρεσβυτέρους καὶ τοὺς γραμματεῖς ἐν Ἰερουσαλήμ, [6]καὶ Ἄν-
νας ὁ ἀρχιερεὺς καὶ Καϊάφας καὶ Ἰωάννης καὶ Ἀλέξανδρος καὶ ὅσοι ἦ-
σαν ἐκ γένους ἀρχιερατικοῦ, [7]καὶ στήσαντες αὐτοὺς ἐν τῷ μέσῳ ἐπυν-
θάνοντο· ἐν ποίᾳ δυνάμει ἢ ἐν ποίῳ ὀνόματι ἐποιήσατε τοῦτο ὑμεῖς;
[8]τότε Πέτρος πλησθεὶς πνεύματος ἁγίου εἶπεν πρὸς αὐτούς· ἄρχοντες
τοῦ λαοῦ καὶ πρεσβύτεροι, [9]εἰ ἡμεῖς σήμερον ἀνακρινόμεθα ἐπὶ εὐερ-
γεσίᾳ ἀνθρώπου ἀσθενοῦς, ἐν τίνι οὗτος σέσωσται, [10]γνωστὸν ἔστω
πᾶσιν ὑμῖν καὶ παντὶ τῷ λαῷ Ἰσραήλ, ὅτι ἐν τῷ ὀνόματι Ἰησοῦ Χριστοῦ
τοῦ Ναζωραίου, ὃν ὑμεῖς ἐσταυρώσατε, ὃν ὁ θεὸς ἤγειρεν ἐκ νεκρῶν,
ἐν τούτῳ οὗτος παρέστηκεν ἐνώπιον ὑμῶν ὑγιής. [11]οὗτός ἐστιν ὁ λί-
θος ὁ ἐξουθενηθεὶς ὑφ' ὑμῶν τῶν οἰκοδόμων, ὁ γενόμενος εἰς κεφαλὴν
γωνίας. [12]καὶ οὐκ ἔστιν ἐν ἄλλῳ οὐδενὶ ἡ σωτηρία· οὐδὲ γὰρ ὄνομά
ἐστιν ἕτερον ὑπὸ τὸν οὐρανὸν τὸ δεδομένον ἐν ἀνθρώποις ἐν ᾧ δεῖ σω-
θῆναι ἡμᾶς. [13]θεωροῦντες δὲ τὴν τοῦ Πέτρου παρρησίαν καὶ Ἰωάννου,
καὶ καταλαβόμενοι ὅτι ἄνθρωποι ἀγράμματοί εἰσιν καὶ ἰδιῶται, ἐθαύμα-
ζον, ἐπεγίνωσκόν τε αὐτοὺς ὅτι σὺν τῷ Ἰησοῦ ἦσαν, [14]τόν τε ἄνθρωπον
βλέποντες σὺν αὐτοῖς ἑστῶτα τὸν τεθεραπευμένον, οὐδὲν εἶχον ἀντειπεῖν.

[15]κελεύσαντες δὲ αὐτοὺς ἔξω τοῦ συνεδρίου ἀπελθεῖν, συνέβαλλον πρὸς ἀλλήλους [16]λέγοντες· τί ποιήσωμεν τοῖς ἀνθρώποις τούτοις; ὅτι μὲν γὰρ γνωστὸν σημεῖον γέγονεν δι' αὐτῶν, πᾶσιν τοῖς κατοικοῦσιν Ἱερουσαλὴμ φανερόν, καὶ οὐ δυνάμεθα ἀρνεῖσθαι· [17]ἀλλ' ἵνα μὴ ἐπὶ πλεῖον διανεμηθῇ εἰς τὸν λαόν, ἀπειλησώμεθα αὐτοῖς μηκέτι λαλεῖν ἐπὶ τῷ ὀνόματι τούτῳ μηδενὶ ἀνθρώπων. [18]καὶ καλέσαντες αὐτοὺς παρήγγειλαν καθόλου μὴ φθέγγεσθαι μηδὲ διδάσκειν ἐπὶ τῷ ὀνόματι τοῦ Ἰησοῦ. [19]ὁ δὲ Πέτρος καὶ Ἰωάννης ἀποκριθέντες εἶπον πρὸς αὐτούς· εἰ δίκαιόν ἐστιν ἐνώπιον τοῦ θεοῦ, ὑμῶν ἀκούειν μᾶλλον ἢ τοῦ θεοῦ, κρίνατε· [20]οὐ δυνάμεθα γὰρ ἡμεῖς ἃ εἴδαμεν καὶ ἠκούσαμεν μὴ λαλεῖν....

[9:1]Ὁ δὲ Σαῦλος ἔτι ἐμπνέων ἀπειλῆς καὶ φόνου εἰς τοὺς μαθητὰς τοῦ κυρίου, προσελθὼν τῷ ἀρχιερεῖ [2]ᾐτήσατο παρ' αὐτοῦ ἐπιστολὰς εἰς Δαμασκὸν πρὸς τὰς συναγωγάς, ὅπως ἐάν τινας εὕρῃ τῆς ὁδοῦ ὄντας, ἄνδρας τε καὶ γυναῖκας, δεδεμένους ἀγάγῃ εἰς Ἰερουσαλήμ. [3]Ἐν δὲ τῷ πορεύεσθαι ἐγένετο αὐτὸν ἐγγίζειν τῇ Δαμασκῷ, ἐξαίφνης τε αὐτὸν περιήστραψεν φῶς ἐκ τοῦ οὐρανοῦ, [4]καὶ πεσὼν ἐπὶ τὴν γῆν ἤκουσεν φωνὴν λέγουσαν αὐτῷ· Σαοὺλ Σαούλ, τί με διώκεις; [5]εἶπεν δέ· τίς εἶ, κύριε; ὁ δέ· ἐγώ εἰμι Ἰησοῦς ὃν σὺ διώκεις· [6]ἀλλὰ ἀνάστηθι καὶ εἴσελθε εἰς τὴν πόλιν, καὶ λαληθήσεταί σοι ὅ τί σε δεῖ ποιεῖν. [7]οἱ δὲ ἄνδρες οἱ συνοδεύοντες αὐτῷ εἰστήκεισαν ἐνεοί, ἀκούοντες μὲν τῆς φωνῆς, μηδένα δὲ θεωροῦντες. [8]ἠγέρθη δὲ Σαῦλος ἀπὸ τῆς γῆς, ἀνεῳγμένων δὲ τῶν ὀφθαλμῶν αὐτοῦ οὐδὲν ἔβλεπεν· χειραγωγοῦντες δὲ αὐτὸν εἰσήγαγον εἰς Δαμασκόν. [9]καὶ ἦν ἡμέρας τρεῖς μὴ βλέπων, καὶ οὐκ ἔφαγεν οὐδὲ ἔπιεν.

[10]Ἦν δέ τις μαθητὴς ἐν Δαμασκῷ ὀνόματι Ἁνανίας, καὶ εἶπεν πρὸς αὐτὸν ἐν ὁράματι ὁ κύριος· Ἁνανία. ὁ δὲ εἶπεν· ἰδοὺ ἐγώ, κύριε. [11]ὁ δὲ κύριος πρὸς αὐτόν· ἀναστὰς πορεύθητι ἐπὶ τὴν ῥύμην τὴν καλουμένην εὐθεῖαν καὶ ζήτησον ἐν οἰκίᾳ Ἰούδα Σαῦλον ὀνόματι Ταρσέα·

ἰδοὺ γὰρ προσεύχεται, 12καὶ εἶδεν ἄνδρα [ἐν ὁράματι] 'Ανανίαν ὀνό-
ματι εἰσελθόντα καὶ ἐπιθέντα αὐτῷ χεῖρας, ὅπως ἀναβλέψῃ. 13ἀπεκρί-
θη δὲ 'Ανανίας· κύριε, ἤκουσα ἀπὸ πολλῶν περὶ τοῦ ἀνδρὸς τούτου,
ὅσα κακὰ τοῖς ἁγίοις σου ἐποίησεν ἐν 'Ιερουσαλήμ· 14καὶ ὧδε ἔχει
ἐξουσίαν παρὰ τῶν ἀρχιερέων δῆσαι πάντας τοὺς ἐπικαλουμένους τὸ
ὄνομά σου. 15εἶπεν δὲ πρὸς αὐτὸν ὁ κύριος· πορεύου, ὅτι σκεῦος ἐκ-
λογῆς ἐστίν μοι οὗτος τοῦ βαστάσαι τὸ ὄνομά μου ἐνώπιον [τῶν] ἐθ-
νῶν τε καὶ βασιλέων υἱῶν τε 'Ισαρήλ· 16ἐγὼ γὰρ ὑποδείξω αὐτῷ ὅσα
δεῖ αὐτὸν ὑπὲρ τοῦ ὀνόματός μου παθεῖν. 17'Απῆλθεν δὲ 'Ανανίας καὶ
εἰσῆλθεν εἰς τὴν οἰκίαν, καὶ ἐπιθεὶς ἐπ' αὐτὸν τὰς χεῖρας εἶπεν·
Σαοὺλ ἀδελφέ, ὁ κύριος ἀπέσταλκέν με, 'Ιησοῦς ὁ ὀφθείς σοι ἐν τῇ
ὁδῷ ᾗ ἤρχου, ὅπως ἀναβλέψῃς καὶ πλησθῇς πνεύματος ἁγίου. 18καὶ
εὐθέως ἀπέπεσαν αὐτοῦ ἀπὸ τῶν ὀφθαλμῶν ὡς λεπίδες, ἀνέβλεψέν τε,
καὶ ἀναστὰς ἐβαπτίσθη, καὶ λαβὼν τροφὴν ἐνίσχυσεν.

'Εγένετο δὲ μετὰ τῶν ἐν Δαμασκῷ μαθητῶν ἡμέρας τινάς, 20καὶ
εὐθέως ἐν ταῖς συναγωγαῖς ἐκήρυσσεν τὸν 'Ιησοῦν, ὅτι οὗτός ἐστιν
ὁ υἱὸς τοῦ θεοῦ. 21ἐξίσταντο δὲ πάντες οἱ ἀκούοντες καὶ ἔλεγον·
οὐχ οὗτός ἐστιν ὁ πορθήσας εἰς 'Ιερουσαλημ τοὺς ἐπικαλουμένους τὸ
ὄνομα τοῦτο, καὶ ὧδε εἰς τοῦτο ἐληλύθει, ἵνα δεδεμένους αὐτοὺς ἀ-
γάγῃ ἐπὶ τοὺς ἀρχιερεῖς;....

17:16'Εν δὲ ταῖς 'Αθήναις ἐκδεχομένου αὐτοὺς τοῦ Παύλου, παρ-
ωξύνετο τὸ πνεῦμα αὐτοῦ ἐν αὐτῷ θεωροῦντος κατείδωλον οὖσαν τὴν
πόλιν. 17διελέγετο μὲν οὖν ἐν τῇ συναγωγῇ τοῖς 'Ιουδαίοις καὶ τοῖς
σεβομένοις καὶ ἐν τῇ ἀγορᾷ κατὰ πᾶσαν ἡμέραν πρὸς τοὺς παρατυγχάνον-
τας. 18τινὲς δὲ καὶ τῶν 'Επικουρείων καὶ Στωϊκῶν φιλοσόφων συνέβαλ-
λον αὐτῷ, καί τινες ἔλεγον· τί ἂν θέλοι ὁ σπερμολόγος οὗτος λέγειν;
οἱ δέ· ξένων δαιμονίων δοκεῖ καταγγελεὺς εἶναι· ὅτι τὸν 'Ιησοῦν καὶ
τὴν ἀνάστασιν εὐηγγελίζετο. 19ἐπιλαβόμενοι δὲ αὐτοῦ ἐπὶ τὸν "Αρειον
πάγον ἤγαγον, λέγοντες· δυνάμεθα γνῶναι τίς ἡ καινὴ αὕτη ἡ ὑπὸ σοῦ

λαλουμένη διδαχή; ²⁰ξενίζοντα γάρ τινα εἰσφέρεις εἰς τὰς ἀκοὰς ἡ-
μῶν· βουλόμεθα οὖν γνῶναι τίνα θέλει ταῦτα εἶναι. ²¹'Αθηναῖοι δὲ
πάντες καὶ οἱ ἐπιδημοῦντες ξένοι εἰς οὐδὲν ἕτερον ηὐκαίρουν ἢ λέ-
γειν τι ἢ ἀκούειν τι καινότερον. ²²Σταθεὶς δὲ Παῦλος ἐν μέσῳ τοῦ
'Αρείου πάγου ἔφη· ἄνδρες 'Αθηναῖοι, κατὰ πάντα ὡς δεισιδαιμονεστέ-
ρους ὑμᾶς θεωρῶ. ²³διερχόμενος γὰρ καὶ ἀναθεωρῶν τὰ σεβάσματα ὑμῶν
εὖρον καὶ βωμὸν ἐν ᾧ ἐπεγέγραπτο· ΑΓΝΩΣΤΩ ΘΕΩ. ὃ οὖν ἀγνοοῦντες εὐ-
σεβεῖτε, τοῦτο ἐγὼ καταγγέλλω ὑμῖν. ²⁴ὁ θεὸς ὁ ποιήσας τὸν κόσμον
καὶ πάντα τὰ ἐν αὐτῷ, οὗτος οὐρανοῦ καὶ γῆς ὑπάρχων κύριος οὐκ ἐν
χειροποιήτοις ναοῖς κατοικεῖ, ²⁵οὐδὲ ὑπὸ χειρῶν ἀνθρωπίνων θερα-
πεύεται προσδεόμενός τινος, αὐτὸς διδοὺς πᾶσι ζωὴν καὶ πνοὴν καὶ τὰ
πάντα· ²⁶ἐποίησέν τε ἐξ ἑνὸς πᾶν ἔθνος ἀνθρώπων κατοικεῖν ἐπὶ παν-
τὸς προσώπου τῆς γῆς, ὁρίσας προστεταγμένους καιροὺς καὶ τὰς ὁροθε-
σίας τῆς κατοικίας αὐτῶν, ²⁷ζητεῖν τὸν θεόν, εἰ ἄρα γε ψηλαφήσειαν
αὐτὸν καὶ εὕροιεν, καί γε οὐ μακρὰν ἀπὸ ἑνὸς ἑκάστου ἡμῶν ὑπάρχοντα.
²⁸ἐν αὐτῷ γὰρ ζῶμεν καὶ κινούμεθα καὶ ἐσμέν, ὡς καί τινες τῶν καθ'
ὑμᾶς ποιητῶν εἰρήκασιν·

        τοῦ γὰρ καὶ γένος ἐσμέν.

²⁹γένος οὖν ὑπάρχοντες τοῦ θεοῦ οὐκ ὀφείλομεν νομίζειν, χρυσῷ ἢ ἀρ-
γύρῳ ἢ λίθῳ, χαράγματι τέχνης καὶ ἐνθυμήσεως ἀνθρώπου, τὸ θεῖον εἶ-
ναι ὅμοιον. ³⁰τοὺς μὲν οὖν χρόνους τῆς ἀγνοίας ὑπεριδὼν ὁ θεὸς
τὰ νῦν ἀπαγγέλλει τοῖς ἀνθρώποις πάντας πανταχοῦ μετανοεῖν, ³¹καθ-
ότι ἔστησεν ἡμέραν ἐν ᾗ μέλλει κρίνειν τὴν οἰκουμένην ἐν δικαιοσύνῃ,
ἐν ἀνδρὶ ᾧ ὥρισεν, πίστιν παρασχὼν πᾶσιν ἀναστήσας αὐτὸν ἐκ νεκρῶν.
³²ἀκούσαντες δὲ ἀνάστασιν νεκρῶν, οἱ μὲν ἐχλεύαζον, οἱ δὲ εἶπαν·
ἀκουσόμεθά σου περὶ τούτου καὶ πάλιν. ³³οὕτως ὁ Παῦλος ἐξῆλθεν ἐκ
μέσου αὐτῶν. ³⁴τινὲς δὲ ἄνδρες κολληθέντες αὐτῷ ἐπίστευσαν, ἐν οἷς
καὶ Διονύσιος ὁ 'Αρεοπαγίτης καὶ γυνὴ ὀνόματι Δάμαρις καὶ ἕτεροι
σὺν αὐτοῖς.

ROMANS 3:21-26; 4:13-17; 5:1-11

3:21Νυνὶ δὲ χωρὶς νόμου δικαιοσύνη θεοῦ πεφανέρωται, μαρτυρου-
μένη ὑπὸ τοῦ νόμου καὶ τῶν προφητῶν, 22δικαιοσύνη δὲ θεοῦ διὰ
πίστεως ['Ιησοῦ] Χριστοῦ, εἰς πάντας τοὺς πιστεύοντας· οὐ γάρ ἐσ-
τιν διαστολή· 23πάντες γὰρ ἥμαρτον καὶ ὑστεροῦνται τῆς δόξης τοῦ
θεοῦ, 24δικαιούμενοι δωρεὰν τῇ αὐτοῦ χάριτι διὰ τῆς ἀπολυτρώσεως
τῆς ἐν Χριστῷ 'Ιησοῦ· 25ὃν προέθετο ὁ θεὸς ἱλαστήριον διὰ πίστεως
ἐν τῷ αὐτοῦ αἵματι, εἰς ἔνδειξιν τῆς δικαιοσύνης αὐτοῦ διὰ τὴν πά-
ρεσιν τῶν προγεγονότων ἁμαρτημάτων 26ἐν τῇ ἀνοχῇ τοῦ θεοῦ, πρὸς
τὴν ἔνδειξιν τῆς δικαιοσύνης αὐτοῦ ἐν τῷ νῦν καιρῷ, εἰς τὸ εἶναι
αὐτὸν δίκαιον καὶ δικαιοῦντα τὸν ἐκ πίστεως 'Ιησοῦ....

4:13Οὐ γὰρ διὰ νόμου ἡ ἐπαγγελία τῷ 'Αβραὰμ ἢ τῷ σπέρματι αὐ-
τοῦ, τὸ κληρονόμον αὐτὸν εἶναι κόσμου, ἀλλὰ διὰ δικαιοσύνης πίστεως.
14εἰ γὰρ οἱ ἐκ νόμου κληρονόμοι, κεκένωται ἡ πίστις καὶ κατήργηται
ἡ ἐπαγγελία· 15ὁ γὰρ νόμος ὀργὴν κατεργάζεται· οὗ δὲ οὐκ ἔστιν
νόμος, οὐδὲ παράβασις. 16Διὰ τοῦτο ἐκ πίστεως, ἵνα κατὰ χάριν,
εἰς τὸ εἶναι βεβαίαν τὴν ἐπαγγελίαν παντὶ τῷ σπέρματι, οὐ τῷ ἐκ
τοῦ νόμου μόνον ἀλλὰ καὶ τῷ ἐκ πίστεως 'Αβραάμ, ὅς ἐστιν πατὴρ
πάντων ἡμῶν 17καθὼς γέγραπται ὅτι πατέρα πολλῶν ἐθνῶν τέθεικά σε,
κατέναντι οὗ ἐπίστευσεν θεοῦ τοῦ ζωοποιοῦντος τοὺς νεκροὺς καὶ κα-
λοῦντος τὰ μὴ ὄντα ὡς ὄντα....

5:1Δικαιωθέντες οὖν ἐκ πίστεως εἰρήνην ἔχωμεν πρὸς τὸν θεὸν
διὰ τοῦ κυρίου ἡμῶν 'Ιησοῦ Χριστοῦ, 2δι' οὗ καὶ τὴν προσαγωγὴν ἐσ-
χήκαμεν [τῇ πίστει] εἰς τὴν χάριν ταύτην ἐν ᾗ ἐστήκαμεν, καὶ καυ-
χώμεθα ἐπ' ἐλπίδι τῆς δόξης τοῦ θεοῦ. 3οὐ μόνον δέ, ἀλλὰ καὶ καυ-
χώμεθα ἐν ταῖς θλίψεσιν, εἰδότες ὅτι ἡ θλῖψις ὑπομονὴν κατεργάζεται,
4ἡ δὲ ὑπομονὴ δοκιμήν, ἡ δὲ δοκιμὴ ἐλπίδα· 5ἡ δὲ ἐλπὶς οὐ καται-
σχύνει, ὅτι ἡ ἀγάπη τοῦ θεοῦ ἐκκέχυται ἐν ταῖς καρδίαις ἡμῶν διὰ

πνεύματος ἁγίου τοῦ δοθέντος ἡμῖν· 6εἴ γε Χριστὸς ὄντων ἡμῶν ἀσ-
θενῶν ἔτι κατὰ καιρὸν ὑπὲρ ἀσεβῶν ἀπέθανεν. 7μόλις γὰρ ὑπὲρ δικαί-
ου τις ἀποθανεῖται· ὑπὲρ γὰρ τοῦ ἀγαθοῦ τάχα τις καὶ τολμᾷ ἀποθανεῖν.
8συνίστησιν δὲ τὴν ἑαυτοῦ ἀγάπην εἰς ἡμᾶς ὁ θεὸς ὅτι ἔτι ἁμαρτωλῶν
ὄντων ἡμῶν Χριστὸς ὑπὲρ ἡμῶν ἀπέθανεν. 9πολλῷ οὖν μᾶλλον δικαιω-
θέντες νῦν ἐν τῷ αἵματι αὐτοῦ σωθησόμεθα δι' αὐτοῦ ἀπὸ τῆς ὀργῆς.
10εἰ γὰρ ἐχθροὶ ὄντες κατηλλάγημεν τῷ θεῷ διὰ τοῦ θανάτου τοῦ υἱοῦ
αὐτοῦ, πολλῷ μᾶλλον καταλλαγέντες σωθησόμεθα ἐν τῇ ζωῇ αὐτοῦ· 11οὐ
μόνον δέ, ἀλλὰ καὶ καυχώμενοι ἐν τῷ θεῷ διὰ τοῦ κυρίου ἡμῶν Ἰησοῦ
[Χριστοῦ], δι' οὗ νῦν τὴν καταλλαγὴν ἐλάβομεν.

I CORINTHIANS 12:1-14; 13:1-13

12:1Περὶ δὲ τῶν πνευματικῶν, ἀδελφοί, οὐ θέλω ὑμᾶς ἀγνοεῖν.
2Οἴδατε ὅτι ὅτε ἔθνη ἦτε πρὸς τὰ εἴδωλα τὰ ἄφωνα ὡς ἂν ἤγεσθε ἀπαγό-
μενοι. 3διὸ γνωρίζω ὑμῖν ὅτι οὐδεὶς ἐν πνεύματι θεοῦ λαλῶν λέγει·
ΑΝΑΘΕΜΑ ΙΗΣΟΥΣ, καὶ οὐδεὶς δύναται εἰπεῖν· ΚΥΡΙΟΣ ΙΗΣΟΥΣ, εἰ μὴ ἐν
πνεύματι ἁγίῳ.

4Διαιρέσεις δὲ χαρισμάτων εἰσίν, τὸ δὲ αὐτὸ πνεῦμα· 5καὶ δι-
αιρέσεις διακονιῶν εἰσιν, καὶ ὁ αὐτὸς κύριος· 6καὶ διαιρέσεις ἐν-
εργημάτων εἰσίν, ὁ δὲ αὐτὸς θεὸς ὁ ἐνεργῶν τὰ πάντα ἐν πᾶσιν. 7ἑ-
κάστῳ δὲ δίδοται ἡ φανέρωσις τοῦ πνεύματος πρὸς τὸ συμφέρον. 8ᾧ
μὲν γὰρ διὰ τοῦ πνεύματος δίδοται λόγος σοφίας, ἄλλῳ δὲ λόγος γνώ-
σεως κατὰ τὸ αὐτὸ πνεῦμα, 9ἑτέρῳ πίστις ἐν τῷ αὐτῷ πνεύματι, ἄλλῳ
δὲ χαρίσματα ἰαμάτων ἐν τῷ ἑνὶ πνεύματι, 10ἄλλῳ δὲ ἐνεργήματα δυ-
νάμεων, ἄλλῳ [δὲ] προφητεία, ἄλλῳ δὲ διακρίσεις πνευμάτων, ἑτέρῳ
γένη γλωσσῶν, ἄλλῳ δὲ ἑρμηνεία γλωσσῶν· 11πάντα δὲ ταῦτα ἐνεργεῖ τὸ
ἓν καὶ τὸ αὐτὸ πνεῦμα, διαιροῦν ἰδίᾳ ἑκάστῳ καθὼς βούλεται. 12Καθάπερ

γὰρ τὸ σῶμα ἕν ἐστιν καὶ μέλη πολλὰ ἔχει, πάντα δὲ τὰ μέλη τοῦ σώ-

ματος πολλὰ ὄντα ἕν ἐστιν σῶμα, οὕτως καὶ ὁ Χριστός· ¹³καὶ γὰρ ἐν

ἑνὶ πνεύματι ἡμεῖς πάντες εἰς ἓν σῶμα ἐβαπτίσθημεν, εἴτε Ἰουδαῖοι

εἴτε Ἕλληνες, εἴτε δοῦλοι εἴτε ἐλεύθεροι, καὶ πάντες ἓν πνεῦμα ἐ-

ποτίσθημεν. ¹⁴καὶ γὰρ τὸ σῶμα οὐκ ἔστιν ἓν μέλος ἀλλὰ πολλά....

13:1 Ἐὰν ταῖς γλώσσαις τῶν ἀνθρώπων λαλῶ καὶ τῶν ἀγγέλων, ἀγά-

πην δὲ μὴ ἔχω, γέγονα χαλκὸς ἠχῶν ἢ κύμβαλον ἀλαλάζον. ²καὶ ἐὰν

ἔχω προφητείαν καὶ εἰδῶ τὰ μυστήρια πάντα καὶ πᾶσαν τὴν γνῶσιν,

κἂν ἔχω πᾶσαν τὴν πίστιν ὥστε ὄρη μεθιστάναι, ἀγάπην δὲ μὴ ἔχω, οὐ-

θέν εἰμι. ³κἂν ψωμίσω πάντα τὰ ὑπάρχοντά μου, καὶ ἐὰν παραδῶ τὸ

σῶμά μου ἵνα καυθήσομαι, ἀγάπην δὲ μὴ ἔχω, οὐδὲν ὠφελοῦμαι. ⁴Ἡ

ἀγάπη μακροθυμεῖ, χρηστεύεται ἡ ἀγάπη, οὐ ζηλοῖ, ἡ ἀγάπη οὐ περ-

περεύεται, οὐ φυσιοῦται, ⁵οὐκ ἀσχημονεῖ, οὐ ζητεῖ τὰ ἑαυτῆς, οὐ

παροξύνεται, οὐ λογίζεται τὸ κακόν, ⁶οὐ χαίρει ἐπὶ τῇ ἀδικίᾳ, συγ-

χαίρει δὲ τῇ ἀληθείᾳ· ⁷πάντα στέγει, πάντα πιστεύει, πάντα ἐλπίζ-

ει, πάντα ὑπομένει. ⁸Ἡ ἀγάπη οὐδέποτε πίπτει· εἴτε δὲ προφητεῖαι,

καταργηθήσονται· εἴτε γλῶσσαι, παύσονται· εἴτε γνῶσις, καταργηθήσε-

ται· ⁹ἐκ μέρους γὰρ γινώσκομεν καὶ ἐκ μέρους προφητεύομεν· ¹⁰ὅταν

δὲ ἔλθῃ τὸ τέλειον, τὸ ἐκ μέρους καταργηθήσεται. ¹¹ὅτε ἤμην νήπι-

ος, ἐλάλουν ὡς νήπιος, ἐφρόνουν ὡς νήπιος, ἐλογιζόμην ὡς νήπιος·

ὅτε γέγονα ἀνήρ, κατήργηκα τὰ τοῦ νηπίου. ¹²βλέπομεν γὰρ ἄρτι δι'

ἐσόπτρου ἐν αἰνίγματι, τότε δὲ πρόσωπον πρὸς πρόσωπον· ἄρτι γινώ-

σκω ἐκ μέρους, τότε δὲ ἐπιγνώσομαι καθὼς καὶ ἐπεγνώσθην. ¹³νυνὶ

δὲ μένει πίστις, ἐλπίς, ἀγάπη, τὰ τρία ταῦτα· μείζων δὲ τούτων ἡ

ἀγάπη.

GALATIANS 5:25-6:10

5:25Εἰ ζῶμεν πνεύματι, πνεύματι καὶ στοιχῶμεν. 26μὴ γινώμεθα κενόδοξοι, ἀλλήλους προκαλούμενοι, ἀλλήλοις φθονοῦντες. 6:1'Αδελφοί, ἐὰν καὶ προλημφθῇ ἄνθρωπος ἔν τινι παραπτώματι, ὑμεῖς οἱ πνευματικοὶ καταρτίζετε τὸν τοιοῦτον ἐν πνεύματι πραΰτητος, σκοπῶν σεαυτόν, μὴ καὶ σὺ πειρασθῇς. 2'Αλλήλων τὰ βάρη βαστάζετε, καὶ οὕτως ἀναπληρώσετε τὸν νόμον τοῦ Χριστοῦ. 3εἰ γὰρ δοκεῖ τις εἶναί τι μηδὲν ὤν, φρεναπατᾷ ἑαυτόν. 4τὸ δὲ ἔργον ἑαυτοῦ δοκιμαζέτω ἕκαστος, καὶ τότε εἰς ἑαυτὸν μόνον τὸ καύχημα ἕξει καὶ οὐκ εἰς τὸν ἕτερον· 5ἕκαστος γὰρ τὸ ἴδιον φορτίον βαστάσει. 6Κοινωνείτω δὲ ὁ κατηχούμενος τὸν λόγον τῷ κατηχοῦντι ἐν πᾶσιν ἀγαθοῖς. 7Μὴ πλανᾶσθε, θεὸς οὐ μυκτηρίζεται. ὃ γὰρ ἐὰν σπείρῃ ἄνθρωπος, τοῦτο καὶ θερίσει· 8ὅτι ὁ σπείρων εἰς τὴν σάρκα ἑαυτοῦ ἐκ τῆς σαρκὸς θερίσει φθοράν, ὁ δὲ σπείρων εἰς τὸ πνεῦμα ἐκ τοῦ πνεύματος θερίσει ζωὴν αἰώνιον. 9τὸ δὲ καλὸν ποιοῦντες μὴ ἐγκακῶμεν· καιρῷ γὰρ ἰδίῳ θερίσομεν μὴ ἐκλυόμενοι. 10Ἄρα οὖν ὡς καιρὸν ἔχωμεν, ἐργαζώμεθα τὸ ἀγαθὸν πρὸς πάντας, μάλιστα δὲ πρὸς τοὺς οἰκείους τῆς πίστεως.

COLOSSIANS 2:6-10; 2:16-3:4

2:6Ὡς οὖν παρελάβετε τὸν Χριστὸν 'Ιησοῦν τὸν κύριον, ἐν αὐτῷ περιπατεῖτε, 7ἐρριζωμένοι καὶ ἐποικοδομούμενοι ἐν αὐτῷ καὶ βεβαιούμενοι τῇ πίστει καθὼς ἐδιδάχθητε, περισσεύοντες ἐν εὐχαριστίᾳ. 8Βλέπετε μή τις ὑμᾶς ἔσται ὁ συλαγωγῶν διὰ τῆς φιλοσοφίας καὶ κενῆς ἀπάτης κατὰ τὴν παράδοσιν τῶν ἀνθρώπων, κατὰ τὰ στοιχεῖα τοῦ κόσμου καὶ οὐ κατὰ Χριστόν· 9ὅτι ἐν αὐτῷ κατοικεῖ πᾶν τὸ πλήρωμα τῆς θεότητος σωματικῶς, 10καὶ ἐστὲ ἐν αὐτῷ πεπληρωμένοι, ὅς ἐστιν ἡ κεφαλὴ πάσης ἀρχῆς καὶ ἐξουσίας....

¹⁶Μὴ οὖν τις ὑμᾶς κρινέτω ἐν βρώσει καὶ ἐν πόσει ἢ ἐν μέρει
ἑορτῆς ἢ νεομηνίας ἢ σαββάτων, ¹⁷ἅ ἐστιν σκιὰ τῶν μελλόντων, τὸ δὲ
σῶμα τοῦ Χριστοῦ. ¹⁸μηδεὶς ὑμᾶς καταβραβευέτω θέλων ἐν ταπεινοφρο-
σύνῃ καὶ θρησκείᾳ τῶν ἀγγέλων, ἃ ἑόρακεν ἐμβατεύων, εἰκῆ φυσιού-
μενος ὑπὸ τοῦ νοὸς τῆς σαρκὸς αὐτοῦ, ¹⁹καὶ οὐ κρατῶν τὴν κεφαλήν,
ἐξ οὗ πᾶν τὸ σῶμα διὰ τῶν ἁφῶν καὶ συνδέσμων ἐπιχορηγούμενον καὶ
συμβιβαζόμενον αὔξει τὴν αὔξησιν τοῦ θεοῦ.

²⁰Εἰ ἀπεθάνετε σὺν Χριστῷ ἀπὸ τῶν στοιχείων τοῦ κόσμου, τί ὡς
ζῶντες ἐν κόσμῳ δογματίζεσθε· ²¹μὴ ἅψῃ μηδὲ γεύσῃ μηδὲ θίγῃς,
²²ἅ ἐστιν πάντα εἰς φθορὰν τῇ ἀποχρήσει, κατὰ τὰ ἐντάλματα καὶ δι-
δασκαλίας τῶν ἀνθρώπων; ²³ἅτινά ἐστιν λόγον μὲν ἔχοντα σοφίας ἐν
ἐθελοθρησκίᾳ καὶ ταπεινοφροσύνῃ καὶ ἀφειδίᾳ σώματος, οὐκ ἐν τιμῇ
τινι πρὸς πλησμονὴν τῆς σαρκός. ³:¹Εἰ οὖν συνηγέρθητε τῷ Χριστῷ,
τὰ ἄνω ζητεῖτε, οὗ ὁ Χριστός ἐστιν ἐν δεξιᾷ τοῦ θεοῦ καθήμενος·
²τὰ ἄνω φρονεῖτε, μὴ τὰ ἐπὶ τῆς γῆς. ³ἀπεθάνετε γάρ, καὶ ἡ ζωὴ ὑ-
μῶν κέκρυπται σὺν τῷ Χριστῷ ἐν τῷ θεῷ· ⁴ὅταν ὁ Χριστὸς φανερωθῇ,
ἡ ζωὴ ἡμῶν, τότε καὶ ὑμεῖς σὺν αὐτῷ φανερωθήσεσθε ἐν δόξῃ.

II TIMOTHY 3:14-4:8

³:¹⁴Σὺ δὲ μένε ἐν οἷς ἔμαθες καὶ ἐπιστώθης, εἰδὼς παρὰ τίνων
ἔμαθες, ¹⁵καὶ ὅτι ἀπὸ βρέφους ἱερὰ γράμματα οἶδας, τὰ δυνάμενά σε
σοφίσαι εἰς σωτηρίαν διὰ πίστεως τῆς ἐν Χριστῷ Ἰησοῦ. ¹⁶πᾶσα γρα-
φὴ θεόπνευστος καὶ ὠφέλιμος πρὸς διδασκαλίαν, πρὸς ἐλεγμόν, πρὸς
ἐπανόρθωσιν, πρὸς παιδείαν τὴν ἐν δικαιοσύνῃ, ¹⁷ἵνα ἄρτιος ᾖ ὁ τοῦ
θεοῦ ἄνθρωπος, πρὸς πᾶν ἔργον ἀγαθὸν ἐξηρτισμένος. ⁴:¹Διαμαρτύρο-
μαι ἐνώπιον τοῦ θεοῦ καὶ Χριστοῦ Ἰησοῦ, τοῦ μέλλοντος κρίνειν ζῶν-

τας καὶ νεκρούς, καὶ τὴν ἐπιφάνειαν αὐτοῦ καὶ τὴν βασιλείαν αὐτοῦ·
²κήρυξον τὸν λόγον, ἐπίστηθι εὐκαίρως ἀκαίρως, ἔλεγξον, ἐπιτίμησον,
παρακάλεσον, ἐν πάσῃ μακροθυμίᾳ καὶ διδαχῇ. ³ἔσται γὰρ καιρὸς ὅτε
τῆς ὑγιαινούσης διδασκαλίας οὐκ ἀνέξονται, ἀλλὰ κατὰ τὰς ἰδίας ἐπι-
θυμίας ἑαυτοῖς ἐπισωρεύσουσιν διδασκάλους κνηθόμενοι τὴν ἀκοήν, ⁴καὶ
ἀπὸ μὲν τῆς ἀληθείας τὴν ἀκοὴν ἀποστρέψουσιν, ἐπὶ δὲ τοὺς μύθους ἐκ-
τραπήσονται. ⁵σὺ δὲ νῆφε ἐν πᾶσιν, κακοπάθησον, ἔργον ποίησον εὐαγ-
γελιστοῦ, τὴν διακονίαν σου πληροφόρησον. ⁶Ἐγὼ γὰρ ἤδη σπένδομαι,
καὶ ὁ καιρὸς τῆς ἀναλύσεώς μου ἐφέστηκεν. ⁷τὸν καλὸν ἀγῶνα ἠγώνισ-
μαι, τὸν δρόμον τετέλεκα, τὴν πίστιν τετήρηκα· ⁸λοιπὸν ἀπόκειταί
μοι ὁ τῆς δικαιοσύνης στέφανος, ὃν ἀποδώσει μοι ὁ κύριος ἐν ἐκείνῃ
τῇ ἡμέρᾳ, ὁ δίκαιος κριτής, οὐ μόνον δὲ ἐμοὶ ἀλλὰ καὶ πᾶσι τοῖς
ἠγαπηκόσι τὴν ἐπιφάνειαν αὐτοῦ.

PHILEMON

¹Παῦλος δέσμιος Χριστοῦ Ἰησοῦ καὶ Τιμόθεος ὁ ἀδελφὸς Φιλήμονι
τῷ ἀγαπητῷ καὶ συνεργῷ ἡμῶν ²καὶ Ἀπφίᾳ τῇ ἀδελφῇ καὶ Ἀρχίππῳ τῷ
συστρατιώτῃ ἡμῶν καὶ τῇ κατ' οἶκόν σου ἐκκλησίᾳ· ³χάρις ὑμῖν καὶ
εἰρήνη ἀπὸ θεοῦ πατρὸς ἡμῶν καὶ κυρίου Ἰησοῦ Χριστοῦ.

⁴Εὐχαριστῶ τῷ θεῷ μου πάντοτε μνείαν σου ποιούμενος ἐπὶ τῶν
προσευχῶν μου, ⁵ἀκούων σου τὴν ἀγάπην καὶ τὴν πίστιν ἣν ἔχεις πρὸς
τὸν κύριον Ἰησοῦν καὶ εἰς πάντας τοὺς ἁγίους, ⁶ὅπως ἡ κοινωνία τῆς
πίστεώς σου ἐνεργὴς γένηται ἐν ἐπιγνώσει παντὸς ἀγαθοῦ τοῦ ἐν ἡμῖν
εἰς Χριστόν. ⁷χαρὰν γὰρ πολλὴν ἔσχον καὶ παράκλησιν ἐπὶ τῇ ἀγάπῃ
σου, ὅτι τὰ σπλάγχνα τῶν ἁγίων ἀναπέπαυται διὰ σοῦ, ἀδελφέ. ⁸Διό,
πολλὴν ἐν Χριστῷ παρρησίαν ἔχων ἐπιτάσσειν σοι τὸ ἀνῆκον, ⁹διὰ τὴν
ἀγάπην μᾶλλον παρακαλῶ· τοιοῦτος ὢν ὡς Παῦλος πρεσβύτης, νυνὶ δὲ
καὶ δέσμιος Χριστοῦ Ἰησοῦ, ¹⁰παρακαλῶ σε περὶ τοῦ ἐμοῦ τέκνου, ὃν

ἐγέννησα ἐν τοῖς δεσμοῖς, 'Ονήσιμον, ¹¹τόν ποτέ σοι ἄχρηστον νυνὶ

δὲ καὶ σοὶ καὶ ἐμοὶ εὔχρηστον, ¹²ὅν ἀνέπεμψά σοι, αὐτόν, τοῦτ' ἔσ-

τιν τὰ ἐμὰ σπλάγχνα· ¹³ὅν ἐγὼ ἐβουλόμην πρὸς ἐμαυτὸν κατέχειν, ἵνα

ὑπὲρ σοῦ μοι διακονῇ ἐν τοῖς δεσμοῖς τοῦ εὐαγγελίου, ¹⁴χωρὶς δὲ

τῆς σῆς γνώμης οὐδὲν ἠθέλησα ποιῆσαι, ἵνα μὴ ὡς κατὰ ἀνάγκην τὸ ἀ-

γαθόν σου ᾖ ἀλλὰ κατὰ ἑκούσιον. ¹⁵τάχα γὰρ διὰ τοῦτο ἐχωρίσθη πρὸς

ὥραν, ἵνα αἰώνιον αὐτὸν ἀπέχῃς, ¹⁶οὐκέτι ὡς δοῦλον ἀλλὰ ὑπὲρ δοῦ-

λον, ἀδελφὸν ἀγαπητόν, μάλιστα ἐμοί, πόσῳ δὲ μᾶλλον σοὶ καὶ ἐν σαρ-

κὶ καὶ ἐν κυρίῳ. ¹⁷εἰ οὖν με ἔχεις κοινωνόν, προσλαβοῦ αὐτὸν ὡς

ἐμέ. ¹⁸εἰ δέ τι ἠδίκησέν σε ἢ ὀφείλει, τοῦτο ἐμοὶ ἐλλόγα· ¹⁹ἐγὼ

Παῦλος ἔγραψα τῇ ἐμῇ χειρί, ἐγὼ ἀποτίσω· ἵνα μὴ λέγω σοι ὅτι καὶ

σεαυτόν μοι προσοφείλεις. ²⁰ναί, ἀδελφέ, ἐγώ σου ὀναίμην ἐν κυρίῳ·

ἀνάπαυσόν μου τὰ σπλάγχνα ἐν Χριστῷ.

²¹Πεποιθὼς τῇ ὑπακοῇ σου ἔγραψά σοι, εἰδὼς ὅτι καὶ ὑπὲρ ἃ λέγω

ποιήσεις. ²²ἅμα δὲ καὶ ἑτοίμαζέ μοι ξενίαν· ἐλπίζω γὰρ ὅτι διὰ

τῶν προσευχῶν ὑμῶν χαρισθήσομαι ὑμῖν.

²³'Ασπάζεταί σε 'Επαφρᾶς ὁ συναιχμάλωτός μου ἐν Χριστῷ 'Ιησοῦ,

²⁴Μᾶρκος, 'Αρίσταρχος, Δημᾶς, Λουκᾶς, οἱ συνεργοί μου.

²⁵'Η χάρις τοῦ κυρίου 'Ιησοῦ Χριστοῦ μετὰ τοῦ πνεύματος ὑμῶν.

HEBREWS 4:14-5:10; 7:1-3; 5:11-6:8

4:14"Εχοντες οὖν ἀρχιερέα μέγαν διεληλυθότα τοὺς οὐρανούς, 'Ιη-

σοῦν τὸν υἱὸν τοῦ θεοῦ, κρατῶμεν τῆς ὁμολογίας. ¹⁵οὐ γὰρ ἔχομεν

ἀρχιερέα μὴ δυνάμενον συμπαθῆσαι ταῖς ἀσθενείαις ἡμῶν, πεπειρασμέ-

νον δὲ κατὰ πάντα καθ' ὁμοιότητα χωρὶς ἁμαρτίας. ¹⁶προσερχώμεθα

οὖν μετὰ παρρησίας τῷ θρόνῳ τῆς χάριτος, ἵνα λάβωμεν ἔλεος καὶ χά-

ριν εὕρωμεν εἰς εὔκαιρον βοήθειαν.

5:1Πᾶς γὰρ ἀρχιερεὺς ἐξ ἀνθρώπων λαμβανόμενος ὑπὲρ ἀνθρώπων

καθίσταται τὰ πρὸς τὸν θεόν, ἵνα προσφέρῃ δῶρά τε καὶ θυσίας ὑπὲρ ἁμαρτιῶν, ²μετριοπαθεῖν δυνάμενος τοῖς ἀγνοοῦσιν καὶ πλανωμένοις, ἐπεὶ καὶ αὐτὸς περίκειται ἀσθένειαν, ³καὶ δι' αὐτὴν ὀφείλει, καθὼς περὶ τοῦ λαοῦ, οὕτως καὶ περὶ ἑαυτοῦ προσφέρειν περὶ ἁμαρτιῶν.

⁴Καὶ οὐχ ἑαυτῷ τις λαμβάνει τὴν τιμήν, ἀλλὰ καλούμενος ὑπὸ τοῦ θεοῦ, καθώσπερ καὶ 'Ααρών. ⁵οὕτως καὶ ὁ Χριστὸς οὐχ ἑαυτὸν ἐδόξασεν γενηθῆναι ἀρχιερέα, ἀλλ' ὁ λαλήσας πρὸς αὐτόν· υἱός μου εἶ σύ, ἐγὼ σήμερον γεγέννηκά σε· ⁶καθὼς καὶ ἐν ἑτέρῳ λέγει· σὺ ἱερεὺς εἰς τὸν αἰῶνα κατὰ τὴν τάξιν Μελχισέδεκ. ⁷ὃς ἐν ταῖς ἡμέραις τῆς σαρκὸς αὐτοῦ δεήσεις τε καὶ ἱκετηρίας πρὸς τὸν δυνάμενον σῴζειν αὐτὸν ἐκ θανάτου μετὰ κραυγῆς ἰσχυρᾶς καὶ δακρύων προσενέγκας καὶ εἰσακουσθεὶς ἀπὸ τῆς εὐλαβείας, ⁸καίπερ ὢν υἱός, ἔμαθεν ἀφ' ὧν ἔπαθεν τὴν ὑπακοήν, ⁹καὶ τελειωθεὶς ἐγένετο πᾶσιν τοῖς ὑπακούουσιν αὐτῷ αἴτιος σωτηρίας αἰωνίου, ¹⁰προσαγορευθεὶς ὑπὸ τοῦ θεοῦ ἀρχιερεὺς κατὰ τὴν τάξιν Μελχισέδεκ....

⁷:¹Οὗτος γὰρ ὁ Μελχισέδεκ, βασιλεὺς Σαλήμ, ἱερεὺς τοῦ θεοῦ τοῦ ὑψίστου, ὁ συναντήσας 'Αβραὰμ ὑποστρέφοντι ἀπὸ τῆς κοπῆς τῶν βασιλέων καὶ εὐλογήσας αὐτόν, ²ᾧ καὶ δεκάτην ἀπὸ πάντων ἐμέρισεν 'Αβραάμ, πρῶτον μὲν ἑρμηνευόμενος βασιλεὺς δικαιοσύνης, ἔπειτα δὲ καὶ βασιλεὺς Σαλήμ, ὅ ἐστιν βασιλεὺς εἰρήνης, ³ἀπάτωρ, ἀμήτωρ, ἀγενεαλόγητος, μήτε ἀρχὴν ἡμερῶν μήτε ζωῆς τέλος ἔχων, ἀφωμοιωμένος δὲ τῷ υἱῷ τοῦ θεοῦ, μένει ἱερεὺς εἰς τὸ διηνεκές....

⁵:¹¹Περὶ οὗ πολὺς ἡμῖν ὁ λόγος καὶ δυσερμήνευτος λέγειν, ἐπεὶ νωθροὶ γεγόνατε ταῖς ἀκοαῖς. ¹²καὶ γὰρ ὀφείλοντες εἶναι διδάσκαλοι διὰ τὸν χρόνον, πάλιν χρείαν ἔχετε τοῦ διδάσκειν ὑμᾶς τινα τὰ στοιχεῖα τῆς ἀρχῆς τῶν λογίων τοῦ θεοῦ, καὶ γεγόνατε χρείαν ἔχοντες γάλακτος, οὐ στερεᾶς τροφῆς. ¹³πᾶς γὰρ ὁ μετέχων γάλακτος ἄπειρος λόγου δικαιοσύνης, νήπιος γάρ ἐστιν· ¹⁴τελείων δέ ἐστιν ἡ στερεὰ τροφή, τῶν διὰ τὴν ἕξιν τὰ αἰσθητήρια γεγυμνασμένα ἐχόντων

πρὸς διάκρισιν καλοῦ τε καὶ κακοῦ. 6:1Διὸ ἀφέντες τὸν τῆς ἀρχῆς
τοῦ Χριστοῦ λόγον ἐπὶ τὴν τελειότητα φερώμεθα, μὴ πάλιν θεμέλιον
καταβαλλόμενοι μετανοίας ἀπὸ νεκρῶν ἔργων, καὶ πίστεως ἐπὶ θεόν,
2βαπτισμῶν διδαχήν, ἐπιθέσεώς τε χειρῶν, ἀναστάσεως νεκρῶν, καὶ
κρίματος αἰωνίου. 3καὶ τοῦτο ποιήσομεν, ἐάνπερ ἐπιτρέπῃ ὁ θεός.
4'Αδύνατον γὰρ τοὺς ἅπαξ φωτισθέντας γευσαμένους τε τῆς δωρεᾶς τῆς
ἐπουρανίου καὶ μετόχους γενηθέντας πνεύματος ἁγίου 5καὶ καλὸν γευ-
σαμένους θεοῦ ῥῆμα δυνάμεις τε μέλλοντος αἰῶνος, 6καὶ παραπεσόντας,
πάλιν ἀνακαινίζειν εἰς μετάνοιαν, ἀνασταυροῦντας ἑαυτοῖς τὸν υἱὸν
τοῦ θεοῦ καὶ παραδειγματίζοντας. 7γῆ γὰρ ἡ πιοῦσα τὸν ἐπ' αὐτῆς ἐρ-
χόμενον πολλάκις ὑετὸν καὶ τίκτουσα βοτάνην εὔθετον ἐκείνοις δι'
οὓς καὶ γεωργεῖται, μεταλαμβάνει εὐλογίας ἀπὸ τοῦ θεοῦ· 8ἐκφέρουσα
δὲ ἀκάνθας καὶ τριβόλους ἀδόκιμος καὶ κατάρας ἐγγύς, ἧς τὸ τέλος
εἰς καῦσιν.

JAMES 2:1-17

2:1'Αδελφοί μου, μὴ ἐν προσωπολημψίαις ἔχετε τὴν πίστιν τοῦ κυρί-
ου ἡμῶν 'Ιησοῦ Χριστοῦ τῆς δόξης. 2ἐὰν γὰρ εἰσέλθῃ εἰς συναγωγὴν
ὑμῶν ἀνὴρ χρυσοδακτύλιος ἐν ἐσθῆτι λαμπρᾷ, εἰσέλθῃ δὲ καὶ πτωχὸς
ἐν ῥυπαρᾷ ἐσθῆτι, 3ἐπιβλέψητε δὲ ἐπὶ τὸν φοροῦντα τὴν ἐσθῆτα τὴν
λαμπρὰν καὶ εἴπητε· σὺ κάθου ὧδε καλῶς, καὶ τῷ πτωχῷ εἴπητε· σὺ
στῆθι ἐκεῖ ἢ κάθου ὑπὸ τὸ ὑποπόδιόν μου, 4οὐ διεκρίθητε ἐν ἑαυ-
τοῖς καὶ ἐγένεσθε κριταὶ διαλογισμῶν πονηρῶν; 5'Ακούσατε, ἀδελφοί
μου ἀγαπητοί. οὐχ ὁ θεὸς ἐξελέξατο τοὺς πτωχοὺς τῷ κόσμῳ πλουσίους
ἐν πίστει καὶ κληρονόμους τῆς βασιλείας ἧς ἐπηγγείλατο τοῖς ἀγαπῶ-
σιν αὐτόν; 6ὑμεῖς δὲ ἠτιμάσατε τὸν πτωχόν. οὐχ οἱ πλούσιοι κατα-
δυναστεύουσιν ὑμῶν, καὶ αὐτοὶ ἕλκουσιν ὑμᾶς εἰς κριτήρια; 7οὐκ
αὐτοὶ βλασφημοῦσιν τὸ καλὸν ὄνομα τὸ ἐπικληθὲν ἐφ' ὑμᾶς; 8εἰ μέν-

τοι νόμον τελεῖτε βασιλικὸν κατὰ τὴν γραφήν· ἀγαπήσεις τὸν πλησίον

σου ὡς σεαυτόν, καλῶς ποιεῖτε·⁹εἰ δὲ προσωπολημπτεῖτε, ἀμαρτίαν

ἐργάζεσθε, ἐλεγχόμενοι ὑπὸ τοῦ νόμου ὡς παραβάται. ¹⁰ὅστις γὰρ

ὅλον τὸν νόμον τηρήσῃ, πταίσῃ δὲ ἐν ἑνί, γέγονεν πάντων ἔνοχος.

¹¹ὁ γὰρ εἰπών· μὴ μοιχεύσῃς, εἶπεν καί· μὴ φονεύσῃς· εἰ δὲ οὐ μοι-

χεύεις, φονεύεις δέ, γέγονας παραβάτης νόμου. ¹²οὕτως λαλεῖτε καὶ οὕτως ποι-

εῖτε ὡς διὰ νόμου ἐλευθερίας μέλλοντες κρίνεσθαι. ¹³ἡ γὰρ κρίσις

ἀνέλεος τῷ μὴ ποιήσαντι ἔλεος· κατακαυχᾶται ἔλεος κρίσεως. ¹⁴Τί

τὸ ὄφελος, ἀδελφοί μου, ἐὰν πίστιν λέγῃ τις ἔχειν ἔργα δὲ μὴ ἔχῃ;

μὴ δύναται ἡ πίστις σῶσαι αὐτόν; ¹⁵ἐὰν ἀδελφὸς ἢ ἀδελφὴ γυμνοὶ

ὑπάρχωσιν καὶ λειπόμενοι τῆς ἐφημέρου τροφῆς,· ¹⁶εἴπῃ δέ τις αὐ-

τοῖς ἐξ ὑμῶν· ὑπάγετε ἐν εἰρήνῃ, θερμαίνεσθε καὶ χορτάζεσθε, μὴ

δῶτε δὲ αὐτοῖς τὰ ἐπιτήδεια τοῦ σώματος, τί τὸ ὄφελος; ¹⁷οὕτως

καὶ ἡ πίστις, ἐὰν μὴ ἔχῃ ἔργα, νεκρά ἐστιν καθ᾽ ἑαυτήν.

I   PETER   4:7-19

4:7Πάντων δὲ τὸ τέλος ἤγγικεν. σωφρονήσατε οὖν καὶ νήψατε εἰς

προσευχάς· ⁸πρὸ πάντων τὴν εἰς ἑαυτοὺς ἀγάπην ἐκτενῆ ἔχοντες, ὅτι

ἀγάπη καλύπτει πλῆθος ἁμαρτιῶν· ⁹φιλόξενοι εἰς ἀλλήλους ἄνευ γογ-

γυσμοῦ· ¹⁰ἕκαστος καθὼς ἔλαβεν χάρισμα, εἰς ἑαυτοὺς αὐτὸ διακονοῦν-

τες ὡς καλοὶ οἰκονόμοι ποικίλης χάριτος θεοῦ· ¹¹εἴ τις λαλεῖ, ὡς

λόγια θεοῦ· εἴ τις διακονεῖ, ὡς ἐξ ἰσχύος ἧς χορηγεῖ ὁ θεός· ἵνα

ἐν πᾶσιν δοξάζηται ὁ θεὸς διὰ ᾽Ιησοῦ Χριστοῦ, ᾧ ἐστιν ἡ δόξα καὶ

τὸ κράτος εἰς τοὺς αἰῶνας τῶν αἰώνων· ἀμήν.

¹²᾽Αγαπητοί, μὴ ξενίζεσθε τῇ ἐν ὑμῖν πυρώσει πρὸς πειρασμὸν ὑ-

μῖν γινομένῃ, ὡς ξένου ὑμῖν συμβαίνοντος, ¹³ἀλλὰ καθὸ κοινωνεῖτε

τοῖς τοῦ Χριστοῦ παθήμασιν χαίρετε, ἵνα καὶ ἐν τῇ ἀποκαλύψει τῆς

δόξης αὐτοῦ χαρῆτε ἀγαλλιώμενοι. ¹⁴εἰ ὀνειδίζεσθε ἐν ὀνόματι Χριστοῦ, μακάριοι, ὅτι τὸ τῆς δόξης καὶ τὸ τοῦ θεοῦ πνεῦμα ἐφ' ὑμᾶς ἀναπαύεται. ¹⁵μὴ γάρ τις ὑμῶν πασχέτω ὡς φονεὺς ἢ κλέπτης ἢ κακοποιὸς ἢ ὡς ἀλλοτριεπίσκοπος· ¹⁶εἰ δὲ ὡς Χριστιανός, μὴ αἰσχυνέσθω, δοξαζέτω δὲ τὸν θεὸν ἐν τῷ ὀνόματι τούτῳ. ¹⁷ὅτι [ὁ] καιρὸς τοῦ ἄρξασθαι τὸ κρίμα ἀπὸ τοῦ οἴκου τοῦ θεοῦ· εἰ δὲ πρῶτον ἀφ' ἡμῶν, τί τὸ τέλος τῶν ἀπειθούντων τῷ τοῦ θεοῦ εὐαγγελίῳ; ¹⁸καὶ εἰ ὁ δίκαιος μόλις σώζεται, ὁ [δὲ] ἀσεβὴς καὶ ἁμαρτωλὸς ποῦ φανεῖται; ¹⁹ὥστε καὶ οἱ πάσχοντες κατὰ τὸ θέλημα τοῦ θεοῦ πιστῷ κτίστῃ παρατιθέσθωσαν τὰς ψυχὰς αὐτῶν ἐν ἀγαθοποιΐᾳ.

REVELATION 14:1-15:4

¹⁴:¹Καὶ εἶδον, καὶ ἰδοὺ τὸ ἀρνίον ἑστὸς ἐπὶ τὸ ὄρος Σιών, καὶ μετ' αὐτοῦ ἑκατὸν τεσσεράκοντα τέσσαρες χιλιάδες ἔχουσαι τὸ ὄνομα αὐτοῦ καὶ τὸ ὄνομα τοῦ πατρὸς αὐτοῦ γεγραμμένον ἐπὶ τῶν μετώπων αὐτῶν. ²καὶ ἤκουσα φωνὴν ἐκ τοῦ οὐρανοῦ ὡς φωνὴν ὑδάτων πολλῶν καὶ ὡς φωνὴν βροντῆς μεγάλης, καὶ ἡ φωνὴ ἣν ἤκουσα ὡς κιθαρῳδῶν κιθαριζόντων ἐν ταῖς κιθάραις αὐτῶν. ³καὶ ᾄδουσιν ᾠδὴν καινὴν ἐνώπιον τοῦ θρόνου καὶ ἐνώπιον τῶν τεσσάρων ζῴων καὶ τῶν πρεσβυτέρων· καὶ οὐδεὶς ἐδύνατο μαθεῖν τὴν ᾠδὴν εἰ μὴ αἱ ἑκατὸν τεσσεράκοντα τέσσαρες χιλιάδες, οἱ ἠγορασμένοι ἀπὸ τῆς γῆς. ⁴οὗτοί εἰσιν οἳ μετὰ γυναικῶν οὐκ ἐμολύνθησαν· παρθένοι γάρ εἰσιν. οὗτοι οἱ ἀκολουθοῦντες τῷ ἀρνίῳ ὅπου ἂν ὑπάγῃ. οὗτοι ἠγοράσθησαν ἀπὸ τῶν ἀνθρώπων ἀπαρχὴ τῷ θεῷ καὶ τῷ ἀρνίῳ, ⁵καὶ ἐν τῷ στόματι αὐτῶν οὐχ εὑρέθη ψεῦδος· ἄμωμοί εἰσιν.

⁶Καὶ εἶδον ἄλλον ἄγγελον πετόμενον ἐν μεσουρανήματι, ἔχοντα εὐαγγέλιον αἰώνιον εὐαγγελίσαι ἐπὶ τοὺς καθημένους ἐπὶ τῆς γῆς καὶ ἐπὶ πᾶν ἔθνος καὶ φυλὴν καὶ γλῶσσαν καὶ λαόν, ⁷λέγων ἐν φωνῇ μεγάλῃ· φοβήθητε τὸν θεὸν καὶ δότε αὐτῷ δόξαν, ὅτι ἦλθεν ἡ ὥρα τῆς κρίσεως αὐτοῦ, καὶ προσκυνήσατε τῷ ποιήσαντι τὸν οὐρανὸν καὶ τὴν γῆν καὶ θά-

λασσαν καὶ πηγὰς ὑδάτων. [8]Καὶ ἄλλος ἄγγελος δεύτερος ἠκολούθησεν
λέγων· ἔπεσεν ἔπεσεν Βαβυλὼν ἡ μεγάλη, ἣ ἐκ τοῦ οἴνου τοῦ θυμοῦ τῆς
πορνείας αὐτῆς πεπότικεν πάντα τὰ ἔθνη. [9]Καὶ ἄλλος ἄγγελος τρίτος
ἠκολούθησεν αὐτοῖς λέγων ἐν φωνῇ μεγάλῃ· εἴ τις προσκυνεῖ τὸ θηρίον
καὶ τὴν εἰκόνα αὐτοῦ, καὶ λαμβάνει χάραγμα ἐπὶ τοῦ μετώπου αὐτοῦ
ἢ ἐπὶ τὴν χεῖρα αὐτοῦ, [10]καὶ αὐτὸς πίεται ἐκ τοῦ οἴνου τοῦ θυμοῦ
τοῦ θεοῦ τοῦ κεκερασμένου ἀκράτου ἐν τῷ ποτηρίῳ τῆς ὀργῆς αὐτοῦ,
καὶ βασανισθήσεται ἐν πυρὶ καὶ θείῳ ἐνώπιον ἀγγέλων ἁγίων καὶ
ἐνώπιον τοῦ ἀρνίου. [11]καὶ ὁ καπνὸς τοῦ βασανισμοῦ αὐτῶν εἰς αἰῶνας
αἰώνων ἀναβαίνει, καὶ οὐκ ἔχουσιν ἀνάπαυσιν ἡμέρας καὶ νυκτὸς οἱ
προσκυνοῦντες τὸ θηρίον καὶ τὴν εἰκόνα αὐτοῦ, καὶ εἴ τις λαμβάνει
τὸ χάραγμα τοῦ ὀνόματος αὐτοῦ. [12]ᵗΩδε ἡ ὑπομονὴ τῶν ἁγίων ἐστίν,
οἱ τηροῦντες τὰς ἐντολὰς τοῦ θεοῦ καὶ τὴν πίστιν Ἰησοῦ. [13]Καὶ
ἤκουσα φωνῆς ἐκ τοῦ οὐρανοῦ λεγούσης· γράψον· μακάριοι οἱ νεκροὶ
οἱ ἐν κυρίῳ ἀποθνῄσκοντες ἀπ' ἄρτι. ναί, λέγει τὸ πνεῦμα, ἵνα ἀνα-
παήσονται ἐκ τῶν κόπων αὐτῶν· τὰ γὰρ ἔργα αὐτῶν ἀκολουθεῖ μετ' αὐτων.

[14]Καὶ εἶδον, καὶ ἰδοὺ νεφέλη λευκή, καὶ ἐπὶ τὴν νεφέλην καθή-
μενον ὅμοιον υἱὸν ἀνθρώπου, ἔχων ἐπὶ τῆς κεφαλῆς αὐτοῦ στέφανον
χρυσοῦν καὶ ἐν τῇ χειρὶ αὐτοῦ δρέπανον ὀξύ. [15]καὶ ἄλλος ἄγγελος
ἐξῆλθεν ἐκ τοῦ ναοῦ, κράζων ἐν φωνῇ μεγάλῃ τῷ καθημένῳ ἐπὶ τῆς νε-
φέλης· πέμψον τὸ δρέπανόν σου καὶ θέρισον, ὅτι ἦλθεν ἡ ὥρα θερίσαι,
ὅτι ἐξηράνθη ὁ θερισμὸς τῆς γῆς. [16]καὶ ἔβαλεν ὁ καθήμενος ἐπὶ τῆς
νεφέλης τὸ δρέπανον αὐτοῦ ἐπὶ τὴν γῆν, καὶ ἐθερίσθη ἡ γῆ. [17]Καὶ ἄλ-
λος ἄγγελος ἐξῆλθεν ἐκ τοῦ ναοῦ τοῦ ἐν τῷ οὐρανῷ, ἔχων καὶ αὐτὸς
δρέπανον ὀξύ. [18]καὶ ἄλλος ἄγγελος ἐξῆλθεν ἐκ τοῦ θυσιαστηρίου, [ὁ]
ἔχων ἐξουσίαν ἐπὶ τοῦ πυρός, καὶ ἐφώνησεν φωνῇ μεγάλῃ τῷ ἔχοντι τὸ
δρέπανον τὸ ὀξὺ λέγων· πέμψον σου τὸ δρέπανον τὸ ὀξὺ καὶ τρύγησον
τοὺς βότρυας τῆς ἀμπέλου τῆς γῆς, ὅτι ἤκμασαν αἱ σταφυλαὶ αὐτῆς.
[19]καὶ ἔβαλεν ὁ ἄγγελος τὸ δρέπανον αὐτοῦ εἰς τὴν γῆν, καὶ ἐτρύγησεν

τὴν ἄμπελον τῆς γῆς καὶ ἔβαλεν εἰς τὴν ληνὸν τοῦ θυμοῦ τοῦ θεοῦ τὸν μέγαν. ²⁰καὶ ἐπατήθη ἡ ληνὸς ἔξωθεν τῆς πόλεως, καὶ ἐξῆλθεν αἷμα ἐκ τῆς ληνοῦ ἄχρι τῶν χαλινῶν τῶν ἵππων, ἀπὸ σταδίων χιλίων ἑξακοσίων.

¹⁵:¹Καὶ εἶδον ἄλλο σημεῖον ἐν τῷ οὐρανῷ μέγα καὶ θαυμαστόν, ἀγγέλους ἑπτὰ ἔχοντας πληγὰς ἑπτὰ τὰς ἐσχάτας, ὅτι ἐν αὐταῖς ἐτελέσθη ὁ θυμὸς τοῦ θεοῦ. ²Καὶ εἶδον ὡς θάλασσαν ὑαλίνην μεμιγμένην πυρί, καὶ τοὺς νικῶντας ἐκ τοῦ θηρίου καὶ ἐκ τῆς εἰκόνος αὐτοῦ καὶ ἐκ τοῦ ἀριθμοῦ τοῦ ὀνόματος αὐτοῦ ἐστῶτας ἐπὶ τὴν θάλασσαν τὴν ὑαλίνην, ἔχοντας κιθάρας τοῦ θεοῦ. ³καὶ ᾄδουσιν τὴν ᾠδὴν Μωϋσέως τοῦ δούλου τοῦ θεοῦ καὶ τὴν ᾠδὴν τοῦ ἀρνίου, λέγοντες·

μεγάλα καὶ θαυμαστὰ τὰ ἔργα σου, κύριε ὁ θεὸς ὁ παντοκράτωρ· δίκαιαι καὶ ἀληθιναὶ αἱ ὁδοί σου, ὁ βασιλεὺς τῶν ἐθνῶν· ⁴τίς οὐ μὴ φοβηθῇ, κύριε, καὶ δοξάσει τὸ ὄνομά σου; ὅτι μόνος ὅσιος, ὅτι πάντα τὰ ἔθνη ἥξουσιν καὶ προσκυνήσουσιν ἐνώπιόν σου, ὅτι τὰ δικαιώματά σου ἐφανερώθησαν.

PHILO

This Jewish philosopher spent his life in the Jewish community at Alexandria, where he was born sometime between 20 and 10 B. C. Although he wrote voluminously (usually in the form of commentary on the Scriptures), little is known of his life. His family was probably a prominent one; he himself in A.D. 40 headed an embassy from the Jews of Alexandria to the emperor Gaius to ask him to abstain from demanding that the Jews worship him. Philo was influenced by Greek philosophy — Platonic, Pythagorean, and Stoic — but in such a way as not to impair his essential Judaism. In his knowledge of Greek literature and of classical usage he surpasses most

of the authors represented in this volume. The extent of his vo-
cabulary and the Atticistic finish of his style will present dif-
ficulties to the student who has no knowledge of classical Greek.
We reproduce the text published by L. Cohn and P. Wendland, *Phil-
onis Alexandrini opera quae supersunt*, Vol. I (edited by L. Cohn),
The Allegories of the Sacred Laws I 12-13, Berlin, Reimer, 1896;
Ibid. Vol. IV (edited by L. Cohn), The Life of Moses II. 1.1-7, 1902.

THE ALLEGORIES OF THE SACRED LAWS I. 1.12-13

31 (12) "Καὶ ἔπλασεν ὁ θεὸς τὸν ἄνθρωπον χοῦν λαβὼν ἀπὸ τῆς γῆς,
καὶ ἐνεφύσησεν εἰς τὸ πρόσωπον αὐτοῦ πνοὴν ζωῆς, καὶ ἐγένετο ὁ ἄν-
θρωπος εἰς ψυχὴν ζῶσαν." διττὰ ἀνθρώπων γένη· ὁ μὲν γάρ ἐστιν οὐ-
ράνιος ἄνθρωπος, ὁ δὲ γήϊνος. ὁ μὲν οὖν οὐράνιος ἅτε κατ' εἰκόνα
θεοῦ γεγονὼς φθαρτῆς καὶ συνόλως γεώδους οὐσίας ἀμέτοχος, ὁ δὲ γή-
ϊνος ἐκ σποράδος ὕλης, ἣν χοῦν κέκληκεν, ἐπάγη· διὸ τὸν μὲν οὐρά-
νιόν φησιν οὐ πεπλάσθαι, κατ' εἰκόνα δὲ τετυπῶσθαι θεοῦ, τὸν δὲ γή-
ϊνον πλάσμα, ἀλλ' οὐ γέννημα, εἶναι τοῦ τεχνίτου. 32 ἄνθρωπον δὲ
τὸν ἐκ γῆς λογιστέον εἶναι νοῦν εἰσκρινόμενον σώματι, οὔπω δ' εἰσ-
κεκριμένον. ὁ δὲ νοῦς οὗτος γεώδης ἐστὶ τῷ ὄντι καὶ φθαρτός, εἰ
μὴ ὁ θεὸς ἐμπνεύσειεν αὐτῷ δύναμιν ἀληθινῆς ζωῆς· τότε γὰρ γίνεται,
οὐκέτι πλάττεται, εἰς ψυχήν, οὐκ ἀργὸν καὶ ἀδιατύπωτον, ἀλλ' εἰς
νοερὰν καὶ ζῶσαν ὄντως. "εἰς ψυχὴν" γάρ φησι, "ζῶσαν ἐγένετο ὁ ἄν-
θρωπος." 33 (13) ζητήσαι δ' ἄν τις, διὰ τί ἠξίωσεν ὁ θεὸς ὅλως τὸν
γηγενῆ καὶ φιλοσώματον νοῦν πνεύματος θείου, ἀλλ' οὐχὶ τὸν κατὰ
τὴν ἰδέαν γεγονότα καὶ τὴν εἰκόνα ἑαυτοῦ· δεύτερον δέ, τί ἐστι τὸ
"ἐνεφύσησε"· τρίτον, διὰ τί εἰς τὸ πρόσωπον ἐμπνεῖται· τέταρτον,
διὰ τί πνεύματος ὄνομα εἰδώς, ὅταν λέγῃ "καὶ πνεῦμα θεοῦ ἐπεφέρετο

ἐπάνω τοῦ ὕδατος," πνοῆς νῦν ἀλλ'οὐχὶ πνεύματος μέμνηται. ³⁴πρὸς

μὲν οὖν τὸ πρῶτον λεκτέον ἓν μέν, ὅτι φιλόδωρος ὢν ὁ θεὸς χαρίζεται

τὰ ἀγαθὰ πᾶσι καὶ τοῖς μὴ τελείοις, προκαλούμενος αὐτοὺς εἰς μετ-

ουσίαν καὶ ζῆλον ἀρετῆς ἅμα καὶ τὸν περιττὸν πλοῦτον ἐπιδεικνύμενος

αὐτοῦ, ὅτι ἐξαρκεῖ καὶ τοῖς μὴ λίαν ὠφεληθησομένοις. τοῦτο δὲ καὶ

ἐπὶ τῶν ἄλλων ἐμφαντικώτατα παρίστησιν. ὅταν γὰρ ὕῃ μὲν κατὰ θα-

λάττης, πηγὰς δὲ ἐν τοῖς ἐρημοτάτοις ἀνομβρῇ, τὴν δὲ λεπτόγεων καὶ

τραχεῖαν καὶ ἄγονον γῆν ἄρδῃ ποταμοὺς ἀναχέων ταῖς πλημμύραις, τί

ἕτερον παρίστησιν ἢ τὴν ὑπερβολὴν τοῦ τε πλούτου καὶ τῆς ἀγαθότη-

τος ἑαυτοῦ; ἥδ' ἐστὶν αἰτία δι' ἣν ἄγονον οὐδεμίαν ψυχὴν ἐδημιούρ-

γησεν ἀγαθοῦ, κἂν ἡ χρῆσις ἀδύνατος ἐνίοις ᾖ αὐτοῦ. ³⁵ἕτερον δὲ

λεκτέον ἐκεῖνο· βούλεται τὰ θέσει δίκαια εἰσαγαγεῖν. ὁ μὲν οὖν μὴ

ἐμπνευσθεὶς τὴν ἀληθινὴν ζωήν, ἀλλ' ἄπειρος ὢν ἀρετῆς, κολαζόμενος

ἐφ' οἷς ἡμάρτανεν εἶπεν ἂν ὡς ἀδίκως κολάζεται, ἀπειρίᾳ γὰρ τοῦ

ἀγαθοῦ σφάλλεσθαι περὶ αὐτό, αἴτιον δὲ εἶναι τὸν μηδεμίαν ἐμπνεύ-

σαντα ἔννοιαν αὐτοῦ· τάχα δὲ μηδὲ ἁμαρτάνειν φήσει τὸ παράπαν, εἴ

γε τὰ ἀκούσια καὶ κατὰ ἄγνοιαν οὐδὲ ἀδικημάτων ἔχειν λόγον φασί

τινες. ³⁶τό γε μὴν "ἐνεφύσησεν" ἴσον ἐστὶ τῷ ἐνέπνευσεν ἢ ἐψύχωσε

τὰ ἄψυχα· μὴ γὰρ τοσαύτης ἀτοπίας ἀναπλησθείημεν, ὥστε νομίσαι θεὸν

στόματος ἢ μυκτήρων ὀργάνοις χρῆσθαι πρὸς τὸ ἐμφυσῆσαι· ἄποιος γὰρ

ὁ θεός, οὐ μόνον οὐκ ἀνθρωπόμορφος. ³⁷ἐμφαίνει δέ τι καὶ φυσικώ-

τερον ἡ προφορά. τρία γὰρ εἶναι δεῖ, τὸ ἐμπνέον, τὸ δεχόμενον, τὸ

ἐμπνεόμενον· τὸ μὲν οὖν ἐμπνέον ἐστὶν ὁ θεός, τὸ δὲ δεχόμενον ὁ

νοῦς, τὸ δὲ ἐμπνεόμενον τὸ πνεῦμα. τί οὖν ἐκ τούτων συνάγεται; ἕν-

ωσις γίνεται τῶν τριῶν, τείναντος τοῦ θεοῦ τὴν ἀφ' ἑαυτοῦ δύναμιν

διὰ τοῦ μέσου πνεύματος ἄχρι τοῦ ὑποκειμένου — τίνος ἕνεκα ἢ ὅπως

ἔννοιαν αὐτοῦ λάβωμεν; ³⁸ἐπεὶ πῶς ἂν ἐνόησεν ἡ ψυχὴ θεόν, εἰ μὴ

ἐνέπνευσε καὶ ἥψατο αὐτῆς κατὰ δύναμιν; οὐ γὰρ ἂν ἀπετόλμησε τοσοῦ-

τον ἀναδραμεῖν ὁ ἀνθρώπινος νοῦς, ὡς ἀντιλαβέσθαι θεοῦ φύσεως, εἰ μὴ αὐτὸς ὁ θεὸς ἀνέσπασεν αὐτὸν πρὸς ἑαυτόν, ὡς ἐνῆν ἀνθρώπινον

νοῦν ἀνασπασθῆναι, καὶ ἐτύπωσε κατὰ τὰς ἐφικτὰς νοηθῆναι δυνάμεις.

³⁹εἰς δὲ τὸ πρόσωπον ἐμπνεῖ καὶ φυσικῶς καὶ ἠθικῶς· φυσικῶς μέν,

ὅτι ἐν προσώπῳ τὰς αἰσθήσεις ἐδημιούργει· τοῦτο γὰρ μάλιστα τοῦ σώ-

ματος τὸ μέρος ἐψύχωται [καὶ ἐμπέπνευσται]· ἠθικῶς δὲ οὕτως· ὥσπερ

σώματος ἡγεμονικόν ἐστι τὸ πρόσωπον, οὕτως ψυχῆς ἡγεμονικόν ἐστιν

ὁ νοῦς· τούτῳ μόνῳ ἐμπνεῖ ὁ θεός, τοῖς δ' ἄλλοις μέρεσιν οὐκ ἀξιοῖ,

ταῖς τε αἰσθήσεσι καὶ τῷ λόγῳ καὶ τῷ γονίμῳ· δεύτερα γάρ ἐστι τῇ

δυνάμει. ⁴⁰ὑπὸ τίνος οὖν καὶ ταῦτα ἐνεπνεύσθη; ὑπὸ τοῦ νοῦ δηλονό-

τι· οὗ γὰρ μετέσχεν ὁ νοῦς παρὰ θεοῦ, τούτου μεταδίδωσι τῷ ἀλόγῳ

μέρει τῆς ψυχῆς, ὥστε τὸν μὲν νοῦν ἐψυχῶσθαι ὑπὸ θεοῦ, τὸ δὲ ἄλο-

γον ὑπὸ τοῦ νοῦ· ὡσανεὶ γὰρ θεός ἐστι τοῦ ἀλόγου ὁ νοῦς, παρὸ καὶ

Μωυσῆν οὐκ ὤκνησεν εἰπεῖν "θεὸν τοῦ Φαραώ." ⁴¹τῶν γὰρ γινομένων

τὰ μὲν καὶ ὑπὸ θεοῦ γίνεται καὶ δι' αὐτοῦ, τὰ δὲ ὑπὸ θεοῦ μέν, οὐ

δι' αὐτοῦ δέ· τὰ μὲν οὖν ἄριστα καὶ ὑπὸ θεοῦ γέγονε καὶ δι' αὐτοῦ·

προελθὼν γοῦν ἐρεῖ ὅτι "ἐφύτευσεν ὁ θεὸς παράδεισον"· τούτων καὶ

ὁ νοῦς ἐστι· τὸ δὲ ἄλογον ὑπὸ θεοῦ μὲν γέγονεν, οὐ διὰ θεοῦ δέ,

ἀλλὰ διὰ τοῦ λογικοῦ τοῦ ἄρχοντός τε καὶ βασιλεύοντος ἐν ψυχῇ.

⁴²"πνοὴν" δέ, ἀλλ' οὐ πνεῦμα, εἴρηκεν, ὡς διαφορᾶς οὔσης· τὸ μὲν

γὰρ πνεῦμα νενόηται κατὰ τὴν ἰσχὺν καὶ εὐτονίαν καὶ δύναμιν, ἡ δὲ

πνοὴ ὡς ἂν αὔρα τίς ἐστι καὶ ἀναθυμίασις ἠρεμαία καὶ πραεῖα. ὁ

μὲν οὖν κατὰ τὴν εἰκόνα γεγονὼς καὶ τὴν ἰδέαν νοῦς πνεύματος ἂν

λέγοιτο κεκοινωνηκέναι — ῥώμην γὰρ ἔχει ὁ λογισμὸς αὐτοῦ —, ὁ δὲ

ἐκ τῆς ὕλης τῆς κούφης καὶ ἐλαφροτέρας αὔρας ὡς ἂν ἀποφορᾶς τινος,

ὁποῖαι γίνονται ἀπὸ τῶν ἀρωμάτων· φυλαττομένων γὰρ οὐδὲν ἧττον καὶ

μὴ ἐκθυμιωμένων εὐωδία τις γίνεται.

THE LIFE OF MOSES II. 1. 1-7

1(1) Ἡ μὲν προτέρα σύνταξίς ἐστι περὶ γενέσεως τῆς Μωυσέως
καὶ τροφῆς, ἔτι δὲ παιδείας καὶ ἀρχῆς, ἣν οὐ μόνον ἀνεπιλήπτως ἀλλὰ
καὶ σφόδρα ἐπαινετῶς ἦρξε, καὶ τῶν ἔν τε Αἰγύπτῳ καὶ ταῖς ὁδοιπορί-
αις ἐπί τε τῆς ἐρυθρᾶς θαλάσσης καὶ κατὰ τὴν ἔρημον πεπραγμένων, ἃ
δύναμιν πᾶσαν λόγων ὑπερβάλλει, καὶ προσέτι πόνων οὓς κατώρθωσε καὶ
κληρουχιῶν ἃς ἐκ μέρους ἀπένειμε τοῖς στρατευσαμένοις· ἣν δὲ νυνὶ
συντάττομεν, περὶ τῶν ἑπομένων καὶ ἀκολούθων. 2φασὶ γάρ τινες οὐκ
ἀπὸ σκοποῦ, μόνως ἂν οὕτω τὰς πόλεις ἐπιδοῦναι πρὸς τὸ βέλτιον, ἐὰν
<ἢ> οἱ βασιλεῖς φιλοσοφήσωσιν ἢ οἱ φιλόσοφοι βασιλεύσωσιν. ὁ δ᾽ ἐκ
περιττοῦ φανεῖται μὴ μόνον ταύτας ἐπιδεδειγμένος τὰς δυνάμεις ἐν
ταὐτῷ, τήν τε βασιλικὴν καὶ φιλόσοφον, ἀλλὰ καὶ τρεῖς ἑτέρας, ὧν ἡ
μὲν πραγματεύεται περὶ νομοθεσίαν, ἡ δὲ περὶ ἀρχιερωσύνην, ἡ δὲ τε-
λευταία περὶ προφητείαν. 3περὶ ὧν νυνὶ λέγειν εἱλόμην ἀναγκαίως
ὑπολαβὼν τῷ αὐτῷ πάντ᾽ ἐφαρμόττειν· ἐγένετο γὰρ προνοίᾳ θεοῦ βασι-
λεύς τε καὶ νομοθέτης καὶ ἀρχιερεὺς καὶ προφήτης καὶ ἐν ἑκάστῳ τὰ
πρωτεῖα ἠνέγκατο· διὰ τί δὲ τῷ αὐτῷ πάντ᾽ ἐφαρμόττει, δηλωτέον.
4βασιλεῖ προσήκει προστάττειν ἃ χρὴ καὶ ἀπαγορεύειν ἃ μὴ χρή· πρόσ-
ταξις δὲ τῶν πρακτέων καὶ ἀπαγόρευσις τῶν οὐ πρακτέων ἴδιον νόμου,
ὡς εὐθὺς εἶναι τὸν μὲν βασιλέα νόμον ἔμψυχον, τὸν δὲ νόμον βασιλέα
δίκαιον. 5βασιλεὺς δὲ καὶ νομοθέτης ὀφείλει μὴ τἀνθρώπεια μόνον
ἀλλὰ καὶ τὰ θεῖα συνεπισκοπεῖν· οὐ γὰρ ἄνευ θείας ἐπιφροσύνης κατ-
ορθοῦται τὰ βασιλέων καὶ ὑπηκόων πράγματα· δι᾽ ἣν αἰτίαν ἐδέησε τῷ
τοιούτῳ τῆς πρώτης ἱερωσύνης, ἵν᾽ ἐπὶ τελείοις ἱεροῖς καὶ ἐπιστήμῃ
τελείᾳ τῆς τοῦ θεοῦ θεραπείας ἀποτροπὴν μὲν κακῶν μετουσίαν δ᾽ ἀγα-
θῶν αὑτῷ τε καὶ τοῖς ἀρχομένοις αἰτῆται παρὰ τοῦ ἵλεω καὶ ταῖς εὐ-
χαῖς συνεπινεύοντος· πῶς γὰρ οὐ τελεσφορήσει τὰς εὐχὰς ὁ καὶ ἐκ φύ-
σεως εὐμενὴς καὶ τοὺς γνησίως θεραπεύοντας αὐτὸν προνομίας ἀξιῶν;

⁶ἀλλ'ἐπειδὴ μυρία καὶ βασιλεῖ καὶ νομοθέτῃ καὶ ἀρχιερεῖ τῶν ἀνθρω-
πείων καὶ θείων ἄδηλα — γενητὸς γὰρ οὐδὲν ἧττον καὶ θνητός ἐστιν,
εἰ καὶ τοσοῦτον καὶ οὕτως ἄφθονον περιβέβληται κλῆρον εὐπραγιῶν —,
ἀναγκαίως καὶ προφητείας ἔτυχεν, ἵν' ὅσα μὴ λογισμῷ δύναται καταλαμ-
βάνειν, ταῦτα προνοίᾳ θεοῦ εὕροι· ὧν γὰρ ὁ νοῦς ἀπολείπεται, πρὸς
ταῦθ' ἡ προφητεία φθάνει. ⁷καλή γε ἡ συζυγία καὶ παναρμόνιος τῶν
τεττάρων δυνάμεων· ἐμπλεκόμεναι γὰρ καὶ ἀλλήλων ἐχόμεναι συγχορεύ-
ουσι τὰς ὠφελείας ἀντιλαμβάνουσαί τε καὶ ἀντεκτίνουσαι, μιμούμεναι
τὰς παρθένους Χάριτας, αἷς μὴ διαζεύγνυσθαι νόμος φύσεως ἀκίνητος·
ἐφ' ὧν δεόντως εἴποι τις ἄν, ὃ καὶ ἐπὶ τῶν ἀρετῶν εἴωθε λέγεσθαι,
ὅτι ὁ μίαν ἔχων καὶ πάσας ἔχει.

JOSEPHUS

This Palestinian Jew was born of good family in 37 A.D. and
died about the end of the century. He was a Pharisee with many pre-
tensions to learning. In A.D. 64 he visited Rome, and was greatly
impressed by the power of the empire. At the outbreak of the Jew-
ish rebellion in A.D. 66, he urged the futility of conflict upon
his fellow countrymen, but in vain. He was given command of the
Jewish troops in Galilee; his chief military triumph consisted in
saving his own life. He predicted that the Roman general Vespa-
sian would become emperor, and after this happened, enjoyed the
favor of the imperial family. He wrote the story of his own life
to free himself of the accusation that he was responsible for the
Jewish War and in so doing incurred the suspicion that he had been
a traitor to his own people from the beginning.

His writings are voluminous. *The Jewish War*, written in the
eighth decade of the century, is his most important work. The

twenty books of the *Jewish Antiquities* were finished in A.D. 93.
Still later, in addition to the story of his own life, he wrote a
defense of the Jewish religion entitled *Against Apion*. The lin-
guistic quality of these works varies somewhat. The *War* was, pre-
sumably, composed in Aramaic and translated into Greek by Josephus
with the assistance of some Greeks. The fact that this assistance
was of significant extent in the writing of the *War* explains the
high quality of its Greek. Where Josephus had little assistance
—— as in the first fourteen books of the *Antiquities* —— or no
assistance —— as in the *Life* —— his Greek is simpler and his
style poorer.

We reproduce the text from the following editions: H. St.J.
Thackeray, *Josephus* Vol. I Life 2 (7-12). (The Loeb Library) Lon-
don: Heinemann, New York: Putnam, 1926. *Ibid*. Vol. III War VI
5:3 (300-309), 1928. H. St.J. Thackeray and Ralph Marcus, *Josephus*
Vol. V Jewish Antiquities VIII 2:5 (45-49). (The Loeb Library).
Cambridge: Harvard University Press, London: Heinemann, 1934. The
Harvard University Press is now the publisher of the Loeb Series.
B. Niese, *Flavii Iosephi Opera* Vol. IV Jewish Antiquities XVIII
1:2-6; XX 9:1. Berlin: Weidmann, 1890. *Ibid*. Vol. V Against Ap-
ion II (287-296), 1889.

LIFE 2 (7-12)

7Ὁ πατὴρ δέ μου Ματθίας οὐ διὰ μόνην τὴν εὐγένειαν ἐπίσημος
ἦν, ἀλλὰ πλέον διὰ τὴν δικαιοσύνην ἐπῃνεῖτο, γνωριμώτατος ὢν ἐν τῇ
μεγίστῃ πόλει τῶν παρ' ἡμῖν τοῖς Ἱεροσολυμίταις. 8ἐγὼ δὲ συμπαι-
δευόμενος ἀδελφῷ Ματθίᾳ τοὔνομα, γεγόνει γάρ μοι γνήσιος ἐξ ἀμφοῖν
τῶν γονέων, εἰς μεγάλην παιδείας προύκοπτον ἐπίδοσιν, μνήμῃ τε καὶ

συνέσει δοκῶν διαφέρειν. [9]ἔτι δ' ἀντίπαις ὢν περὶ τεσσαρεσκαιδέ-
κατον ἔτος διὰ τὸ φιλογράμματον ὑπὸ πάντων ἐπηνούμην, συνιόντων
ἀεὶ τῶν ἀρχιερέων καὶ τῶν τῆς πόλεως πρώτων ὑπὲρ τοῦ παρ' ἐμοῦ πε-
ρὶ τῶν νομίμων ἀκριβέστερόν τι γνῶναι. [10]περὶ ἑκκαίδεκα δὲ ἔτη
γενόμενος ἐβουλήθην τῶν παρ' ἡμῖν αἱρέσεων ἐμπειρίαν λαβεῖν· τρεῖς
δ' εἰσὶν αὗται, Φαρισαίων μὲν ἡ πρώτη καὶ Σαδδουκαίων ἡ δευτέρα,
τρίτη δ' Ἐσσηνῶν, καθὼς πολλάκις εἴπομεν· οὕτως γὰρ ᾠόμην αἱρή-
σεσθαι τὴν ἀρίστην, εἰ πάσας καταμάθοιμι. [11]σκληραγωγήσας οὖν ἐ-
μαυτὸν καὶ πολλὰ πονηθεὶς τὰς τρεῖς διῆλθον· καὶ μηδὲ τὴν ἐντεῦ-
θεν ἐμπειρίαν ἱκανὴν ἐμαυτῷ νομίσας εἶναι, πυθόμενός τινα Βαννοῦν
ὄνομα κατὰ τὴν ἐρημίαν διατρίβειν, ἐσθῆτι μὲν ἀπὸ δένδρων χρώμε-
νον, τροφὴν δὲ τὴν αὐτομάτως φυομένην προσφερόμενον, ψυχρῷ δὲ ὕδα-
τι τὴν ἡμέραν καὶ τὴν νύκτα πολλάκις λουόμενον πρὸς ἁγνείαν, ζηλω-
τὴς ἐγενόμην αὐτοῦ. [12]καὶ διατρίψας παρ' αὐτῷ ἐνιαυτοὺς τρεῖς καὶ
τὴν ἐπιθυμίαν τελειώσας εἰς τὴν πόλιν ὑπέστρεφον. ἐννεακαιδέκατον
δ' ἔτος ἔχων ἠρξάμην [τε] πολιτεύεσθαι τῇ Φαρισαίων αἱρέσει κατα-
κολουθῶν, ἣ παραπλήσιός ἐστι τῇ παρ' Ἕλλησι Στωικῇ λεγομένῃ.

ANTIQUITIES VIII 2:5 (45-49)

παρέσχε δ' αὐτῷ*μαθεῖν ὁ θεὸς καὶ τὴν κατὰ τῶν δαιμόνων τέχ-
νην εἰς ὠφέλειαν καὶ θεραπείαν τοῖς ἀνθρώποις· ἐπῳδάς τε συνταξά-
μενος αἷς παρηγορεῖται τὰ νοσήματα καὶ τρόπους ἐξορκώσεων κατέλι-
πεν, οἷς οἱ ἐνδούμενοι τὰ δαιμόνια ὡς μηκέτ' ἐπανελθεῖν ἐκδιώκου-
σι. [46]καὶ αὕτη μέχρι νῦν παρ' ἡμῖν ἡ θεραπεία πλεῖστον ἰσχύει·
ἱστόρησα γάρ τινα Ἐλεάζαρον τῶν ὁμοφύλων Οὐεσπασιανοῦ παρόντος
καὶ τῶν υἱῶν αὐτοῦ καὶ χιλιάρχων καὶ ἄλλου στρατιωτικοῦ πλήθους τοὺς
ὑπὸ τῶν δαιμονίων λαμβανομένους ἀπολύοντα τούτων. [47]ὁ δὲ τρόπος
τῆς θεραπείας τοιοῦτος ἦν· προσφέρων ταῖς ῥισὶ τοῦ δαιμονιζομένου
*i.e., Solomon.

τὸν δακτύλιον ἔχοντα ὑπὸ τῇ σφραγῖδι ῥίζαν ἐξ ὧν ὑπέδειξε Σολομὼν
ἔπειτα ἐξεῖλκεν ὀσφρομένῳ διὰ τῶν μυκτήρων τὸ δαιμόνιον, καὶ πε-
σόντος εὐθὺς τἀνθρώπου μηκέτ' εἰς αὐτὸν ἐπανήξειν ὥρκου, Σολομῶνός
τε μεμνημένος καὶ τὰς ἐπῳδὰς ἃς συνέθηκεν ἐκεῖνος ἐπιλέγων. ⁴⁸
βουλόμενος δὲ πεῖσαι καὶ παραστῆσαι τοῖς παρατυγχάνουσιν ὁ Ἐλεά-
ζαρος ὅτι ταύτην ἔχει τὴν ἰσχύν, ἐτίθει μικρὸν ἔμπροσθεν ἤτοι πο-
τήριον πλῆρες ὕδατος ἢ ποδόνιπτρον καὶ τῷ δαιμονίῳ προσέταττεν ἐ-
ξιόντι τἀνθρώπου ταῦτα ἀνατρέψαι καὶ παρασχεῖν ἐπιγνῶναι τοῖς ὁρῶ-
σιν ὅτι καταλέλοιπε τὸν ἄνθρωπον. ⁴⁹γενομένου δὲ τούτου σαφὴς ἡ
Σολομῶνος καθίστατο σύνεσις καὶ σοφία δι' ἥν, ἵνα γνῶσιν ἅπαντες
αὐτοῦ τὸ μεγαλεῖον τῆς φύσεως καὶ τὸ θεοφιλὲς καὶ λάθῃ μηδένα τῶν
ὑπὸ τὸν ἥλιον ἡ τοῦ βασιλέως περὶ πᾶν εἶδος ἀρετῆς ὑπερβολή, περὶ
τούτων εἰπεῖν προήχθημεν.

ANTIQUITIES XVIII 1:2-6 (11-25)

2. ¹¹Ἰουδαίοις φιλοσοφίαι τρεῖς ἦσαν ἐκ τοῦ πάνυ ἀρχαίου τῶν
πατρίων, ἥ τε τῶν Ἐσσηνῶν καὶ ἡ τῶν Σαδδουκαίων, τρίτην δὲ ἐφιλο-
σόφουν οἱ Φαρισαῖοι λεγόμενοι. καὶ τυγχάνει μέντοι περὶ αὐτῶν ἡμῖν
εἰρημένα ἐν τῇ δευτέρᾳ βίβλῳ τοῦ Ἰουδαϊκοῦ πολέμου, μνησθήσομαι
δ' ὅμως καὶ νῦν αὐτῶν ἐπ' ὀλίγον.

3. ¹²Οἵ τε γὰρ Φαρισαῖοι τὴν δίαιταν ἐξευτελίζουσιν οὐδὲν ἐς τὸ
μαλακώτερον ἐνδιδόντες, ὧν τε ὁ λόγος κρίνας παρέδωκεν ἀγαθῶν ἕ-
πονται τῇ ἡγεμονίᾳ περιμάχητον ἡγούμενοι τὴν φυλακὴν ὧν ὑπαγορεύ-
ειν ἠθέλησεν. τιμῆς γε τοῖς ἡλικίᾳ προήκουσιν παραχωροῦσιν οὐδ'
ἐπ' ἀντιλέξει τῶν εἰσηγηθέντων ταῦτα οἱ θράσει ἐπαιρόμενοι. ¹³
πράσσεσθαί τε εἱμαρμένῃ τὰ πάντα ἀξιοῦντες οὐδὲ τοῦ ἀνθρωπείου τὸ
βουλόμενον τῆς ἐπ' αὐτοῖς ὁρμῆς ἀφαιροῦνται δοκῆσαν τῷ θεῷ κρίσιν*
γενέσθαι καὶ τῷ ἐκείνης βουλευτηρίῳ καὶ τῶν ἀνθρώπων τῷ ἐθελήσαν-
*or, κρᾶσιν.

τι προσχωρεῖν μετ' ἀρετῆς ἢ κακίας. [14]ἀθάνατόν τε ἰσχὺν ταῖς ψυ-
χαῖς πίστις αὐτοῖς εἶναι καὶ ὑπὸ χθονὸς δικαιώσεις τε καὶ τιμὰς
οἷς ἀρετῆς ἢ κακίας ἐπιτήδευσις ἐν τῷ βίῳ γέγονεν, καὶ ταῖς μὲν
εἰργμὸν ἀίδιον προτίθεσθαι, ταῖς δὲ ῥᾳστώνην τοῦ ἀναβιοῦν. [15]καὶ
δι' αὐτὰ τοῖς τε δήμοις πιθανώτατοι τυγχάνουσιν καὶ ὁπόσα θεῖα εὐ-
χῶν τε ἔχεται καὶ ἱερῶν ποιήσεως ἐξηγήσει τῇ ἐκείνων τυγχάνουσιν
πρασσόμενα. εἰς τοσόνδε ἀρετῆς αὐτοῖς αἱ πόλεις ἐμαρτύρησαν ἐπιτη-
δεύσει τοῦ ἐπὶ πᾶσι κρείσσονος ἔν τε τῇ διαίτῃ τοῦ βίου καὶ λόγοις.

4. [16]Σαδδουκαίοις δὲ τὰς ψυχὰς ὁ λόγος συναφανίζει τοῖς σώμασι,
φυλακῇ δὲ οὐδαμῶς τινων μεταποίησις αὐτοῖς ἢ τῶν νόμων· πρὸς γὰρ
τοὺς διδασκάλους σοφίας, ἣν μετίασιν, ἀμφιλογεῖν ἀρετὴν ἀριθμοῦσιν.
[17]εἰς ὀλίγους δὲ ἄνδρας οὗτος ὁ λόγος ἀφίκετο, τοὺς μέντοι πρώτους
τοῖς ἀξιώμασι, πράσσεταί τε ἀπ' αὐτῶν οὐδὲν ὡς εἰπεῖν· ὁπότε γὰρ
ἐπ' ἀρχὰς παρέλθοιεν, ἀκουσίως μὲν καὶ κατ' ἀνάγκας, προσχωροῦσι
δ' οὖν οἷς ὁ Φαρισαῖος λέγει διὰ τὸ μὴ ἄλλως ἀνεκτοὺς γενέσθαι
τοῖς πλήθεσιν.

5. [18]Ἐσσηνοῖς δὲ ἐπὶ μὲν θεῷ καταλείπειν φιλεῖ τὰ πάντα ὁ λό-
γος, ἀθανατίζουσιν δὲ τὰς ψυχὰς περιμάχητον ἡγούμενοι τοῦ δικαίου
τὴν πρόσοδον. [19]εἰς δὲ τὸ ἱερὸν ἀναθήματα στέλλοντες θυσίας ἐπι-
τελοῦσιν διαφορότητι ἀγνειῶν, ἃς νομίζοιεν, καὶ δι' αὐτὸ εἰργόμενοι
τοῦ κοινοῦ τεμενίσματος ἐφ' αὑτῶν τὰς θυσίας ἐπιτελοῦσιν, βέλτιστοι
δὲ ἄλλως [ἄνδρες] τὸν τρόπον καὶ τὸ πᾶν πονεῖν ἐπὶ γεωργίᾳ τετραμ-
μένοι. [20]ἄξιον δ' αὐτῶν θαυμάσαι παρὰ πάντας τοὺς ἀρετῆς μεταποι-
ουμένους τόδε διὰ τὸ μηδαμῶς ὑπάρξαν Ἑλλήνων ἢ βαρβάρων τισίν,
ἀλλὰ μηδ' εἰς ὀλίγον, ἐκείνοις ἐκ παλαιοῦ συνελθὸν ἐν τῷ ἐπιτηδεύ-
εσθαι μὴ κεκωλῦσθαι· τὰ χρήματά τε κοινά ἐστιν αὐτοῖς, ἀπολαύει δὲ
οὐδὲν ὁ πλούσιος τῶν οἰκείων μειζόνως ἢ ὁ μηδ' ὁτιοῦν κεκτημένος·
καὶ τάδε πράσσουσιν ἄνδρες ὑπὲρ τετρακισχίλιοι τὸν ἀριθμὸν ὄντες.
[21]καὶ οὔτε γαμετὰς εἰσάγονται οὔτε δούλων ἐπιτηδεύουσιν κτῆσιν, τὸ
μὲν εἰς ἀδικίαν φέρειν ὑπειληφότες, τὸ δὲ στάσεως ἐνδιδόναι ποίη-

σιν, αὐτοὶ δ' ἐφ' ἑαυτῶν ζῶντες ἐπιδιακονίᾳ τῇ ἐπ' ἀλλήλοις ἐπιχρῶνται. [22]ἀποδέκτας δὲ τῶν προσόδων χειροτονοῦντες καὶ ὁπόσα ἡ γῆ φέροι ἄνδρας ἀγαθούς, ἱερεῖς δὲ ἐπὶ ποιήσει σίτου τε καὶ βρωμάτων. ζῶσι δὲ οὐδὲν παρηλλαγμένως, ἀλλ' ὅτι μάλιστα ἐμφέροντες Δακῶν τοῖς πλείστοις λεγομένοις.

6. [23]Τῇ δὲ τετάρτῃ τῶν φιλοσοφιῶν ὁ Γαλιλαῖος Ἰούδας ἡγεμὼν κατέστη, τὰ μὲν λοιπὰ πάντα γνώμῃ τῶν Φαρισαίων ὁμολογούσῃ, δυσνίκητος δὲ τοῦ ἐλευθέρου ἔρως ἐστὶν αὐτοῖς μόνον ἡγεμόνα καὶ δεσπότην τὸν θεὸν ὑπειληφόσιν. θανάτων τε ἰδέας ὑπομένειν παρηλλαγμένας ἐν ὀλίγῳ τίθενται καὶ συγγενῶν τιμωρίας καὶ φίλων ὑπὲρ τοῦ μηδένα ἄνθρωπον προσαγορεύειν δεσπότην. [24]ἑωρακόσιν δὲ τοῖς πολλοῖς τὸ ἀμετάλλακτον αὐτῶν τῆς ἐπὶ τοιούτοις ὑποστάσεως περαιτέρω διελθεῖν παρέλιπον· οὐ γὰρ δέδοικα μὴ εἰς ἀπιστίαν ὑποληφθῇ τι τῶν λεγομένων ἐπ' αὐτοῖς, τοὐναντίον δὲ μὴ ἐλασσόνως τοῦ ἐκείνων καταφρονήματος δεχομένου τὴν ταλαιπωρίαν τῆς ἀλγηδόνος ὁ λόγος ἀφηγῆται. [25]ἀνοίᾳ τε τῇ ἐντεῦθεν ἤρξατο νοσεῖν τὸ ἔθνος Γεσσίου Φλώρου, ὃς ἡγεμὼν ἦν, τῇ ἐξουσίᾳ τοῦ ὑβρίζειν ἀπονοήσαντος αὐτοὺς ἀποστῆναι Ῥωμαίων. καὶ φιλοσοφεῖται μὲν Ἰουδαίοις τοσάδε.

ANTIQUITIES XX 9:1 (197-203)

[197]Πέμπει δὲ Καῖσαρ Ἀλβῖνον εἰς τὴν Ἰουδαίαν ἔπαρχον Φήστου τὴν τελευτὴν πυθόμενος. ὁ δὲ βασιλεὺς ἀφείλετο μὲν τὸν Ἰώσηπον τὴν ἱερωσύνην, τῷ δὲ Ἀνάνου παιδὶ καὶ αὐτῷ Ἀνάνῳ λεγομένῳ τὴν διαδοχὴν τῆς ἀρχῆς ἔδωκεν. [198]τοῦτον δέ φασι τὸν πρεσβύτατον Ἄνανον εὐτυχέστατον γενέσθαι· πέντε γὰρ ἔσχε παῖδας καὶ τούτους πάντας συνέβη ἀρχιερατεῦσαι τῷ θεῷ, αὐτὸς πρότερος τῆς τιμῆς ἐπὶ πλεῖστον ἀπολ... ...σας, ὅπερ οὐδενὶ συνέβη τῶν παρ' ἡμῖν ἀρχιερέων. [199]ὁ δὲ νεώτερος Ἄνανος, ὃν τὴν ἀρχιερωσύνην ἔφαμεν εἰληφέναι,

θρασὺς ἦν τὸν τρόπον καὶ τολμητὴς διαφερόντως, αἵρεσιν δὲ μετῄει
τὴν Σαδδουκαίων, οἵπερ εἰσὶ περὶ τὰς κρίσεις ὠμοὶ παρὰ πάντας τοὺς
Ἰουδαίους, καθὼς ἤδη δεδηλώκαμεν. 200ἅτε δὴ οὖν τοιοῦτος ὢν ὁ
Ἄνανος, νομίσας ἔχειν καιρὸν ἐπιτήδειον διὰ τὸ τεθνάναι μὲν Φῆ-
στον, Ἀλβῖνον δ' ἔτι κατὰ τὴν ὁδὸν ὑπάρχειν, καθίζει συνέδριον
κριτῶν καὶ παραγαγὼν εἰς αὐτὸ τὸν ἀδελφὸν Ἰησοῦ τοῦ λεγομένου
Χριστοῦ, Ἰάκωβος ὄνομα αὐτῷ, καί τινας ἑτέρους, ὡς παρανομησάν-
των κατηγορίαν ποιησάμενος παρέδωκε λευσθησομένους. 201ὅσοι δὲ ἐ-
δόκουν ἐπιεικέστατοι τῶν κατὰ τὴν πόλιν εἶναι καὶ περὶ τοὺς νόμους
ἀκριβεῖς βαρέως ἤνεγκαν ἐπὶ τούτῳ καὶ πέμπουσιν πρὸς τὸν βασιλέα
κρύφα παρακαλοῦντες αὐτὸν ἐπιστεῖλαι τῷ Ἀνάνῳ μηκέτι τοιαῦτα πράσ-
σειν· μηδὲ γὰρ τὸ πρῶτον ὀρθῶς αὐτὸν πεποιηκέναι. 202τινὲς δ' αὐτῶν
καὶ τὸν Ἀλβῖνον ὑπαντιάζουσιν ἀπὸ τῆς Ἀλεξανδρείας ὁδοιποροῦντα
καὶ διδάσκουσιν, ὡς οὐκ ἐξὸν ἦν Ἀνάνῳ χωρὶς τῆς ἐκείνου γνώμης
καθίσαι συνέδριον. 203Ἀλβῖνος δὲ πεισθεὶς τοῖς λεγομένοις γράφει
μετ' ὀργῆς τῷ Ἀνάνῳ λήψεσθαι παρ' αὐτοῦ δίκας ἀπειλῶν. καὶ ὁ βασι-
λεὺς Ἀγρίππας διὰ τοῦτο τὴν ἀρχιερωσύνην ἀφελόμενος αὐτὸν ἄρξαν-
τα μῆνας τρεῖς Ἰησοῦν τὸν τοῦ Δαμναίου κατέστησεν.

JEWISH WAR VI 5:3 (300-309)

300τὸ δὲ τούτων φοβερώτερον, Ἰησοῦς γάρ τις υἱὸς Ἀνανίου τῶν
ἰδιωτῶν ἄγροικος, πρὸ τεσσάρων ἐτῶν τοῦ πολέμου τὰ μάλιστα τῆς πό-
λεως εἰρηνευομένης καὶ εὐθηνούσης, ἐλθὼν εἰς τὴν ἑορτήν, ἐν ᾗ σκη-
νοποιεῖσθαι πάντας ἔθος τῷ θεῷ, κατὰ τὸ ἱερὸν ἐξαπίνης ἀναβοῶν ἤρ-
ξατο "φωνὴ ἀπ' ἀνατολῆς, φωνὴ ἀπὸ δύσεως, φωνὴ ἀπὸ τῶν τεσσάρων
ἀνέμων, φωνὴ ἐπὶ Ἱεροσόλυμα καὶ τὸν ναόν, φωνὴ ἐπὶ νυμφίους καὶ
νύμφας, φωνὴ ἐπὶ τὸν λαὸν πάντα." τοῦτο μεθ' ἡμέραν καὶ νύκτωρ κα-
τὰ πάντας τοὺς στενωποὺς περιῄει κεκραγώς. 302τῶν δὲ ἐπισήμων τινὲς

δημοτῶν ἀγανακτήσαντες πρὸς τὸ κακόφημον συλλαμβάνουσι τὸν ἄνθρω-
πον καὶ πολλαῖς αἰκίζονται πληγαῖς. ὁ δ' οὔθ' ὑπὲρ αὑτοῦ φθεγξάμε-
νος οὔτ' ἰδίᾳ πρὸς τοὺς παίοντας, ἃς καὶ πρότερον φωνὰς βοῶν διε-
τέλει. 303νομίσαντες δ' οἱ ἄρχοντες, ὅπερ ἦν, δαιμονιώτερον τὸ κί-
νημα τἀνδρὸς ἀνάγουσιν αὐτὸν ἐπὶ τὸν παρὰ ʿΡωμαίοις ἔπαρχον. 304
ἔνθα μάστιξι μέχρι ὀστέων ξαινόμενος οὔθ' ἱκέτευσεν οὔτ' ἐδάκρυσεν,
ἀλλ' ὡς ἐνῆν μάλιστα τὴν φωνὴν ὀλοφυρτικῶς παρεγκλίνων πρὸς ἑκάσ-
την ἀπεκρίνατο πληγήν "αἰαὶ ʿΙεροσολύμοις." 305τοῦ δ' ʾΑλβίνου δι-
ερωτῶντος, οὗτος γὰρ ἔπαρχος ἦν, τίς τ' εἴη καὶ πόθεν, καὶ διὰ τί
ταῦτα φθέγγοιτο, πρὸς ταῦτα μὲν οὐδ' ὁτιοῦν ἀπεκρίνατο, τὸν δ' ἐπὶ
τῇ πόλει θρῆνον εἴρων οὐ διέλειπεν, μέχρι καταγνοὺς μανίαν ὁ ʾΑλ-
βῖνος ἀπέλυσεν αὐτόν. 306ὁ δὲ τὸν μέχρι τοῦ πολέμου χρόνον οὔτε
προσῄει τινὶ τῶν πολιτῶν οὔτε ὤφθη λαλῶν, ἀλλὰ καθ' ἡμέραν ὥσπερ
εὐχὴν μεμελετηκὼς "αἰαὶ ʿΙεροσολύμοις" ἐθρήνει. 307οὔτε δέ τινι
τῶν τυπτόντων αὐτὸν ὁσημέραι κατηρᾶτο οὔτε τοὺς τροφῆς μεταδιδόν-
τας εὐλόγει, μία δὲ πρὸς πάντας ἦν ἡ σκυθρωπὴ κληδὼν ἀπόκρισις.
308μάλιστα δ' ἐν ταῖς ἑορταῖς ἐκεκράγει· καὶ τοῦτ' ἐφ' ἑπτὰ ἔτη
καὶ μῆνας πέντε εἴρων οὔτ' ἤμβλυνεν τὴν φωνὴν οὔτ' ἔκαμεν, μέχρις
οὗ κατὰ τὴν πολιορκίαν ἔργα τῆς κληδόνος ἰδὼν ἀνεπαύσατο. 309περι-
ιὼν γὰρ ἀπὸ τοῦ τείχους "αἰαὶ πάλιν τῇ πόλει καὶ τῷ λαῷ καὶ τῷ
ναῷ" διαπρύσιον ἐβόα, ὡς δὲ τελευταῖον προσέθηκεν "αἰαὶ δὲ κἀμοί,"
λίθος ἐκ τοῦ πετροβόλου σχασθεὶς καὶ πλήξας αὐτὸν παραχρῆμα κτεί-
νει, φθεγγομένην δ' ἔτι τὰς κληδόνας ἐκείνας τὴν ψυχὴν ἀφῆκε.

AGAINST APION II 40-41 (287-296)

287 (40)ʾΑλλὰ γὰρ περὶ μὲν τῶν νόμων καὶ τῆς πολιτείας τὴν ἀ-
κριβῆ πεποίημαι παράδοσιν ἐν τοῖς περὶ ἀρχαιολογίας μοι γραφεῖσι.
νυνὶ δ' αὐτῶν ἐπεμνήσθην ἐφ' ὅσον ἦν ἀναγκαῖον, οὔτε τὰ τῶν ἄλλων

ψέγειν οὔτε τὰ παρ' ἡμῖν ἐγκωμιάζειν προθέμενος, ἀλλ' ἵνα τοὺς πε-
ρὶ ἡμῶν ἀδίκως γεγραφότας ἐλέγξω πρὸς αὐτὴν ἀναιδῶς τὴν ἀλήθειαν
πεφιλονεικηκότας. 288καὶ δή μοι δοκῶ πεπληρῶσθαι διὰ τῆς γραφῆς
ἱκανῶς ἃ προὐπεσχόμην· καὶ γὰρ ἀρχαιότητι προϋπάρχον ἐπέδειξα τὸ
γένος, τῶν κατηγόρων ὅτι νεώτατόν ἐστιν εἰρηκότων, [καὶ γὰρ] καὶ
πολλοὺς ἐν τοῖς συγγράμμασιν ἐμνημονευκότας ἡμῶν ἀρχαίους παρέσχο-
μεν μάρτυρας, ἐκείνων ὅτι μηδείς ἐστιν διαβεβαιουμένων. 289ἀλλὰ
μὴν Αἰγυπτίους ἔφασαν ἡμῶν τοὺς προγόνους· ἐδείχθησαν δ' εἰς Αἴγυπ-
τον ἐλθόντες ἑτέρωθεν. διὰ δὲ λύμην σωμάτων αὐτοὺς ἐκβληθῆναι κατ-
εψεύσαντο· προαιρέσει καὶ περιουσίᾳ ῥώμης ἐφάνησαν ἐπὶ τὴν οἰκείαν
ὑποστρέψαντες γῆν. 290οἱ μὲν ὡς φαυλότατον ἡμῶν τὸν νομοθέτην ἐ-
λοιδόρησαν· τῷ δὲ τῆς ἀρετῆς πάλαι μὲν ὁ θεός, μετ' ἐκεῖνον δὲ μάρ-
τυς ὁ χρόνος εὕρηται γεγενημένος.

   291 (41)Περὶ τῶν νόμων οὐκ ἐδέησε λόγου πλείονος· αὐτοὶ γὰρ
ἐωράθησαν δι' αὐτῶν οὐκ ἀσέβειαν μὲν εὐσέβειαν δ' ἀληθεστάτην διδάσ-
κοντες, οὐδ' ἐπὶ μισανθρωπίαν, ἀλλ' ἐπὶ τὴν τῶν ὄντων κοινωνίαν
παρακαλοῦντες, ἀδικίας ἐχθροί, δικαιοσύνης ἐπιμελεῖς, ἀργίαν καὶ
πολυτέλειαν ἐξορίζοντες, αὐτάρκεις καὶ φιλοπόνους εἶναι διδάσκον-
τες, 292πολέμων μὲν ἀπείργοντες εἰς πλεονεξίαν, ἀνδρείους δὲ ὑπὲρ
αὐτῶν εἶναι παρασκευάζοντες, ἀπαραίτητοι πρὸς τὰς τιμωρίας, ἀσόφισ-
τοι λόγων παρασκευαῖς, τοῖς ἔργοις ἀεὶ βεβαιούμενοι· ταῦτα γὰρ [ἀεὶ]
ἡμεῖς παρέχομεν τῶν γραμμάτων ἐναργέστερα. 293διόπερ ἐγὼ θαρσήσας
ἂν εἴποιμι πλείστων ἅμα καὶ καλλίστων ἡμᾶς εἰσηγητὰς τοῖς ἄλλοις γε-
γονέναι· τί γὰρ εὐσεβείας ἀπαραβάτου κάλλιον; τί δὲ τοῦ πειθαρχεῖν
τοῖς νόμοις δικαιότερον; 294ἢ τί συμφορώτερον τοῦ πρὸς ἀλλήλους ὁμο-
νοεῖν καὶ μήτ' ἐν συμφοραῖς διίστασθαι μήτ' ἐν εὐτυχίαις στασιάζειν
ἐξυβρίζοντας, ἀλλ' ἐν πολέμῳ μὲν θανάτου καταφρονεῖν, ἐν εἰρήνῃ δὲ
τέχναις ἢ γεωργίαις προσανέχειν, πάντα δὲ καὶ πανταχοῦ πεπεῖσθαι
τὸν θεὸν ἐποπτεύοντα διέπειν; 295ταῦτ' εἰ μὲν παρ' ἑτέροις ἢ

ἐγράφη πρότερον ἢ ἐφυλάχθη βεβαιότερον, ἡμεῖς ἂν ἐκείνοις χάριν ὠ-
φείλομεν ὡς μαθηταὶ γεγονότες· εἰ δὲ καὶ χρώμενοι μάλιστα πάντων
βλεπόμεθα καὶ τὴν πρώτην εὕρεσιν αὐτῶν ἡμετέραν οὖσαν ἐπεδείξαμεν,
'Απίωνες μὲν καὶ Μόλωνες καὶ πάντες ὅσοι τῷ ψεύδεσθαι καὶ λοιδορεῖν
χαίρουσιν ἐξεληλέγχθωσαν. 296σοὶ δέ, 'Επαφρόδιτε, μάλιστα τὴν ἀλή-
θειαν ἀγαπῶντι καὶ διὰ σὲ τοῖς ὁμοίως βουλησομένοις περὶ τοῦ γένους
ἡμῶν εἰδέναι τοῦτο καὶ τὸ πρὸ αὐτοῦ γεγράφθω βιβλίον.

IGNATIUS *TO POLYCARP*

As Ignatius, the Bishop of Antioch in Syria, was hastening
to heaven by way of martyrdom in Rome, he met at Smyrna a rather
young bishop named Polycarp. This leader and his church gave Ig-
natius a cordial welcome, and Ignatius evidently thought of them
as he traveled on toward Rome, for he wrote both to the Church and
to the Bishop from Troas. This letter was written about A.D. 117.
Its admonitions were evidently taken to heart by Polycarp, for he
lived on at Smyrna in an increasing saintliness which was crowned
by his martyrdom in about the year 155-156. The language of this,
as of other letters of Ignatius, constantly reminds one of Paul's
letters to his churches.

We reproduce chapters I-VI of the text as edited by K. Lake,
The Apostolic Fathers Vol. I, Ignatius *To Polycarp* (The Loeb Lib-
rary) London: Heinemann, New York: Putnam, 1925.   The Harvard
University Press in now the American publisher for the Loeb Lib-
rary.

Ἰγνάτιος, ὁ καὶ Θεοφόρος, Πολυκάρπῳ ἐπισκόπῳ ἐκκλησίας Σμυρ-
ναίων, μᾶλλον ἐπισκοπημένῳ ὑπὸ θεοῦ πατρὸς καὶ κυρίου Ἰησοῦ Χρισ-
τοῦ, πλεῖστα χαίρειν.

I

¹Ἀποδεχόμενός σου τὴν ἐν θεῷ γνώμην ἡδρασμένην ὡς ἐπὶ πέτραν
ἀκίνητον, ὑπερδοξάζω, καταξιωθεὶς τοῦ προσώπου σου τοῦ ἀμώμου, οὗ
ὀναίμην ἐν θεῷ. ²παρακαλῶ σε ἐν χάριτι ᾗ ἐνδέδυσαι, προσθεῖναι τῷ
δρόμῳ σου καὶ πάντας παρακαλεῖν, ἵνα σώζωνται. ἐκδίκει σου τὸν
τόπον ἐν πάσῃ ἐπιμελείᾳ σαρκικῇ τε καὶ πνευματικῇ· τῆς ἑνώσεως
φρόντιζε, ἧς οὐδὲν ἄμεινον. πάντας βάσταζε, ὡς καὶ σὲ ὁ κύριος·
πάντων ἀνέχου ἐν ἀγάπῃ, ὥσπερ καὶ ποιεῖς. ³προσευχαῖς σχόλαζε ἀ-
διαλείπτοις· αἰτοῦ σύνεσιν πλείονα ἧς ἔχεις· γρηγόρει ἀκοίμητον
πνεῦμα κεκτημένος. τοῖς κατ' ἄνδρα κατὰ ὁμοήθειαν θεοῦ λάλει· πάν-
των τὰς νόσους βάσταζε ὡς τέλειος ἀθλητής. ὅπου πλείων κόπος, πολὺ
κέρδος.

II

¹Καλοὺς μαθητὰς ἐὰν φιλῇς, χάρις σοι οὐκ ἔστιν· μᾶλλον τοὺς
λοιμοτέρους ἐν πραότητι ὑπότασσε. οὐ πᾶν τραῦμα τῇ αὐτῇ ἐμπλάστρῳ
θεραπεύεται. τοὺς παροξυσμοὺς ἐμβροχαῖς παῦε. ²φρόνιμος γίνου ὡς
ὁ ὄφις ἐν ἅπασιν καὶ ἀκέραιος εἰς ἀεὶ ὡς ἡ περιστερά. διὰ τοῦτο
σαρκικὸς εἶ καὶ πνευματικός, ἵνα τὰ φαινόμενά σου εἰς πρόσωπον
κολακεύῃς· τὰ δὲ ἀόρατα αἴτει ἵνα σοι φανερωθῇ, ὅπως μηδενὸς λείπῃ
καὶ παντὸς χαρίσματος περισσεύῃς. ³ὁ καιρὸς ἀπαιτεῖ σε, ὡς κυβερ-
νῆται ἀνέμους καὶ ὡς χειμαζόμενος λιμένα, εἰς τὸ θεοῦ ἐπιτυχεῖν.
νῆφε, ὡς θεοῦ ἀθλητής· τὸ θέμα ἀφθαρσία καὶ ζωὴ αἰώνιος, περὶ ἧς
καὶ σὺ πέπεισαι. κατὰ πάντα σου ἀντίψυχον ἐγὼ καὶ τὰ δεσμά μου, ἃ
ἠγάπησας.

III

¹Οἱ δοκοῦντες ἀξιόπιστοι εἶναι καὶ ἑτεροδιδασκαλοῦντες μή σε καταπλησσέτωσαν. στῆθι ἑδραῖος ὡς ἄκμων τυπτόμενος. μεγάλου ἐστὶν ἀθλητοῦ τὸ δέρεσθαι καὶ νικᾶν. μάλιστα δὲ ἕνεκεν θεοῦ πάντα ὑπομένειν ἡμᾶς δεῖ, ἵνα καὶ αὐτὸς ἡμᾶς ὑπομείνῃ. ²πλέον σπουδαῖος γίνου οὗ εἶ. τοὺς καιροὺς καταμάνθανε. τὸν ὑπὲρ καιρὸν προσδόκα, τὸν ἄχρονον, τὸν ἀόρατον, τὸν δι᾽ ἡμᾶς ὁρατόν, τὸν ἀψηλάφητον, τὸν ἀπαθῆ, τὸν δι᾽ ἡμᾶς παθητόν, τὸν κατὰ πάντα τρόπον δι᾽ ἡμᾶς ὑπομείναντα.

IV

¹Χῆραι μὴ ἀμελείσθωσαν· μετὰ τὸν κύριον σὺ αὐτῶν φροντιστὴς ἔσο. μηδὲν ἄνευ γνώμης σου γινέσθω μηδὲ σὺ ἄνευ θεοῦ τι πρᾶσσε, ὅπερ οὐδὲ πράσσεις· εὐστάθει. ²πυκνότερον συναγωγαὶ γινέσθωσαν· ἐξ ὀνόματος πάντας ζήτει. ³δούλους καὶ δούλας μὴ ὑπερηφάνει· ἀλλὰ μηδὲ αὐτοὶ φυσιούσθωσαν, ἀλλ᾽ εἰς δόξαν θεοῦ πλέον δουλευέτωσαν, ἵνα κρείττονος ἐλευθερίας ἀπὸ θεοῦ τύχωσιν. μὴ ἐράτωσαν ἀπὸ τοῦ κοινοῦ ἐλευθεροῦσθαι, ἵνα μὴ δοῦλοι εὑρεθῶσιν ἐπιθυμίας.

V

¹Τὰς κακοτεχνίας φεῦγε, μᾶλλον δὲ περὶ τούτων ὁμιλίαν ποιοῦ. ταῖς ἀδελφαῖς μου προσλάλει, ἀγαπᾶν τὸν κύριον καὶ τοῖς συμβίοις ἀρκεῖσθαι σαρκὶ καὶ πνεύματι. ὁμοίως καὶ τοῖς ἀδελφοῖς μου παράγγελλε ἐν ὀνόματι Ἰησοῦ Χριστοῦ, ἀγαπᾶν τὰς συμβίους ὡς ὁ κύριος τὴν ἐκκλησίαν. ²εἴ τις δύναται ἐν ἀγνείᾳ μένειν εἰς τιμὴν τῆς σαρκὸς τοῦ κυρίου, ἐν ἀκαυχησίᾳ μενέτω. ἐὰν καυχήσηται, ἀπώλετο, καὶ ἐὰν γνωσθῇ πλέον τοῦ ἐπισκόπου, ἔφθαρται. πρέπει δὲ τοῖς γαμοῦσι καὶ ταῖς γαμουμέναις μετὰ γνώμης τοῦ ἐπισκόπου τὴν ἕνωσιν ποιεῖσθαι, ἵνα ὁ γάμος ᾖ κατὰ κύριον καὶ μὴ κατ᾽ ἐπιθυμίαν. πάντα εἰς τιμὴν θεοῦ γινέσθω.

VI

[1]Τῷ ἐπισκόπῳ προσέχετε, ἵνα καὶ ὁ θεὸς ὑμῖν. ἀντίψυχον ἐγὼ τῶν
ὑποτασσομένων τῷ ἐπισκόπῳ, πρεσβυτέροις, διακόνοις· καὶ μετ' αὐτῶν
μοι τὸ μέρος γένοιτο σχεῖν ἐν θεῷ. συγκοπιᾶτε ἀλλήλοις, συναθλεῖτε,
συντρέχετε, συμπάσχετε, συγκοιμᾶσθε, συνεγείρεσθε ὡς θεοῦ οἰκονό-
μοι καὶ πάρεδροι καὶ ὑπηρέται. [2]ἀρέσκετε ᾧ στρατεύεσθε, ἀφ' οὗ καὶ
τὰ ὀψώνια κομίζεσθε· μή τις ὑμῶν δεσέρτωρ εὑρεθῇ. τὸ βάπτισμα ὑμῶν
μενέτω ὡς ὅπλα, ἡ πίστις ὡς περικεφαλαία, ἡ ἀγάπη ὡς δόρυ, ἡ ὑπο-
μονὴ ὡς πανοπλία. τὰ δεπόσιτα ὑμῶν τὰ ἔργα ὑμῶν, ἵνα τὰ ἄκκεπτα
ὑμῶν ἄξια κομίσησθε. μακροθυμήσατε οὖν μετ' ἀλλήλων ἐν πραότητι,
ὡς ὁ θεὸς μεθ' ὑμῶν. ὀναίμην ὑμῶν διὰ παντός.

THE MARTYRDOM OF POLYCARP

The account of Polycarp's martyrdom (see preface to Ignatius)
has been preserved in the form of a letter from the church at Smyrna
to the churches at Philomelium and elsewhere.

We give the text of Gebhardt, Harnack and Zahn, *Patrum Apostoli-
corum Opera,* 5th minor ed., The Martyrdom of Polycarp VIII-IX,
XIV-XVI Leipzig: J. C. Hinrichs, 1906.

VIII

[1]Ἐπεὶ δέ ποτε κατέπαυσε τὴν προσευχὴν, μνημονεύσας ἁπάντων καὶ
τῶν πώποτε συμβεβληκότων αὐτῷ, μικρῶν τε καὶ μεγάλων, ἐνδόξων τε καὶ
ἀδόξων καὶ πάσης τῆς κατὰ τὴν οἰκουμένην καθολικῆς ἐκκλησίας, τῆς
ὥρας ἐλθούσης τοῦ ἐξιέναι ἐν ὄνῳ καθίσαντες αὐτὸν ἤγαγον εἰς τὴν
πόλιν, ὄντος σαββάτου μεγάλου. [2]καὶ ὑπήντα αὐτῷ ὁ εἰρήναρχος Ἡρώ-
δης καὶ ὁ πατὴρ αὐτοῦ Νικήτης, οἳ καὶ μεταθέντες αὐτὸν ἐπὶ τὴν κα-
ροῦχαν ἔπειθον παρακαθεζόμενοι καὶ λέγοντες· τί γὰρ κακόν ἐστιν εἰ-
πεῖν· κύριος Καῖσαρ, καὶ ἐπιθῦσαι καὶ τὰ τούτοις ἀκόλουθα καὶ δια-

σώζεσθαι; ὁ δὲ τὰ μὲν πρῶτα οὐκ ἀπεκρίνατο αὐτοῖς· ἐπιμενόντων δὲ
αὐτῶν ἔφη· οὐ μέλλω ποιεῖν ὃ συμβουλεύετέ μοι. ³οἱ δὲ ἀποτυχόντες
τοῦ πεῖσαι αὐτὸν, δεινὰ ῥήματα ἔλεγον καὶ μετὰ σπουδῆς καθῇρουν αὐ-
τὸν, ὡς κατιόντα ἀπὸ τῆς καρούχας ἀποσῦραι τὸ ἀντικνήμιον. καὶ μὴ
ἐπιστραφεὶς, ὡς οὐδὲν πεπονθὼς προθύμως μετὰ σπουδῆς ἐπορεύετο, ἀγό-
μενος εἰς τὸ στάδιον, θορύβου τηλικούτου ὄντος ἐν τῷ σταδίῳ, ὡς
μηδὲ ἀκουσθῆναί τινα δύνασθαι.

IX

¹Τῷ δὲ Πολυκάρπῳ εἰσιόντι εἰς τὸ στάδιον φωνὴ ἐξ οὐρανοῦ ἐγέ-
νετο· ἴσχυε Πολύκαρπε καὶ ἀνδρίζου. καὶ τὸν μὲν εἰπόντα οὐδεὶς εἶ-
δεν, τὴν δὲ φωνὴν τῶν ἡμετέρων οἱ παρόντες ἤκουσαν. καὶ λοιπὸν
προσαχθέντος αὐτοῦ, θόρυβος ἦν μέγας ἀκουσάντων, ὅτι Πολύκαρπος
συνείληπται. ²προσαχθέντα οὖν αὐτὸν ἀνηρώτα ὁ ἀνθύπατος, εἰ αὐτὸς
εἴη Πολύκαρπος. τοῦ δὲ ὁμολογοῦντος, ἔπειθεν ἀρνεῖσθαι, λέγων·
αἰδέσθητί σου τὴν ἡλικίαν, καὶ ἕτερα τούτοις ἀκόλουθα, ὡς ἔθος αὐ-
τοῖς λέγειν· ὄμοσον τὴν Καίσαρος τύχην, μετανόησον, εἶπον· αἶρε
τοὺς ἀθέους. ὁ δὲ Πολύκαρπος ἐμβριθεῖ τῷ προσώπῳ εἰς πάντα τὸν
ὄχλον τὸν ἐν τῷ σταδίῳ ἀνόμων ἐθνῶν ἐμβλέψας καὶ ἐπισείσας αὐτοῖς
τὴν χεῖρα, στενάξας τε καὶ ἀναβλέψας εἰς τὸν οὐρανὸν, εἶπεν· αἶρε
τοὺς ἀθέους. ³ἐγκειμένου δὲ τοῦ ἡγουμένου καὶ λέγοντος· ὄμοσον,
καὶ ἀπολύω σε· λοιδόρησον τὸν Χριστόν, ἔφη ὁ Πολύκαρπος· ὀγδοή-
κοντα καὶ ἓξ ἔτη δουλεύω αὐτῷ, καὶ οὐδέν με ἠδίκησεν· καὶ πῶς δύνα-
μαι βλασφημῆσαι τὸν βασιλέα μου, τὸν σώσαντά με;

XIV

¹Οἱ δὲ οὐ καθήλωσαν, προσέδησαν δὲ αὐτόν. ὁ δὲ ὀπίσω τὰς χεῖ-
ρας ποιήσας καὶ προσδεθεὶς, ὥσπερ κριὸς ἐπίσημος ἐκ μεγάλου ποιμνίου
εἰς προσφορὰν, ὁλοκαύτωμα δεκτὸν τῷ θεῷ ἡτοιμασμένον, ἀναβλέψας εἰς
τὸν οὐρανὸν εἶπε· κύριε ὁ θεὸς, ὁ παντοκράτωρ, ὁ τοῦ ἀγαπητοῦ καὶ

εὐλογητοῦ παιδός σου Ἰησοῦ Χριστοῦ πατήρ, δι' οὗ τὴν περὶ σοῦ ἐπί-
γνωσιν εἰλήφαμεν, ὁ θεὸς ἀγγέλων καὶ δυνάμεων καὶ πάσης κτίσεως
παντός τε τοῦ γένους τῶν δικαίων, οἳ ζῶσιν ἐνώπιόν σου· 2εὐλογῶ σε,
ὅτι ἠξίωσάς με τῆς ἡμέρας καὶ ὥρας ταύτης, τοῦ λαβεῖν μέρος ἐν ἀριθ-
μῷ τῶν μαρτύρων ἐν τῷ ποτηρίῳ τοῦ Χριστοῦ σου εἰς ἀνάστασιν ζωῆς
αἰωνίου ψυχῆς τε καὶ σώματος ἐν ἀφθαρσίᾳ πνεύματος ἁγίου· ἐν οἷς
προσδεχθείην ἐνώπιόν σου σήμερον ἐν θυσίᾳ πίονι καὶ προσδεκτῇ, κα-
θὼς προητοίμασας καὶ προεφανέρωσας καὶ ἐπλήρωσας, ὁ ἀψευδὴς καὶ ἀλη-
θινὸς θεός. 3διὰ τοῦτο καὶ περὶ πάντων σε αἰνῶ, σὲ εὐλογῶ, σὲ δο-
ξάζω διὰ τοῦ αἰωνίου καὶ ἐπουρανίου ἀρχιερέως Ἰησοῦ Χριστοῦ, ἀγα-
πητοῦ σου παιδός, δι' οὗ σοι σὺν αὐτῷ καὶ πνεύματι ἁγίῳ δόξα καὶ
νῦν καὶ εἰς τοὺς μέλλοντας αἰῶνας. ἀμήν.

XV

1Ἀναπέμψαντος δὲ αὐτοῦ τὸ ἀμὴν καὶ πληρώσαντος τὴν εὐχήν, οἱ
τοῦ πυρὸς ἄνθρωποι ἐξῆψαν τὸ πῦρ. μεγάλης δὲ ἐκλαμψάσης φλογός,
θαῦμα εἴδομεν, οἷς ἰδεῖν ἐδόθη· οἳ καὶ ἐτηρήθημεν εἰς τὸ ἀναγγεῖλαι
τοῖς λοιποῖς τὰ γενόμενα. 2τὸ γὰρ πῦρ καμάρας εἶδος ποιῆσαν, ὥσπερ
ὀθόνη πλοίου ὑπὸ πνεύματος πληρουμένη κύκλῳ περιετείχισε τὸ σῶμα
τοῦ μάρτυρος· καὶ ἦν μέσον οὐχ ὡς σὰρξ καιομένη, ἀλλ' ὡς ἄρτος ὀπ-
τώμενος, ἢ ὡς χρυσὸς καὶ ἄργυρος ἐν καμίνῳ πυρούμενος. καὶ γὰρ εὐ-
ωδίας τοσαύτης ἀντελαβόμεθα, ὡς λιβανωτοῦ πνέοντος ἢ ἄλλου τινὸς τῶν
τιμίων ἀρωμάτων.

XVI

1Πέρας οὖν ἰδόντες οἱ ἄνομοι μὴ δυνάμενον αὐτοῦ τὸ σῶμα ὑπὸ τοῦ
πυρὸς δαπανηθῆναι, ἐκέλευσαν προσελθόντα αὐτῷ κομφέκτορα παραβῦσαι
ξιφίδιον. καὶ τοῦτο ποιήσαντος, ἐξῆλθε περὶ στύρακα πλῆθος

αἵματος, ὥστε κατασβέσαι τὸ πῦρ καὶ θαυμάσαι πάντα τὸν ὄχλον, εἰ
τοσαύτη τις διαφορὰ μεταξὺ τῶν τε ἀπίστων καὶ τῶν ἐκλεκτῶν. ²ὧν
εἷς καὶ οὗτος γεγόνε: ὁ θαυμασιώτατος μάρτυς Πολύκαρπος, ἐν τοῖς
καθ' ἡμᾶς χρόνοις διδάσκαλος ἀποστολικὸς καὶ προφητικὸς γενόμενος,
ἐπίσκοπος τῆς ἐν Σμύρνῃ καθολικῆς ἐκκλησίας. πᾶν γὰρ ῥῆμα, ὃ ἀφ-
ῆκεν ἐκ τοῦ στόματος αὐτοῦ, ἐτελειώθη καὶ τελειωθήσεται.

THE DIDACHE

The Teaching of the Apostles combines a moral guide and a church
manual of instruction into a document important for our knowledge
of what was apparently the main stream of Christian development in
the second century. Although its "Two Ways" source is earlier, it
may date as now extant from about the middle of the second century.
The Greek is non-literary in quality, limited in vocabulary, and
simple in construction.

We reproduce the text of K. Lake, *The Apostolic Fathers* Vol. I,
The Didache I, IV-XVI (The Loeb Library) London: Heinemann, New York:
Putnam, 1925.

Διδαχὴ κυρίου διὰ τῶν δώδεκα ἀποστόλων τοῖς ἔθνεσιν.

I

¹Ὁδοὶ δύο εἰσί, μία τῆς ζωῆς καὶ μία τοῦ θανάτου, διαφορὰ δὲ
πολλὴ μεταξὺ τῶν δύο ὁδῶν. ²Ἡ μὲν οὖν ὁδὸς τῆς ζωῆς ἐστιν αὕτη·
πρῶτον ἀγαπήσεις τὸν θεὸν τὸν ποιήσαντά σε, δεύτερον τὸν πλησίον
σου ὡς σεαυτόν· πάντα δὲ ὅσα ἐὰν θελήσῃς μὴ γίνεσθαί σοι, καὶ σὺ
ἄλλῳ μὴ ποίει. ³Τούτων δὲ τῶν λόγων ἡ διδαχή ἐστιν αὕτη· εὐλογεῖ-
τε τοὺς καταρωμένους ὑμῖν καὶ προσεύχεσθε ὑπὲρ τῶν ἐχθρῶν ὑμῶν,
νηστεύετε δὲ ὑπὲρ τῶν διωκόντων ὑμᾶς· ποία γὰρ χάρις, ἐὰν ἀγαπᾶτε

τοὺς ἀγαπῶντας ὑμᾶς; οὐχὶ καὶ τὰ ἔθνη τὸ αὐτὸ ποιοῦσιν; ὑμεῖς δὲ
ἀγαπᾶτε τοὺς μισοῦντας ὑμᾶς, καὶ οὐχ ἕξετε ἐχθρόν. [4]ἀπέχου τῶν
σαρκικῶν καὶ σωματικῶν ἐπιθυμιῶν· ἐάν τίς σοι δῷ ῥάπισμα εἰς τὴν
δεξιὰν σιαγόνα, στρέψον αὐτῷ καὶ τὴν ἄλλην, καὶ ἔσῃ τέλειος· ἐὰν
ἀγγαρεύσῃ σέ τις μίλιον ἕν, ὕπαγε μετ' αὐτοῦ δύο· ἐὰν ἄρῃ τις τὸ
ἱμάτιόν σου, δὸς αὐτῷ καὶ τὸν χιτῶνα. ἐὰν λάβῃ τις ἀπὸ σοῦ τὸ σόν,
μὴ ἀπαίτει· οὐδὲ γὰρ δύνασαι. [5]παντὶ τῷ αἰτοῦντί σε δίδου καὶ μὴ
ἀπαίτει· πᾶσι γὰρ θέλει δίδοσθαι ὁ πατὴρ ἐκ τῶν ἰδίων χαρισμάτων.
μακάριος ὁ διδοὺς κατὰ τὴν ἐντολήν· ἀθῷος γάρ ἐστιν. οὐαὶ τῷ λαμ-
βάνοντι· εἰ μὲν γὰρ χρείαν ἔχων λαμβάνει τις, ἀθῷος ἔσται· ὁ δὲ μὴ
χρείαν ἔχων δώσει δίκην, ἱνατί ἔλαβε καὶ εἰς τί· ἐν συνοχῇ δὲ γε-
νόμενος ἐξετασθήσεται περὶ ὧν ἔπραξε, καὶ οὐκ ἐξελεύσεται ἐκεῖθεν,
μέχρις οὗ ἀποδῷ τὸν ἔσχατον κοδράντην. [6]ἀλλὰ καὶ περὶ τούτου δὲ
εἴρηται· Ἱδρωσάτω ἡ ἐλεημοσύνη σου εἰς τὰς χεῖράς σου, μέχρις ἂν
γνῷς, τίνι δῷς.

IV

[1]Τέκνον μου, τοῦ λαλοῦντός σοι τὸν λόγον τοῦ θεοῦ μνησθήσῃ νυκ-
τὸς καὶ ἡμέρας, τιμήσεις δὲ αὐτὸν ὡς κύριον· ὅθεν γὰρ ἡ κυριότης
λαλεῖται, ἐκεῖ κύριός ἐστιν. [2]ἐκζητήσεις δὲ καθ' ἡμέραν τὰ πρόσωπα
τῶν ἁγίων, ἵνα ἐπαναπαῇς τοῖς λόγοις αὐτῶν. [3]οὐ ποθήσεις σχίσμα,
εἰρηνεύσεις δὲ μαχομένους· κρινεῖς δικαίως, οὐ λήψῃ πρόσωπον ἐλέγ-
ξαι ἐπὶ παραπτώμασιν. [4]οὐ διψυχήσεις, πότερον ἔσται ἢ οὔ. [5]Μὴ γί-
νου πρὸς μὲν τὸ λαβεῖν ἐκτείνων τὰς χεῖρας, πρὸς δὲ τὸ δοῦναι συ-
σπῶν. [6]ἐὰν ἔχῃς διὰ τῶν χειρῶν σου, δώσεις λύτρωσιν ἁμαρτιῶν σου.
[7]οὐ διστάσεις δοῦναι οὐδὲ διδοὺς γογγύσεις· γνώσῃ γάρ, τίς ἐστιν
ὁ τοῦ μισθοῦ καλὸς ἀνταποδότης. [8]οὐκ ἀποστραφήσῃ τὸν ἐνδεόμενον,
συγκοινωνήσεις δὲ πάντα τῷ ἀδελφῷ σου καὶ οὐκ ἐρεῖς ἴδια εἶναι· εἰ
γὰρ ἐν τῷ ἀθανάτῳ κοινωνοί ἐστε, πόσῳ μᾶλλον ἐν τοῖς θνητοῖς; [9]
Οὐκ ἀρεῖς τὴν χεῖρά σου ἀπὸ τοῦ υἱοῦ σου ἢ ἀπὸ τῆς θυγατρός σου,

ἀλλὰ ἀπὸ νεότητος διδάξεις τὸν φόβον τοῦ θεοῦ. ¹⁰οὐκ ἐπιτάξεις
δούλῳ σου ἢ παιδίσκῃ, τοῖς ἐπὶ τὸν αὐτὸν θεὸν ἐλπίζουσιν, ἐν πι-
κρίᾳ σου, μήποτε οὐ μὴ φοβηθήσονται τὸν ἐπ' ἀμφοτέροις θεόν· οὐ γὰρ
ἔρχεται κατὰ πρόσωπον καλέσαι, ἀλλ' ἐφ' οὓς τὸ πνεῦμα ἡτοίμασεν.
¹¹ὑμεῖς δὲ οἱ δοῦλοι ὑποταγήσεσθε τοῖς κυρίοις ὑμῶν ὡς τύπῳ θεοῦ
ἐν αἰσχύνῃ καὶ φόβῳ. ¹²Μισήσεις πᾶσαν ὑπόκρισιν καὶ πᾶν ὃ μὴ ἀ-
ρεστὸν τῷ κυρίῳ. ¹³οὐ μὴ ἐγκαταλίπῃς ἐντολὰς κυρίου, φυλάξεις δὲ
ἃ παρέλαβες, μήτε προστιθεὶς μήτε ἀφαιρῶν. ¹⁴ἐν ἐκκλησίᾳ ἐξομολο-
γήσῃ τὰ παραπτώματά σου, καὶ οὐ προσελεύσῃ ἐπὶ προσευχήν σου ἐν
συνειδήσει πονηρᾷ· αὕτη ἐστὶν ἡ ὁδὸς τῆς ζωῆς.

V

¹Ἡ δὲ τοῦ θανάτου ὁδός ἐστιν αὕτη· πρῶτον πάντων πονηρά ἐστι
καὶ κατάρας μεστή· φόνοι, μοιχεῖαι, ἐπιθυμίαι, πορνεῖαι, κλοπαί,
εἰδωλολατρίαι, μαγεῖαι, φαρμακίαι, ἁρπαγαί, ψευδομαρτυρίαι, ὑπο-
κρίσεις, διπλοκαρδία, δόλος, ὑπερηφανία, κακία, αὐθάδεια, πλεονε-
ξία, αἰσχρολογία, ζηλοτυπία, θρασύτης, ὕψος, ἀλαζονεία. ²διῶκται
ἀγαθῶν, μισοῦντες ἀλήθειαν, ἀγαπῶντες ψεῦδος, οὐ γινώσκοντες μισθὸν
δικαιοσύνης, οὐ κολλώμενοι ἀγαθῷ οὐδὲ κρίσει δικαίᾳ, ἀγρυπνοῦντες
οὐκ εἰς τὸ ἀγαθόν, ἀλλ' εἰς τὸ πονηρόν· ὧν μακρὰν πραΰτης καὶ ὑπο-
μονή, μάταια ἀγαπῶντες, διώκοντες ἀνταπόδομα, οὐκ ἐλεοῦντες πτω-
χόν, οὐ πονοῦντες ἐπὶ καταπονουμένῳ, οὐ γινώσκοντες τὸν ποιήσαντα
αὐτούς, φονεῖς τέκνων, φθορεῖς πλάσματος θεοῦ, ἀποστρεφόμενοι τὸν
ἐνδεόμενον, καταπονοῦντες τὸν θλιβόμενον, πλουσίων παράκλητοι, πε-
νήτων ἄνομοι κριταί, πανθαμάρτητοι· ῥυσθείητε, τέκνα, ἀπὸ τούτων
ἁπάντων.

VI

¹Ὅρα, μή τίς σε πλανήσῃ ἀπὸ ταύτης τῆς ὁδοῦ τῆς διδαχῆς, ἐπεὶ
παρεκτὸς θεοῦ σε διδάσκει. ²εἰ μὲν γὰρ δύνασαι βαστάσαι ὅλον τὸν

ζυγὸν τοῦ κυρίου, τέλειος ἔσῃ· εἰ δ' οὐ δύνασαι, ὃ δύνῃ, τοῦτο
ποίει. ³περὶ δὲ τῆς βρώσεως, ὃ δύνασαι βάστασον· ἀπὸ δὲ τοῦ εἰδω-
λοθύτου λίαν πρόσεχε· λατρεία γάρ ἐστι θεῶν νεκρῶν.

VII

¹Περὶ δὲ τοῦ βαπτίσματος, οὕτω βαπτίσατε· ταῦτα πάντα προειπόν-
τες, βαπτίσατε εἰς τὸ ὄνομα τοῦ πατρὸς καὶ τοῦ υἱοῦ καὶ τοῦ ἁγίου
πνεύματος ἐν ὕδατι ζῶντι. ²ἐὰν δὲ μὴ ἔχῃς ὕδωρ ζῶν, εἰς ἄλλο ὕδωρ
βάπτισον· εἰ δ' οὐ δύνασαι ἐν ψυχρῷ, ἐν θερμῷ. ³ἐὰν δὲ ἀμφότερα μὴ
ἔχῃς, ἔκχεον εἰς τὴν κεφαλὴν τρὶς ὕδωρ εἰς ὄνομα πατρὸς καὶ υἱοῦ
καὶ ἁγίου πνεύματος. ⁴πρὸ δὲ τοῦ βαπτίσματος προνηστευσάτω ὁ βαπ-
τίζων καὶ ὁ βαπτιζόμενος καὶ εἴ τινες ἄλλοι δύνανται· κελεύεις δὲ
νηστεῦσαι τὸν βαπτιζόμενον πρὸ μιᾶς ἢ δύο.

VIII

¹Αἱ δὲ νηστεῖαι ὑμῶν μὴ ἔστωσαν μετὰ τῶν ὑποκριτῶν. νηστεύουσι
γὰρ δευτέρᾳ σαββάτων καὶ πέμπτῃ· ὑμεῖς δὲ νηστεύσατε τετράδα καὶ
παρασκευήν. ²μηδὲ προσεύχεσθε ὡς οἱ ὑποκριταί, ἀλλ' ὡς ἐκέλευσεν
ὁ κύριος ἐν τῷ εὐαγγελίῳ αὐτοῦ, οὕτω προσεύχεσθε· Πάτερ ἡμῶν ὁ ἐν
τῷ οὐρανῷ, ἁγιασθήτω τὸ ὄνομά σου, ἐλθέτω ἡ βασιλεία σου, γενηθή-
τω τὸ θέλημά σου ὡς ἐν οὐρανῷ καὶ ἐπὶ γῆς· τὸν ἄρτον ἡμῶν τὸν ἐπι-
ούσιον δὸς ἡμῖν σήμερον, καὶ ἄφες ἡμῖν τὴν ὀφειλὴν ἡμῶν, ὡς καὶ
ἡμεῖς ἀφίεμεν τοῖς ὀφειλέταις ἡμῶν, καὶ μὴ εἰσενέγκῃς ἡμᾶς εἰς
πειρασμόν, ἀλλὰ ῥῦσαι ἡμᾶς ἀπὸ τοῦ πονηροῦ· ὅτι σοῦ ἐστιν ἡ δύνα-
μις καὶ ἡ δόξα εἰς τοὺς αἰῶνας. ³τρὶς τῆς ἡμέρας οὕτω προσεύχεσθε.

IX

¹Περὶ δὲ τῆς εὐχαριστίας, οὕτως εὐχαριστήσατε· ²πρῶτον περὶ τοῦ
ποτηρίου. Εὐχαριστοῦμέν σοι, πάτερ ἡμῶν, ὑπὲρ τῆς ἁγίας ἀμπέλου
Δαυεὶδ τοῦ παιδός σου, ἧς ἐγνώρισας ἡμῖν διὰ Ἰησοῦ τοῦ παιδός
σου· σοὶ ἡ δόξα εἰς τοὺς αἰῶνας. ³περὶ δὲ τοῦ κλάσματος· Εὐχαρισ-

τοῦμέν σοι, πάτερ ἡμῶν, ὑπὲρ τῆς ζωῆς καὶ γνώσεως, ἧς ἐγνώρισας
ἡμῖν διὰ Ἰησοῦ τοῦ παιδός σου· σοὶ ἡ δόξα εἰς τοὺς αἰῶνας. ⁴ὥσπερ
ἦν τοῦτο τὸ κλάσμα διεσκορπισμένον ἐπάνω τῶν ὀρέων καὶ συναχθὲν
ἐγένετο ἕν, οὕτω συναχθήτω σου ἡ ἐκκλησία ἀπὸ τῶν περάτων τῆς γῆς
εἰς τὴν σὴν βασιλείαν. ὅτι σοῦ ἐστιν ἡ δόξα καὶ ἡ δύναμις διὰ Ἰη-
σοῦ Χριστοῦ εἰς τοὺς αἰῶνας. ⁵μηδεὶς δὲ φαγέτω μηδὲ πιέτω ἀπὸ τῆς
εὐχαριστίας ὑμῶν, ἀλλ' οἱ βαπτισθέντες εἰς ὄνομα κυρίου· καὶ γὰρ
περὶ τούτου εἴρηκεν ὁ κύριος· Μὴ δῶτε τὸ ἅγιον τοῖς κυσί.

X

¹Μετὰ δὲ τὸ ἐμπλησθῆναι οὕτως εὐχαριστήσατε· ²Εὐχαριστοῦμέν σοι,
πάτερ ἅγιε, ὑπὲρ τοῦ ἁγίου ὀνόματός σου, οὗ κατεσκήνωσας ἐν ταῖς
καρδίαις ἡμῶν, καὶ ὑπὲρ τῆς γνώσεως καὶ πίστεως καὶ ἀθανασίας, ἧς
ἐγνώρισας ἡμῖν διὰ Ἰησοῦ τοῦ παιδός σου· σοὶ ἡ δόξα εἰς τοὺς αἰ-
ῶνας. ³σύ, δέσποτα παντοκράτορ, ἔκτισας τὰ πάντα ἕνεκεν τοῦ ὀνόμα-
τός σου, τροφήν τε καὶ ποτὸν ἔδωκας τοῖς ἀνθρώποις εἰς ἀπόλαυσιν,
ἵνα σοι εὐχαριστήσωσιν, ἡμῖν δὲ ἐχαρίσω πνευματικὴν τροφὴν καὶ πο-
τὸν καὶ ζωὴν αἰώνιον διὰ τοῦ παιδός σου. ⁴πρὸ πάντων εὐχαριστοῦ-
μέν σοι, ὅτι δυνατὸς εἶ· σοὶ ἡ δόξα εἰς τοὺς αἰῶνας. ⁵μνήσθητι,
κύριε, τῆς ἐκκλησίας σου, τοῦ ῥύσασθαι αὐτὴν ἀπὸ παντὸς πονηροῦ
καὶ τελειῶσαι αὐτὴν ἐν τῇ ἀγάπῃ σου, καὶ σύναξον αὐτὴν ἀπὸ τῶν
τεσσάρων ἀνέμων, τὴν ἁγιασθεῖσαν, εἰς τὴν σὴν βασιλείαν, ἣν ἡτοί-
μασας αὐτῇ· ὅτι σοῦ ἐστιν ἡ δύναμις καὶ ἡ δόξα εἰς τοὺς αἰῶνας.
⁶ἐλθέτω χάρις καὶ παρελθέτω ὁ κόσμος οὗτος. Ὡσαννὰ τῷ θεῷ Δαυείδ.
εἴ τις ἅγιός ἐστιν, ἐρχέσθω· εἴ τις οὐκ ἔστι, μετανοείτω· μαρὰν
ἀθά· ἀμήν. ⁷τοῖς δὲ προφήταις ἐπιτρέπετε εὐχαριστεῖν ὅσα θέλουσιν.

XI

¹Ὃς ἂν οὖν ἐλθὼν διδάξῃ ὑμᾶς ταῦτα πάντα τὰ προειρημένα, δέξ-
ασθε αὐτόν· ²ἐὰν δὲ αὐτὸς ὁ διδάσκων στραφεὶς διδάσκῃ ἄλλην διδα-
χὴν εἰς τὸ καταλῦσαι, μὴ αὐτοῦ ἀκούσητε· εἰς δὲ τὸ προσθεῖναι δι-

καιοσύνην καὶ γνῶσιν κυρίου, δέξασθε αὐτὸν ὡς κύριον. ³Περὶ δὲ τῶν ἀποστόλων καὶ προφητῶν, κατὰ τὸ δόγμα τοῦ εὐαγγελίου οὕτω ποιήσατε. ⁴πᾶς δὲ ἀπόστολος ἐρχόμενος πρὸς ὑμᾶς δεχθήτω ὡς κύριος· ⁵οὐ μενεῖ δὲ εἰ μὴ ἡμέραν μίαν· ἐὰν δὲ ᾖ χρεία, καὶ τὴν ἄλλην· τρεῖς δὲ ἐὰν μείνῃ, ψευδοπροφήτης ἐστίν. ⁶ἐξερχόμενος δὲ ὁ ἀπόστολος μηδὲν λαμβανέτω εἰ μὴ ἄρτον, ἕως οὗ αὐλισθῇ· ἐὰν δὲ ἀργύριον αἰτῇ, ψευδοπροφήτης ἐστί. ⁷Καὶ πάντα προφήτην λαλοῦντα ἐν πνεύματι οὐ πειράσετε οὐδὲ διακρινεῖτε· πᾶσα γὰρ ἁμαρτία ἀφεθήσεται, αὕτη δὲ ἡ ἁμαρτία οὐκ ἀφεθήσεται. ⁸οὐ πᾶς δὲ ὁ λαλῶν ἐν πνεύματι προφήτης ἐστίν, ἀλλ᾽ ἐὰν ἔχῃ τοὺς τρόπους κυρίου. ἀπὸ οὖν τῶν τρόπων γνωσθήσεται ὁ ψευδοπροφήτης καὶ ὁ προφήτης. ⁹καὶ πᾶς προφήτης ὁρίζων τράπεζαν ἐν πνεύματι οὐ φάγεται ἀπ᾽ αὐτῆς, εἰ δὲ μήγε ψευδοπροφήτης ἐστί. ¹⁰πᾶς δὲ προφήτης διδάσκων τὴν ἀλήθειαν, εἰ ἃ διδάσκει οὐ ποιεῖ, ψευδοπροφήτης ἐστί. ¹¹πᾶς δὲ προφήτης δεδοκιμασμένος, ἀληθινός, ποιῶν εἰς μυστήριον κοσμικὸν ἐκκλησίας, μὴ διδάσκων δὲ ποιεῖν, ὅσα αὐτὸς ποιεῖ, οὐ κριθήσεται ἐφ᾽ ὑμῶν· μετὰ θεοῦ γὰρ ἔχει τὴν κρίσιν· ὡσαύτως γὰρ ἐποίησαν καὶ οἱ ἀρχαῖοι προφῆται. ¹²ὃς δ᾽ ἂν εἴπῃ ἐν πνεύματι· δός μοι ἀργύρια ἢ ἕτερά τινα, οὐκ ἀκούσεσθε αὐτοῦ· ἐὰν δὲ περὶ ἄλλων ὑστερούντων εἴπῃ δοῦναι, μηδεὶς αὐτὸν κρινέτω.

XII

¹Πᾶς δὲ ὁ ἐρχόμενος ἐν ὀνόματι κυρίου δεχθήτω· ἔπειτα δὲ δοκιμάσαντες αὐτὸν γνώσεσθε, σύνεσιν γὰρ ἕξετε δεξιὰν καὶ ἀριστεράν. ²εἰ μὲν παρόδιός ἐστιν ὁ ἐρχόμενος, βοηθεῖτε αὐτῷ, ὅσον δύνασθε· οὐ μενεῖ δὲ πρὸς ὑμᾶς εἰ μὴ δύο ἢ τρεῖς ἡμέρας, ἐὰν ᾖ ἀνάγκη. ³ εἰ δὲ θέλει πρὸς ὑμᾶς καθῆσθαι, τεχνίτης ὤν, ἐργαζέσθω καὶ φαγέτω. ⁴εἰ δὲ οὐκ ἔχει τέχνην, κατὰ τὴν σύνεσιν ὑμῶν προνοήσατε, πῶς μὴ ἀργὸς μεθ᾽ ὑμῶν ζήσεται Χριστιανός. ⁵εἰ δ᾽ οὐ θέλει οὕτω ποιεῖν, χριστέμπορός ἐστι· προσέχετε ἀπὸ τῶν τοιούτων.

XIII

¹Πᾶς δὲ προφήτης ἀληθινὸς θέλων καθῆσθαι πρὸς ὑμᾶς ἄξιός ἐστι τῆς τροφῆς αὐτοῦ. ²ὡσαύτως διδάσκαλος ἀληθινός ἐστιν ἄξιος καὶ αὐτὸς ὥσπερ ὁ ἐργάτης τῆς τροφῆς αὐτοῦ. ³πᾶσαν οὖν ἀπαρχὴν γεννημάτων ληνοῦ καὶ ἅλωνος, βοῶν τε καὶ προβάτων λαβὼν δώσεις τὴν ἀπαρχὴν τοῖς προφήταις· αὐτοὶ γάρ εἰσιν οἱ ἀρχιερεῖς ὑμῶν. ⁴ἐὰν δὲ μὴ ἔχητε προφήτην, δότε τοῖς πτωχοῖς. ⁵ἐὰν σιτίαν ποιῇς, τὴν ἀπαρχὴν λαβὼν δὸς κατὰ τὴν ἐντολήν. ⁶ὡσαύτως κεράμιον οἴνου ἢ ἐλαίου ἀνοίξας, τὴν ἀπαρχὴν λαβὼν δὸς τοῖς προφήταις· ⁷ἀργυρίου δὲ καὶ ἱματισμοῦ καὶ παντὸς κτήματος λαβὼν τὴν ἀπαρχήν, ὡς ἄν σοι δόξῃ, δὸς κατὰ τὴν ἐντολήν.

XIV

¹Κατὰ κυριακὴν δὲ κυρίου συναχθέντες κλάσατε ἄρτον καὶ εὐχαριστήσατε, προεξομολογησάμενοι τὰ παραπτώματα ὑμῶν, ὅπως καθαρὰ ἡ θυσία ὑμῶν ᾖ. ²πᾶς δὲ ἔχων τὴν ἀμφιβολίαν μετὰ τοῦ ἑταίρου αὐτοῦ μὴ συνελθέτω ὑμῖν, ἕως οὗ διαλλαγῶσιν, ἵνα μὴ κοινωθῇ ἡ θυσία ὑμῶν. ³αὕτη γάρ ἐστιν ἡ ῥηθεῖσα ὑπὸ κυρίου· Ἐν παντὶ τόπῳ καὶ χρόνῳ προσφέρειν μοι θυσίαν καθαράν. ὅτι βασιλεὺς μέγας εἰμί, λέγει κύριος, καὶ τὸ ὄνομά μου θαυμαστὸν ἐν τοῖς ἔθνεσι.

XV

¹Χειροτονήσατε οὖν ἑαυτοῖς ἐπισκόπους καὶ διακόνους ἀξίους τοῦ κυρίου, ἄνδρας πραεῖς καὶ ἀφιλαργύρους καὶ ἀληθεῖς καὶ δεδοκιμασμένους· ὑμῖν γὰρ λειτουργοῦσι καὶ αὐτοὶ τὴν λειτουργίαν τῶν προφητῶν καὶ διδασκάλων. ²μὴ οὖν ὑπερίδητε αὐτούς· αὐτοὶ γάρ εἰσιν οἱ τετιμημένοι ὑμῶν μετὰ τῶν προφητῶν καὶ διδασκάλων. ³Ἐλέγχετε δὲ ἀλλήλους μὴ ἐν ὀργῇ, ἀλλ' ἐν εἰρήνῃ ὡς ἔχετε ἐν τῷ εὐαγγελίῳ· καὶ παντὶ ἀστοχοῦντι κατὰ τοῦ ἑτέρου μηδεὶς λαλείτω μηδὲ παρ' ὑμῶν ἀκουέτω, ἕως οὗ μετανοήσῃ. ⁴τὰς δὲ εὐχὰς ὑμῶν καὶ τὰς ἐλεημοσύνας

καὶ πάσας τὰς πράξεις οὕτω ποιήσατε, ὡς ἔχετε ἐν τῷ εὐαγγελίῳ τοῦ
κυρίου ἡμῶν.

XVI

[1]Γρηγορεῖτε ὑπὲρ τῆς ζωῆς ὑμῶν· οἱ λύχνοι ὑμῶν μὴ σβεσθήτωσαν,
καὶ αἱ ὀσφύες ὑμῶν μὴ ἐκλυέσθωσαν, ἀλλὰ γίνεσθε ἕτοιμοι· οὐ γὰρ
οἴδατε τὴν ὥραν, ἐν ᾗ ὁ κύριος ἡμῶν ἔρχεται. [2]πυκνῶς δὲ συναχθή-
σεσθε ζητοῦντες τὰ ἀνήκοντα ταῖς ψυχαῖς ὑμῶν· οὐ γὰρ ὠφελήσει ὑμᾶς
ὁ πᾶς χρόνος τῆς πίστεως ὑμῶν, ἐὰν μὴ ἐν τῷ ἐσχάτῳ καιρῷ τελειωθῆ-
τε. [3]ἐν γὰρ ταῖς ἐσχάταις ἡμέραις πληθυνθήσονται οἱ ψευδοπροφῆται
καὶ οἱ φθορεῖς, καὶ στραφήσονται τὰ πρόβατα εἰς λύκους, καὶ ἡ ἀγά-
πη στραφήσεται εἰς μῖσος. [4]αὐξανούσης γὰρ τῆς ἀνομίας μισήσουσιν
ἀλλήλους καὶ διώξουσι καὶ παραδώσουσι, καὶ τότε φανήσεται ὁ κοσμο-
πλανὴς ὡς υἱὸς θεοῦ, καὶ ποιήσει σημεῖα καὶ τέρατα, καὶ ἡ γῆ παρα-
δοθήσεται εἰς χεῖρας αὐτοῦ, καὶ ποιήσει ἀθέμιτα, ἃ οὐδέποτε γέγο-
νεν ἐξ αἰῶνος. [5]τότε ἥξει ἡ κτίσις τῶν ἀνθρώπων εἰς τὴν πύρωσιν
τῆς δοκιμασίας, καὶ σκανδαλισθήσονται πολλοὶ καὶ ἀπολοῦνται, οἱ δὲ
ὑπομείναντες ἐν τῇ πίστει αὐτῶν σωθήσονται ὑπ᾽ αὐτοῦ τοῦ καταθέμα-
τος. [6]καὶ τότε φανήσεται τὰ σημεῖα τῆς ἀληθείας· πρῶτον σημεῖον
ἐκπετάσεως ἐν οὐρανῷ, εἶτα σημεῖον φωνῆς σάλπιγγος, καὶ τὸ τρίτον
ἀνάστασις νεκρῶν. [7]οὐ πάντων δέ, ἀλλ᾽ ὡς ἐρρέθη· Ἥξει ὁ κύριος
καὶ πάντες οἱ ἅγιοι μετ᾽ αὐτοῦ. [8]τότε ὄψεται ὁ κόσμος τὸν κύριον
ἐρχόμενον ἐπάνω τῶν νεφελῶν τοῦ οὐρανοῦ.

I CLEMENT

Probably in the last decade of the first century A.D., the
Christian community at Rome wrote to the Christian community at
Corinth a letter of exhortation. This letter has come to be known
as the First Epistle of Clement, although the so-called II Clem-
ent is not by the same hand and this epistle, itself, makes no

claim to be the work of Clement. It is, however, an extremely important document for the study of the history of early Christianity and the condition of Christianity at Rome at the turn of the first century. In its language, it is quite similar to the books of the New Testament.

We reproduce the text of K. Lake, *The Apostolic Fathers* Vol. I, I Clement XXIII-XXVI, LIX-LXI (The Loeb Library) London: Heinemann, New York: Putnam, 1925.

XXIII

1 Ὁ οἰκτίρμων κατὰ πάντα καὶ εὐεργετικὸς πατὴρ ἔχει σπλάγχνα ἐπὶ τοὺς φοβουμένους αὐτόν, ἠπίως τε καὶ προσηνῶς τὰς χάριτας αὐτοῦ ἀποδιδοῖ τοῖς προσερχομένοις αὐτῷ ἁπλῇ διανοίᾳ. 2 διὸ μὴ διψυχῶμεν, μηδὲ ἰνδαλλέσθω ἡ ψυχὴ ἡμῶν ἐπὶ ταῖς ὑπερβαλλούσαις καὶ ἐνδόξοις δωρεαῖς αὐτοῦ. 3 πόρρω γενέσθω ἀφ' ἡμῶν ἡ γραφὴ αὕτη, ὅπου λέγει· Ταλαίπωροί εἰσιν οἱ δίψυχοι, οἱ διστάζοντες τῇ ψυχῇ, οἱ λέγοντες· Ταῦτα ἠκούσαμεν καὶ ἐπὶ τῶν πατέρων ἡμῶν, καὶ ἰδού, γεγηράκαμεν, καὶ οὐδὲν ἡμῖν τούτων συνβέβηκεν. 4 ὦ ἀνόητοι, συμβάλετε ἑαυτοὺς ξύλῳ· λάβετε ἄμπελον· πρῶτον μὲν φυλλοροεῖ, εἶτα βλαστὸς γίνεται, εἶτα φύλλον, εἶτα ἄνθος, καὶ μετὰ ταῦτα ὄμφαξ, εἶτα σταφυλὴ παρεστηκυῖα. ὁρᾶτε, ὅτι ἐν καιρῷ ὀλίγῳ εἰς πέπειρον καταντᾷ ὁ καρπὸς τοῦ ξύλου. 5 ἐπ' ἀληθείας ταχὺ καὶ ἐξαίφνης τελειωθήσεται τὸ βούλημα αὐτοῦ, συνεπιμαρτυρούσης καὶ τῆς γραφῆς, ὅτι ταχὺ ἥξει καὶ οὐ χρονιεῖ, καὶ ἐξαίφνης ἥξει ὁ κύριος εἰς τὸν ναὸν αὐτοῦ, καὶ ὁ ἅγιος, ὃν ὑμεῖς προσδοκᾶτε.

XXIV

1 Κατανοήσωμεν, ἀγαπητοί, πῶς ὁ δεσπότης ἐπιδείκνυται διηνεκῶς ἡμῖν τὴν μέλλουσαν ἀνάστασιν ἔσεσθαι, ἧς τὴν ἀπαρχὴν ἐποιήσατο τὸν κύριον Ἰησοῦν Χριστὸν ἐκ νεκρῶν ἀναστήσας. 2 ἴδωμεν, ἀγαπητοί, τὴν κατὰ καιρὸν γινομένην ἀνάστασιν. 3 ἡμέρα καὶ νὺξ ἀνάστασιν ἡμῖν δη-

λοῦσιν· κοιμᾶται ἡ νύξ, ἀνίσταται ἡ ἡμέρα· ἡ ἡμέρα ἄπεισιν, νὺξ
ἐπέρχεται. ⁴λάβωμεν τοὺς καρπούς· ὁ σπόρος πῶς καὶ τίνα τρόπον
γίνεται; ⁵ἐξῆλθεν ὁ σπείρων καὶ ἔβαλεν εἰς τὴν γῆν ἕκαστον τῶν
σπερμάτων, ἅτινα πεσόντα εἰς τὴν γῆν ξηρὰ καὶ γυμνὰ διαλύεται· εἶτ'
ἐκ τῆς διαλύσεως ἡ μεγαλειότης τῆς προνοίας τοῦ δεσπότου ἀνίστη-
σιν αὐτά, καὶ ἐκ τοῦ ἑνὸς πλείονα αὔξει καὶ ἐκφέρει καρπόν.

XXV

¹"Ιδωμεν τὸ παράδοξον σημεῖον τὸ γινόμενον ἐν τοῖς ἀνατολικοῖς
τόποις, τουτέστιν τοῖς περὶ τὴν 'Αραβίαν. ²ὄρνεον γάρ ἐστιν, ὃ
προσονομάζεται φοῖνιξ· τοῦτο μονογενὲς ὑπάρχον ζῇ ἔτη πεντακόσια,
γενόμενόν τε ἤδη πρὸς ἀπόλυσιν τοῦ ἀποθανεῖν αὐτό, σηκὸν ἑαυτῷ
ποιεῖ ἐκ λιβάνου καὶ σμύρνης καὶ τῶν λοιπῶν ἀρωμάτων, εἰς ὃν πλη-
ρωθέντος τοῦ χρόνου εἰσέρχεται καὶ τελευτᾷ. ³σηπομένης δὲ τῆς σαρ-
κὸς σκώληξ τις γεννᾶται, ὃς ἐκ τῆς ἰκμάδος τοῦ τετελευτηκότος ζῴου
ἀνατρεφόμενος πτεροφυεῖ· εἶτα γενναῖος γενόμενος αἴρει τὸν σηκὸν
ἐκεῖνον, ὅπου τὰ ὀστᾶ τοῦ προγεγονότος ἐστίν, καὶ ταῦτα βαστάζων
διανύει ἀπὸ τῆς 'Αραβικῆς χώρας ἕως τῆς Αἰγύπτου εἰς τὴν λεγομένην
'Ηλιούπολιν, ⁴καὶ ἡμέρας, βλεπόντων πάντων, ἐπιπτὰς ἐπὶ τὸν τοῦ
ἡλίου βωμὸν τίθησιν αὐτὰ καὶ οὕτως εἰς τοὐπίσω ἀφορμᾷ. ⁵οἱ οὖν
ἱερεῖς ἐπισκέπτονται τὰς ἀναγραφὰς τῶν χρόνων καὶ εὑρίσκουσιν αὐ-
τὸν πεντακοσιοστοῦ ἔτους πεπληρωμένου ἐληλυθέναι.

XXVI

¹Μέγα καὶ θαυμαστὸν οὖν νομίζομεν εἶναι, εἰ ὁ δημιουργὸς τῶν
ἁπάντων ἀνάστασιν ποιήσεται τῶν ὁσίως αὐτῷ δουλευσάντων ἐν πεποι-
θήσει πίστεως ἀγαθῆς, ὅπου καὶ δι' ὀρνέου δείκνυσιν ἡμῖν τὸ μεγα-
λεῖον τῆς ἐπαγγελίας αὐτοῦ; ²λέγει γάρ που· Καὶ ἐξαναστήσεις με,
καὶ ἐξομολογήσομαί σοι, καί· 'Εκοιμήθην καὶ ὕπνωσα, ἐξηγέρθην, ὅτι
σὺ μετ' ἐμοῦ εἶ. ³καὶ πάλιν 'Ιὼβ λέγει· Καὶ ἀναστήσεις τὴν σάρκα
μου ταύτην τὴν ἀναντλήσασαν ταῦτα πάντα.

LIX

¹Ἐὰν δέ τινες ἀπειθήσωσιν τοῖς ὑπ' αὐτοῦ δι' ἡμῶν εἰρημένοις, γινωσκέτωσαν ὅτι παραπτώσει καὶ κινδύνῳ οὐ μικρῷ ἑαυτοὺς ἐνδήσουσιν. ²ἡμεῖς δὲ ἀθῷοι ἐσόμεθα ἀπὸ ταύτης τῆς ἁμαρτίας καὶ αἰτησόμεθα ἐκτενῆ τὴν δέησιν καὶ ἱκεσίαν ποιούμενοι, ὅπως τὸν ἀριθμὸν τὸν κατηριθμημένον τῶν ἐκλεκτῶν αὐτοῦ ἐν ὅλῳ τῷ κόσμῳ διαφυλάξῃ ἄθραυστον ὁ δημιουργὸς τῶν ἁπάντων διὰ τοῦ ἠγαπημένου παιδὸς αὐτοῦ Ἰησοῦ Χριστοῦ, δι' οὗ ἐκάλεσεν ἡμᾶς ἀπὸ σκότους εἰς φῶς, ἀπὸ ἀγνωσίας εἰς ἐπίγνωσιν δόξης ὀνόματος αὐτοῦ, ³. . . ἐλπίζειν ἐπὶ τὸ ἀρχεγόνον πάσης κτίσεως ὄνομά σου, ἀνοίξας τοὺς ὀφθαλμοὺς τῆς καρδίας ἡμῶν εἰς τὸ γινώσκειν σε τὸν μόνον ὕψιστον ἐν ὑψίστοις, ἅγιον ἐν ἁγίοις ἀναπαυόμενον. τὸν ταπεινοῦντα ὕβριν ὑπερηφάνων, τὸν διαλύοντα λογισμοὺς ἐθνῶν, τὸν ποιοῦντα ταπεινοὺς εἰς ὕψος καὶ τοὺς ὑψηλοὺς ταπεινοῦντα, τὸν πλουτίζοντα καὶ πτωχίζοντα, τὸν ἀποκτείνοντα καὶ ζῆν ποιοῦντα, μόνον εὑρετὴν πνευμάτων καὶ θεὸν πάσης σαρκός· τὸν ἐπιβλέποντα ἐν τοῖς ἀβύσσοις, τὸν ἐπόπτην ἀνθρωπίνων ἔργων, τὸν τῶν κινδυνευόντων βοηθόν, τὸν τῶν ἀπηλπισμένων σωτῆρα, τὸν παντὸς πνεύματος κτίστην καὶ ἐπίσκοπον· τὸν πληθύνοντα ἔθνη ἐπὶ γῆς καὶ ἐκ πάντων ἐκλεξάμενον τοὺς ἀγαπῶντάς σε διὰ Ἰησοῦ Χριστοῦ τοῦ ἠγαπημένου παιδός σου, δι' οὗ ἡμᾶς ἐπαίδευσας, ἡγίασας, ἐτίμησας· ⁴ἀξιοῦμέν σε, δέσποτα, βοηθὸν γενέσθαι καὶ ἀντιλήπτορα ἡμῶν. τοὺς ἐν θλίψει ἡμῶν σῶσον, τοὺς ταπεινοὺς ἐλέησον, τοὺς πεπτωκότας ἔγειρον, τοῖς δεομένοις ἐπιφάνηθι, τοὺς ἀσθενεῖς ἴασαι, τοὺς πλανωμένους τοῦ λαοῦ σου ἐπίστρεψον· χόρτασον τοὺς πεινῶντας, λύτρωσαι τοὺς δεσμίους ἡμῶν, ἐξανάστησον τοὺς ἀσθενοῦντας, παρακάλεσον τοὺς ὀλιγοψυχοῦντας· γνώτωσάν σε ἅπαντα τὰ ἔθνη, ὅτι σὺ εἶ ὁ θεὸς μόνος καὶ Ἰησοῦς Χριστὸς ὁ παῖς σου καὶ ἡμεῖς λαός σου καὶ πρόβατα τῆς νομῆς σου.

.

LX

[1]Σὺ γὰρ τὴν ἀέναον τοῦ κόσμου σύστασιν διὰ τῶν ἐνεργουμένων ἐ-
φανεροποίησας· σύ, κύριε, τὴν οἰκουμένην ἔκτισας, ὁ πιστὸς ἐν πά-
σαις ταῖς γενεαῖς, δίκαιος ἐν τοῖς κρίμασιν, θαυμαστὸς ἐν ἰσχύϊ
καὶ μεγαλοπρεπείᾳ, ὁ σοφὸς ἐν τῷ κτίζειν καὶ συνετὸς ἐν τῷ τὰ γε-
νόμενα ἑδράσαι, ὁ ἀγαθὸς ἐν τοῖς ὁρωμένοις καὶ χρηστὸς ἐν τοῖς πε-
ποιθόσιν ἐπὶ σέ, ἐλεῆμον καὶ οἰκτίρμον, ἄφες ἡμῖν τὰς ἀνομίας ἡμῶν
καὶ τὰς ἀδικίας καὶ τὰ παραπτώματα καὶ πλημμελείας. [2]μὴ λογίσῃ πᾶ-
σαν ἁμαρτίαν δούλων σου καὶ παιδισκῶν, ἀλλὰ καθάρισον ἡμᾶς τὸν κα-
θαρισμὸν τῆς σῆς ἀληθείας, καὶ κατεύθυνον τὰ διαβήματα ἡμῶν ἐν ὁ-
σιότητι καρδίας πορεύεσθαι καὶ ποιεῖν τὰ καλὰ καὶ εὐάρεστα ἐνώπιόν
σου καὶ ἐνώπιον τῶν ἀρχόντων ἡμῶν. [3]ναί, δέσποτα, ἐπίφανον τὸ πρό-
σωπόν σου ἐφ᾽ ἡμᾶς εἰς ἀγαθὰ ἐν εἰρήνῃ, εἰς τὸ σκεπασθῆναι ἡμᾶς τῇ
χειρί σου τῇ κραταιᾷ καὶ ῥυσθῆναι ἀπὸ πάσης ἁμαρτίας τῷ βραχίονί
σου τῷ ὑψηλῷ, καὶ ῥῦσαι ἡμᾶς ἀπὸ τῶν μισούντων ἡμᾶς ἀδίκως. [4]δὸς
ὁμόνοιαν καὶ εἰρήνην ἡμῖν τε καὶ πᾶσιν τοῖς κατοικοῦσιν τὴν γῆν,
καθὼς ἔδωκας τοῖς πατράσιν ἡμῶν, ἐπικαλουμένων σε αὐτῶν ὁσίως ἐν
πίστει καὶ ἀληθείᾳ, ὑπηκόους γινομένους τῷ παντοκράτορι καὶ ἐνδόξῳ
ὀνόματί σου, τοῖς τε ἄρχουσιν καὶ ἡγουμένοις ἡμῶν ἐπὶ τῆς γῆς.

LXI

[1]Σύ, δέσποτα, ἔδωκας τὴν ἐξουσίαν τῆς βασιλείας αὐτοῖς διὰ τοῦ
μεγαλοπρεποῦς καὶ ἀνεκδιηγήτου κράτους σου, εἰς τὸ γινώσκοντας ἡ-
μᾶς τὴν ὑπὸ σοῦ αὐτοῖς δεδομένην δόξαν καὶ τιμὴν ὑποτάσσεσθαι αὐ-
τοῖς, μηδὲν ἐναντιουμένους τῷ θελήματί σου· οἷς δός, κύριε, ὑγίει-
αν, εἰρήνην, ὁμόνοιαν, εὐστάθειαν, εἰς τὸ διέπειν αὐτοὺς τὴν ὑπὸ
σοῦ δεδομένην αὐτοῖς ἡγεμονίαν ἀπροσκόπως. [2]σὺ γάρ, δέσποτα ἐπου-
ράνιε, βασιλεῦ τῶν αἰώνων, δίδως τοῖς υἱοῖς τῶν ἀνθρώπων δόξαν καὶ
τιμὴν καὶ ἐξουσίαν τῶν ἐπὶ τῆς γῆς ὑπαρχόντων· σύ, κύριε, διεύθυνον
τὴν βουλὴν αὐτῶν κατὰ τὸ καλὸν καὶ εὐάρεστον ἐνώπιόν σου, ὅπως δι-
έποντες ἐν εἰρήνῃ καὶ πραΰτητι εὐσεβῶς τὴν ὑπὸ σοῦ αὐτοῖς δεδομέ-

νην έξουσίαν ἵλεώ σου τυγχάνωσιν. ³ὁ μόνος δυνατὸς ποιῆσαι ταῦτα
καὶ περισσότερα ἀγαθὰ μεθ' ἡμῶν, σοὶ ἐξομολογούμεθα διὰ τοῦ ἀρχι-
ερέως καὶ προστάτου τῶν ψυχῶν ἡμῶν 'Ιησοῦ Χριστοῦ, δι' οὗ σοι ἡ
δόξα καὶ ἡ μεγαλωσύνη καὶ νῦν καὶ εἰς γενεὰν γενεῶν καὶ εἰς τοὺς
αἰῶνας τῶν αἰώνων. ἀμήν.

THE SHEPHERD OF HERMAS

This lengthy and curious document conveys ethical exhortation,
particularly as regards repentance for post-baptismal sin, in the
form of a series of visions, commandments and parables which come
to Hermas mainly through the media of a woman representing the
Church and a shepherd representing the "angel of repentance." It
is variously dated within the first half of the second century.

We reproduce the text of Gebhardt, Harnack and Zahn, *op. cit.*,
The Shepherd of Hermas, Vision IV and Commandment IV.3, Leipzig:
J. C. Hinrichs, 1906.

Vision IV 1, 1·Ην εἶδον, ἀδελφοί, μετὰ ἡμέρας εἴκοσι τῆς προ-
τέρας ὁράσεως τῆς γενομένης, εἰς τύπον τῆς θλίψεως τῆς ἐπερχομένης.
²ὑπῆγον εἰς ἀγρὸν τῇ ὁδῷ τῇ Καμπανῇ. ἀπὸ τῆς ὁδοῦ τῆς δημοσίας ἐστὶν ὡσεὶ
στάδια δέκα· ῥᾳδίως δὲ ὁδεύεται ὁ τόπος. ³μόνος οὖν περιπατῶν ἀξιῶ
τὸν κύριον ἵνα τὰς ἀποκαλύψεις καὶ τὰ ὁράματα ἅ μοι ἔδειξεν διὰ
τῆς ἁγίας 'Εκκλησίας αὐτοῦ τελειώσῃ, ἵνα με ἰσχυροποιήσῃ καὶ δῷ
τὴν μετάνοιαν τοῖς δούλοις αὐτοῦ τοῖς ἐσκανδαλισμένοις, ἵνα δοξα-
σθῇ τὸ ὄνομα αὐτοῦ τὸ μέγα καὶ ἔνδοξον, ὅτι με ἄξιον ἡγήσατο τοῦ
δεῖξαί μοι τὰ θαυμάσια αὐτοῦ. ⁴καὶ δοξάζοντός μου καὶ εὐχαριστοῦν-
τος αὐτῷ, ὡς ἦχος φωνῆς μοι ἀπεκρίθη· Μὴ διψυχήσεις, 'Ερμᾶ. ἐν
ἐμαυτῷ ἠρξάμην διαλογίζεσθαι καὶ λέγειν· 'Εγὼ τί ἔχω διψυχῆσαι,

οὕτω τεθεμελιωμένος ὑπὸ τοῦ κυρίου καὶ ἰδὼν ἔνδοξα πράγματα; 5καὶ

προέβην μικρόν, ἀδελφοί, καὶ ἰδοὺ βλέπω κονιορτὸν ὡς εἰς τὸν οὐρα-

νόν, καὶ ἠρξάμην λέγειν ἐν ἐμαυτῷ· Μήποτε κτήνη ἔρχονται καὶ κονι-

ορτὸν ἐγείρουσιν; οὕτω δὲ ἦν ἀπ' ἐμοῦ ὡς ἀπὸ σταδίου. 6γινομένου

μείζονος καὶ μείζονος κονιορτοῦ ὑπενόησα εἶναί τι θεῖον· μικρὸν

ἐξέλαμψεν ὁ ἥλιος, καὶ ἰδοὺ βλέπω θηρίον μέγιστον ὡσεὶ κῆτός τι,

καὶ ἐκ τοῦ στόματος αὐτοῦ ἀκρίδες πύριναι ἐξεπορεύοντο. ἦν δὲ τὸ

θηρίον τῷ μήκει ὡσεὶ ποδῶν ρ', τὴν δὲ κεφαλὴν εἶχεν ὡς κεράμου.

7καὶ ἠρξάμην κλαίειν καὶ ἐρωτᾶν τὸν κύριον ἵνα με λυτρώσηται ἐξ αὐ-

τοῦ. καὶ ἐπανεμνήσθην τοῦ ῥήματος οὗ ἀκηκόειν· Μὴ διψυχήσεις,

Ἑρμᾶ. 8ἐνδυσάμενος οὖν, ἀδελφοί, τὴν πίστιν τοῦ κυρίου καὶ μνη-

σθεὶς ὧν ἐδίδαξέν με μεγαλείων, θαρσήσας εἰς τὸ θηρίον ἐμαυτὸν

ἔδωκα. οὕτω δὲ ἤρχετο τὸ θηρίον ῥοίζῳ, ὥστε δύνασθαι αὐτὸ πόλιν

λυμᾶναι. 9ἔρχομαι ἐγγὺς αὐτοῦ, καὶ τὸ τηλικοῦτο κῆτος ἐκτείνει

ἑαυτὸ χαμαὶ καὶ οὐδὲν εἰ μὴ τὴν γλῶσσαν προέβαλλεν, καὶ ὅλως οὐκ

ἐκινήθη μέχρις ὅτε παρῆλθον αὐτό· 10εἶχεν δὲ τὸ θηρίον ἐπὶ τῆς

κεφαλῆς χρώματα τέσσαρα· μέλαν, εἶτα πυροειδὲς καὶ αἱματῶδες,

εἶτα χρυσοῦν, εἶτα λευκόν.

2, 1Μετὰ δὲ τὸ παρελθεῖν με τὸ θηρίον καὶ προελθεῖν ὡσεὶ πό-

δας λ', ἰδοὺ ὑπαντᾷ μοι παρθένος κεκοσμημένη ὡς ἐκ νυμφῶνος ἐκ-

πορευομένη, ὅλη ἐν λευκοῖς καὶ ὑποδήμασιν λευκοῖς, κατακεκαλυμ-

μένη ἕως τοῦ μετώπου, ἐν μίτρᾳ δὲ ἦν ἡ κατακάλυψις αὐτῆς· εἶχεν

δὲ τὰς τρίχας αὐτῆς λευκάς. 2ἔγνων ἐγὼ ἐκ τῶν προτέρων ὁραμάτων

ὅτι ἡ Ἐκκλησία ἐστίν, καὶ ἱλαρώτερος ἐγενόμην. ἀσπάζεταί με λέγ-

ουσα· Χαῖρε σύ, ἄνθρωπε· καὶ ἐγὼ αὐτὴν ἀντησπασάμην· Κυρία, χαῖρε.

3ἀποκριθεῖσά μοι λέγει· Οὐδέν σοι ἀπήντησεν; λέγω αὐτῇ· Κυρία,

τηλικοῦτο θηρίον, δυνάμενον λαοὺς διαφθεῖραι· ἀλλὰ τῇ δυνάμει τοῦ

κυρίου καὶ τῇ πολυσπλαγχνίᾳ αὐτοῦ ἐξέφυγον αὐτό. 4Καλῶς ἐξέφυγες,

φησίν, ὅτι τὴν μέριμνάν σου ἐπὶ τὸν θεὸν ἐπέριψας καὶ τὴν καρδίαν
σου ἤνοιξας πρὸς τὸν κύριον, πιστεύσας ὅτι δι' οὐδενὸς δύνῃ σωθῆναι εἰ
μὴ διὰ τοῦ μεγάλου καὶ ἐνδόξου ὀνόματος. διὰ τοῦτο ὁ κύριος ἀπ-
έστειλεν τὸν ἄγγελον αὐτοῦ τὸν ἐπὶ τῶν θηρίων ὄντα, οὗ τὸ ὄνομά
ἐστιν Θεγρί, καὶ ἐνέφραξεν τὸ στόμα αὐτοῦ, ἵνα μή σε λυμάνῃ. μεγά-
λην θλίψιν ἐκπέφευγας διὰ τὴν πίστιν σου, καὶ ὅτι τηλικοῦτο θηρίον
ἰδὼν οὐκ ἐδιψύχησας· ⁵ὕπαγε οὖν καὶ ἐξήγησαι τοῖς ἐκλεκτοῖς τοῦ
κυρίου τὰ μεγαλεῖα αὐτοῦ, καὶ εἰπὲ αὐτοῖς ὅτι τὸ θηρίον τοῦτο τύ-
πος ἐστὶν θλίψεως τῆς μελλούσης τῆς μεγάλης· ἐὰν οὖν προετοιμάσθητε
καὶ μετανοήσητε ἐξ ὅλης καρδίας ὑμῶν πρὸς τὸν κύριον, δυνήσεσθε ἐκ-
φυγεῖν αὐτήν, ἐὰν ἡ καρδία ὑμῶν γένηται καθαρὰ καὶ ἄμωμος, καὶ τὰς
λοιπὰς τῆς ζωῆς ἡμέρας ὑμῶν δουλεύσητε τῷ κυρίῳ ἀμέμπτως. ἐπιρίψατε
τὰς μερίμνας ὑμῶν ἐπὶ τὸν κύριον, καὶ αὐτὸς κατορθώσει αὐτάς. ⁶πισ-
τεύσατε τῷ κυρίῳ, οἱ δίψυχοι, ὅτι πάντα δύναται, καὶ ἀποστρέψαι τὴν
ὀργὴν αὐτοῦ ἀφ' ὑμῶν καὶ ἀποστεῖλαι μάστιγας ὑμῖν τοῖς διψύχοις.
οὐαὶ τοῖς ἀκούσασιν τὰ ῥήματα ταῦτα καὶ παρακούσασιν· αἱρετώτερον
ἦν αὐτοῖς τὸ μὴ γεννηθῆναι.

3, ¹Ἠρώτησα αὐτὴν περὶ τῶν τεσσάρων χρωμάτων ὧν εἶχεν τὸ θη-
ρίον εἰς τὴν κεφαλήν. ἡ δὲ ἀποκριθεῖσά μοι λέγει· Πάλιν περίεργος
εἶ περὶ τοιούτων πραγμάτων. Ναί, φημί, κυρία· γνώρισόν μοι τί
ἐστιν ταῦτα. ²Ἄκουε, φησίν· τὸ μὲν μέλαν οὗτος ὁ κόσμος ἐστίν,
ἐν ᾧ κατοικεῖτε· ³τὸ δὲ πυροειδὲς καὶ αἱματῶδες, ὅτι δεῖ τὸν κόσ-
μον τοῦτον δι' αἵματος καὶ πυρὸς ἀπόλλυσθαι· ⁴τὸ δὲ χρυσοῦν μέρος
ὑμεῖς ἐστὲ οἱ ἐκφυγόντες τὸν κόσμον τοῦτον. ὥσπερ γὰρ τὸ χρυσίον
δοκιμάζεται διὰ τοῦ πυρὸς καὶ εὔχρηστον γίνεται, οὕτως καὶ ὑμεῖς
δοκιμάζεσθε οἱ κατοικοῦντες ἐν αὐτῷ. οἱ οὖν μείναντες καὶ πυρω-
θέντες ὑπ' αὐτοῦ καθαρισθήσεσθε. ὥσπερ τὸ χρυσίον ἀποβάλλει τὴν
σκωρίαν αὐτοῦ, οὕτω καὶ ὑμεῖς ἀποβαλεῖτε πᾶσαν λύπην καὶ στενο-

χωρίαν, καὶ καθαρισθήσεσθε καὶ χρήσιμοι ἔσεσθε εἰς τὴν οἰκοδομὴν
τοῦ πύργου. ⁵τὸ δὲ λευκὸν μέρος ὁ αἰὼν ὁ ἐπερχόμενός ἐστιν, ἐν ᾧ
κατοικήσουσιν οἱ ἐκλεκτοὶ τοῦ θεοῦ· ὅτι ἄσπιλοι καὶ καθαροὶ ἔσονται
οἱ ἐκλελεγμένοι ὑπὸ τοῦ θεοῦ εἰς ζωὴν αἰώνιον. ⁶σὺ οὖν μὴ διαλίπῃς
λαλῶν εἰς τὰ ὦτα τῶν ἁγίων. ἔχετε καὶ τὸν τύπον τῆς θλίψεως τῆς
ἐρχομένης μεγάλης. ἐὰν δὲ ὑμεῖς θελήσητε, οὐδὲν ἔσται. μνημονεύετε
τὰ προγεγραμμένα. ⁷ταῦτα εἴπασα ἀπῆλθεν, καὶ οὐκ εἶδον ποίῳ τόπῳ
ἀπῆλθεν· ψόφος γὰρ ἐγένετο· κἀγὼ ἐπεστράφην εἰς τὰ ὀπίσω φοβηθείς,
δοκῶν ὅτι τὸ θηρίον ἔρχεται.

Commandment IV 3, 1″Ετι, φημί, κύριε, προσθήσω τοῦ ἐπερωτῆσαι.
Λέγε, φησίν· ″Ηκουσα, φημί, κύριε, παρά τινων διδασκάλων, ὅτι ἑτέρα
μετάνοια οὐκ ἔστιν εἰ μὴ ἐκείνη, ὅτε εἰς ὕδωρ κατέβημεν καὶ ἐλάβομεν
ἄφεσιν ἁμαρτιῶν ἡμῶν τῶν προτέρων. ²λέγει μοι· Καλῶς ἤκουσας· οὕτω
γὰρ ἔχει. ἔδει γὰρ τὸν εἰληφότα ἄφεσιν ἁμαρτιῶν μηκέτι ἁμαρτάνειν,
ἀλλ᾽ ἐν ἁγνείᾳ κατοικεῖν. ³ἐπεὶ δὲ πάντα ἐξακριβάζῃ, καὶ τοῦτό σοι
δηλώσω, μὴ διδοὺς ἀφορμὴν τοῖς μέλλουσι πιστεύειν ἢ τοῖς νῦν πισ-
τεύσασιν εἰς τὸν κύριον. οἱ γὰρ νῦν πιστεύσαντες ἢ μέλλοντες πισ-
τεύειν μετάνοιαν ἁμαρτιῶν οὐκ ἔχουσιν, ἄφεσιν δὲ ἔχουσι τῶν προτέ-
ρων ἁμαρτιῶν αὐτῶν. ⁴τοῖς οὖν κληθεῖσι πρὸ τούτων τῶν ἡμερῶν ἔθηκεν
ὁ κύριος μετάνοιαν. καρδιογνώστης γὰρ ὢν ὁ κύριος, καὶ πάντα προ-
γινώσκων, ἔγνω τὴν ἀσθένειαν τῶν ἀνθρώπων καὶ τὴν πολυπλοκίαν τοῦ
διαβόλου, ὅτι ποιήσει τι κακὸν τοῖς δούλοις τοῦ θεοῦ καὶ πονηρεύ-
σεται εἰς αὐτούς· ⁵πολύσπλαγχνος οὖν ὢν ὁ κύριος ἐσπλαγχνίσθη ἐπὶ
τὴν ποίησιν αὐτοῦ καὶ ἔθηκεν τὴν μετάνοιαν ταύτην, καὶ ἐμοὶ ἡ ἐξ-
ουσία τῆς μετανοίας ταύτης ἐδόθη. ⁶ἀλλὰ ἐγώ σοι λέγω, φησί· μετὰ
τὴν κλῆσιν ἐκείνην τὴν μεγάλην καὶ σεμνὴν ἐάν τις ἐκπειρασθεὶς ὑπὸ
τοῦ διαβόλου ἁμαρτήσῃ, μίαν μετάνοιαν ἔχει. ἐὰν δὲ ὑπὸ χεῖρα ἁμαρ-
τάνῃ καὶ μετανοήσῃ, ἀσύμφορόν ἐστι τῷ ἀνθρώπῳ τῷ τοιούτῳ· δυσκόλως

γὰρ ζήσεται. 7λέγω αὐτῷ· 'Εξωοποιήθην ταῦτα παρὰ σοῦ ἀκούσας οὕτως ἀκριβῶς· οἶδα γὰρ ὅτι, ἐὰν μηκέτι προσθῶσω ταῖς ἁμαρτίαις μου, σω-θήσομαι. Σωθήσῃ, φησίν, καὶ πάντες ὅσοι ἐὰν ταῦτα ποιήσωσιν.

JUSTIN'S *APOLOGY*

Justin came from Asia Minor to Rome, where he taught and preached Christianity to citizens and travellers in the imperial city. His work there is usually dated at about the middle of the second cen-tury. His services to the church were not confined to preaching; he used his pen also in the service of his faith. His best known work is his *Apology*, a defense of the Christian religion. In the course of this defense, he explains just what happens at the Christ-ian meetings, to show how baseless are the slanderous accusations of cannibalism and sexual promiscuity. This is the passage we quote. In it the student finds one whose Greek is definitely more literary than that of the New Testament but yet well below that of the At-ticists.

We reproduce the text of E. J. Goodspeed, *Die ältesten Apo-logeten*, Justin, *Apology* 61-67. Göttingen: Vandenhoek & Ruprecht, 1914.

61. [1]'Ον τρόπον δὲ καὶ ἀνεθήκαμεν ἑαυτοὺς τῷ θεῷ καινοποιηθέν-τες διὰ τοῦ Χριστοῦ, ἐξηγησόμεθα, ὅπως μὴ τοῦτο παραλιπόντες δόξω-μεν πονηρεύειν τι ἐν τῇ ἐξηγήσει. [2]ὅσοι ἂν πεισθῶσι καὶ πιστεύωσιν ἀληθῆ ταῦτα τὰ ὑφ' ἡμῶν διδασκόμενα καὶ λεγόμενα εἶναι, καὶ βιοῦν οὕτως δύνασθαι ὑπισχνῶνται, εὔχεσθαί τε καὶ αἰτεῖν νηστεύοντες παρὰ τοῦ θεοῦ τῶν προημαρτημένων ἄφεσιν διδάσκονται, ἡμῶν συνευχομένων καὶ συννηστευόντων αὐτοῖς. [3]ἔπειτα ἄγονται ὑφ' ἡμῶν ἔνθα ὕδωρ ἐστί,

καὶ τρόπον ἀναγεννήσεως, ὃν καὶ ἡμεῖς αὐτοὶ ἀνεγεννήθημεν, ἀναγεν-
νῶνται· ἐπ' ὀνόματος γὰρ τοῦ πατρὸς τῶν ὅλων καὶ δεσπότου θεοῦ καὶ
τοῦ σωτῆρος ἡμῶν Ἰησοῦ Χριστοῦ καὶ πνεύματος ἁγίου τὸ ἐν τῷ ὕδατι
τότε λουτρὸν ποιοῦνται. [4]καὶ γὰρ ὁ Χριστὸς εἶπεν· Ἂν μὴ ἀναγεννη-
θῆτε, οὐ μὴ εἰσέλθητε εἰς τὴν βασιλείαν τῶν οὐρανῶν. [5]ὅτι δὲ καὶ
ἀδύνατον εἰς τὰς μήτρας τῶν τεκουσῶν τοὺς ἅπαξ γενομένους ἐμβῆναι,
φανερὸν πᾶσίν ἐστι. [6]καὶ διὰ Ἠσαΐου τοῦ προφήτου, ὡς προεγράψαμεν,
εἴρηται, τίνα τρόπον φεύξονται τὰς ἁμαρτίας οἱ ἁμαρτήσαντες καὶ
μετανοοῦντες. [7]ἐλέχθη δὲ οὕτως· Λούσασθε, καθαροὶ γένεσθε, ἀφέλετε
τὰς πονηρίας ἀπὸ τῶν ψυχῶν ὑμῶν, μάθετε καλὸν ποιεῖν, κρίνατε ὀρ-
φανῷ καὶ δικαιώσατε χήραν, καὶ δεῦτε καὶ διαλεχθῶμεν, λέγει κύριος·
καὶ ἐὰν ὦσιν αἱ ἁμαρτίαι ὑμῶν ὡς φοινικοῦν, ὡσεὶ ἔριον λευκανῶ,
καὶ ἐὰν ὦσιν ὡς κόκκινον, ὡς χιόνα λευκανῶ. [8]ἐὰν δὲ μὴ εἰσακούσητέ
μου, μάχαιρα ὑμᾶς κατέδεται· τὸ γὰρ στόμα κυρίου ἐλάλησε ταῦτα. [9]
καὶ λόγον δὲ εἰς τοῦτο παρὰ τῶν ἀποστόλων ἐμάθομεν τοῦτον. [10]ἐπει-
δὴ τὴν πρώτην γένεσιν ἡμῶν ἀγνοοῦντες κατ' ἀνάγκην γεγεννήμεθα ἐξ
ὑγρᾶς σπορᾶς κατὰ μῖξιν τὴν τῶν γονέων πρὸς ἀλλήλους καὶ ἐν ἔθεσι
φαύλοις καὶ πονηραῖς ἀνατροφαῖς γεγόναμεν, ὅπως μὴ ἀνάγκης τέκνα
μηδὲ ἀγνοίας μένωμεν ἀλλὰ προαιρέσεως καὶ ἐπιστήμης, ἀφέσεώς τε
ἁμαρτιῶν ὑπὲρ ὧν προημάρτομεν τύχωμεν, ἐν τῷ ὕδατι ἐπονομάζεται τῷ
ἑλομένῳ ἀναγεννηθῆναι καὶ μετανοήσαντι ἐπὶ τοῖς ἡμαρτημένοις τὸ τοῦ
πατρὸς τῶν ὅλων καὶ δεσπότου θεοῦ ὄνομα, αὐτὸ τοῦτο μόνον ἐπιλέ-
γοντος τοῦ τὸν λουσόμενον ἄγοντος ἐπὶ τὸ λουτρόν. [11]ὄνομα γὰρ τῷ
ἀρρήτῳ θεῷ οὐδεὶς ἔχει εἰπεῖν· εἰ δέ τις τολμήσειεν εἶναι λέγειν,
μέμηνε τὴν ἄσωτον μανίαν. [12]καλεῖται δὲ τοῦτο τὸ λουτρὸν φωτισμός,
ὡς φωτιζομένων τὴν διάνοιαν τῶν ταῦτα μανθανόντων. [13]καὶ ἐπ' ὀνό-
ματος δὲ Ἰησοῦ Χριστοῦ, τοῦ σταυρωθέντος ἐπὶ Ποντίου Πιλάτου, καὶ
ἐπ' ὀνόματος πνεύματος ἁγίου, ὃ διὰ τῶν προφητῶν προεκήρυξε τὰ κα-
τὰ τὸν Ἰησοῦν πάντα, ὁ φωτιζόμενος λούεται.

62. ¹Καὶ τὸ λουτρὸν δὴ τοῦτο ἀκούσαντες οἱ δαίμονες διὰ τοῦ προφήτου κεκηρυγμένον ἐνήργησαν καὶ ῥαντίζειν ἑαυτοὺς τοὺς εἰς τὰ ἱερὰ αὐτῶν ἐπιβαίνοντας καὶ προσιέναι αὐτοῖς μέλλοντας, λοιβὰς καὶ κνίσας ἀποτελοῦντας· τέλεον δὲ καὶ λούεσθαι ἀπιόντας πρὶν ἐλθεῖν ἐπὶ τὰ ἱερά, ἔνθα ἵδρυνται, ἐνεργοῦσι. ²καὶ γὰρ τὸ ὑπολύεσθαι ἐπιβαίνοντας τοῖς ἱεροῖς καὶ τοῖς αὐτοῖς τοὺς θρησκεύοντας κελεύεσθαι ὑπὸ τῶν ἱερατευόντων ἐκ τῶν συμβάντων Μωυσεῖ τῷ εἰρημένῳ προφήτῃ μαθόντες οἱ δαίμονες ἐμιμήσαντο. ³κατ' ἐκεῖνο γὰρ τοῦ καιροῦ ὅτε Μωυσῆς ἐκελεύσθη κατελθὼν εἰς Αἴγυπτον ἐξαγαγεῖν τὸν ἐκεῖ λαὸν τῶν Ἰσραηλιτῶν, ποιμαίνοντος αὐτοῦ ἐν τῇ Ἀρραβικῇ γῇ πρόβατα τοῦ πρὸς μητρὸς θείου, ἐν ἰδέᾳ πυρὸς ἐκ βάτου προσωμίλησεν αὐτῷ ὁ ἡμέτερος Χριστός, καὶ εἶπεν· Ὑπόλυσαι τὰ ὑποδήματά σου καὶ προσελθὼν ἄκουσον. ⁴ὁ δὲ ὑπολυσάμενος καὶ προσελθὼν ἀκήκοε κατελθεῖν εἰς Αἴγυπτον καὶ ἐξαγαγεῖν τὸν ἐκεῖ λαὸν τῶν Ἰσραηλιτῶν, καὶ δύναμιν ἰσχυρὰν ἔλαβε παρὰ τοῦ λαλήσαντος αὐτῷ ἐν ἰδέᾳ πυρὸς Χριστοῦ, καὶ κατελθὼν ἐξήγαγε τὸν λαὸν ποιήσας μεγάλα καὶ θαυμάσια, ἃ εἰ βούλεσθε μαθεῖν, ἐκ τῶν συγγραμμάτων ἐκείνου ἀκριβῶς μαθήσεσθε.

63. ¹Ἰουδαῖοι δὲ πάντες καὶ νῦν διδάσκουσι τὸν ἀνωνόμαστον θεὸν λελαληκέναι τῷ Μωυσεῖ. ²ὅθεν τὸ προφητικὸν πνεῦμα διὰ Ἠσαΐου τοῦ προμεμηνυμένου προφήτου ἔλεγχον αὐτούς, ὡς προεγράψαμεν, εἶπεν· Ἔγνω βοῦς τὸν κτησάμενον καὶ ὄνος τὴν φάτνην τοῦ κυρίου αὐτοῦ, Ἰσραὴλ δέ με οὐκ ἔγνω καὶ ὁ λαός με οὐ συνῆκε. ³καὶ Ἰησοῦς δὲ ὁ Χριστός, ὅτι οὐκ ἔγνωσαν Ἰουδαῖοι τί πατὴρ καὶ τί υἱός, ὁμοίως ἐλέγχων αὐτοὺς καὶ αὐτὸς εἶπεν· Οὐδεὶς ἔγνω τὸν πατέρα εἰ μὴ ὁ υἱός, οὐδὲ τὸν υἱὸν εἰ μὴ ὁ πατὴρ καὶ οἷς ἂν ἀποκαλύψῃ ὁ υἱός. ⁴ὁ λόγος δὲ τοῦ θεοῦ ἐστιν ὁ υἱὸς αὐτοῦ, ὡς προέφημεν. ⁵καὶ ἄγγελος δὲ καλεῖται καὶ ἀπόστολος· αὐτὸς γὰρ ἀπαγγέλλει ὅσα δεῖ γνωσθῆναι, καὶ ἀποστέλλεται, μηνύσων ὅσα ἀγγέλλεται, ὡς καὶ αὐτὸς ὁ κύριος ἡμῶν εἶπεν· Ὁ ἐμοῦ ἀκούων ἀκούει τοῦ ἀποστείλαντός με. ⁶καὶ ἐκ τῶν τοῦ Μωυσέως δὲ συγγραμμάτων φανερὸν τοῦτο γενήσεται. ⁷λέλεκται

δὲ ἐν αὐτοῖς οὕτως· Καὶ ἐλάλησε Μωυσεῖ ἄγγελος θεοῦ ἐν φλογὶ πυρὸς
ἐκ τῆς βάτου καὶ εἶπεν· Ἐγώ εἰμι ὁ ὤν, θεὸς Ἀβραάμ, θεὸς Ἰσαάκ,
θεὸς Ἰακώβ, ὁ θεὸς τῶν πατέρων σου. [8]κάτελθε εἰς Αἴγυπτον καὶ ἐξ-
άγαγε τὸν λαόν μου. [9]τὰ δ' ἑπόμενα ἐξ ἐκείνων βουλόμενοι μαθεῖν
δύνασθε· οὐ γὰρ δυνατὸν ἐν τούτοις ἀναγράψαι πάντα. [10]ἀλλ' εἰς ἀ-
πόδειξιν γεγόνασιν οἵδε οἱ λόγοι ὅτι υἱὸς θεοῦ καὶ ἀπόστολος Ἰη-
σοῦς ὁ Χριστός ἐστι, πρότερον λόγος ὤν, καὶ ἐν ἰδέᾳ πυρὸς ποτὲ φα-
νείς, ποτὲ δὲ καὶ ἐν εἰκόνι ἀσωμάτῳ· νῦν δὲ διὰ θελήματος θεοῦ ὑ-
πὲρ τοῦ ἀνθρωπείου γένους ἄνθρωπος γενόμενος ὑπέμεινε καὶ παθεῖν
ὅσα αὐτὸν ἐνήργησαν οἱ δαίμονες διατεθῆναι ὑπὸ τῶν ἀνοήτων Ἰουδαί-
ων. [11]οἵτινες ἔχοντες ῥητῶς εἰρημένον ἐν τοῖς Μωυσέως συντάγμασι·
Καὶ ἐλάλησεν ἄγγελος τοῦ θεοῦ τῷ Μωυσεῖ ἐν πυρὶ φλογὸς ἐν βάτῳ καὶ
εἶπεν· Ἐγώ εἰμι ὁ ὤν, ὁ θεὸς Ἀβραὰμ καὶ ὁ θεὸς Ἰσαὰκ καὶ ὁ θεὸς
Ἰακώβ, τὸν τῶν ὅλων πατέρα καὶ δημιουργὸν τὸν ταῦτα εἰπόντα λέ-
γουσιν εἶναι. [12]ὅθεν καὶ τὸ προφητικὸν πνεῦμα ἐλέγχον αὐτοὺς εἶπεν·
Ἰσραὴλ δέ με οὐκ ἔγνω, καὶ ὁ λαός με οὐ συνῆκε. [13]καὶ πάλιν ὁ
Ἰησοῦς, ὡς ἐδηλώσαμεν, παρ' αὐτοῖς ὢν εἶπεν· Οὐδεὶς ἔγνω τὸν πα-
τέρα εἰ μὴ ὁ υἱός, οὐδὲ τὸν υἱὸν εἰ μὴ ὁ πατὴρ καὶ οἷς ἂν ὁ υἱὸς
ἀποκαλύψῃ. [14]Ἰουδαῖοι οὖν ἡγησάμενοι ἀεὶ τὸν πατέρα τῶν ὅλων λε-
λαληκέναι τῷ Μωυσεῖ, τοῦ λαλήσαντος αὐτῷ ὄντος υἱοῦ τοῦ θεοῦ, ὃς
καὶ ἄγγελος καὶ ἀπόστολος κέκληται, δικαίως ἐλέγχονται καὶ διὰ τοῦ
προφητικοῦ πνεύματος καὶ δι' αὐτοῦ τοῦ Χριστοῦ, ὡς οὔτε τὸν πατέρα
οὔτε τὸν υἱὸν ἔγνωσαν. [15]οἱ γὰρ τὸν υἱὸν πατέρα φάσκοντες εἶναι
ἐλέγχονται μήτε τὸν πατέρα ἐπιστάμενοι, μηθ' ὅτι ἐστὶν υἱὸς τῷ πα-
τρὶ τῶν ὅλων γινώσκοντες· ὃς καὶ λόγος πρωτότοκος ὢν τοῦ θεοῦ καὶ
θεὸς ὑπάρχει. [16]καὶ πρότερον διὰ τῆς τοῦ πυρὸς μορφῆς καὶ εἰκόνος
ἀσωμάτου τῷ Μωυσεῖ καὶ τοῖς ἑτέροις προφήταις ἐφάνη· νῦν δ' ἐν χρό-
νοις τῆς ὑμετέρας ἀρχῆς, ὡς προείπομεν, διὰ παρθένου ἄνθρωπος γε-
νόμενος κατὰ τὴν τοῦ πατρὸς βουλὴν ὑπὲρ σωτηρίας τῶν πιστευόντων
αὐτῷ καὶ ἐξουθενηθῆναι καὶ παθεῖν ὑπέμεινεν, ἵνα ἀποθανὼν καὶ ἀνα-

στὰς νικήσῃ τὸν θάνατον. [17]τὸ δὲ εἰρημένον ἐκ βάτου τῷ Μωυσεῖ· Ἐγώ εἰμι ὁ ὤν, ὁ θεὸς Ἀβραὰμ καὶ ὁ θεὸς Ἰσαὰκ καὶ ὁ θεὸς Ἰακὼβ καὶ ὁ θεὸς τῶν πατέρων σου, σημαντικὸν τοῦ καὶ ἀποθανόντας ἐκείνους μένειν καὶ εἶναι αὐτοῦ τοῦ Χριστοῦ ἀνθρώπους· καὶ γὰρ πρῶτοι τῶν πάντων ἀνθρώπων ἐκεῖνοι περὶ θεοῦ ζήτησιν ἠσχολήθησαν, Ἀβραὰμ μὲν πατὴρ ὢν τοῦ Ἰσαάκ, Ἰσαὰκ δὲ τοῦ Ἰακώβ, ὡς καὶ Μωυσῆς ἀνέγραψε.

64. [1]Καὶ τὸ ἀνεγείρειν δὲ τὸ εἴδωλον τῆς λεγομένης Κόρης ἐπὶ ταῖς τῶν ὑδάτων πηγαῖς ἐνεργῆσαι τοὺς δαίμονας, λέγοντας θυγατέρα αὐτὴν εἶναι τοῦ Διός, μιμησαμένους τὸ διὰ Μωυσέως εἰρημένον, ἐκ τῶν προειρημένων νοῆσαι δύνασθε. [2]ἔφη γὰρ ὁ Μωυσῆς, ὡς προεγράψα- μεν· Ἐν ἀρχῇ ἐποίησεν ὁ θεὸς τὸν οὐρανὸν καὶ τὴν γῆν. [3]ἡ δὲ γῆ ἦν ἀόρατος καὶ ἀκατασκεύαστος, καὶ πνεῦμα θεοῦ ἐπεφέρετο ἐπάνω τῶν ὑδάτων. [4]εἰς μίμησιν οὖν τοῦ λεχθέντος ἐπιφερομένου τῷ ὕδατι πνεύ- ματος θεοῦ τὴν Κόρην θυγατέρα τοῦ Διὸς ἔφασαν. [5]καὶ τὴν Ἀθηνᾶν δὲ ὁμοίως πονηρευόμενοι θυγατέρα τοῦ Διὸς ἔφασαν, οὐκ ἀπὸ μίξεως, ἀλλ', ἐπειδὴ ἐννοηθέντα τὸν θεὸν διὰ λόγου τὸν κόσμον ποιῆσαι ἔγνω- σαν, ὡς τὴν πρώτην ἔννοιαν ἔφασαν τὴν Ἀθηνᾶν· ὅπερ γελοιότατον ἡγούμεθα εἶναι, τῆς ἐννοίας εἰκόνα παραφέρειν θηλειῶν μορφήν. [6]καὶ ὁμοίως τοὺς ἄλλους λεγομένους υἱοὺς τοῦ Διὸς αἱ πράξεις ἐλέγχουσιν.

65. [1]Ἡμεῖς δὲ μετὰ τὸ οὕτως λοῦσαι τὸν πεπεισμένον καὶ συγκα- τατεθειμένον ἐπὶ τοὺς λεγομένους ἀδελφοὺς ἄγομεν, ἔνθα συνηγμένοι εἰσί, κοινὰς εὐχὰς ποιησόμενοι ὑπέρ τε ἑαυτῶν καὶ τοῦ φωτισθέντος καὶ ἄλλων πανταχοῦ πάντων εὐτόνως, ὅπως καταξιωθῶμεν τὰ ἀληθῆ μα- θόντες καὶ δι' ἔργων ἀγαθοὶ πολιτευταὶ καὶ φύλακες τῶν ἐντεταλμέ- νων εὑρεθῆναι, ὅπως τὴν αἰώνιον σωτηρίαν σωθῶμεν. [2]ἀλλήλους φιλή- ματι ἀσπαζόμεθα παυσάμενοι τῶν εὐχῶν. [3]ἔπειτα προσφέρεται τῷ προ- εστῶτι τῶν ἀδελφῶν ἄρτος καὶ ποτήριον ὕδατος καὶ κράματος, καὶ οὗ- τος λαβὼν αἶνον καὶ δόξαν τῷ πατρὶ τῶν ὅλων διὰ τοῦ ὀνόματος τοῦ υἱοῦ καὶ τοῦ πνεύματος τοῦ ἁγίου ἀναπέμπει καὶ εὐχαριστίαν ὑπὲρ

τοῦ κατηξιῶσθαι τούτων παρ' αὐτοῦ ἐπὶ πολὺ ποιεῖται· οὗ συντελέ-
σαντος τὰς εὐχὰς καὶ τὴν εὐχαριστίαν πᾶς ὁ παρὼν λαὸς ἐπευφημεῖ
λέγων· Ἀμήν. [4]τὸ δὲ Ἀμὴν τῇ Ἑβραΐδι φωνῇ τὸ Γένοιτο σημαίνει.
[5]εὐχαριστήσαντος δὲ τοῦ προεστῶτος καὶ ἐπευφημήσαντος παντὸς τοῦ
λαοῦ οἱ καλούμενοι παρ' ἡμῖν διάκονοι διδόασιν ἑκάστῳ τῶν παρόν-
των μεταλαβεῖν ἀπὸ τοῦ εὐχαριστηθέντος ἄρτου καὶ οἴνου καὶ ὕδατος
καὶ τοῖς οὐ παροῦσιν ἀποφέρουσι.

66. [1]Καὶ ἡ τροφὴ αὕτη καλεῖται παρ' ἡμῖν εὐχαριστία, ἧς οὐδενὶ
ἄλλῳ μετασχεῖν ἐξόν ἐστιν ἢ τῷ πιστεύοντι ἀληθῆ εἶναι τὰ δεδιδαγ-
μένα ὑφ' ἡμῶν, καὶ λουσαμένῳ τὸ ὑπὲρ ἀφέσεως ἁμαρτιῶν καὶ εἰς ἀνα-
γέννησιν λουτρόν, καὶ οὕτως βιοῦντι ὡς ὁ Χριστὸς παρέδωκεν. [2]οὐ
γὰρ ὡς κοινὸν ἄρτον οὐδὲ κοινὸν πόμα ταῦτα λαμβάνομεν· ἀλλ' ὃν
τρόπον διὰ λόγου θεοῦ σαρκοποιηθεὶς Ἰησοῦς Χριστὸς ὁ σωτὴρ ἡμῶν
καὶ σάρκα καὶ αἷμα ὑπὲρ σωτηρίας ἡμῶν ἔσχεν, οὕτως καὶ τὴν δι' εὐ-
χῆς λόγου τοῦ παρ' αὐτοῦ εὐχαριστηθεῖσαν τροφήν, ἐξ ἧς αἷμα καὶ
σάρκες κατὰ μεταβολὴν τρέφονται ἡμῶν, ἐκείνου τοῦ σαρκοποιηθέντος
Ἰησοῦ καὶ σάρκα καὶ αἷμα ἐδιδάχθημεν εἶναι. [3]οἱ γὰρ ἀπόστολοι ἐν
τοῖς γενομένοις ὑπ' αὐτῶν ἀπομνημονεύμασιν, ἃ καλεῖται εὐαγγέλια,
οὕτως παρέδωκαν ἐντετάλθαι αὐτοῖς· τὸν Ἰησοῦν λαβόντα ἄρτον εὐχα-
ριστήσαντα εἰπεῖν· Τοῦτο ποιεῖτε εἰς τὴν ἀνάμνησίν μου, τοῦτ' ἐστι
τὸ σῶμά μου· καὶ τὸ ποτήριον ὁμοίως λαβόντα καὶ εὐχαριστήσαντα εἰ-
πεῖν· Τοῦτό ἐστι τὸ αἷμά μου· καὶ μόνοις αὐτοῖς μεταδοῦναι. [4]ὅπερ
καὶ ἐν τοῖς τοῦ Μίθρα μυστηρίοις παρέδωκαν γίνεσθαι μιμησάμενοι οἱ
πονηροὶ δαίμονες· ὅτι γὰρ ἄρτος καὶ ποτήριον ὕδατος τίθεται ἐν
ταῖς τοῦ μυουμένου τελεταῖς μετ' ἐπιλόγων τινῶν, ἢ ἐπίστασθε ἢ μα-
θεῖν δύνασθε.

67. Ἡμεῖς δὲ μετὰ ταῦτα λοιπὸν ἀεὶ τούτων ἀλλήλους ἀναμιμνήσ-
κομεν· καὶ οἱ ἔχοντες τοῖς λειπομένοις πᾶσιν ἐπικουροῦμεν, καὶ σύν-
εσμεν ἀλλήλοις ἀεί. [2]ἐπὶ πᾶσί τε οἷς προσφερόμεθα εὐλογοῦμεν τὸν
ποιητὴν τῶν πάντων διὰ τοῦ υἱοῦ αὐτοῦ Ἰησοῦ Χριστοῦ καὶ διὰ πνεύ-

ματος τοῦ ἁγίου. ³καὶ τῇ τοῦ ἡλίου λεγομένῃ ἡμέρᾳ πάντων κατὰ πό-
λεις ἢ ἀγροὺς μενόντων ἐπὶ τὸ αὐτὸ συνέλευσις γίνεται, καὶ τὰ ἀπο-
μνημονεύματα τῶν ἀποστόλων ἢ τὰ συγγράμματα τῶν προφητῶν ἀναγινώσ-
κεται, μέχρις ἐγχωρεῖ. ⁴εἶτα παυσαμένου τοῦ ἀναγινώσκοντος ὁ προ-
εστὼς διὰ λόγου τὴν νουθεσίαν καὶ πρόκλησιν τῆς τῶν καλῶν τούτων
μιμήσεως ποιεῖται. ⁵ἔπειτα ἀνιστάμεθα κοινῇ πάντες καὶ εὐχὰς πέμ-
πομεν· καί, ὡς προέφημεν, παυσαμένων ἡμῶν τῆς εὐχῆς ἄρτος προσφέ-
ρεται καὶ οἶνος καὶ ὕδωρ, καὶ ὁ προεστὼς εὐχὰς ὁμοίως καὶ εὐχαρισ-
τίας, ὅση δύναμις αὐτῷ, ἀναπέμπει, καὶ ὁ λαὸς ἐπευφημεῖ λέγων τὸ
Ἀμήν, καὶ ἡ διάδοσις καὶ ἡ μετάληψις ἀπὸ τῶν εὐχαριστηθέντων ἑ-
κάστῳ γίνεται, καὶ τοῖς οὐ παροῦσι διὰ τῶν διακόνων πέμπεται. ⁶οἱ
εὐποροῦντες δὲ καὶ βουλόμενοι κατὰ προαίρεσιν ἕκαστος τὴν ἑαυτοῦ ὃ
βούλεται δίδωσι, καὶ τὸ συλλεγόμενον παρὰ τῷ προεστῶτι ἀποτίθεται,
καὶ αὐτὸς ἐπικουρεῖ ὀρφανοῖς τε καὶ χήραις, καὶ τοῖς διὰ νόσον ἢ
δι᾿ ἄλλην αἰτίαν λειπομένοις, καὶ τοῖς ἐν δεσμοῖς οὖσι, καὶ τοῖς πα-
ρεπιδήμοις οὖσι ξένοις, καὶ ἁπλῶς πᾶσι τοῖς ἐν χρείᾳ οὖσι κηδεμὼν
γίνεται. ⁷τὴν δὲ τοῦ ἡλίου ἡμέραν κοινῇ πάντες τὴν συνέλευσιν ποι-
ούμεθα, ἐπειδὴ πρώτη ἐστὶν ἡμέρα, ἐν ᾗ ὁ θεὸς τὸ σκότος καὶ τὴν ὕ-
λην τρέψας κόσμον ἐποίησε, καὶ Ἰησοῦς Χριστὸς ὁ ἡμέτερος σωτὴρ τῇ
αὐτῇ ἡμέρᾳ ἐκ νεκρῶν ἀνέστη· τῇ γὰρ πρὸ τῆς κρονικῆς ἐσταύρωσαν αὐ-
τόν, καὶ τῇ μετὰ τὴν κρονικήν, ἥτις ἐστὶν ἡλίου ἡμέρα, φανεὶς τοῖς
ἀποστόλοις αὐτοῦ καὶ μαθηταῖς ἐδίδαξε ταῦτα, ἅπερ εἰς ἐπίσκεψιν
καὶ ὑμῖν ἀνεδώκαμεν.

THE ACTS OF PAUL

During the early centuries of our era Greek romance — tales
of adventure, of love, and of the marvelous — flourished in the
Graeco-Roman world. Since the common people who had developed a
taste for these romances could no longer satisfy it from pagan

sources after conversion, Christian writers soon began to produce
romantic tales based on Christian personages and events from Christ-
ian history, not forgetting to interlard their stories of adven-
ture with edifying passages wherever possible. The extreme doctrines
found in these writings are due to their origin among the masses
rather than to an interest in the propagation of heresy.

Quite recently interest in the Acts of Paul has been revived
by the publication, in 1936, of a papyrus in the Hamburger Staats-
und Universitäts-Bibliothek containing hitherto unknown episodes
from the work. Of especial interest is the story of Paul and the
Baptized Lion, which was previously known only from the references
found in Tertullian, *de baptismo* XVII; Jerome, *de viris illustri-
bus* VII; Hippolytus, *Commentary on Daniel* III 29; Nicephorus, *Ec-
clesiastical History* II 25.

We include in this Reader two selections from the Acts of Paul:
one brief section, with its famous description of the appearance
of Paul, from the text of R. A. Lipsius and M. Bonnet, *Acta Apo-
stolorum Apocrypha* (Leipzig: Mendelssohn, 1891) p. 237, and a long-
er section (which we cite by papyrus page and line) from the Hamburg
papyrus as published by Carl Schmidt and Wilhelm Schubart, *Acta
Pauli* (Glückstadt und Hamburg: J. J. Augustin, 1936) pp. 22-44.

³Καὶ ἐπορεύετο κατὰ τὴν βασιλικὴν ὁδὸν τὴν ἐπὶ Λύστραν, καὶ εἰσ-
τήκει ἀπεκδεχόμενος αὐτόν, καὶ τοὺς ἐρχομένους ἐθεώρει κατὰ τὴν
μήνυσιν Τίτου. εἶδεν δὲ τὸν Παῦλον ἐρχόμενον, ἄνδρα μικρὸν τῷ με-
γέθει, ψιλὸν τῇ κεφαλῇ, ἀγκύλον ταῖς κνήμαις, εὐεκτικόν, σύνοφρυν,
μικρῶς ἐπίρρινον, χάριτος πλήρη· ποτὲ μὲν γὰρ ἐφαίνετο ὡς ἄνθρωπος,
ποτὲ δὲ ἀγγέλου πρόσωπον εἶχεν.

[pap. p. 1] ....]ν θεοῦ σ[. εἰ]πὲ οὖν, τίνα ἐστὶν [τ]ὰ
π[ερὶ τὸν θ(εό)ν] [ὃν σὺ κηρύσσει]ς. ὁ δὲ Παῦλος εἶπε[ν] πρ[ὸς αὐ-
τόν]· [ποίει ὃ θέλεις]· μηδεμίαν γὰρ ἔχεις ἐξουσί[αν κατ' ἐμοῦ]
[εἰ μὴ εἴ]ς μου τὸ σῶμα, τὴν δὲ ψυχὴν μὴ ἀπ[οκτενεῖς]. [5][ἄκουε] δέ,
καθὰ δεῖ σε σωθῆναι καὶ πάντα [τὰ ῥήματ]ά μ[ο]υ ἐν καρδίᾳ λαμ-
βάνον τα σαθ[.]ρον η[......ἥ]λιον [κ]αὶ τὴν γῆν καὶ ἄστρα καὶ ἀρ-
χὰς καὶ κ[υ]ριό[τητας] καὶ πάντα τὰ ἐν κόσ[μ]ῳ ἀγαθὰ ἕνεκεν ἀν-
[......ἔ]πλασεν[.........εἰς χρῆ]σιν ἀνθρώπων κατα τησ[......] [10]
...ἀπαγομένους κα[ὶ κα]τανδραποδιζομένους τα[......] χρυσῷ τελε-
[ίῳ καὶ ἀργυ]ρίῳ κα[ὶ λ]ίθοις τιμίοις [......] καὶ μοιχίαις καὶ
μέθα[ι]ς. σκέψοντες γὰρ [.]...[......] [τ]ὰς ἐπὶ τὴν ἀπάτην ἀγού-
σας διὰ τῶν προειρ[η]μ[ένων] βάντες ἐφονεύθησαν. νῦν οὖν ἐπεὶ ὁ
κύριος β[ο]ύ[λεται] [15]ζῆν ἡμᾶς ἐν θεῷ διὰ τὴν ἐν κόσμῳ πλάνη[ν καὶ
μὴ ἀπο]θανεῖν ἐν ἁμαρτίαις, σώζει διὰ τῶν ἁγν[ῶν ἀνδρῶν τῶν] κη-
ρυσσόντων, ἵνα μετανοῆτε καὶ πιστεύητε [ὅτι εἷς θεὸς] καὶ εἷς
Χριστὸς Ἰησοῦς καὶ ἄλλος οὐχ ὑπάρχει, ὑμῶν γὰ[ρ] θε[οὶ χαλκοῖ]
καὶ λίθινοι καὶ ξύλινοι μήτε τροφὴν δυνάμε[νο]ι λα[βεῖν μή-]τε [20]
βλέψαι μήτε ἀκοῦσαι ἀλλ'οὐδὲ στῆναι, λ[ά]βετε π[ροαίρ]εσιν ἀγαθὴν
καὶ σωθῆτε, μήποτε ὀργισθῇ [ὁ θεὸ]ς κ[αὶ κατα]καύσῃ ὑμᾶς πυρὶ ἀσ-
βέστῳ καὶ τὸ μνημόσυνον [ὑμῶν] ἀπόληται. καὶ ταῦτα ὁ ἡγεμὼν ἀκού-
σας ρουφο [..ἐν] τῷ θεάτρῳ μετὰ τοῦ ὄχλου εἶπεν· ἄνδρες Ἐφ[έσιοι],
[25]ὅτι μὲν ὁ ἀνὴρ οὗτος καλῶς εἶπεν οἶδα, ἔτι δὲ ὅ[τι νῦν] καιρὸς
ταῦτα ὑμᾶς μαθεῖν οὐκ ἔστιν. τί οὖν θέλε[τ]ε [κρί]νατε. οἱ μὲν
ἔλεγον κατακέαι αὐτὸν πρὸς τῷ να[......], οἱ [δ]ὲ χρυσοχόοι ἔλε-
γον· εἰς θηρία τὸν ἄνδρα. καὶ [θορύβου] γινομένου μεγάλου κατέκ-
ρινεν αὐτὸν εἰς θηρ[ία ὁ] [30][Ἱ]ερώνυμος φραγελλώσας. οἱ μὲν οὖν
ἀδελφ[οὶ ὡς τῆς] Πεντηκοστῆς οὔσης οὐκ ἔκλαυσαν οὐδὲ γό[νατα ἔκλι-]
ναν, ἀλλὰ ἀγαλλιώμεν[ο]ι προσηύχοντο [ἑστῶτες.] [μετ]ὰ δὲ ζ ἡμέρας
ἐποίει ὁ Ἱερώνυμος κυν[ηγίαν] [ὥστ]ε πάντας το[ὺ]ς θεωροῦντας τὰ
μεγέθη τ[ῶν θηρίων] [35]ἀποθα[υ]μ(ά)ζειν. [pap. p. 2] [Πα]ύλου δεδε-

μ[έ]νου [...]α[...]ν πλ.[........[..]. ὡς αὐτοῦ οὐκ ἀπένευεν, προσ-
ῆλ[θε δὲ.......[....]ῆκουεν τῶν ἀμαξῶν τραυλισμὸ[ν καὶ τὸν θόρυ-
βον] [τῶν] τὰ θηρία βασταζόντων. καὶ ἐπ[........5[..]ως ἐλθὼν κατὰ
τὴν παράθυρον τοῦ στ[αδίου, καθ᾽ ἣν Παῦλος] [έ]κ[έ]κλειστο, ἐβόη-
σεν μεγάλως, ὥστε πάντα[ς... [βο]ᾶν· ὁ λέων, καὶ γὰρ ὠρύετο πικρῶς
καὶ ἐμβρ[ιμῶς, ὥστε καὶ Παῦλο]ν ἐκπεσεῖν τῆς προσευχῆς δειλω-
θέντα. ἦ[ν δὲ ἀνήρ] [τις] Διόφαντος ἀπελεύθερος Ἱερωνύμου, οὗ ἡ
γυνὴ μαθή10[τρια ἦ]ν Παύλου καὶ νυκτὸς καὶ ἡμέρας παρεκά[θητ]ο
αὐτῷ [ὥστε ζ]ηλοῖν τὸν Διόφαντον καὶ σπουδάζειν τὰ θηριομαχεῖα.
[καὶ ἐπ]εθύμησεν ἡ Ἀρτεμύλλα [ἢ] τοῦ Ἱερωνύμου ἀκοῦσαι προσ[ευ-
χομ]ένου Παύλου καὶ εἶπεν [τῇ Διο]φάντου γυναικὶ Εὐβούλᾳ· [.....]ν
ἀκοῦσαι προσευχὴν τοῦ [θ]ηριομάχου λόγον. καὶ ἀπελθοῦ15[σα ἤγγει]-
λεν τῷ Παύλῳ, καὶ χαρᾶς πλησθεὶς ὁ Παῦλος εἶπεν· ἄγα[γε αὐτ]ήν.
ἡ δὲ μετενδυσαμένη σκυθρωπότερα ἱμάτια ἀπῆλ[θεν] πρὸς αὐτὸν μετὰ
τῆς Εὐβούλας. ὡς δὲ εἶδεν αὐτὴν Παῦλος, [ἐστ]έναξεν καὶ εἶπεν· γύ-
ναι ἡ τούτου τοῦ κόσμου ἄρχουσα [ἡ τ]οῦ χρυσοῦ πολλοῦ δέσποτις ἡ
τῆς τρυφῆς πολλῆς πολ?20[τ]ι[ς] ἡ τῶν ἱματίων ἀλαζών, κάθισον εἰς
τὸ ἔδαφος καὶ [ἐπι]λαθοῦ τοῦ πλούτου καὶ τοῦ κάλλους σου καὶ τῶν
κοσμί[ων] [[σου κομπῶν]]. οὐδὲν γάρ σε ταῦτα ὠφελήσει, ἐὰν μὴ
θεὸν [αἰ]τήσῃ τὸν [[τὰ]] μὲν ὧδε δεινὰ σκύβαλα ἡγούμενον, τὰ δὲ
ἐκεῖ [θ]αυμάσια χαριζόμενον. χρυσὸς ἀπόλλυται πλοῦτος καταν25αλίσ-
κεται ἱμάτια κατατρίβεται κάλλος γήρᾳ καὶ πόλεις μεγάλαι μετατί-
θενται καὶ κόσμος αἴρεται ἐμ πυρὶ διὰ τὴν [[αν]] τῶν ἀνθρώπων ἀνο-
μίαν. μόνος δὲ ὁ θεὸς μένει καὶ ἡ δι᾽ αὐτοῦ διδομένη υἱοθεσία, ἐν
ᾧ [δε]ῖ σωθῆναι. καὶ νῦν Ἀρτεμύλλα ἔλπισον ἐπὶ θεὸν καὶ 30[ῥ]ύσε-
ταί σε, ἔλπισον ἐπὶ Χριστὸν καὶ δώσει σοι ἄφεσιν ἁμαρ[τι]ῶν καὶ
ἐπιθήσει σοι ἐλευθέριον στέφανον, ἵνα [μ]ηκέτι εἰδώλοις λατρεύῃς
καὶ κνίσαις ἀλ[λ]ὰ ζῶν[τ]ι θεῷ καὶ πατρὶ Χριστοῦ, οὗ ἡ δόξα εἰς
τοὺς αἰῶνας τῶ[ν] [α]ἰώνων, ἀμήν. καὶ ταῦτα Ἀρτεμύλλα ἀκ[ο]ύ[σα]-
σα 35[μ]ετὰ Εὐβούλας ἐδεήθη Πα[ύ]λου, ἵνα λούσῃ ἤδ[η] ἐν θεῷ. καὶ

εἰς αὔριον ἦν τὰ θηριομαχεῖα [pap. p. 3] καὶ ὁ Ἱερώνυμος ἤκουσεν
ὑπὸ Διοφάντου, ὅτι αἱ γυναῖκες νυκτὸς καὶ ἡμέρας παρηκάθηντο Παύ-
λῳ, καὶ οὐ μικρῶς ὠργίζετο τῇ Ἀρτεμύλλᾳ καὶ τῇ ἀπελευθέρᾳ Εὐβού-
λᾳ, καὶ δειπνήσας ἀνεχώρησεν ἐνωρίστερον ὁ Ἱερώνυμος, ἵνα ταχέως
ἐπ[ι]τελέσῃ τὰ ⁵κυνήγια. αἱ δὲ εἶπον Παύλῳ· θέλεις χαλκέα ἄγωμεν,
ἵνα ἡμᾶ[ς] λούσῃς εἰς θάλασσαν λυθείς; καὶ εἶπεν Παῦλος· οὐ θέλω,
ἐγὼ γὰρ πεπίστευκα θεῷ, ὃς ἐκ δεσμῶν ἐρύσατο τὸν κόσμον ὅλον. καὶ
ἐβόησεν Παῦλος πρὸς τὸν θεὸν τῷ σαββάτῳ ἐπερχομένης τῆς κυριακῆς
ἐν ἡμέρᾳ, ᾖ ἔμελλεν θηριομαχεῖν ὁ Παῦλος καὶ εἶπεν· ¹⁰ὁ θεός μου
Χριστὲ Ἰησοῦ ὁ λυτρωσάμενός με ἐκ τοσούτων κακῶν, δὸς ἀπέναντι
Ἀρτεμύλλας καὶ Εὐβούλας τῶν σῶν ῥαγῆναι τὰ δεσμὰ ἀπὸ τῶν χερῶν
μου. καὶ διαμαρτυρομένου ταῦτα Παύλου εἰσῆλθεν παῖς λίαν εὐειδὴς
ἐν χάριτι καὶ ἔλυσεν τὰ δεσμὰ Παύλου μειδιάσαντος τοῦ παιδὸς ¹⁵
καὶ εὐθέως ἀνεχώρησεν. διὰ δὲ τὴν ὀπτασίαν τὴν γενομένην Παύλῳ
καὶ τὸ σημεῖον τὸ ἐνάρετον ἐπὶ τῶν δεσμῶν ἐξέπτη ἡ λύπη αὐτοῦ ἡ
τῶν θηριομαχιῶν καὶ ἀγαλλιώμενος ἐσκίρτησεν ὡς ἐμ παραδείσῳ· καὶ
λα[βὼν τὴν Ἀρ]τεμύλλαν ἐξῄει τοῦ στενοῦ κ[αὶ σκοτει]νοῦ [τόπου,
ὅπου οἱ κ]εκλεισμένοι ²⁰τηροῦνται. ὡς δὲ [ἔξω ἐγενήθησαν λαθόντες
τοὺς τ]ηρητὰς καὶ ἐν ἀσφαλείᾳ ἤ[δη ἦσαν, διεμαρτύρατο ὁ Παῦλο]ς
τὸν ἴδιον θεὸν λέγων· οἱ π[υλῶνες...............]ορ [..εὐλο]γεῖν
τὴν σὴν οἰκο[νομίαν .... ἵν]α Ἀρτεμύλλα μυηθῇ [τῆς ἐ]ν κυρίῳ
σφραγῖδος· κ[αὶ τότε οἱ κεκλεισμένοι πυ]λῶνες ἐν [ὀνό]ματι ²⁵θεοῦ
ἀνεπετ[άσθησαν.............]οἱ δὲ φύλακε[ς βα]θεῖ ὕπνῳ κατη[νέχ]-
θησαν κα[ὶ εὐθὺς ὁ]ὲ ἐξῆλθεν ἡ ματ[ρώ]να καὶ ὁ μακάρ[ιος] Παῦλος
συν τ[.........]σκότος ἀφα[ν..] καὶ νεανίσκ[ος ὅ]μοι[ο]ς ..[.....
σῶ]μα Παύλου φαίν[ων] οὐ λύχνῳ ἀ[λλὰ] ἀπὸ τῆς τοῦ σώ[ματος ἁγιω]-
σύν[η]ς προῆγεν ³⁰αὐτούς, ὥσ[τε ἐ]γγίσαι [ἐ]π[ὶ] τὴ[ν θάλασσαν καὶ
ἀπέ]ναντι εἰστήκει ὁ φαίνων ε[....]ν καὶ [προσευξάμενος ὁ Παῦλο]ς
ἐπέθηκεν τῇ Ἀρτεμύλλᾳ τὴν χε[ῖρα καὶ........τὸ ὕ]δωρ ἐν ὀνόματι
Χριστοῦ Ἰησοῦ, ὥστε τὴν θ[άλασσαν σφόδρα κυμαί]νεσθαι καὶ φόβῳ

μεγάλῳ συσχεθεῖσα[ν τὴν Ἀρτεμύλλαν] μικροῦ δεῖν ἀπό[35]πληκτον γε-
νέσθαι .[................]ν καὶ εἶπεν· ὁ λάμπων καὶ φαίνω[ν βοή-
θει, ἵνα μὴ] εἴπωσι τὰ ἔθνη, [pap. p. 4] ὅτι ὁ δέσμιος Παῦλος ἔφυ-
γεν ἀποκτείνας Ἀρτεμύλλαν. καὶ πάλιν μειδιάσαντος τοῦ νεανίσκου
ἀνέπνευσεν ἡ ματρῶνα καὶ ἐπορεύετο εἰς τὴν οἰκίαν φαίνοντος ἤδη
τοῦ ὄρθρου. ὡς δὲ εἰσῆλθεν ἔσω τῶν φυλάκων κοιμωμένων, ἔκλασεν ἄρ-
τον ὕδωρ τε προσήνεγκεν [5]ἐπότισεν ῥήματι ἀπέλυσεν πρὸς Ἱερώνυμον
τὸν ἄνδρα αὐτῆς· αὐτὸς δὲ ἐδεήθη. ὄρθρου δὲ κραυγὴ ἐγένετο ὑπὸ τῶν
πολιτῶν· ἄγωμεν ἐπὶ τὴν θεωρίαν, ἄγωμεν ἴδωμεν τὸν ἔχοντα τὸν θεὸν
θηριομαχοῦντα. αὐτὸς δὲ ἐπιστὰς ὁ Ἱερώνυμος ἅμα διὰ τὴν ὑποψίαν
τὴν πρὸς τὴν γυναῖκα, ἅμα καὶ διὰ τὸ μὴ φυγεῖν αὐτὸν [10]ἐκέλευσεν
Διοφάντῳ καὶ τοῖς λοιποῖς δούλοις ἄγειν τὸν Παῦλον εἰς τὸ στάδιον.
ὡς δὲ ἐσύρετο μηδὲν λαλῶν ἀλλὰ κεκυφὼς κάτω καὶ ἀναστενάζων, ὅτι
ἐθριαμβεύετο ὑπὸ τῆς πόλεως· καὶ ἀπαχθεὶς [ε]ὐθέως ἐβλήθη εἰς τὸ
στάδιον, ὡς πάντας ἄχθεσθαι ἐπὶ τῇ σεμνότητι Παύλου. τῆς δὲ Ἀρτε-
[15]μύλλας πεσούσης σὺν τῇ Εὐβούλᾳ εἰς νόσον καὶ ἔσχατον κίνδυνον
διὰ τὴν Παύλου ἀπώλειαν, ὁ Ἱερώνυμος ἐλυπεῖτο περὶ τῆ[ς] γυναικὸς
οὐ μικρῶς, ἀλλὰ καὶ διὰ τὸ ἤδη πεφημίσθαι ἐν τῇ πόλει καὶ [μ]ὴ ἔ-
χων σὺν αὐτῷ τὴν γυναῖκα. ὡς οὖν ἐκαθέσθη, ὁ [ἀρχικυνη]γὸς ἐκέλευ-
σεν αὐτῷ ἐξαφεθῆναι λέοντα [20]πρὸ [μικροῦ τεθηρευ]μένον πικ[ρὸν]
λίαν, ὡς ὅλον τὸ πλῆ[θος.....................]α, ὅπως ἀναιρεθῇ [ὁ
Παῦλος...................ἐκ] δὲ τῆς γαλεάγρας κα[................
..............]ς προσηύχετο, ἔ[τι δ]ὲ πρὸς το[ύτοις.............]
μνηγων τῇ [25]ἐ[κ τ]ῶν παλιούρ[ων........καὶ πᾶσιν] θαῦμα ἐγέ[νετ]ο
μέγα, ὄντος αὐ[τοῦ..............]καθ᾽ ὑπερβο[λ]ήν. ὁ δὲ Παῦλος
[..............τὸ ἴ]διον ἔργον [τ]ῆς πρ[ο]σευχ[ῆς........κ]αὶ
ἐδί[δ]ου τὸ μα[ρτ]ύριον· περιβλεψάμενος [γὰρ κύκλῳ ὁ λέων] καὶ ὅλον
[ἑαυ]τὸν ἐπιδείξας [30]ἦλθε δρομαί[ως καὶ ἀνεκλίθη] παρὰ τὰ σ[κ]έλη
[τοῦ Π]αύλου ὡς ἀμνὸς εὐδίδακτ[ος καὶ ὡς δοῦ]λο[ς] αὐτοῦ καὶ [ἀ]-
ναπαύσαντος τὴν προσε[υχὴν ὡς ἐξ ἐνυπνί]ων ἐ[γ]ερθεὶ[ς εἶ]πεν τῷ

Παύλῳ ἀνθρωπί[νῃ γλώσσῃ· χάρις μετὰ σ]οῦ. ὁ δὲ Παῦλος οὐκ ἐπτύρη

ἀλλὰ κα[ὐτὸς εἶπεν· χάρις μετὰ σ]οῦ λέων, καὶ ἐπέθηκεν·³⁵τὴν χεῖρα

[αὐτῷ καὶ ὅλος ὁ ὄχλ]ος ἐβόα· ἆραι τὸν μάγον, ἆραι τὸν φ[αρμακόν.

ὁ δὲ λέων....ἔβλ]επεν τῷ Παύλῳ καὶ ὁ Παῦλο[ς τῷ λέοντι καὶ διενο-

ή]θη Παῦλος, ὅτι οὗτός [ἐστιν ὁ λέ]ων   [pap. p. 5] ὁ ἐλθὼν [καὶ

λου]σάμενος, [κα]ὶ τῇ πίστει φερόμενος ὁ Παῦλος εἶ[πεν·] λέων σὺ

ἦς [ὁ]ν ἔλουσα; καὶ ἀποκριθεὶς ὁ λέων εἶπεν τῷ Παύλῳ· ν[αί.] ὁ δὲ

Παῦλ[ος] ἐδευτέρου καὶ εἶπεν αὐτῷ· καὶ πῶς ἐκυνηγήθης; ὁ δὲ λέων

εἶπεν μιᾷ φωνῇ· ὡς καὶ σὺ Παῦλε. τοῦ Ἱερωνύμου βάλλον⁵τ[ο]ς πολ-

λὰ θηρία εἰς τὸ τὸν Παῦλον ἀναιρεθῆναι καὶ ἐπὶ τὸν λέοντα τοξότας

ὡς κ[ά]κεῖνον ἀναιρεθῆναι, αἰθρίου ὄντος τοῦ ἀέρος χάλα[ζα] παμπλη-

[θ]ὴς καὶ λίαν μεγάλη σφοδρὰ ἠκοντίσθη ἀπ᾽ οὐραν[ο]ῦ, ὡς πολλοὺς

ἀποθανεῖν καὶ τοὺς λοιποὺς φυγεῖν πάντας. οὐχ ἥπτετ[ο] δὲ Παύλου

οὐδὲ τοῦ λέοντος, ἀλλὰ τὰ ἄλλα θηρία ¹⁰ἀπέθανεν ὑπὸ τοῦ πλήθους

τῆς χαλάζης, ὡς καὶ Ἱερωνύμου τὸ ὠτίον παταχθὲν ἀφαιρεθῆναι καὶ

βοᾶν τὸν ὄχλον φεύγοντα· σῶσον ἡμᾶς ὁ θεός, σῶσον ὁ τοῦ ἀνθρώπου

θεὸς τοῦ θηριομαχήσαντος· καὶ ὁ Παῦλος ἀσπασάμενος τὸν λέοντα μη-

κέτι αὐτοῦ λαλοῦντος ἐξῆλθε ἐκ τοῦ σταδίου, κατέβη ¹⁵ἐπὶ [τὸν] λι-

μένα καὶ ἀνέβη εἰς τὸ πλοῖον ἀγόμενον εἰς Μακεδονίαν, πολλοὶ γὰρ

ἦσαν οἱ πλέοντες ὡς μελλούσης τῆς πόλεως αἴρεσθαι. συνέβη οὖν καὶ

αὐτὸς ὡς εἷς τῶν φευγόντων, ὁ δὲ λέων εἰς τὰ ὄρη ἀπῄει, καθὰ ἦν

αὐτῷ σύνηθες. ἡ οὖν Ἀρτεμύλλα καὶ ἡ Εὐβούλα οὐ μικρῶς ἐπένθουν ²⁰

νηστεύουσαι καί γε ἐνν[..]ω.σαι, τί ἄρα ἐγένετο Παύλῳ. ὡς δ[ὲ] ἦν

νύξ, ἐπῆλθε[...................]ε σαφῶς εἰς τὸν κοιτῶ[να], ὅπου ἀλ-

λή[λαις παρεμυθοῦντο καὶ ὁ Ἱε]ρώνυμος ἐκ τοῦ ὠτίου ἐσήπετο. τῇ

[δὲ Εὐβούλᾳ..........κα]ὶ Ἀρτεμύλλᾳ διὰ τὴν λύπην πλ[............

........]εῖπεν αὐταῖς· μὴ ²⁵θροεῖσθε [περὶ τοῦ Παύλου.....ἐν γὰρ

ὁ]νόματι Χριστοῦ Ἰησοῦ καὶ ἐν τῷ κράτει [τοῦ Παντοκράτορος Παῦλος

ὁ δοῦλ]ος αὐτοῦ ἀπῆρεν εἰς Μακεδ[ονίαν, ὡς καὶ ἐκεῖ τὰς τοῦ κυρίου

οἰκο]νομίας πληρῶσαι, ὑμᾶς δ[ὲ....................κατ]εῖχεν αὐτὰς

ἔκστασις [μεγάλη. ὁ δὲ Ἱερώνυμος ἤδ]η νήψας νυκτὸς ἐν ὀδύνα[ις εἶ-
πεν· ὁ βοηθήσας τῷ θηρ]ιομάχῳ ἀνθρώπῳ θεὸς σῶσ[όν με διὰ τοῦ παι-
δὸς] τοῦ [διελ]θόντος ἐν ὁράματι διὰ [τοῦ κεκλεισμένου] κοιτῶ[νος.]
ὁ δὲ ἰδὼν αὐτοὺς ἐν τῷ φ[ό]βῳ [........με]γάλῳ [.........] παρεδ-
ρεύοντας ἀναλλεσ[......] τ[ο]ὺς ἰατρ[οὺς......]εας βοῆς· 35διὰ θε-
λήματος Χριστοῦ Ἰησοῦ ἐξ[...]ε τὸ ὠτίον. καὶ ἐγένετο ὑ[γιὲ]ς ὡς
προσέταξεν αὐτῷ [ὁ πα]ῖς· μέλιτι θεράπευε σε[αυτόν].

PAPYRI AND INSCRIPTIONS

The papyri and inscriptions are important for the information
which they give about the everyday life and language of the ancient
Hellenistic world. While their wide variety in these regards cannot
adequately be represented within the limits of the present volume,
we have chosen a few documents, both pagan and Christian, which re-
flect some religious aspects of the culture of the times.

In reproducing the documents, we have generally incorporated
the editors' emendations into the text.

I CHRISTIAN LETTER (PSI 1161) iv A. D.

This letter is written by a boy who is away from home, and
far away from all the old familiar faces. He seems to be acutely
conscious of his isolation, and begs his mother to pray for him
every day, as he has no one with him except God. Some lines are
missing at the end. We use the text published by E. J. Goodspeed
and E. C. Colwell, A Greek Papyrus Reader (2nd printing) Chicago:
University of Chicago Press, 1936, No. 14.

Καλλινίκῃ κυρίᾳ μου μητρὶ Ἄμμων χαίρειν. πρὸ μὲν πάντων εὔχο-
μαί σε ὑγιαίνειν παρὰ τῷ κυρίῳ 5θεῷ. οἶδας σὺ τὰ ὄντα ἐν τῇ οἰκίᾳ
ἡμῶν καὶ μάλιστα ὅτι ἐπὶ ξένης εἰμί. πολυπρ[α]γμόνησον οὖν καὶ ἐξ-

έτασον καθ' ἑκάστην 10ἡμέραν περὶ τῆς σωτηρίας μου. οἶδας μὲν καὶ γὰρ ὅτι οὐδένα ἔχω σὺν ἐμοί, οὐκ ἀδελφή(ν), οὐκ ἀδελφόν, οὐχ υἱόν, οὐδένα ἄλλον εἰ μὴ μόνον τὸν 15θεόν. παρακαλῶ οὖν, κυρία μου μῆτερ, μνησθῆναί μου κἄν μιᾶς ἡμέρας, μή πως ἐπὶ ξένης ἀποθάνω μηδένα ἔχων. γνῶναί σε θέλω ὅτι ὁ εὔμοιρος 20Θεαίτητος ἐτελεύτησεν, καὶ ἐνθάδε ἀφείθη ταῦτα

II REQUEST FOR DIVINE ADVICE ON MARRIAGE (Wessely, *Papyrorum Scriptae Graecae Specimina Isagogica* 26) A.D. 6.

Asclepiades asks his god whether or not he shall marry Tapetheus, and takes the precaution of informing the deity that she was formerly the wife of Horion. We give the text published in the Goodspeed and Colwell Reader, No. 32.

Τῷ μεγίστῳ κραταιῷ θεῷ Σοκνοπαί[ῳ] παρὰ 'Ασκληπιάδου τοῦ 'Αρείου. εἰ οὐ[δί]δοταί μοι συμβιῶσαι Ταπεθεῦ[τι] Μαρρείους οὐδ' οὐ μὴ γένηται ἄ[λλου] 5γυνή; ὑπόδειξόν μοι κα[ὶ] κύρωσ[όν] μοι τοῦτο τὸ γραπτόν. πρώην δ' [ἦν ἡ] Ταπεθεὺς 'Ωρίωνος γυνή. (ἔτους) λε̅ Καίσαρος Παχὼ[ν] ᾱ.

2. εἰ̅ — It is not clear whether a direct question is intended (with εἰ equal ἤ), or whether εἰ dependent on ὑπόδειξον should be read.

III REQUEST FOR DIVINE ADVICE ON A CONTEMPLATED JOURNEY

(P Oxy 925) v/vi A. D.

This Christian counterpart of the foregoing document illustrates the fact that, although the Christian may have changed his gods, his techniques often remained the same. The text is reprinted from Wilcken, *Chrestomathie* I 132 (see bibliography).

'Ο θ(εὸ)ς ὁ παντοκράτωρ ὁ ἅγιος ὁ ἀληθινὸς φιλάνθρωπος καὶ δημιουργὸς ὁ π(ατ)ὴρ τοῦ κ(υρίο)υ (καὶ) σω(τῆ)ρ(ο)ς ἡμῶν 'Ι(ησο)ῦ Χ(ριστο)ῦ φανέρωσόν μοι τὴν 5παρὰ σοὶ ἀλήθιαν, εἰ βούλῃ με ἀπελθεῖν εἰς Χιοὒτ ἢ εὑρίσκω σε σὺν ἐμοὶ πράττοντα (καὶ) εὐμενῆν. Γένοιτο, ϙθ.

7. ϙθ (99) is a frequent symbol for ἀμήν.

IV LETTER FROM A SON TO HIS FATHER (BGU II 423) ii A.D.

A soldier away from home writes to his father and sends his
pay, or, perhaps, in accordance with Wilcken's reconstruction, his
"photograph" (εἰ]κόνιν). The document breathes an air of religious
piety and filial affection. The last four lines are written in the
margin in quite modern fashion. We give the text published in *Ägyp-*
tische Urkunden aus den königlichen Museen zu Berlin: Griechische
Urkunden, II, (Berlin, 1898) No. 423.

'Απίων 'Επιμάχῳ τῶι πατρὶ καὶ κυρίῳ πλεῖστα χαίρειν. Πρὸ μὲν
πάντων εὔχομαί σε ὑγιαίνειν καὶ διὰ παντὸς ἐρρωμένον εὐτυχεῖν μετὰ
τῆς ἀδελφῆς 5μου καὶ τῆς θυγατρὸς αὐτῆς καὶ τοῦ ἀδελφοῦ μου. Εὐ-
χαριστῶ τῷ κυρίῳ Σεράπιδι, ὅτι μου κινδυνεύσαντος εἰς θάλασσαν
ἔσωσε εὐθέως· ὅτε εἰσῆλθον εἰς Μησήνους, ἔλαβα βιάτικον παρὰ Καί-
σαρος 10χρυσοῦς τρεῖς καὶ καλῶς μοί ἐστιν· ἐρωτῶ σε οὖν, κύριέ μου
πατήρ, γράψον μοι ἐπιστόλιον, πρῶτον μὲν περὶ τῆς σωτηρίας σου,
δεύτερον περὶ τῆς τῶν ἀδελφῶν μου, 15τρ[ί]τον, ἵνα σου προσκυνήσω
τὴν χέραν, ὅτι με ἐπαίδευσας καλῶς, καὶ ἐκ τούτου ἐλπίζω ταχὺ προ-
κο(μί)σαι τῶν θε[ῶ]ν θελόντων· ἄσπασαι Καπίτων[α πο]λλὰ καὶ το[ὺς]
ἀδελφούς 20[μ]ου καὶ Σε[ρηνί]λλαν καὶ το[ὺς] φίλους μο[υ]. Ἔπεμψά
σο[ι τὸ ὀψ]ώνι(ο)ν μ[ου] διὰ Εὐκτήμονος. ἔσ[τ]ι [δέ] μου ὄνομα
'Αντῶνις Μάξιμος. 'Ερρῶσθαί σε εὔχομαι. Κεντυρί(α) 'Αθηνονίκη.
25ἀσπάζεταί σε Σερῆνος ὁ τοῦ 'Αγαθοῦ [Δα]ίμονος [καὶ...]ς ὁ τοῦ
[...]ρος καὶ Τούρβων ὁ τοῦ Γαλλωνίου καὶ .[.....]νησο .[.....]σεν

(*verso*) ε[ἰς] Φ[ιλ]αδελφίαν 'Επιμάχῳ ἀπὸ 'Απίωνος υἱοῦ. 'Απόδος
εἰς χώρτην πρίμαν Ⅹ 'Απαμηνῶν 'Ιο[υλι]α[ν]οῦ 'Αν.[..] λιβλαρίῳ
ἀπὸ 'Απίωνος ὥσ Ⅹτε 'Επιμάχῳ πατρὶ αὐτοῦ.

V CERTIFICATE OF PAGAN SACRIFICE   (P Oxy 658) A.D. 250

During the Decian persecution of 250 it appears that not only
individuals suspected of professing Christianity, but perhaps for
a time all persons were required to possess certified declarations
of the fact that they had performed the sacrifices to the pagan
gods. Probably some fifty of these more or less stereotyped *li-
belli* are now known. We use the text of Grenfell and Hunt, *The
Oxyrhynchus Papyri* IV, No. 658 London: Egypt Exploration Fund, 1904.

Τοῖς ἐπὶ τῶν ἱερῶν [καὶ] θυσιῶν πόλ[εως] παρ' Αὐρηλίου Δ[.....]
θίωνος Θεοδώρου μη[τρὸς] ⁵Παντωνυμίδος ἀπὸ τῆ[ς] αὐτῆς πόλεως. ἀεὶ
μὲν θύων καὶ σπένδων [τοῖς θεοῖς [ὁ]ιετέλ[εσα ἔ]τι ὀὲ καὶ νῦν ἐν-
ώπιον ὑμῶν ¹⁰κατὰ τὰ κελευσθ[έ]ν[τα] ἔσπεισα καὶ ἔθυσα κα[ὶ] τῶν
ἱερῶν ἐγευσάμην ἅμα τῷ υἱῷ μου Αὐρηλίῳ Διοσκόρῳ καὶ τῇ ¹⁵θυγατρί
μου Αὐρηλίᾳ Λαΐδι. ἀξιῶ ὑμᾶς ὑποσημιώσασθαι μοι. (ἔτους) α Αὐτο-
κράτορος Καίσαρος Γαΐου Μεσσίου Κυίντου ²⁰Τραιανοῦ Δεκίου Εὐσεβοῦ[ς
Εὐ]τυχοῦς [Σεβασ]τοῦ [Παῦ]νι κ. [...]ν( ) [..]

MAGICAL CHARMS

A glimpse of the sometimes almost incredible popular belief
in magic and miracle is afforded by the following excerpts from
two long magical papyri. We reprint them as given in the Good-
speed and Colwell Reader, Nos. 72 and 73.

VI LOVE CHARM (Paris, B.N. suppl. gr. 574) iv A. D.

¹²⁶⁵'Αφροδίτης ὄνομα τὸ μηδενὶ ταχέως γινωσκόμενον· "Νεφεριηρι"
— τοῦτο τὸ ὄνομα. ἐὰν γυναικὸς ἐπιτυχεῖν θέλης εὐσχήμονος, καθα-
ρὸς γενόμενος ἐπὶ ἡμέρας γ̄, ἐπιθύσας λίβανον, ¹²⁷⁰τοῦτο τὸ ὄνομα

ἐπικαλεσάμενος αὐτῷ καὶ εἰσελθὼν πρὸς τὴν γυναῖκα ἑπτάκις ἐρεῖς
αὐτὸ κατὰ ψυχὴν βλέπων αὐτῇ, καὶ οὕτως ἐξήξει. τοῦτο δὲ ποίει ἐπὶ
ἡμέρας ζ̄.

VII   CHARM TO CATCH A THIEF

(London, Brit. Mus. Pap. Gr. XLVI)   iv A.D.

172"Αλλος· "κλέπτην πιάσαι, Ἑρμῆν σὲ καλῶ, θεὸν ἀθάνατον, ὃς
κατ' Ὄλυμπον αὔλακα τέ175μνεις, βαρίν θ' ἱερήν, φωσφόρ' Ἰάω, ὁ
μέγας αἰωνόβιος, φρικτὸς μὲν ἰδεῖν, φρικτὸς δὲ ἀκροᾶσθαι· παράδος
φῶρ', ὃν ζητῶ αβεραμενθωουλερθε ξεναξ σονελυσωθνεμαρεβα. " 180οὗτος
ὁ λόγος ἐπὶ τοῦ καθαρμοῦ λέγεται β̄.

VIII   LETTER OF CLAUDIUS TO THE ALEXANDRIANS

(P Lond 1912) A.D. 41

The emperor grants permission to celebrate his birthday, but
deprecates such honors as befit only the gods. He also orders
peaceable relations towards the Jews and tolerance for their re-
ligious customs. We reprint lines 28-51 and 73-109 from the text
edited by E. S. Edgar and A. S. Hunt in the Loeb Library, *Select
Papyri* Vol. II No. 212, Cambridge: Harvard University Press; London:
Heinemann, 1934.

28Διόπερ ἡδέως προσεδεξάμην τὰς δοθείσας ὑφ' ὑμῶν μοι τιμὰς
καίπερ οὐκ ὢν πρὸς τὰ τοιαῦτα ῥ{ρ}άιδιος. καὶ πρῶτα μὲν Σεβαστὴν
30ὑμεῖν ἄγειν ἐπιτρέπωι τὴν ἐμὴν γενεθλείαν ὃν τρόπον αὐτοὶ προ-
ῄρησθε, τάς τε ἑκα{τας}σταχοῦ τῶν ἀνδριάντων ἀναστάσεις ἐμοῦ
τε καὶ τοῦ γένους μου ποιήσασθαι συγχωρῶι· ἐγὼ ὁρῶι γὰρ <ὅτι> πάν-
τη μνημεῖα τῆς ὑμετέρας εὐσεβείας εἰς τὸν ἐμὸν οἶκον ἱδρύσασθαι
<ἐ>σπουδάσατε. τῶν δὲ δυοῖν χρυ[σῶ]ν ἀνδριάντων 35ὁ μὲν Κλαυδι-
ανῆς Εἰρήνης Σεβαστῆς γενό[με]νος, ὥσπερ ὑπέθετο καὶ προσελειπάρη-

[σ]εν ὁ ἐμοὶ τιμ[ι]ώτατος Βάρβιλλος ἀρνουμένου μου διὰ τὸ φορτικώ-

τε[ρο]ς ὁ[οκ]εῖ[ν], ἐπὶ ῾Ρώμης ἀνατεθήσεται, ὁ δὲ ἕτερος ὃν τρόπον

ὑμεῖς ἀξιοῦτε πομπεύσει ταῖς ἐπωνύμαις ἡμέραις παρ᾽ ὑμῖν· συνπομ-

πευέτωι δὲ ⟦καὶ αὐ⟧ αὐτῶι καὶ δίφρος ⁴⁰ῷ βούλεσθε κόσμωι ἠσκημένος.

εὔηθες δ᾽ ἴσ{σ}ως τοσαύτας προσ[ι]έμενον τειμὰς ἀρνήσασθαι φυλὴν

Κλαυδιανὰν καταδῖξαι ἄλση τε κατὰ νόμον παρεῖναι τῆς Αἰγύπ<τ>ου·

διόπερ καὶ ταῦτά ⟦ἡμῖν⟧ θ᾽ ὑμεῖν ἐπιτρέπωι, εἰ δὲ βούλεσθε καὶ Οὐ-

ειτρασίου Πωλείωνος τοῦ ἐμοῦ ἐπιτρόπου τοὺς ἐφίππους ἀνδριάντας

ἀναστήσατε. τῶν δὲ ⁴⁵τετραπώλων ἀναστάσε[ι]ς <ἃς περὶ τὰς εἰσ>βο-

λὰς τῆς χώρας ἀφιδρῦσαί μοι βούλεσθε συνχωρῶι τὸ μὲν περὶ τὴν Τα-

πόσιριν καλουμένην τῆς Λιβύης, τὸ δὲ περὶ Φάρον τῆς ᾽Αλεξανδρείας,

τρίτον δὲ περὶ Πηλούσιον τῆς Αἰγύπ<τ>ου στῆσαι. ἀρχιιερέα δ᾽ ἐμὸν

καὶ ναῶν κατασκευὰς παραιτοῦμαι, οὔτε φορτικὸς τοῖς κατ᾽ ἐμαυτὸν

ἀνθρώποις ⁵⁰βουλόμενος εἶναι τὰ ἱερὰ δὲ καὶ τὰ τοιαῦτα μόνοις τοῖς

θεοῖς ἐξαίρετα ὑπὸ τοῦ παντὸς αἰῶνος ἀποδεδόσθαι κρίν[ω]ν.

⁷³Τῆς δὲ πρὸς ᾽Ιουδαίους ταραχῆς καὶ στάσεως μᾶλλον δ᾽ εἰ

χρὴ τὸ ἀληθὲς εἰπεῖν τοῦ πολέμου ,πότεροι μὲν αἴτιοι κατέστησαν καί-

περ ⁷⁵ἐξ ἀντικαταστάσεως πολλὰ τῶν ἡμετέρων πρεσβέων φιλοτειμηθέν-

των καὶ μάλιστα Διονυσίου τοῦ Θέων[ο]ς ὅμως οὐκ ἐβουλήθην ἀκριβῶς

ἐξελένξαι, ταμιευόμενος ἐμαυτῶι κατὰ τῶν πάλειν ἀρξαμένων ὀργὴν

ἀμεταμέλητον· ἁπλῶς δὲ προσαγορεύωι ὅτι ἂν μὴ καταπαύσητε τὴν ὀλέ-

⁸⁰θριον ὀργὴν ταύτην κατ᾽ ἀλλήλων αὐθάδιον ἐκβιασθήσομαι δῖξαι οἷόν

ἐστιν ἡγεμὼν φιλάνθρωπος εἰς ὀργὴν δικαίαν μεταβεβλημένος. διόπερ

ἔτι καὶ νῦν διαμαρτύρομαι ἵνα ᾽Αλεξανδρεῖς μὲν πραέως καὶ φιλανθρώ-

πως προσφέρωνται ᾽Ιουδαίο<ι>ς τοῖς τὴν αὐτὴν πόλειν ἐκ πολλῶν χρό-

νων οἰκοῦσει ⁸⁵καὶ μηδὲν τῶν πρὸς θρησκείαν αὐτοῖς νενομισμένων τοῦ

θεοῦ λυμαίνωνται ἀλλὰ ἐῶσιν αὐτοὺς τοῖς ἔθεσιν χρῆσθαι οἷς καὶ ἐπὶ

τοῦ θεοῦ Σεβαστοῦ, ἅπερ καὶ ἐγὼι διακούσας ἀμφοτέρων ἐβεβαίωσα· καὶ

᾽Ιουδαίοις δὲ ἄντιρκυς κελεύωι μηδὲν πλείω ὧν πρότερον ⁹⁰ἔσχον

περιεργάζεσθαι μηδὲ ὥσπερ ἐν δυσεὶ πόλεσειν κατοικοῦντας δύο πρεσ-
βείας ἐκπέμπειν τοῦ λοιποῦ, ὃ μὴ πρότερόν ποτε ἐπράχθη, μηδὲ ἐπεισ-
παίειν γυμνασιαρχικοῖς ἢ κοσμητικοῖς ἀγῶσει, καρπουμένους μὲν τὰ
οἰκῖα ἀπολα<ύ>οντας δὲ 95ἐν ἀλλοτρίᾳ πόλει περιουσίας ἀφθόνων ἀγα-
θῶν, μηδὲ ἐπάγεσθαι ἢ προσείεσθαι ἀπὸ Συρίας ἢ Αἰγύπ<τ>ου καταπλέ-
οντας Ἰουδαίους, ἐξ οὗ μείζονας ὑπονοίας ἀναγκασθήσομαι λαμβάνειν·
εἰ δὲ μή, πάντα τρόπον αὐτοὺς ἐπεξελεύσομαι καθάπερ κοινήν 100τεινα
τῆς οὐκουμένης νόσον ἐξεγείροντας. ἐὰν τούτων ἀποστάντες ἀμφότεροι
μετὰ πραότητος καὶ φιλανθροπείας τῆς πρὸς ἀλλήλους ζῆν ἐθελήσητε,
καὶ ἐγὼι πρόνοιαν τῆς πόλεως ποήσομαι τὴν ἀνωτάτω καθάπερ ἐκ προ-
γόνων οἰκείας ἡμῖν ὑπαρχούσης. 105Βαρβίλλωι τῶι ἐμῶι ἑταίρωι μαρ-
τυρῶι ἀεὶ πρόνοια[ν] ὑμῶν παρ' ἐμοὶ ποιουμένωι, ὃς καὶ νῦν πάσηι
φιλοτειμείᾳ περὶ τὸν ἀγῶνα τὸν ὑπὲρ ὑμῶν κέχρ[ηται], καὶ Τιβερίωι
Κλαυδίωι Ἀρχιβίωι τῶι ἐμῶι ἑταί[ρωι]. ἔρρωσθε.

IX INSCRIPTION OF ABERCIUS OF HIERAPOLIS A.D. 216

Although some scholars have considered this document to be
pagan or at least the product of some gnostic or syncretistic sect,
it is generally regarded as Christian and often referred to as the
"queen of Christian inscriptions" because of its early date and
the interest of its contents. We reprint the text of C. M. Kauf-
mann, *Handbuch der altchristlichen Epigraphik*, Freiburg im Breisgau:
Herdersche Verlagshandlung, 1917, p. 171. The capitals mark the
extant portions; the remainder has been restored from literary
sources.

Ἐκλεκτῆς πόλεως ὁ πολείτης τοῦτ' ἐποίησα ζῶν ἵν' ἔχω καιρῷ
σώματος ἔνθα θέσιν. οὔνομ' Ἀβέρκιος ὤν, ὁ μαθητὴς ποιμένος ἀγνοῦ
ὃς βόσκει προβάτων ἀγέλας ὄρεσιν πεδίοις τε 5ὀφθαλμοὺς ὃς ἔχει με-

γάλους πάντη καθορῶντας οὗτος γὰρ μ' ἐδίδαξε (τὰ ζωῆς) γράμματα

πιστά. ΕΙΣ ΡΩΜΗν ὃς ἔπεμψεν ΕΜΕΝ ΒΑΣΙΛείαν ἀθρῆσαι ΚΑΙ ΒΑΣΙΛΙΣσαν

ἰδεῖν χρυσόσΤΟΛΟΝ ΧΡρυσοπέδιλον. ΛΑΟΝ Δ ΕΙΔΟΝ ἐκεῖ λαμπρὰν ΣΦΡΑΓ-

ΕΙΔΑΝ Εχοντα. ¹⁰ΚΑΙ ΣΥΡΙΗΣ ΠΕδον εἶδα ΚΑΙ ΑΣΤΕΑ ΠΑντα, Νίσιβιν,

ΕΥΦΡΑΤΗΝ ΔΙΑβας· πάνΤΗ Δ ΕΣΧΟΝ ΣΥΝΟμίλους· ΠΑΥΛΟΝ ΕΧΟΝ ΕΠΟ..., ΠΙΣ-

ΤΙΣ πάντη δὲ προῆγε, ΚΑΙ ΠΑΡΗΘΗΚΕ τροφὴν ΠΑΝΤΗ ΙΧΘΥΝ Απὸ πηγῆς ΠΑΝ-

ΜΕΓΕΘΗ, ΚΑθαρὸν ὃν ΕΔΡΑΞΑΤΟ ΠΑΡΘΕΝΟΣ ἁγνή, ¹⁵ΚΑΙ ΤΟΥΤΟΝ ΕΠΕδωκε φί-

ΛΟΙΣ ΕΣθίειν διὰ παντός, οἶνον χρηστὸν ἔχουσα, κέρασμα διδοῦσα μετ'

ἄρτου. ταῦτα παρεστὼς εἶπον Ἀβέρκιος ὧδε γραφῆναι· ἐβδομηκοστὸν

ἔτος καὶ δεύτερον ἦγον ἀληθῶς. ταῦθ' ὁ νοῶν εὔξαιθ' ὑπὲρ Ἀβερκίου

πᾶς ὁ συνῳδός. ²⁰οὐ μέντοι τύμβῳ τις ἐμῷ ἕτερόν τινα θήσει· εἰ δ'

οὖν, Ῥωμαίων ταμείῳ θήσει δισχίλια χρυσᾶ, καὶ χρηστῇ πατρίδι Ἱερο-

πόλει χείλια χρυσᾶ.

X INSCRIPTION OF ANTIOCHUS OF COMMAGENE ca. B.C. 34

King Antiochus of Commagene boasts in detail of his piety and
of the religious monuments and observances — self-centered ones
included — which he had promoted during his reign. A remarkable
mixture of Persian and Greek religion is herein reflected. We re-
produce the text of W. Dittenberger, *Orientis Graeci Inscriptiones*
I, 383:1-123, 205b-237. Leipzig: S. Hirzel, 1903.

[Βασιλεὺς μέ]γας Ἀντίοχος θεὸς Δίκαιος [Ἐπιφ]αν[ὴς] Φιλορω-
μαῖος καὶ Φιλέ[λλ]ην, ὁ ἐκ βασιλέως Μιθραδάτου Καλλινίκου καὶ βασι-
λίσσης Λαο⁵δ[ίκ]ης θεᾶς Φιλαδέλφου τῆς ἐκ βασιλέω[ς] Ἀντιόχου Ἐπι-
φανοῦς Φιλομήτορος Καλλινίκου ἐπὶ καθωσιωμένων βάσεων ἀσύλοις γράμ-
μασιν ἔργα χάριτος ἰδίας εἰς ¹⁰χρόνον ἀνέγραψεν αἰώνιον. Ἐγὼ πάν-
των ἀγαθῶν οὐ μόνον κτῆσιν βεβαιοτάτην, ἀλλὰ καὶ ἀπόλαυσιν ἡδίστην
ἀνθρώποις ἐνόμισα τὴν εὐσέβειαν, τὴν αὐτήν τε κρίσιν καὶ ¹⁵δυνάμεως
εὐτυχοῦς καὶ χρήσεως μακαριστῆς αἰτίαν ἔσχον, παρ' ὅλον τε τὸν βίον

ὤφθην ἅπασι βασιλείας ἐμῆς καὶ φύλακα πιστοτάτην καὶ τέρψιν ἀμίμη-

τον ἡγούμενος τὴν ὁσιότητα. [20]δι' ἃ καὶ κινδύνους μεγάλους παρα-

δόξως διέφυγον καὶ πράξεων δυσελπίστων εὐμηχάνως ἐπεκράτησα καὶ

βίου πολυετοῦς μακαριστῶς ἐπληρώθην. Ἐγὼ πατρώιαν [ἀ]ρχὴν [π]αρ-

[αλ]α[β]ὼν [25]βασιλείαν [μ]ὲν ἐμο[ῖ]ς ὑπήκοον θρόνοις κοινὴν θεῶν

ἀπάντων εὐσεβείαι γνώμης ἐμῆς δίαιταν ἀπέδειξα, μορφῆς μὲν (ε)ἰκό-

νας παντοίαι τέχνηι, καθ' ἃ παλαιὸς λόγος Περσῶν τε καὶ [30]Ἑλλήνων

— ἐμοῦ γένους εὐτυχεστάτη ῥίζα — παραδέδωκε, κοσμήσας, θυσίαις δὲ

καὶ πανηγύρεσιν, ὡς ἀρχαῖός τε νόμος καὶ κοινὸν ἀνθρώπων ἔθος· ἔτι

δὲ ἐμὴ δικαία φροντὶς [35]προσεξεῦρε τιμὰς ἐπιφανῶς γεραράς. ἐπεὶ δὲ

ἱεροθεσίου τοῦδε κρηπεῖδα ἀπόρθητον χρόνου λύμαις οὐρανίων ἄγχιστα

θρόνων καταστήσασθαι προενοήθην, ἐν ὧι μα[40]καριστὸν ἄχρι [γ]ήρως

ὑπάρξαν σῶμα μορφῆς ἐμῆς πρὸς οὐρανίους Διὸς Ὠρομάσδου θρόνους θεο-

φιλῆ ψυχὴν προπέμψαν εἰς τὸν ἄπειρον αἰῶνα κοιμήσεται· τότε δὴ καὶ

τόνδε χῶρον [45]ἱερὸν ἁπάντων κοινὸν ἀναδεῖξαι θεῶν ἐνθρόνισμα προει-

λάμην, ὅπως μὴ μόνον ἐμῶν προγόνων οὗτος ὃν ὁρᾶς ἡρῴ(ο)ς λόχος ἐ-

μαῖς ἐπιμελείαις ὑπάρχῃ καθιδρυμένος, ἀλλὰ καὶ [50]δαιμόνων ἐπιφανῶν

θεῖος τύπος ἐν ἁγίωι λόφωι καθοσιωθείς, μηδὲ τόνδε τὸν τόπον ὀρφα-

νὸν ἐμῆς εὐσεβείας ἔχῃ μ[ά]ρτυρα. διόπερ ὡς ὁρᾶς Διός τε Ὠρομάσδου

καὶ Ἀπόλ[55]λωνος Μίθρου Ἡλίου Ἑρμοῦ καὶ Ἀρτάγνου Ἡρακλέους Ἄρ-

εως ἐμῆς τε πατρίδος παντρόφου Κομμαγηνῆς θεοπρεπῆ ταῦτα ἀγάλματα

καθιδρυσάμην ἀπό τε λιθείας μιᾶς δαίμοσιν ἐπηκόοις [60]σύνθρονον χα-

ρακτῆρα μορφῆς ἐμῆς συνανέθηκα καὶ τύχης νέας ἡλικιῶτιν ἀρχαίαν θε-

ῶν μεγάλων τιμὴν ἐποιησάμην, μίμημα δίκαιον φυλάσσων ἀθανάτου φρον-

τίδος, ἣ πολλά[65]κις ἐμοὶ παραστάτις ἐπιφανὴς εἰς βοήθειαν ἀγώνων

βασιλικῶν εὐμενὴς ἑωρᾶτο. χώραν τε ἱκανὴν καὶ προσόδους ἐξ αὐτῆς

ἀκινήτους εἰς θυσιῶν πολυτέλειαν ἀπένειμα, [70]θεραπείαν τε ἀνέγλειπ-

τον καὶ ἱερεῖς ἐπιλέξας σὺν πρεπούσαις ἐσθῆσι Περσικῶι γένει κατ-

έστησα, κόσμον τε καὶ λιτουργίαν πᾶσαν ἀξίως τύχης ἐμῆς καὶ δαιμό-

νων [75]ὑπεροχῆς ἀνέθηκα. περὶ δὲ ἱερουργιῶν ἀϊδίων διάταξιν πρέπουσαν ἐποιησάμην, ὅπως σὺν αἷς ἀρχαῖος καὶ κοινὸς νόμος ἔταξεν θυσίαις

καὶ νέας ἑορτὰς εἴς τε ⁸⁰θεῶν σεβασμὸν καὶ ἡμετέρας τιμὰς ἅπαντες

οἱ κατ' ἐμὴν βασιλείαν ἐπιτελῶσιν. σώματος μὲΥ γὰρ ἐμοῦ γενέθλιον

Αὐδναίου ἑκκαιδεκάτην, διαδήματος δὲ Λώου δεκά⁸⁵την ἀφιέρωσα μεγά-

λων δαιμόνων ἐπιφανείαις, αἵτινες ἐμοὶ καθηγεμόνες εὐτυχοῦς ἀρχῆς

καὶ βασιλείαι πάσηι κοινῶν ἀγαθῶν αἴτιαι κατέστησαν. χάριν δὲ θυ-

[σιῶν] πλή⁹⁰θους καὶ μεγέθους εὐωχίας δύο προσκαθωσίωσα ἡμέρας, ἑκα-

τέραν τούτων ἐνιαύσιον ἑορτήν. βασιλείας δὲ πλῆθος εἰς συναγωγὰς

καὶ πανηγύρεις ⁹⁵καὶ θυσίας ταύτας διελὼν κατὰ κώμας καὶ πόλεις

τοῖς ἔγγιστα τεμένεσιν ὡς ἥρμοζεν ἑκάστοις κατὰ γειτνίαν ἐνεορτά-

ζειν ὥρισα. τοῦ δὲ λοιποῦ χρόνου κατὰ ¹⁰⁰μῆνα μία[ν] ὁμώνυμον

τ[α]ῖς εἰρημέναις — ὑπὲρ μὲν γενέσεως ἐμῆς τὴν ἑκκαιδεκάτην, ὑπὲρ

δὲ ἀναλήψεως διαδήματος τὴν δεκάτην — ἀεὶ διὰ τῶν ἱερέων γεραίρεσ-

θαι παρήγγει¹⁰⁵λα. διαμονῆς δὲ τούτων ἕνεκεν, ἣν ἐμ φρονίμοις ἀν-

δράσι εὐσεβὲς ἀεὶ τηρεῖν, οὐ μόνον εἰς τιμὴν ἡμετέραν ἀλλὰ καὶ μα-

καριστὰς ἐλπίδας ἰδίας ἑκάστου τύχης ἐγὼ καθοσιώσας ἐν στή¹¹⁰λ[α]ις

ἀσύλοις ἐχάραξα γνώμηι θεῶν ἱερὸν νόμον, ὃν θέμις ἀνθρώπων γενεαῖς

ἀπάντων, οὓς ἂν χρόνος ἄπειρος εἰς διαδοχὴν χώρας ταύτης ἰδίαι βίου

μοῖραι καταστή¹¹⁵σῃ, τηρεῖν ἄσυλον εἰδότας ὡς χαλεπὴ νέμεσις βασι-

λικῶν δαιμόνων τιμωρὸς ὁμοίως ἀμελίας τε καὶ ὕβρεως ἀσέβειαν διώ-

κει, καθωσιωμένων τε ἡρώων ἀτιμασθεὶς νόμος ἀνειλάτους ἔχει ποινάς.

τὸ μὲν γὰρ ὅσιον ἅπαν ¹²⁰κοῦφον ἔργον, τῆς δὲ ἀσεβείας ὀπισθοβαρεῖς

ἀνάγκαι. νόμον δὲ τοῦτον φωνῇ μὲν ἐξήγγειλεν ἐμή, νοῦς δὲ θεῶν ἐ-

κύρωσεν.

205b Ὅστις δ' ἂν διατάξεως ταύτης δύναμιν ἱερὰν ἢ τιμὴν ἡρωϊ-

κήν, ἣν ἀθάνατος κρίσις ἐκύρωσεν, καταλύειν ἢ βλάπτειν ἢ σοφίζεσθαι

δίκαιον νοῦν ἐπιβάληται, τούτωι ²¹⁰δαιμόνων ὀργὴ καὶ θεῶν ἁπάντων

αὑτῶι καὶ γένει πρὸς ἅπασαν τιμωρίαν ἀνείλατος ἔστω. τύπον δὲ εὐ-

σεβείας, ἣν θεοῖς καὶ προγόνοις εἰσφέρειν ὅσιον, ἐγὼ παισὶν ²¹⁵ἑκ-

γόνοις τε ἐμοῖς ἐμφανῆ<ι> καὶ δι' ἑτέρων πολλῶν καὶ διὰ τούτων ἑκ-

τέθεικα, νομίζω τε αὐτοὺς καλὸν ὑπόδειγμα μιμήσασθαι γένους αὔξον-
220 τας ἀεὶ συγγενεῖς τιμὰς ὁμοίως τ' ἐμοὶ πολλὰ προσθήσειν ἐν ἀκμῆι
χρόνων ἰδίων εἰς κόσμον οἰκεῖον· οἷς ταῦτα πράσσουσιν ἐγὼ πατρῴους
ἅπαντας θε225οὺς ἐκ Περσίδος τε καὶ Μακέτιδος γῆς Κομμαγηνῆς τε ἑσ-
τίας ἵλεως εἰς πᾶσαν χάριν εὔχομαι διαμένειν. ὅστις τε ἂν βασι-
λεὺς ἢ δυνάστης ἐν μακρῶι χρόνωι ταύτην 230ἀρχὴν παραλάβῃ, νόμον
τοῦτον καὶ τιμὰς ἡμετέρας διαφυλάσσων καὶ παρὰ τῆς ἐμῆς εὐχῆς ἵλεως
δαίμονας καὶ θεοὺς πάντας ἐχέτω· παρανόμωι δὲ 235γνώμηι κατὰ δαι-
μόνων τιμῆς καὶ χωρὶς ἡμετέρας ἀρᾶς παρὰ θεῶν ἐχθρὰ πάντα.

XI　INSCRIPTION OF SANSNOS OF NUBIA　ii/iii A.D.

This brief exhortation may give a valid picture of native
Egyptian religiosity in the early Empire.　There is a notable lack
of reference to the Imperial Cult.　We print Wilcken's reproduction
of the text, *Chrestomathie* I. 116.

Σανσνῶς γράφει ὁ υἱὸς Ϝενο[σοράπιος]
Σέβου τὸ θεῖον. θύε πᾶσι τοῖς θεοῖς.
'Εφ' ἕκαστον ἱερὸν ἐπιπορεύου προσκυνῶν.
'Ηγοῦ μάλιστα τοὺς πατρῴους καὶ σέ[β]ου
Ϝισιν Σαρᾶπιν το[ὺς με]γίστους τῶν [θεῶν]
[σω]τῆρας ἀγα[θ]ο[ὺς εὐμε]νεῖς εὐεργέτα[ς].

THEOPHRASTUS, *PERI DEISIDAIMONIAS*

Theophrastus was a pupil of Aristotle and after his teacher's
death became head of the Peripatetic School. His *Characters,* fam-
ous throughout antiquity, contained thirty psychological studies,
somewhat similar to the portraits of types familiar to us from At-
tic New Comedy and Mimes. *Deisidaimonia,* literally, "fear of the
demonic," can mean either "superstition" or "religious scrupulosity."
In this brief study Theophrastus gives an interesting sketch of
persons subject to religious compulsions and throws light on the
motivation of popular cults. We print the text of J. M. Edmonds
and G. E. V. Austen, *The Characters of Theophrastus,* XVI. Δεισι-
δαιμονιας London: Blackie and Son, 1904.

Ἀμέλει ἡ δεισιδαιμονία δόξειεν ἂν εἶναι δειλία πρὸς τὸ δαι-
μόνιον, ὁ δὲ δεισιδαίμων τοιοῦτός τις, οἷος ἔτι πρῷ ἤδη ἀπονιψά-
μενος τὰς χεῖρας καὶ περιρρανάμενος ἀπὸ ἱεροῦ δάφνην εἰς τὸ στόμα
λαβὼν οὕτω τὴν ἡμέραν περιπατεῖν· καὶ τὴν ὁδὸν ἐὰν ὑπερδράμῃ γαλῆ,
μὴ πρότερον πορευθῆναι, ἕως διεξέλθῃ τις ἢ λίθους τρεῖς ὑπὲρ τῆς
ὁδοῦ διαβάλῃ· καὶ ἐὰν ἴδῃ ὄφιν ἐν τῇ οἰκίᾳ, ἐὰν παρείαν, Σαβάζιον
καλεῖν, ἐὰν δὲ ἱερόν, ἐνταῦθα ἡρῷον εὐθὺς ἱδρύσασθαι· καὶ τῶν λι-
παρῶν λίθων τῶν ἐν ταῖς τριόδοις παριὼν ἐκ τῆς ληκύθου ἔλαιον κατα-
χεῖν καὶ ἐπὶ γόνατα πεσὼν καὶ προσκυνήσας ἀπαλλάττεσθαι· καὶ ἐὰν
μῦς θύλακον ἀλφιτηρὸν διαφάγῃ, πρὸς τὸν ἐξηγητὴν ἐλθὼν ἐρωτᾶν, τί
χρὴ ποιεῖν, καὶ ἐὰν ἀποκρίνηται αὐτῷ ἐκδοῦναι τῷ σκυτοδέψῃ ἐπιρρά-
ψαι, μὴ προσέχειν τούτοις, ἀλλ' ἀποτραπεὶς ἐκθύσασθαι· καὶ πυκνὰ
δὲ τὴν οἰκίαν καθᾶραι δεινὸς Ἑκάτης φάσκων ἐπαγωγὴν γεγονέναι·
κἂν γλαῦκες βαδίζοντος αὐτοῦ ἀνακράγωσι, ταράττεσθαι καὶ εἴπας·
''Ἀθηνᾶ κρείττων' παρελθεῖν οὕτω· καὶ οὔτε ἐπιβῆναι μνήματι οὔτ'

141

ἐπὶ νεκρὸν οὔτ' ἐπὶ λεχὼ ἐλθεῖν ἐθελῆσαι, ἀλλὰ τὸ μὴ μιαίνεσθαι
συμφέρον αὐτῷ φῆσαι εἶναι· καὶ ταῖς τετράσι δὲ καὶ ταῖς ἐβδόμαις
φθίνοντος προστάξας οἶνον ἔχειν τοῖς ἔνδον ἐξελθὼν ἀγοράσαι μυρ-
σίνας λιβανωτὸν πόπανα καὶ εἰσελθὼν εἴσω σπεῖσαι καὶ ἐπιθῦσαι στε-
φανῶν τοὺς Ἑρμαφροδίτους ὅλην τὴν ἡμέραν· καὶ ὅταν ἐνύπνιον ἴδῃ,
προσεύχεσθαι πρὸς τοὺς ὀνειροκρίτας, πρὸς τοὺς μάντεις, πρὸς τοὺς
ὀρνιθοσκόπους, ἐρωτήσων, τίνι θεῶν ἢ θεᾷ εὔχεσθαι δεῖ, καὶ τελεσ-
θησόμενος πρὸς τοὺς Ὀρφεοτελεστάς. καὶ τῶν περιρραινομένων ἐπὶ
θαλάττης ἐπιμελῶς δόξειεν ἂν εἶναι κατὰ μῆνα πορευόμενος μετὰ τῆς
γυναικὸς — ἐὰν δὲ μὴ σχολάζῃ ἡ γυνή, μετὰ τῆς τίτθης — καὶ τῶν
παιδίων· κἄν ποτε ἐπίδῃ σκορόδων ἐστιώμενον τῶν ἐπὶ ταῖς τριόδοις,
ἀπελθὼν κατὰ κεφαλῆς λούσασθαι καὶ ἱερείας καλέσας σκίλλῃ ἢ σκύ-
λακι κελεῦσαι αὐτὸν περικαθᾶραι· μαινόμενον δὲ ἰδὼν ἢ ἐπίληπτον
φρίξας εἰς κόλπον πτύσαι.

XENOPHON, *THE CHOICE OF HERACLES*

In his *Memorabilia* (or Recollections of Socrates) the famous
historian of the early fourth century relates the story told by
the sophist Prodicus about the choice made by Heracles at a cross-
roads where he was confronted by two women personifying happiness
(or virtue) and vice. Heracles was the hero of many parables told
by Cynic and Stoic moralists to show how moral effort leads to last-
ing rewards, and this particular story was one of the most influ-
ential literary motifs in the literature of the Hellenistic-Rom-
an and early Christian periods. Retold or modified it appears in
the works of both pagan and Christian writers, and it also became
a favorite subject of European painters of the Renaissance. We

reprint the text edited by J. R. Smith, *Xenophon, Memorabilia* II. 1. 21-34 Boston: Ginn and Co., 1903.

²¹Καὶ Πρόδικος δὲ ὁ σοφὸς ἐν τῷ συγγράμματι τῷ περὶ Ἡρακλέους, ὅπερ δὴ καὶ πλείστοις ἐπιδείκνυται, ὡσαύτως περὶ τῆς ἀρετῆς ἀποφαίνεται, ὧδέ πως λέγων, ὅσα ἐγὼ μέμνημαι· φησὶ γὰρ Ἡρακλέα, ἐπεὶ ἐκ παίδων εἰς ἥβην ὡρμᾶτο, ἐν ᾗ οἱ νέοι ἤδη αὐτοκράτορες γιγνόμενοι δηλοῦσιν εἴτε τὴν δι' ἀρετῆς ὁδὸν τρέψονται ἐπὶ τὸν βίον εἴτε τὴν διὰ κακίας, ἐξελθόντα εἰς ἡσυχίαν καθῆσθαι ἀποροῦντα ποτέραν τῶν ὁδῶν τράπηται·²²καὶ φανῆναι αὐτῷ δύο γυναῖκας προσιέναι μεγάλας, τὴν μὲν ἑτέραν εὐπρεπῆ τε ἰδεῖν καὶ ἐλευθέριον φύσει, κεκοσμημένην τὸ μὲν σῶμα καθαρότητι, τὰ δὲ ὄμματα αἰδοῖ, τὸ δὲ σχῆμα σωφροσύνῃ, ἐσθῆτι δὲ λευκῇ· τὴν δ' ἑτέραν τεθραμμένην μὲν εἰς πολυσαρκίαν τε καὶ ἁπαλότητα, κεκαλλωπισμένην δὲ τὸ μὲν χρῶμα, ὥστε λευκοτέραν τε καὶ ἐρυθροτέραν τοῦ ὄντος δοκεῖν φαίνεσθαι, τὸ δὲ σχῆμα, ὥστε δοκεῖν ὀρθοτέραν τῆς φύσεως εἶναι, τὰ δὲ ὄμματα ἔχειν ἀναπεπταμένα, ἐσθῆτα δέ, ἐξ ἧς ἂν μάλιστα ὥρα διαλάμποι, κατασκοπεῖσθαι δὲ θαμὰ ἑαυτήν, ἐπισκοπεῖν δὲ καὶ εἴ τις ἄλλος αὐτὴν θεᾶται, πολλάκις δὲ καὶ εἰς τὴν ἑαυτῆς σκιὰν ἀποβλέπειν. ²³ὡς δ' ἐγένοντο πλησιαίτερον τοῦ Ἡρακλέους, τὴν μὲν πρόσθεν ῥηθεῖσαν ἰέναι τὸν αὐτὸν τρόπον, τὴν δ' ἑτέραν φθάσαι βουλομένην προσδραμεῖν τῷ Ἡρακλεῖ καὶ εἰπεῖν· Ὁρῶ σε, ὦ Ἡράκλεις, ἀποροῦντα ποίαν ὁδὸν ἐπὶ τὸν βίον τράπῃ. ἐὰν οὖν ἐμὲ φίλην ποιησάμενος, [ἐπὶ] τὴν ἡδίστην τε καὶ ῥᾴστην ὁδὸν ἄξω σε, καὶ τῶν μὲν τερπνῶν οὐδενὸς ἄγευστος ἔσῃ, τῶν δὲ χαλεπῶν ἄπειρος διαβιώσῃ. ²⁴πρῶτον μὲν γὰρ οὐ πολέμων οὐδὲ πραγμάτων φροντιεῖς, ἀλλὰ σκοπούμενος διέσῃ τί ἂν κεχαρισμένον ἢ σιτίον ἢ ποτὸν εὕροις, ἢ τί ἂν ἰδὼν ἢ τί ἀκούσας τερφθείης, ἢ τίνων ἂν ὀσφραινόμενος ἢ ἁπτό-

μενος ἡσθείης, τίσι δὲ παιδικοῖς ὁμιλῶν μάλιστ' ἂν εὐφρανθείης,
καὶ πῶς ἂν μαλακώτατα καθεύδοις, καὶ πῶς ἂν ἀπονώτατα τούτων πάν-
των τυγχάνοις. ²⁵ἐὰν δέ ποτε γένηταί τις ὑποψία σπάνεως ἀφ' ὧν
ἔσται ταῦτα, οὐ φόβος μή σε ἀγάγω ἐπὶ τὸ πονοῦντα καὶ ταλαιπω-
ροῦντα τῷ σώματι καὶ τῇ ψυχῇ ταῦτα πορίζεσθαι, ἀλλ' οἷς ἂν οἱ ἄλ-
λοι ἐργάζωνται, τούτοις σὺ χρήσῃ, οὐδενὸς ἀπεχόμενος ὅθεν ἂν δυ-
νατὸν ᾖ τι κερδᾶναι· πανταχόθεν γὰρ ὠφελεῖσθαι τοῖς ἐμοὶ συνοῦσιν
ἐξουσίαν ἔγωγε παρέχω. ²⁶καὶ ὁ Ἡρακλῆς ἀκούσας ταῦτα, Ὦ γύναι,
ἔφη, ὄνομα δέ σοι τί ἐστιν; ἡ δέ, Οἱ μὲν ἐμοὶ φίλοι, ἔφη, καλοῦσί
με Εὐδαιμονίαν, οἱ δὲ μισοῦντές με ὑποκοριζόμενοι ὀνομάζουσι Κακίαν.
²⁷καὶ ἐν τούτῳ ἡ ἑτέρα γυνὴ προσελθοῦσα εἶπε· Καὶ ἐγὼ ἥκω πρός σέ,
ὦ Ἡράκλεις, εἰδυῖα τοὺς γεννήσαντάς σε καὶ τὴν φύσιν τὴν σὴν ἐν
τῇ παιδείᾳ καταμαθοῦσα· ἐξ ὧν ἐλπίζω, εἰ τὴν πρὸς ἐμὲ ὁδὸν τράποιο,
σφόδρ' ἄν σε τῶν καλῶν καὶ σεμνῶν ἀγαθὸν ἐργάτην γενέσθαι καὶ ἐμὲ
ἔτι πολὺ ἐντιμοτέραν καὶ ἐπ' ἀγαθοῖς διαπρεπεστέραν φανῆναι. οὐκ
ἐξαπατήσω δέ σε προοιμίοις ἡδονῆς, ἀλλ' ἧπερ οἱ θεοὶ διέθεσαν, τὰ
ὄντα διηγήσομαι μετ' ἀληθείας. ²⁸τῶν γὰρ ὄντων ἀγαθῶν καὶ καλῶν
οὐδὲν ἄνευ πόνου καὶ ἐπιμελείας θεοὶ διδόασιν ἀνθρώποις· ἀλλ' εἴτε
τοὺς θεοὺς ἵλεως εἶναί σοι βούλει, θεραπευτέον τοὺς θεούς, εἴτε
ὑπὸ φίλων ἐθέλεις ἀγαπᾶσθαι, τοὺς φίλους εὐεργετητέον, εἴτε ὑπό
τινος πόλεως ἐπιθυμεῖς τιμᾶσθαι, τὴν πόλιν ὠφελητέον, εἴτε ὑπὸ τῆς
Ἑλλάδος πάσης ἀξιοῖς ἐπ' ἀρετῇ θαυμάζεσθαι, τὴν Ἑλλάδα πειρατέον
εὖ ποιεῖν, εἴτε γῆν βούλει σοι καρποὺς ἀφθόνους φέρειν, τὴν γῆν
θεραπευτέον, εἴτε ἀπὸ βοσκημάτων οἴει δεῖν πλουτίζεσθαι, τῶν βοσ-
κημάτων ἐπιμελητέον, εἴτε διὰ πολέμου ὁρμᾷς αὔξεσθαι καὶ βούλει
δύνασθαι τούς τε φίλους ἐλευθεροῦν καὶ τοὺς ἐχθροὺς χειροῦσθαι,
τὰς πολεμικὰς τέχνας αὐτάς τε παρὰ τῶν ἐπισταμένων μαθητέον καὶ
ὅπως αὐταῖς δεῖ χρῆσθαι ἀσκητέον· εἰ δὲ καὶ τῷ σώματι βούλει

δυνατὸς εἶναι, τῇ γνώμῃ ὑπηρετεῖν ἐθιστέον τὸ σῶμα καὶ γυμναστέον
σὺν πόνοις καὶ ἱδρῶτι. ²⁹καὶ ἡ Κακία ὑπολαβοῦσα εἶπεν, ὥς φησι
Πρόδικος· Ἐννοεῖς, ὦ Ἡράκλεις, ὡς χαλεπὴν καὶ μακρὰν ὁδὸν ἐπὶ
τὰς εὐφροσύνας ἡ γυνή σοι αὕτη διηγεῖται; ἐγὼ δὲ ῥᾳδίαν καὶ βραχεῖαν
ὁδὸν ἐπὶ τὴν εὐδαιμονίαν ἄξω σε. ³⁰καὶ ἡ Ἀρετὴ εἶπεν· Ὦ τλῆμον,
τί δὲ σὺ ἀγαθὸν ἔχεις; ἢ τί ἡδὺ οἶσθα, μηδὲν τούτων ἕνεκα πράττειν
ἐθέλουσα; ἥτις οὐδὲ τὴν τῶν ἡδέων ἐπιθυμίαν ἀναμένεις, ἀλλὰ πρὶν
ἐπιθυμῆσαι πάντων ἐμπίπλασαι, πρὶν μὲν πεινῆν ἐσθίουσα, πρὶν δὲ
διψῆν πίνουσα καί, ἵνα μὲν ἡδέως φάγῃς, ὀψοποιοὺς μηχανωμένη, ἵνα
δὲ ἡδέως πίῃς, οἴνους τε πολυτελεῖς παρασκευάζῃ καὶ τοῦ θέρους χι-
όνα περιθέουσα ζητεῖς· ἵνα δὲ καθυπνώσῃς ἡδέως, οὐ μόνον τὰς στρωμ-
νὰς μαλακάς, ἀλλὰ καὶ [τὰς κλίνας καὶ] τὰ ὑπόβαθρα ταῖς κλίναις
παρασκευάζῃ· οὐ γὰρ διὰ τὸ πονεῖν, ἀλλὰ διὰ τὸ μηδὲν ἔχειν ὅ τι
ποιῇς, ὕπνου ἐπιθυμεῖς· τὰ δὲ ἀφροδίσια πρὸ τοῦ δεῖσθαι ἀναγκάζεις,
πάντα μηχανωμένη καὶ γυναιξὶ τοῖς ἀνδράσι χρωμένη· οὕτω γὰρ παιδεύ-
εις τοὺς σεαυτῆς φίλους, τῆς μὲν νυκτὸς ὑβρίζουσα, τῆς δ' ἡμέρας
τὸ χρησιμώτατον κατακοιμίζουσα. ³¹ἀθάνατος δὲ οὖσα ἐκ θεῶν μὲν
ἀπέρριψαι, ὑπὸ δὲ ἀνθρώπων ἀγαθῶν ἀτιμάζῃ· τοῦ δὲ πάντων ἡδίστου
ἀκούσματος, ἐπαίνου ἑαυτῆς, ἀνήκοος εἶ καὶ τοῦ πάντων ἡδίστου θε-
άματος ἀθέατος· οὐδὲν γὰρ πώποτε σεαυτῆς ἔργον καλὸν τεθέασαι. τίς
δ' ἄν σοι λεγούσῃ τι πιστεύσειε; τίς δ' ἂν δεομένῃ τινὸς ἐπαρκέσειεν;
ἢ τίς ἂν εὖ φρονῶν τοῦ σοῦ θιάσου τολμήσειεν εἶναι; οἱ νέοι μὲν
ὄντες τοῖς σώμασιν ἀδύνατοί εἰσι, πρεσβύτεροι δὲ γενόμενοι ταῖς
ψυχαῖς ἀνόητοι, ἀπόνως μὲν λιπαροὶ διὰ νεότητος τρεφόμενοι, ἐπι-
πόνως δὲ αὐχμηροὶ διὰ γήρως περῶντες, τοῖς μὲν πεπραγμένοις αἰσ-
χυνόμενοι, τοῖς δὲ πραττομένοις βαρυνόμενοι, τὰ μὲν ἡδέα ἐν τῇ νε-
ότητι διαδραμόντες, τὰ δὲ χαλεπὰ εἰς τὸ γῆρας ἀποθέμενοι. ³²ἐγὼ
δὲ σύνειμι μὲν θεοῖς, σύνειμι δὲ ἀνθρώποις τοῖς ἀγαθοῖς. ἔργον δὲ

καλὸν οὔτε θεῖον οὔτε ἀνθρώπειον χωρὶς ἐμοῦ γίγνεται· τιμῶμαι δὲ
μάλιστα πάντων καὶ παρὰ θεοῖς καὶ παρὰ ἀνθρώποις οἷς προσήκει,
ἀγαπητὴ μὲν συνεργὸς τεχνίταις, πιστὴ δὲ φύλαξ οἴκων δεσπόταις,
εὐμενὴς δὲ παραστάτις οἰκέταις, ἀγαθὴ δὲ συλλήπτρια τῶν ἐν εἰρήνῃ
πόνων, βεβαία δὲ τῶν ἐν πολέμῳ σύμμαχος ἔργων, ἀρίστη δὲ φιλίας
κοινωνός. [33]ἔστι δὲ τοῖς μὲν ἐμοῖς φίλοις ἡδεῖα μὲν καὶ ἀπράγμων
σίτων καὶ ποτῶν ἀπόλαυσις· ἀνέχονται γὰρ ἕως ἂν ἐπιθυμήσωσιν αὐτῶν.
ὕπνος δ' αὐτοῖς πάρεστιν ἡδίων ἢ τοῖς ἀμόχθοις, καὶ οὔτε ἀπολείπον-
τες αὐτὸν ἄχθονται οὔτε διὰ τοῦτον μεθιᾶσι τὰ δέοντα πράττειν. καὶ
οἱ μὲν νέοι τοῖς τῶν πρεσβυτέρων ἐπαίνοις χαίρουσιν, οἱ δὲ γεραίτεροι
ταῖς τῶν νέων τιμαῖς ἀγάλλονται· καὶ ἡδέως μὲν τῶν παλαιῶν πράξεων
μέμνηνται, εὖ δὲ τὰς παρούσας ἥδονται πράττοντες, δι' ἐμὲ φίλοι μὲν
θεοῖς ὄντες, ἀγαπητοὶ δὲ φίλοις, τίμιοι δὲ πατρίσιν· ὅταν δ' ἔλθῃ
τὸ πεπρωμένον τέλος, οὐ μετὰ λήθης ἄτιμοι κεῖνται, ἀλλὰ μετὰ μνή-
μης τὸν ἀεὶ χρόνον ὑμνούμενοι θάλλουσι. τοιαῦτά σοι, ὦ παῖ τοκέων ἀγα-
θῶν Ἡράκλεις, ἔξεστι διαπονησαμένῳ τὴν μακαριστοτάτην εὐδαιμονίαν
κεκτῆσθαι. [34]οὕτω πως διώκει Πρόδικος τὴν ὑπ' Ἀρετῆς Ἡρακλέους
παίδευσιν, ἐκόσμησε μέντοι τὰς γνώμας ἔτι μεγαλειοτέροις ῥήμασιν
ἢ ἐγὼ νῦν. σοὶ δ' οὖν ἄξιον, ὦ Ἀρίστιππε, τούτων ἐνθυμουμένῳ πει-
ρᾶσθαί τι καὶ τῶν εἰς τὸν μέλλοντα χρόνον τοῦ βίου φροντίζειν.

CLEANTHES, *HYMN TO ZEUS*

Cleanthes (ca. 330-230 B.C.) was the first head of the Stoic
School in Athens after the death of its founder Zeno. Though he
was a voluminous writer only fragments of his works are extant.
The *Hymn to Zeus* is an important example of monotheistic tendencies
in Stoic religious philosophy, and must have been well known to

many early Christian writers. We reproduce the text edited by H.
F. A. von Arnim, *Stoicorum Veterum Fragmenta* Vol. I No. 537, Leip-
zig: Teubner, 1905.

Κύδιστ' ἀθανάτων, πολυώνυμε, παγκρατὲς αἰεί,

Ζεῦ, φύσεως ἀρχηγέ, νόμου μέτα πάντα κυβερνῶν,

χαῖρε· σὲ γὰρ πάντεσσι θέμις θνητοῖσι προσαυδᾶν.

ἐκ σοῦ γὰρ γένος εἶσ' ἤχου μίμημα λαχόντες

5   μοῦνοι, ὅσα ζώει τε καὶ ἕρπει θνήτ' ἐπὶ γαῖαν·

τῷ σε καθυμνήσω καὶ σὸν κράτος αἰὲν ἀείσω.

σοὶ δὴ πᾶς ὅδε κόσμος, ἑλισσόμενος περὶ γαῖαν,

πείθεται, ᾗ κεν ἄγῃς, καὶ ἑκὼν ὑπὸ σεῖο κρατεῖται·

τοῖον ἔχεις ὑποεργὸν ἀνικήτοις ὑπὸ χερσὶν

10   ἀμφήκη, πυρόεντα, ἀειζώοντα κεραυνόν·

τοῦ γὰρ ὑπὸ πληγῆς φύσεως πάντ' ἔργα <τελεῖται>·

ᾧ σὺ κατευθύνεις κοινὸν λόγον, ὃς διὰ πάντων

φοιτᾷ, μιγνύμενος μεγάλοις μικροῖς τε φάεσσι·

ᾧ σὺ τόσος γεγαὼς ὕπατος βασιλεὺς διὰ παντός.

15   οὐδέ τι γίγνεται ἔργον ἐπὶ χθονὶ σοῦ δίχα, δαῖμον,

οὔτε κατ' αἰθέριον θεῖον πόλον οὔτ' ἐνὶ πόντῳ,

πλὴν ὁπόσα ῥέζουσι κακοὶ σφετέραισιν ἀνοίαις·

ἀλλὰ σὺ καὶ τὰ περισσὰ ἐπίστασαι ἄρτια θεῖναι,

καὶ κοσμεῖν τἄκοσμα καὶ οὐ φίλα σοὶ φίλα ἐστίν.

20   ὧδε γὰρ εἰς ἓν πάντα συνήρμοκας ἐσθλὰ κακοῖσιν,

ὥσθ' ἕνα γίγνεσθαι πάντων λόγον αἰὲν ἐόντα,

ὃν φεύγοντες ἐῶσιν ὅσοι θνητῶν κακοί εἰσι,

δύσμοροι, οἵ τ' ἀγαθῶν μὲν ἀεὶ κτῆσιν ποθέοντες

οὔτ' ἐσορῶσι θεοῦ κοινὸν νόμον, οὔτε κλύουσιν,

25   ᾧ κεν πειθόμενοι σὺν νῷ βίον ἐσθλὸν ἔχοιεν.

αὐτοὶ δ' αὖθ' ὁρμῶσιν ἄνοι κακὸν ἄλλος ἐπ' ἄλλο,

οἱ μὲν ὑπὲρ δόξης σπουδὴν δυσέριστον ἔχοντες,

οἱ δ' ἐπὶ κερδοσύνας τετραμμένοι οὐδενὶ κόσμῳ,

ἄλλοι δ' εἰς ἄνεσιν καὶ σώματος ἡδέα ἔργα.

30   <ἀλλὰ κακοῖς ἐπέκυρσαν>, ἐπ' ἄλλοτε δ' ἄλλα φέρονται

σπεύδοντες μάλα πάμπαν ἐναντία τῶνδε γενέσθαι.

ἀλλὰ Ζεῦ πάνδωρε, κελαινεφές, ἀρχικέραυνε,

ἀνθρώπους <μὲν> ῥύου ἀπειροσύνης ἀπὸ λυγρῆς,

ἣν σύ, πάτερ, σκέδασον ψυχῆς ἄπο, δὸς δὲ κυρῆσαι

35   γνώμης, ἧ πίσυνος σὺ δίκης μέτα πάντα κυβερνᾷς,

ὄφρ' ἂν τιμηθέντες ἀμειβώμεσθά σε τιμῇ,

ὑμνοῦντες τὰ σὰ ἔργα διηνεκές, ὡς ἐπέοικε

θνητὸν ἐόντ', ἐπεὶ οὔτε βροτοῖς γέρας ἄλλο τι μεῖζον,

οὔτε θεοῖς, ἢ κοινὸν ἀεὶ νόμον ἐν δίκῃ ὑμνεῖν.

CORNUTUS, *EPIDROME* (*COMPENDIUM OF GREEK THEOLOGY*) 7-13

    Cornutus was a Roman Stoic who flourished in the middle of the
first century A.D. (he was banished from Rome by Nero), and was
famous, among other reasons, as the teacher of the Roman poets, Per-
sius and Lucan. His *Epidrome* is a brief exposition of Stoic alleg-
ory, which is important to students of the history of biblical in-
terpretation. Cornutus' work shows how the Stoics tried to ration-
alize and sublimate the Homeric myths and stories of the gods by in-
terpreting them as symbols of physical forces or ethical abstrac-
tions. We reprint chapters 7-13 from the edition of C. Lang, *Cor-
nuti Theologiae Graecae Compendium*, Leipzig: Teubner, 1881.

⁷Τελευταῖον δὲ ὁ μὲν Κρόνος ἱστορεῖται συνεχῶς κατιόντα ἐπὶ τῷ μίγνυσθαι τῇ Γῇ τὸν Οὐρανὸν ἐκτεμεῖν καὶ παῦσαι τῆς ὕβρεως, ὁ δὲ Ζεὺς ἐκβαλὼν αὐτὸν τῆς βασιλείας καταταρταρῶσαι. διὰ γοῦν τούτων αἰνίττονται ὅτι ἡ τῆς τῶν ὅλων γενέσεως τάξις, ἣν ἔφαμεν ἀπὸ τοῦ κραίνειν Κρόνον εἱρῆσθαι, τὴν γινομένην τέως πολλὴν ῥύσιν τοῦ περι- έχοντος ἐπὶ τὴν γῆν ἔστειλε λεπτοτέρας ποιήσασα τὰς ἀναθυμιάσεις. ἡ δὲ τοῦ κόσμου φύσις ἐπισχύσασα, ἣν δὴ Δία ἐλέγομεν καλεῖσθαι, τὸ λίαν φερόμενον τῆς μεταβολῆς ἐπέσχε καὶ ἐπέδησε μακροτέραν διεξα- γωγὴν δοὺς αὐτῷ τῷ κόσμῳ. [πάνυ δ' εἰκότως καὶ ἀγκυλομήτην καλοῦσι τὸν Κρόνον, ἀγκύλων ὄντων καὶ δυσπαρακολουθήτων ἃ μητιάσεται τοσ- ούτους ἀριθμοὺς ἐξελίττων.]

⁸Κατ' ἄλλον δὲ λόγον τὸν Ὠκεανὸν ἔφασαν ἀρχέγονον εἶναι πάντων — οὐ γὰρ μία μυθολογία περὶ τοῦτον ἐγένετο τὸν τόπον —, τούτου δ' εἶναι γυναῖκα Τηθύν. ἔστι δ' Ὠκεανὸς μὲν ὁ ὠκέως νεόμενος λόγος καὶ ἐφεξῆς μεταβάλλων, Τηθὺς δὲ ἡ [ἐπὶ] τῶν ποιοτήτων ἐπιμονή. ἐκ γὰρ τῆς τούτων συγκράσεως ἢ μίξεως ὑφίσταται τὰ ὄντα· οὐδὲν δ' ἂν ἦν, εἰ θάτερον ἄμικτον ἐπεκράτει.

⁹Μετὰ δὲ ταῦτα ἄλλως ὁ ΖΕΥΣ πατὴρ λέγεται θεῶν καὶ ἀνθρώπων εἶ- ναι διὰ τὸ τὴν τοῦ κόσμου φύσιν αἰτίαν γεγονέναι τῆς τούτων ὑποστά- σεως, ὡς οἱ πατέρες γεννῶσι τὰ τέκνα. νεφεληγερέτην δ' αὐτὸν καὶ ἐρίγδουπον καλοῦσι καὶ τὸν κεραυνὸν αὐτῷ καὶ τὴν αἰγίδα ἀνατιθέασι τῷ ἄνω ὑπὲρ ἡμᾶς τὰ νέφη καὶ τὰς βροντὰς συνίστασθαι καὶ τοὺς κε- ραυνοὺς ἐκεῖθεν καὶ τὰς καταιγίδας κατασκήπτειν, [ἄλλως] τῷ τὸν οὐ- ρανὸν λελογχότι θεῷ παντὸς τοῦ ὑπὲρ τὴν γῆν τόπου ἀπονεμομένου. καὶ διὰ μὲν τὰς αἰγίδας[, αἳ δὴ ἀπὸ τοῦ αἴσσειν τὸ ὄνομα ἔσχον,] αἰγίοχος ἐκλήθη, δι' ἄλλας δὲ ὁμοειδεῖς καὶ εὐεπιγνώστους αἰτίας ὑέτιος καὶ ἐπικάρπιος καὶ καταιβάτης καὶ ἀστραπαῖος καὶ ἄλλως πολ- λαχῶς κατὰ διαφόρους ἐπινοίας. καὶ σωτῆρα καὶ ἕρκειον καὶ πολιέα καὶ πατρῷον καὶ ὁμόγνιον καὶ ξένιον καὶ κτήσιον καὶ βουλαῖον καὶ τροπαιοῦχον καὶ ἐλευθέριον αὐτὸν προσαγορεύουσιν, ἀπερ ιλήπτων

ὅσων ὀνομασιῶν αὐτοῦ τοιούτων οὐσῶν, ἐπειδὴ διατέτακεν εἰς πᾶσαν
δύναμιν καὶ σχέσιν καὶ πάντων αἴτιος καὶ ἐπόπτης ἐστίν. οὕτω δ'
ἐρρέθη καὶ τῆς Δίκης πατὴρ εἶναι — ὁ γὰρ παραγαγὼν εἰς τὰ πράγ-
ματα τὴν κοινωνίαν τῶν ἀνθρώπων καὶ παραγγείλας αὐτοῖς μὴ ἀδικεῖν
ἀλλήλους οὗτός ἐστι — καὶ τῶν Χαρίτων — ἐντεῦθέν τε γάρ εἰσιν αἱ
τοῦ χαρίζεσθαι καὶ εὐεργετεῖν ἀρχαὶ — καὶ τῶν Ὡρῶν, τῶν κατὰ τὰς
τοῦ περιέχοντος μεταβολὰς σωτηρίους τῶν ἐπὶ γῆς γινομένων καὶ τῶν
ἄλλων ὠνομασμένων ἀπὸ τῆς φυλακῆς. παρεισάγουσι δ' αὐτὸν τελείου
ἀνδρὸς ἡλικίαν ἔχοντα, ἐπεὶ οὔτε τὸ παρηκμακὸς οὔτε τὸ ἐλλιπὲς ἐμ-
φαίνει, κατηρτυκότι δὲ οἰκεῖον, διὰ τοῦτο καὶ τελείων αὐτῷ θυομέ-
νων. τὸ δὲ σκῆπτρον τῆς δυναστείας αὐτοῦ σύμβολόν ἐστι, βασιλικὸν
φόρημα ὑπάρχον, ἢ τοῦ ἀπτώτως αὐτὸν ἔχειν καὶ ἀσφαλῶς ὡς τοὺς ἐπὶ
βάκτροις ἐρηρεισμένους· τὸ δὲ βέλος, ὃ ἐν τῇ δεξιᾷ χειρὶ κατέχει,
σαφεστέρας ἢ κατ' ἐπεξήγησιν ὀνομασίας ἐστί. πολλαχοῦ δὲ καὶ Νίκην
κρατῶν πλάττεται· περίεστι γὰρ πάντων καὶ ἡττᾶν αὐτὸν οὐδὲν δύναται.
ἱερὸς δ' ὄρνις αὐτοῦ ἀετὸς λέγεται εἶναι διὰ τὸ ὀξύτατον τοῦτο τῶν
πτηνῶν εἶναι. στέφεται δ' ἐλαίᾳ διὰ τὸ ἀειθαλὲς καὶ λιπαρὸν καὶ
πολύχρηστον ἢ διὰ τὴν ἐμφέρειαν τῆς πρὸς τὸν οὐρανὸν γλαυκότητος.
λέγεται δ' ὑπό τινων καὶ ἀλάστωρ καὶ παλαμναῖος τῷ τοὺς ἀλάστορας
καὶ παλαμναίους κολάζειν, τῶν μὲν ὠνομασμένων ἀπὸ τοῦ τοιαῦτα ἁμαρ-
τάνειν, ἐφ' οἷς ἔστιν ἀλαστῆσαι καὶ στενάξαι, τῶν δὲ ἀπὸ τοῦ ταῖς
παλάμαις μιάσματα ἀνέκθυτα ἀποτελεῖν. ¹⁰Κατὰ τοῦτον τὸν λόγον καὶ
αἱ λεγόμεναι Ἐρινύες γεγόνασιν, ἐρευνήτριαι τῶν ἁμαρτανόντων οὖ-
σαι, Μέγαιρα καὶ Τισιφόνη καὶ Ἀληκτώ, ὡσπερεὶ μεγαίροντος τοῖς
τοιούτοις τοῦ θεοῦ καὶ τιννυμένου τοὺς γινομένους ὑπ' αὐτῶν φόνους
καὶ ἀλήκτως καὶ ἀπαύστως τοῦτο ποιοῦντος. Σεμναὶ δ' ὄντως αὗται
αἱ θεαὶ καὶ Εὐμενίδες εἰσί· κατὰ γὰρ τὴν εἰς τοὺς ἀνθρώπους εὐμέ-
νειαν τῆς φύσεως διατέτακται καὶ τὸ τὴν πονηρίαν κολάζεσθαι. φρι-
κώδεις δὲ τὰς ὄψεις ἔχουσι, πυρὶ καὶ μάστιξι τοὺς ἀσεβεῖς διώκουσαι
καὶ ὀφιοπλόκαμοι λεγόμεναι, τῷ τοιαύτην τοῖς κακοῖς φαντασίαν ποι-

εῖν, ἃς ἂν ἀποτίνωσι ποινὰς ἀντὶ τῶν πλημμελημάτων. ἐν ῞Αιδου δὲ οἰκεῖν λέγονται διὰ τὸ ἐν ἀσαφεῖ κεῖσθαι τὰς τούτων αἰκίας καὶ ἀ-προόρατον ἐφίστασθαι τὴν τίσιν τοῖς ἀξίοις. [11]Ἀκολούθως δὲ τού-τοις λέγεται καὶ ὅτι πάντ' ἐφορᾷ Διὸς ὀφθαλμὸς καὶ πάντ' ἐπακούει. πῶς γὰρ οἷόν τέ ἐστι τὴν διὰ πάντων διήκουσαν δύναμιν λανθάνειν τι τῶν ἐν τῷ κόσμῳ γινομένων; προσαγορεύουσι δὲ καὶ μείλιχον τὸν Δία, εὐμείλικτον ὄντα τοῖς ἐξ ἀδικίας μετατιθεμένοις, οὐ δέοντος ἀδιαλ-λάκτως ἔχειν πρὸς αὐτούς· διὰ τοῦτο γὰρ καὶ ἱκεσίου Διὸς εἰσι βωμοὶ [12]καὶ τὰς Λιτὰς ὁ ποιητὴς ἔφη τοῦ Διὸς εἶναι θυγατέρας, χωλὰς μὲν οὔσας διὰ τὸ πίπτειν τοὺς γονυπετοῦντας, ῥυσὰς δὲ ἐπὶ παραστάσει τῆς ἀσθενείας τῶν ἱκετευόντων, παραβλῶπας δὲ τῷ παριόντας τινάς τινα ὕστερον ἀνάγκην ἴσχειν λιτανείας.

[13]Ὁ Ζεὺς δέ ἐστι καὶ ἡ Μοῖρα διὰ τὸ μὴ ὁρωμένη διανέμησις εἶ-ναι τῶν ἐπιβαλλόντων ἑκάστῳ, ἐντεῦθεν ἤδη τῶν ἄλλων μερίδων μοιρῶν ὠνομασμένων. Αἶσα δέ ἐστιν ἡ ἄιστος καὶ ἄγνωστος αἰτία τῶν γινο-μένων — ἐμφαίνεται δὲ νῦν ἡ τῶν κατὰ μέρος ἀδηλότης — ἤ, ὡς οἱ πρεσβύτεροι, ἡ ἀεὶ οὖσα. Εἱμαρμένη δέ ἐστι καθ' ἣν μέμαρπται καὶ συνείληπται πάντα ἐν τάξει καὶ στοίχῳ μὴ ἔχοντι πέρας τὰ γινόμενα [σύλληψιν ἡ εἶ συλλαβὴ περιέχει,καθάπερ καὶ ἐν τῷ εἱρμῷ]. Ἀνάγκη δέ ἐστιν ἣν ἄξαι καὶ ἧς περιγενέσθαι οὐκ ἔστιν ἡ ἐφ' ἣν πᾶν ὃ ἂν γένηται τὴν ἀναγωγὴν λαμβάνει. κατ' ἄλλον δὲ τρόπον τρεῖς Μοῖραι παρεισάγονται κατὰ τὸ τρισσὸν τῶν χρόνων· καὶ Κλωθὼ μὲν ὠνόμασται μία αὐτῶν ἀπὸ τοῦ κλώσει ἐρίων ἐοικέναι τὰ γινόμενα ἄλλων ἄλλοις ἐπιπιπτόντων, καθὸ καὶ νήθουσαν αὐτὴν πρεσβυτάτην διατυποῦσι, Λά-χεσις δ' ἄλλη ἀπὸ τοῦ τῇ κατὰ τοὺς κλήρους λήξει τὰ ἀποδιδόμενα ἑκάστῳ προσεοικέναι, Ἄτροπος δὲ ἡ τρίτη διὰ τὸ ἀτρέπτως ἔχειν τὰ κατ' αὐτὴν διατεταγμένα. ἡ δ' αὐτὴ δύναμις οἰκείως ἂν δόξαι τῶν τριῶν προσηγοριῶν τυγχάνειν. αὕτη δέ ἐστι καὶ Ἀδράστεια, ἤτοι παρὰ τὸ ἀνέκφευκτος καὶ ἀναπόδραστος εἶναι ὠνομασμένη ἢ παρὰ τὸ ἀεὶ ὁρᾶν τὰ καθ' αὐτήν, ὡσὰν ἀειδράστεια οὖσα, ἢ τοῦ στερητικοῦ

μορίου πλῆθος νῦν ἀποδηλοῦντος ὡς ἐν τῇ 'ἀξύλῳ ὕλῃ'· πολυδράστεια
γάρ ἐστι. Νέμεσις δὲ ἀπὸ τῆς νεμήσεως προσηγόρευται — διαιρεῖ
γὰρ τὸ ἐπιβάλλον ἑκάστῳ —, Τύχη δὲ ἀπὸ τοῦ τεύχειν ἡμῖν τὰς περι-
στάσεις καὶ συμπιπτόντων τοῖς ἀνθρώποις δημιουργὸς εἶναι, "Οπις δὲ
ἀπὸ τοῦ λανθάνουσα καὶ ὥσπερ παρακολουθοῦσα ὄπισθεν καὶ παρατηροῦ-
σα τὰ πραττόμενα ὑφ' ἡμῶν κολάζειν τὰ κολάσεως ἄξια.

EPICURUS, *LETTER TO MENOECEUS*

Epicurus (ca. 341-270 B.C.) was the founder of the Epicurean
School which in Hellenistic-Roman times was the most important rep-
resentative of naturalism in Greek thought.   Though a number of
fragments of his own work have survived, his doctrines are best
known to most modern students through the great poem *On the Nature
of Things* written in the first century B. C. by Epicurus' ardent
admirer and disciple, the Roman poet Lucretius.

The *Letter to Menoeceus* gives a good summary of the basic
teachings of Epicurus concerning the nature of the gods, man's need-
less fear of death, and the rational control of emotion and appetite.
We give a portion of this document as edited by H. Usener in *Epi-
curea*, Leipzig: Teubner, 1887, pp. 59-62.

[122]Μήτε νέος τις ὢν μελλέτω φιλοσοφεῖν, μήτε γέρων ὑπάρχων κο-
πιάτω φιλοσοφῶν. οὔτε γὰρ ἄωρος οὐδείς ἐστιν οὔτε πάρωρος πρὸς τὸ
κατὰ ψυχὴν ὑγιαῖνον. ὁ δὲ λέγων μήπω τοῦ φιλοσοφεῖν ὑπάρχειν ἢ
παρεληλυθέναι τὴν ὥραν ὅμοιός ἐστι τῷ λέγοντι πρὸς εὐδαιμονίαν ἢ
μήπω παρεῖναι τὴν ὥραν ἢ μηκέτ' εἶναι. ὥστε φιλοσοφητέον καὶ νέῳ
καὶ γέροντι, τῷ μὲν ὅπως γηράσκων νεάζῃ τοῖς ἀγαθοῖς διὰ τὴν χάριν
τῶν γεγονότων, τῷ δὲ ὅπως νέος ἅμα καὶ παλαιὸς ᾖ διὰ τὴν ἀφοβίαν
τῶν μελλόντων. μελετᾶν οὖν χρὴ τὰ ποιοῦντα τὴν εὐδαιμονίαν, εἴ περ

παρούσης μὲν αὐτῆς πάντα ἔχομεν, ἀπούσης δὲ πάντα πράττομεν εἰς τὸ ταύτην ἔχειν.

123ᵃ Α δέ σοι συνεχῶς παρήγγελλον, ταῦτα καὶ πρᾶττε καὶ μελέτα, στοιχεῖα τοῦ καλῶς ζῆν ταῦτ' εἶναι διαλαμβάνων· πρῶτον μὲν τὸν θε- ὸν ζῷον ἄφθαρτον καὶ μακάριον νομίζων, ὡς ἡ κοινὴ τοῦ θεοῦ νόησις ὑπεγράφη, μηθὲν μήτε τῆς ἀφθαρσίας ἀλλότριον μήτε τῆς μακαριότητος ἀνοίκειον αὐτῷ πρόσαπτε· πᾶν δὲ τὸ φυλάττειν αὐτοῦ δυνάμενον τὴν μετὰ ἀφθαρσίας μακαριότητα περὶ αὐτὸν δόξαζε. θεοὶ μὲν γὰρ εἰσίν· ἐναργὴς γὰρ αὐτῶν ἐστιν ἡ γνῶσις. οἵους δ' αὐτοὺς <οἱ> πολλοὶ νο- μίζουσιν, οὐκ εἰσίν· οὐ γὰρ φυλάττουσιν αὐτοὺς οἵους νοοῦσιν. ἀσε- βὴς δὲ οὐχ ὁ τοὺς τῶν πολλῶν θεοὺς ἀναιρῶν, ἀλλ' ὁ τὰς τῶν πολλῶν δόξας θεοῖς προσάπτων. 124οὐ γὰρ προλήψεις εἰσὶν ἀλλ' ὑπολήψεις ψευδεῖς αἱ τῶν πολλῶν ὑπὲρ θεῶν ἀποφάσεις, ἔνθεν αἱ μέγισται βλάβαι τε τοῖς κακοῖς ἐκ θεῶν ἐπάγονται καὶ ὠφέλειαι <τοῖς ἀγαθοῖς>. ταῖς γὰρ ἰδίαις οἰκειούμενοι διὰ παντὸς ἀρεταῖς τοὺς ὁμοίους ἀποδέχονται, πᾶν τὸ μὴ τοιοῦτον ὡς ἀλλότριον νομίζοντες.

Συνέθιζε δὲ ἐν τῷ νομίζειν μηδὲν πρὸς ἡμᾶς εἶναι τὸν θάνατον· ἐπεὶ πᾶν ἀγαθὸν καὶ κακὸν ἐν αἰσθήσει· στέρησις δὲ ἐστιν αἰσθήσεως ὁ θάνατος. ὅθεν γνῶσις ὀρθὴ τοῦ μηθὲν εἶναι πρὸς ἡμᾶς τὸν θάνατον ἀπολαυστὸν ποιεῖ τὸ τῆς ζωῆς θνητόν, οὐκ ἄπειρον προστιθεῖσα χρό- νον ἀλλὰ τὸν τῆς ἀθανασίας ἀφελομένη πόθον. 125οὐθὲν γάρ ἐστιν ἐν τῷ ζῆν δεινὸν τῷ κατειληφότι γνησίως τὸ μηδὲν ὑπάρχειν ἐν τῷ μὴ ζῆν δεινόν. ὥστε μάταιος ὁ λέγων δεδιέναι τὸν θάνατον οὐχ ὅτι λυ- πήσει παρών, ἀλλ' ὅτι λυπεῖ μέλλων. ὁ γὰρ παρὸν οὐκ ἐνοχλεῖ, προσ- δοκώμενον κενῶς λυπεῖ. τὸ φρικωδέστατον οὖν τῶν κακῶν ὁ θάνατος οὐθὲν πρὸς ἡμᾶς, ἐπειδή περ ὅταν μὲν ἡμεῖς ὦμεν, ὁ θάνατος οὐ πάρ- εστιν· ὅταν δ' ὁ θάνατος παρῇ, τόθ' ἡμεῖς οὐκ ἐσμέν. οὔτε οὖν πρὸς

τοὺς ζῶντας ἐστὶν οὔτε πρὸς τοὺς τετελευτηκότας, ἐπειδή περ περὶ
οὓς μὲν οὐκ ἔστιν, οἱ δ'οὐκέτι εἰσίν. 'Αλλ' οἱ πολλοὶ τὸν θάνατον
ὀτὲ μὲν ὡς μέγιστον τῶν κακῶν φεύγουσιν, ὁτὲ δὲ ὡς ἀνάπαυσιν τῶν
ἐν τῷ ζῆν <κακῶν αἱροῦνται. 126ὁ δὲ σοφὸς οὔτε παραιτεῖται τὸ ζῆν>
οὔτε φοβεῖται τὸ μὴ ζῆν· οὔτε γὰρ αὐτῷ προσίσταται τὸ ζῆν οὔτε δο-
ξάζεται κακὸν εἶναί τι τὸ μὴ ζῆν. ὥσπερ δὲ σιτίον οὐ τὸ πλεῖον
πάντως ἀλλὰ τὸ ἥδιον αἱρεῖται, οὕτω καὶ χρόνον· οὐ τὸν μήκιστον ἀλλὰ
τὸν ἥδιστον καρπίζεται. 'Ο δὲ παραγγέλλων τὸν μὲν νέον καλῶς ζῆν,
τὸν δὲ γέροντα καλῶς καταστρέφειν εὐήθης ἐστὶν οὐ μόνον διὰ τὸ τῆς
ζωῆς ἀσπαστόν, ἀλλὰ καὶ διὰ τὸ τὴν αὐτὴν εἶναι μελέτην τοῦ καλῶς
ζῆν καὶ τοῦ καλῶς ἀποθνήσκειν. πολὺ δὲ χεῖρον καὶ ὁ λέγων καλὸν
μὲν μὴ φῦναι,

φύντα δ' ὅπως ὤκιστα πύλας 'Αίδαο περῆσαι.
127εἰ μὲν γὰρ πεποιθὼς τοῦτό φησι, πῶς οὐκ ἀπέρχεται τοῦ ζῆν; ἐν
ἑτοίμῳ γὰρ αὐτῷ τοῦτ' ἐστίν, εἴ περ ἦν βεβουλευμένον αὐτῷ βεβαίως·
εἰ δὲ μωκώμενος, μάταιος ἐν τοῖς οὐκ ἐπιδεχομένοις. Μνημονευτέον
δὲ ὡς τὸ μέλλον οὔτε ἡμέτερον οὔτε πάντως οὐχ ἡμέτερον, ἵνα μήτε
πάντως προσμένωμεν ὡς ἐσόμενον μήτε ἀπελπίζωμεν ὡς πάντως οὐκ
ἐσόμενον.

ORPHIC THEOLOGY

Orphism was one of the most important religious movements in
the classical period as well as in the Hellenistic-Roman age, and
undoubtedly contributed to the development of the myths of oriental-
Greek cults as well as to the religious mysticism of the pagan ad-
versaries of early Christianity.

The present selection is reprinted from No. 107 in the collec-
tion of Otto Kern, *Orphicorum Fragmenta*, Berlin: Weidmann, 1922, and

includes some later reports by the Aristotelian commentator Alexander of Aphrodisias and the Neo-Platonic commentator Proclus on the Orphic cosmogony, the myth of Dionysus and the Titans, the ages of the world, and other elements of Orphic doctrine that found their way into the various pagan theologies of the pre-Christian and early Christian centuries.

ALEXANDER OF APHRODISIAS ON ARISTOTLE'S *METAPHYSICS* N 1091 b 4

Εἰπὼν ὅτι τινὲς τῶν νῦν θεολόγων διαρρήδην ἀνακηρύττουσιν, ὅτι τὸ ἀγαθὸν καὶ ἄριστον ὕστερόν ἐστι τῆς τῶν ὄντων φύσεως, ἐπιφέρει ὅτι παραπλησίως τούτοις περὶ τοῦ ἀγαθοῦ καὶ ἀρίστου λέγουσι καὶ οἱ ἀρχαῖοι ποιηταί. αἰνίττεται δὲ τὸν Ὀρφέα· καὶ οὗτος γάρ φησιν ὅτι τὸ ἀγαθὸν καὶ ἄριστον ὕστερόν ἐστι τῶν ἄλλων. ἐπεὶ γὰρ τὸ βασιλεῦον καὶ κρατοῦν τῆς τῶν ἁπάντων φύσεώς ἐστι τὸ ἀγαθὸν καὶ ἄριστον, ὁ δὲ Ζεὺς βασιλεύει καὶ κρατεῖ, ὁ Ζεὺς ἄρ' ἐστὶ τὸ ἀγαθὸν καὶ ἄριστον. καὶ ἐπεὶ πρῶτον μὲν κατ' Ὀρφέα τὸ Χάος γέγονεν, εἶθ' ὁ Ὠκεανός, τρίτον Νύξ, τέταρτον ὁ Οὐρανός, εἶτ' ἀθανάτων βασιλεὺς θεῶν ὁ Ζεύς, δῆλον ὅτι καὶ οὗτος τὸν Δία, ταὐτὸν δ' εἰπεῖν τὸ ἀγαθὸν καὶ ἄριστον, ὕστερον νομίζει καὶ τοῦ Χάους καὶ τοῦ Ὠκεανοῦ καὶ τῆς Νυκτὸς καὶ τοῦ Οὐρανοῦ, ἤτοι τοῦ κόσμου. ἀλλ' οὗτοι μέν, φησίν, οἱ ποιηταὶ διὰ τὸ μεταβάλλειν καὶ ἄλλοτε ἄλλους ποιεῖν τοὺς ἄρχοντας τῶν ὄντων — πρῶτον μὲν γὰρ βασίλευσε περικλυτὸς Ἡρικεπαῖος φησὶν ἡ ποίησις, μεθ' ὃν Νύξ σκῆπτρον ἔχουσ' ἐν χερσὶν ἀριπρεπὲς Ἡρικεπαίου μεθ' ἣν Οὐρανός, ὃς πρῶτος βασίλευσε θεῶν μετὰ μητέρα Νύκτα —, οὗτοι δὴ διὰ τὸ τοὺς ἄρχοντας μεταβάλλειν τὸ ἀγαθὸν καὶ ἄριστον ὕστερον ποιοῦσιν.

PROCLUS ON PLATO'S *TIMAEUS*, proem. E

Τίνες οὖν αἱ Ὀρφικαὶ παραδόσεις, ἐπειδήπερ εἰς ταύτας ἀναφέρειν οἰόμεθα χρῆναι τὴν τοῦ Τιμαίου περὶ θεῶν διδασκαλίαν; θεῶν

βασιλέας παραδέδωκεν 'Ο. κατὰ τὸν τέλειον ἀριθμὸν τῶν ὅλων προεστη-
κότας Φάνητα Νύκτα Οὐρανὸν Κρόνον Δία Διόνυσον· πρῶτος γὰρ ὁ Φάνης
κατασκευάζει τὸ σκῆπτρον· καὶ πρῶτος <βασίλευσε>περικλυτὸς 'Ηρικε-
παῖος· δευτέρα δὲ ἡ Νύξ, δεξαμένη παρὰ τοῦ πατρός, τρίτος δὲ <ὁ>
Οὐρανὸς παρὰ τῆς Νυκτός, καὶ τέταρτος ὁ Κρόνος, βιασάμενος, ὥς φα-
σι, τὸν πατέρα, καὶ πέμπτος ὁ Ζεύς, κρατήσας τοῦ πατρός, καὶ μετὰ
τοῦτον ἕκτος ὁ Διόνυσος. οὗτοι δὴ πάντες οἱ βασιλεῖς ἄνωθεν ἀπὸ τῶν
νοητῶν καὶ νοερῶν ἀρξάμενοι θεῶν χωροῦσι διὰ τῶν μέσων τάξεων καὶ
ἐς τὸν κόσμον, ἵνα καὶ τὰ τῇδε κοσμήσωσι· Φάνης γὰρ οὐ μόνον ἐστὶν
ἐν τοῖς νοητοῖς, ἀλλὰ καὶ ἐν τοῖς νοεροῖς, ἐν τῇ δημιουργικῇ τά-
ξει καὶ ἐν τοῖς ὑπερκοσμίοις καὶ τοῖς ἐγκοσμίοις, καὶ Νὺξ καὶ Οὐ-
ρανὸς ὁμοίως· αἱ γὰρ ἰδιότητες αὐτῶν διὰ πάντων χωροῦσι τῶν μέσων.
αὐτὸς δὲ ὁ μέγιστος Κρόνος οὐχὶ καὶ πρὸ τοῦ Διὸς τέτακται μετὰ τὴν
Δίιον βασιλείαν, μετὰ τῶν ἄλλων Τιτάνων τὴν Διονυσιακὴν μερίζων δη-
μιουργίαν, καὶ ἄλλος μὲν ἐν τῷ οὐρανῷ, ἄλλος δὲ ἐν τοῖς ὑπὸ σελή-
νην, καὶ ἐν μὲν τῇ ἀπλανεῖ ἄλλος, ἐν δὲ ταῖς πλανωμέναις ἄλλος, καὶ
Ζεὺς ὁμοίως καὶ Διόνυσος; ταῦτα μὲν οὖν καὶ διαρρήδην εἴρηται τοῖς
παλαιοῖς.

OLYMPIODORUS ON PLATO'S *PHAEDO* 61 c

Ὥσπερ ὁ Ἐμπεδοκλῆς ἔλεγε τὸν νοητὸν καὶ τὸν αἰσθητὸν παρὰ μέ-
ρος γίνεσθαι κόσμους, οὐχ ὅτι ποτὲ μὲν οὗτος γίνεται, ποτὲ δὲ ὁ νο-
ητός, ἀεὶ γὰρ εἰσίν, ἀλλ' ὅτι ἡ ἡμετέρα ψυχὴ ποτὲ μὲν κατὰ νοητὸν
ζῇ καὶ λέγεται τότε γίνεσθαι ὁ νοητὸς κόσμος, ποτὲ δὲ κατὰ αἰσθη-
τὸν καὶ λέγεται ὁ αἰσθητὸς γίνεσθαι κόσμος, οὕτως καὶ παρὰ τῷ Ὀρφεῖ αἱ
τέσσαρες βασιλεῖαι αὗται οὐ ποτὲ μὲν εἰσί, ποτὲ δὲ οὔ, ἀλλ' ἀεὶ μὲν
εἰσί, αἰνίττονται δὲ τοὺς διαφόρους βαθμοὺς τῶν ἀρετῶν, καθ' ἃς ἡ
ἡμετέρα ψυχὴ <ἐνεργεῖ> σύμβολα ἔχουσα πασῶν τῶν ἀρετῶν τῶν τε θεω-

ρητικῶν καὶ καθαρτικῶν καὶ πολιτικῶν καὶ ἠθικῶν. ἡ γὰρ κατὰ τὰς
θεωρητικὰς ἐνεργεῖ, ὧν παράδειγμα ἡ τοῦ Οὐρανοῦ βασιλεία, ἵνα ἄνω-
θεν ἀρξώμεθα· διὸ καὶ Οὐρανὸς εἴρηται παρὰ τὸ τὰ ἄνω ὁρᾶν. ἡ καθ-
αρτικῶς ζῆι, ἧς παράδειγμα ἡ Κρονία βασιλεία, διὸ καὶ Κρόνος εἴρη-
ται, οἷον κορόνους τις ὢν διὰ τὸ ἑαυτὸν ὁρᾶν· διὸ καὶ καταπίνειν
τὰ οἰκεῖα γεννήματα λέγεται, ὡς αὐτὸς πρὸς ἑαυτὸν ἐπιστρέφων. ἡ
κατὰ τὰς πολιτικάς, ὧν σύμβολον ἡ τοῦ Διὸς βασιλεία, διὸ καὶ δημι-
ουργὸς ὁ Ζεύς, ὡς περὶ τὰ δεύτερα ἐνεργῶν. ἡ κατὰ τὰς ἠθικὰς καὶ
φυσικὰς ἀρετάς, ὧν σύμβυλον ἡ τοῦ Διονύσου βασιλεία, διὸ καὶ σπα-
ράττεται, διότι οὐκ ἀντακολουθοῦσιν ἀλλήλαις αἱ ἀρεταί, καὶ τὰς
σάρκας μασῶνται οἱ Τιτᾶνες, τῆς μασήσεως δηλούσης τὸν πολὺν μερισ-
μόν, διότι τῶν τῆιδε ἔφορός ἐστιν, ἔνθα ὁ πολὺς μερισμὸς διὰ τὸ
ἐμὸν καὶ τὸ σόν, καὶ ὑπὸ τῶν Τιτάνων σπαράττεται, τοῦ τὶ μερικὸν
δηλοῦντος· σπαράττεται δὲ τὸ καθόλου εἶδος ἐν τῆι γενέσει· μονὰς
δὲ·Τιτάνων ὁ Διόνυσος. λέγεται δὲ σπαράττεσθαι ὑπὸ τῆς γενέσεως,
τῶν αἰτίων ταύτης ἀκουόντων .....κατ' ἐπιβουλὴν δὲ τῆς Ἥρας, δι-
ότι κινήσεως ἔφορος ἡ θεὸς καὶ προόδου.

PYTHAGOREAN TRADITION (DIOGENES LAERTIUS, *PYTHAGORAS*)

About the personality and teaching of Pythagoras of Samos who
flourished in the second half of the sixth century B.C. we have
only scanty and rather unreliable reports from later writers. But
Neo-Pythagoreanism, a movement that included Platonic and orien-
tal doctrines, is fairly well known to us from works of philosophers
of that school and from such ancient histories of philosophy as
that written by Diogenes Laertius in the third century A. D. In
the eighth book of his *Lives of Eminent Philosophers*, the author
gives a traditional account of Pythagoras' life and sayings, which

throws light on the ascetic and mystical aspects of this influential
current in the stream of Greek religious philosophy. We reproduce
brief extracts (cc. 4-5, 22-24a) from the text of C. Tauchnitz,
Diogenis Laertii de Vitis Philosophorum Vol. II, Leipzig: O. Holtze,
1895, pp. 91-92, 99-100.

⁴Τοῦτον φησὶν Ἡρακλείδης ὁ Ποντικὸς περὶ αὐτοῦ τάδε λέγειν·
ὡς εἴη ποτὲ γεγονὼς Αἰθαλίδης, καὶ Ἑρμοῦ υἱὸς νομισθείη· τὸν δὲ
Ἑρμῆν εἰπεῖν αὐτῷ ἑλέσθαι ὅ, τι ἂν βούληται, πλὴν ἀθανασίας. αἰ-
τήσασθαι οὖν, ζῶντα καὶ τελευτῶντα μνήμην ἔχειν τῶν συμβαινόντων.
ἐν μὲν οὖν τῇ ζωῇ, πάντων διαμνημονεῦσαι· ἐπεὶ δὲ ἀποθάνοι, τηρῆ-
σαι τὴν αὐτὴν μνήμην. χρόνῳ δὲ ὕστερον, εἰς Εὔφορβον ἐλθεῖν, καὶ
ὑπὸ Μενέλεω τρωθῆναι. ὁ δὲ Εὔφορβος ἔλεγεν, ὡς Αἰθαλίδης ποτὲ γε-
γόνοι· καὶ ὅτι παρ' Ἑρμοῦ τὸ δῶρον λάβοι, καὶ τὴν τῆς ψυχῆς περι-
πόλησιν, ὡς περιεπολήθη, καὶ εἰς ὅσα φυτὰ καὶ ζῶα περιεγένετο, καὶ
ὅσα ἡ ψυχὴ ἐν τῷ Ἅιδῃ ἔπαθε, καὶ αἱ λοιπαὶ τίνα ὑπομένουσιν. ⁵
ἐπειδὴ δὲ Εὔφορβος ἀποθάνοι, μεταβῆναι τὴν ψυχὴν αὐτοῦ εἰς Ἑρμό-
τιμον, ὃς καὶ αὐτὸς πίστιν δοῦναι θέλων, ἐπανῆλθεν εἰς Βραγχίδας·
καὶ εἰσελθὼν εἰς τὸ τοῦ Ἀπόλλωνος ἱερόν, ἐπέδειξεν ἣν Μενέλαος ἀν-
έθηκεν ἀσπίδα. ἔφη γὰρ αὐτόν, ὅτ' ἀπέπλευσεν ἐκ Τροίας, ἀναθεῖναι
τῷ Ἀπόλλωνι τὴν ἀσπίδα, διασεσηπυῖαν ἤδη· μόνον δὲ διαμένειν τὸ
ἐλεφάντινον πρόσωπον. ἐπειδὴ δὲ Ἑρμότιμος ἀπέθανε, γενέσθαι Πύρ-
ρον τὸν Δήλιον ἁλιέα· καὶ πάντα πάλιν μνημονεύειν, πῶς πρόσθεν Αἰ-
θαλίδης, εἶτα Εὔφορβος, εἶτα Ἑρμότιμος, εἶτα Πύρρος γένοιτο. ἐπει-
δὴ δὲ Πύρρος ἀπέθανε, γενέσθαι Πυθαγόραν, καὶ πάντων τῶν εἰρημένων
μεμνῆσθαι.
²²Λέγεται παρεγγυᾶν αὐτὸν ἑκάστοτε τοῖς μαθηταῖς   τάδε λέγειν
εἰς τὸν οἶκον εἰσιοῦσι·

Πῆ παρέβην; τί δ' ἔρεξα; τί μοι δέον οὐκ ἐτελέσθη; σφάγιά τε θεοῖς προσφέρειν κωλύειν, μόνον δὲ τὸν ἀναίμακτον βωμὸν προσκυνεῖν. μηδὲ ὀμνύναι θεούς· ἀσκεῖν γὰρ αὐτὸν δεῖν ἀξιόπιστον παρέχειν. τούς τε πρεσβυτέρους τιμᾶν δεῖν, τὸ προηγούμενον τῷ χρόνῳ τιμιώτερον ἡγουμένους, ὡς ἐν κόσμῳ μέν, ἀνατολὴν δύσεως· ἐν βίῳ δέ, ἀρχὴν τελευτῆς· ἐν ζωῇ δέ, γένεσιν φθορᾶς. ²³καὶ θεοὺς μὲν δαιμόνων προτιμᾶν· ἥρωας δέ, ἀνθρώπων· ἀνθρώπων δὲ μάλιστα, γονέας. ἀλλήλοις τε ὁμιλεῖν, ὡς τοὺς μὲν φίλους, ἐχθροὺς μὴ ποιῆσαι· τοὺς δ' ἐχθρούς, φίλους ἐργάσασθαι. ἴδιόν τε μηδὲν ἡγεῖσθαι. νόμῳ βοηθεῖν, ἀνομίᾳ πολεμεῖν, φυτὸν ἥμερον μήτε φθείρειν, μήτε σίνεσθαι· ἀλλὰ μηδὲ ζῶον, ὃ μὴ βλάπτει ἀνθρώπους· αἰδῶ καὶ εὐλάβειαν εἶναι, μήτε γέλωτι κατέχεσθαι, μήτε σκυθρωπάζειν. φεύγειν σαρκῶν πλεονασμόν, ὁδοιπορίης ἄνεσιν καὶ ἐπίτασιν ποιεῖσθαι, μνήμην ἀσκεῖν, ἐν ὀργῇ μήτε τι λέγειν, μήτε πράσσειν, ²⁴μαντικὴν πᾶσαν τιμᾶν, ᾠδαῖς χρῆσθαι πρὸς λύραν, ὕμνῳ τε θεῶν καὶ ἀνδρῶν ἀγαθῶν εὔλογον χάριν ἔχειν.

SALLUSTIUS, *CONCERNING THE GODS AND THE UNIVERSE*

Sallustius seems to have been a Neo-Platonic philosopher of the fourth century A.D., perhaps to be identified with the rhetorician and philosopher to whom the Emperor Julian dedicated his Oration IV. His book is a simply written exposition of some important problems in the philosophy of religion such as the nature of myths, of the first cause, of the soul, providence, sacrifice, future rewards and punishments and the like. The author borrows from Orphic as well as Neo-Platonic teaching. The present selection, chapters 13-15, deals with the nature of the universe, God's relation to man, and sacrifice, and is taken from the collection of F. W. A. Mullach, *Fragmenta Philosophorum Graecorum III*, Paris: Firmin-Didot, 1881, pp. 42-44 (this text differs little from the edition of A. D. Nock, Cambridge, 1926).

13. Πῶς τὰ ἀΐδια λέγεται γίγνεσθαι. Περὶ μὲν οὖν θεῶν καὶ κόσ-
μου καὶ τῶν ἀνθρωπίνων πραγμάτων τοῖς μήτε διὰ φιλοσοφίας ἀχθῆναι δυναμένοις,
μηδὲ τὰς ψυχὰς ἀνιάτοις, ἀρκέσει ταῦτα. Περὶ δὲ τοῦ μὴ γενέσθαι
ταῦτά ποτε, μηδὲ ἀλλήλων χωρίζεσθαι λείπεται λέγειν, ἐπειδὴ καὶ
ἡμεῖς ἐν τοῖς λόγοις ὑπὸ τῶν πρώτων τὰ δεύτερα εἴπομεν γίνεσθαι.
Πᾶν τὸ γινόμενον ἢ τέχνῃ, ἢ φύσει, ἢ κατὰ δύναμιν γίνεται. Τὰ μὲν
οὖν κατὰ τέχνην ἢ φύσιν ποιοῦντα πρότερα εἶναι τῶν ποιουμένων ἀν-
άγκη· τὰ δὲ κατὰ δύναμιν μεθ' ἑαυτῶν συνίστησι τὰ γινόμενα, ἐπειδὴ
καὶ τὴν δύναμιν ἀχώριστον ἔχει· ὥσπερ δὴ ἥλιος μὲν φῶς, πῦρ δὲ θερ-
μότητα, χιὼν δὲ ψυχρότητα. Εἰ μὲν οὖν τέχνῃ τὸν κόσμον ποιοῦσι
θεοί, οὐ τὸ εἶναι, τὸ δὲ τοιόνδε εἶναι ποιοῦσι· πᾶσα γὰρ τέχνη τὸ
εἶδος ποιεῖ. Πόθεν οὖν τὸ εἶναι τῷ κόσμῳ; Εἰ δὲ φύσει, πῶς τὸ
φύσει ποιοῦν οὐχ ἑαυτοῦ τι δίδωσι τῷ γινομένῳ; ἀσωμάτων δὲ θεῶν
ὄντων ἐχρῆν καὶ τὸν κόσμον ἀσώματον εἶναι. Εἰ δὲ τοὺς θεοὺς σώματα
λέγοι τις, πόθεν τῶν ἀσωμάτων ἡ δύναμις; Εἰ δὲ τοῦτο συγχωρήσαιμεν,
φθειρομένου τοῦ κόσμου τὸν ποιήσαντα φθείρεσθαι ἀνάγκη, εἴπερ κατὰ
φύσιν ποιεῖ. Εἰ δὲ μὴ τέχνῃ μηδὲ φύσει τὸν κόσμον ποιοῦσι θεοί, δυ-
νάμει λείπεται μόνον. Πᾶν δὲ τὸ δυνάμει γινόμενον τῷ τὴν δύναμιν
ἔχοντι συνυφίσταται. Καὶ οὐδὲ ἀπολέσθαι ποτὲ τὰ οὕτως γινόμενα δύ-
ναται, εἰ μή τις τοῦ ποιοῦντος ἀφέλοι τὴν δύναμιν· ὥστε οἱ τὸν κόσ-
μον φθείροντες θεοὺς μὴ εἶναι λέγουσιν, ἢ θεοὺς εἶναι λέγοντες τὸν
θεὸν ποιοῦσιν ἀδύνατον. Δυνάμει μὲν οὖν πάντα ποιῶν ἑαυτῷ συνυφίσ-
τησι πάντα. Μεγίστης δὲ δυνάμεως οὔσης οὐκ ἀνθρώπους ἔδει καὶ ζῷα
μόνον ποιεῖν, ἀλλὰ θεούς τε καὶ ἀνθρώπους καὶ δαίμονας. Καὶ ὅσῳ
τῆς ἡμετέρας φύσεως διαφέρει ὁ πρῶτος θεός, τοσούτῳ πλείους εἶναι
τὰς μεταξὺ ἡμῶν τε κἀκείνου δυνάμεις ἀνάγκη. Πάντα γὰρ πλεῖστον
ἀλλήλων κεχωρισμένα πολλὰ ἔχει τὰ μέσα.

14. Πῶς οἱ θεοὶ μὴ μεταβαλλόμενοι ὀργίζεσθαι καὶ θεραπεύεσθαι
λέγονται; Εἰ δέ τις τὸ μὲν θεοὺς μὴ μεταβάλλεσθαι εὔλογόν τε ἡγεῖ-

ται καὶ ἀληθές, ἀπορεῖ δέ, πῶς ἀγαθοῖς μὲν χαίρουσι, κακοὺς δὲ
ἀποστρέφονται, καὶ ἀμαρτάνουσι μὲν ὀργίζονται, θεραπευόμενοι δὲ
ἵλεῳ γίνονται, ῥητέον ὡς οὐ χαίρει θεός· τὸ γὰρ χαῖρον καὶ λυπεῖ-
ται· οὐδὲ ὀργίζεται· πάθος γὰρ τὸ ὀργίζεσθαι· οὐδὲ δώροις θεραπεύ-
εται· ἡδονῇ γὰρ ἂν ἡττηθείη. Οὐδὲ θέμις ἐκ τῶν ἀνθρωπίνων πραγμά-
των οὔτε καλῶς οὔτε κακῶς ἔχειν τὸ θεῖον. "Αλλ' ἐκεῖνοι μὲν ἀγα-
θοί τέ εἰσιν ἀεί, καὶ ὠφελοῦσι μόνον, βλάπτουσι δὲ οὐδέποτε, κατὰ
τὰ αὐτὰ ὡσαύτως ἔχοντες. Ἡμεῖς δὲ ἀγαθοὶ μὲν ὄντες δι' ὁμοιότητα
θεοῖς συναπτόμεθα, κακοὶ δὲ γενόμενοι δι' ἀνομοιότητα χωριζόμεθα·
καὶ κατ' ἀρετὰς ζῶντες ἐχόμεθα τῶν θεῶν, κακοὶ δὲ γενόμενοι ἐχθροὺς
ἡμῖν ποιοῦμεν ἐκείνους, οὐκ ἐκείνων ὀργιζομένων, ἀλλὰ τῶν ἁμαρτη-
μάτων θεοὺς μὲν ἡμῖν οὐκ ἐώντων ἐλλάμπειν, δαίμοσι δὲ κολαστικοῖς
συναπτόντων. Εἰ δὲ εὐχαῖς καὶ θυσίαις λύσιν τῶν ἁμαρτημάτων εὑρί-
σκομεν, οὔτε τοὺς θεοὺς θεραπεύομεν, οὔτε μεταβάλλομεν, ἀλλὰ διὰ
τῶν δρωμένων καὶ τῆς πρὸς τὸ θεῖον ἐπιστροφῆς τὴν ἡμετέραν κακίαν
ἰώμενοι πάλιν τῆς τῶν θεῶν ἀγαθότητος ἀπολαύομεν. Ὥστε ὅμοιον,
τὸν θεὸν λέγειν τοὺς κακοὺς ἀποστρέφεσθαι, καὶ τὸν ἥλιον τοῖς ἐσ-
τερημένοις τῶν ὄψεων κρύπτεσθαι.

15. Διὰ τί ἀνενδεεῖς ὄντας τοὺς θεοὺς τιμῶμεν. 'Εκ δὲ τούτων
καὶ ἡ περὶ θυσιῶν καὶ τῶν ἄλλων τῶν εἰς θεοὺς γινομένων λέλυται
ζήτησις. Αὐτὸ μὲν γὰρ τὸ θεῖον ἀνενδεές· αἱ δὲ τιμαὶ τῆς ἡμετέρας
ὠφελείας ἕνεκα γίνονται. Καὶ ἡ μὲν πρόνοια τῶν θεῶν διατείνει παν-
ταχῆ, ἐπιτηδειότητος δὲ μόνον πρὸς ὑποδοχὴν δεῖται· πᾶσα δὲ ἐπιτη-
δειότης μιμήσει καὶ ὁμοιότητι γίνεται, διὸ οἱ μὲν ναοὶ τὸν οὐρανόν,
οἱ δὲ βωμοὶ μιμοῦνται τὴν γῆν, τὰ δὲ ἀγάλματα τὴν ζωήν, καὶ διὰ
τοῦτο ζῴοις ἀπείκασται, αἱ δὲ εὐχαὶ τὸ νοερόν, οἱ δὲ χαρακτῆρες τὰς
ἀρρήτους ἄνω δυνάμεις, βοτάναι δὲ καὶ λίθοι τὴν ὕλην, τὰ δὲ θυόμενα
ζῷα τὴν ἐν ἡμῖν ἄλογον ζωήν. 'Εκ δὲ τούτων ἁπάντων τοῖς μὲν θεοῖς
πλέον οὐδέν· τί γὰρ ἂν πλέον γένοιτο θεῷ; ἡμῖν δὲ πρὸς ἐκείνους
γίνεται συναφή.

DIODORUS SICULUS

This Sicilian wrote in Greek a history of the world from its origins to the beginning of Caesar's Gallic War. His work, divided into forty books and three parts, was called *The Historical Library* and attained distinction neither as history nor as literature. Diodorus, who lived in the time of Julius and Augustus Caesar, wrote in naive fashion and in Greek that Radermacher has called an important source for the study of the non-literary *Koine*. We reproduce a description of Chaldean religion and philosophy from the text of C. H. Oldfather, *Diodorus of Sicily* Vol. I, II 29:1–31:9 (The Loeb Library) London: Heinemann, New York: Putnam, 1933.

29. [1]'Ημῖν δ' οὐκ ἀνάρμοστον εἶναι δοκεῖ περὶ τῶν ἐν Βαβυλῶνι Χαλδαίων καὶ τῆς ἀρχαιότητος αὐτῶν βραχέα διελθεῖν, ἵνα μηδὲν παραλείπωμεν τῶν ἀξίων μνήμης. [2]Χαλδαῖοι τοίνυν τῶν ἀρχαιοτάτων ὄντες Βαβυλωνίων τῇ μὲν διαιρέσει τῆς πολιτείας παραπλησίαν ἔχουσι τάξιν τοῖς κατ' Αἴγυπτον ἱερεῦσι· πρὸς γὰρ τῇ θεραπείᾳ τῶν θεῶν τεταγμένοι πάντα τὸν τοῦ ζῆν χρόνον φιλοσοφοῦσι, μεγίστην δόξαν ἔχοντες ἐν ἀστρολογίᾳ. ἀντέχονται δ' ἐπὶ πολὺ καὶ μαντικῆς, ποιούμενοι προρρήσεις περὶ τῶν μελλόντων, καὶ τῶν μὲν καθαρμοῖς, τῶν δὲ θυσίαις, τῶν δ' ἄλλαις τισὶν ἐπῳδαῖς ἀποτροπὰς κακῶν καὶ τελειώσεις ἀγαθῶν πειρῶνται πορίζειν. [3]ἐμπειρίαν δ' ἔχουσι καὶ τῆς διὰ τῶν οἰωνῶν μαντικῆς, ἐνυπνίων τε καὶ τεράτων ἐξηγήσεις ἀποφαίνονται. οὐκ ἀσόφως δὲ ποιοῦνται καὶ τὰ περὶ τὴν ἱεροσκοπίαν ἄκρως ἐπιτυγχάνειν νομίζοντες.

Τὴν δὲ τούτων μάθησιν ἁπάντων οὐχ ὁμοίαν ποιοῦνται τοῖς τὰ τοιαῦτ' ἐπιτηδεύουσι τῶν Ἑλλήνων. [4]παρὰ μὲν γὰρ τοῖς Χαλδαίοις ἐκ γένους ἡ τούτων φιλοσοφία παραδέδοται, καὶ παῖς παρὰ πατρὸς δια-

δέχεται, τῶν ἄλλων λειτουργιῶν πασῶν ἀπολελυμένος. διὸ καὶ γονεῖς
ἔχοντες διδασκάλους ἅμα μὲν ἀφθόνως ἅπαντα μανθάνουσιν, ἅμα δὲ
τοῖς παραγγελλομένοις προσέχουσι πιστεύοντες βεβαιότερον. ἔπειτ᾽
εὐθὺς ἐκ παίδων συντρεφόμενοι τοῖς μαθήμασι μεγάλην ἕξιν περιποι-
οῦνται διά τε τὸ τῆς ἡλικίας εὐδίδακτον καὶ διὰ τὸ πλῆθος τοῦ
προσκαρτερουμένου χρόνου.

⁵Παρὰ δὲ τοῖς Ἕλλησιν ὁ πολλοῖς ἀπαρασκεύως προσιὼν ὀψέ ποτε
τῆς φιλοσοφίας ἅπτεται, καὶ μέχρι τινὸς φιλοπονήσας ἀπῆλθε περισ-
πασθεὶς ὑπὸ βιωτικῆς χρείας· ὀλίγοι δέ τινες ἐπὶ φιλοσοφίαν ἀπο-
δύντες ἐργολαβίας ἕνεκεν παραμένουσιν ἐν τῷ μαθήματι, καινοτομοῦν-
τες ἀεὶ περὶ τῶν μεγίστων δογμάτων καὶ τοῖς πρὸ αὐτῶν οὐκ ἀκολου-
θοῦντες. ⁶τοιγαροῦν οἱ μὲν βάρβαροι διαμένοντες ἐπὶ τῶν αὐτῶν ἀεὶ
βεβαίως ἕκαστα λαμβάνουσιν, οἱ δ᾽ Ἕλληνες τοῦ κατὰ τὴν ἐργολαβίαν
κέρδους στοχαζόμενοι καινὰς αἱρέσεις κτίζουσι, καὶ περὶ τῶν μεγίσ-
των θεωρημάτων ἀλλήλοις ἀντιδοξοῦντες διχονοεῖν ποιοῦσι τοὺς μαν-
θάνοντας καὶ τὰς ψυχὰς αὐτῶν πλανᾶσθαι, τὸν πάντα βίον ἐν αἰώρᾳ
γινομένας καὶ μηδὲν ὅλως πιστεῦσαι δυναμένας βεβαίως· τὰς γοῦν
ἐπιφανεστάτας αἱρέσεις τῶν φιλοσόφων εἴ τις ἀκριβῶς ἐξετάζοι,
πλεῖστον ὅσον εὑρήσει διαφερούσας ἀλλήλων καὶ περὶ τῶν μεγίστων
δοξῶν ἐναντία δοξαζούσας.

30. ¹Οἱ δ᾽ οὖν Χαλδαῖοι τὴν μὲν τοῦ κόσμου φύσιν ἀίδιόν φασιν
εἶναι καὶ μήτε ἐξ ἀρχῆς γένεσιν ἐσχηκέναι μήθ᾽ ὕστερον φθορὰν ἐπι-
δέξεσθαι, τὴν δὲ τῶν ὅλων τάξιν τε καὶ διακόσμησιν θείᾳ τινὶ προ-
νοίᾳ γεγονέναι, καὶ νῦν ἕκαστα τῶν ἐν οὐρανῷ γινομένων οὐχ ὡς ἔτυ-
χεν οὐδ᾽ αὐτομάτως ἀλλ᾽ ὡρισμένῃ τινὶ καὶ βεβαίως κεκυρωμένῃ θεῶν
κρίσει συντελεῖσθαι. ²τῶν δ᾽ ἄστρων πολυχρονίους παρατηρήσεις πε-
ποιημένοι, καὶ τὰς ἑκάστου κινήσεις τε καὶ δυνάμεις ἀκριβέστατα
πάντων ἀνθρώπων ἐπεγνωκότες, πολλὰ τῶν μελλόντων συμβαίνειν προ-
λέγουσι τοῖς ἀνθρώποις. ³μεγίστην δέ φασιν εἶναι θεωρίαν καὶ δύνα-
μιν περὶ τοὺς πέντε ἀστέρας τοὺς πλάνητας καλουμένους, οὓς ἐκεῖνοι

κοινῇ μὲν ἑρμηνεῖς ὀνομάζουσιν, ἰδίᾳ δὲ τὸν ὑπὸ τῶν Ἑλλήνων Κρό-
νον ὀνομαζόμενον, ἐπιφανέστατον δὲ καὶ πλεῖστα καὶ μέγιστα προση-
μαίνοντα, καλοῦσιν Ἡλίου· τοὺς δ' ἄλλους τέτταρας ὁμοίως τοῖς παρ'
ἡμῖν ἀστρολόγοις ὀνομάζουσιν, Ἄρεος, Ἀφροδίτης, Ἑρμοῦ, Διός. 4
διὰ τοῦτο δ' αὐτοὺς ἑρμηνεῖς καλοῦσιν, ὅτι τῶν ἄλλων ἀστέρων ἀπλα-
νῶν ὄντων καὶ τεταγμένῃ πορείᾳ μίαν περιφορὰν ἐχόντων οὗτοι μό-
νοι πορείαν ἰδίαν ποιούμενοι τὰ μέλλοντα γίνεσθαι δεικνύουσιν, ἑρ-
μηνεύοντες τοῖς ἀνθρώποις τὴν τῶν θεῶν ἔννοιαν. τὰ μὲν γὰρ διὰ τῆς
ἀνατολῆς, τὰ δὲ διὰ τῆς δύσεως, τινὰ δὲ διὰ τῆς χρόας προσημαίνειν
φασὶν αὐτοὺς τοῖς προσέχειν ἀκριβῶς βουληθεῖσι· 5ποτὲ μὲν γὰρ πνευ-
μάτων μεγέθη δηλοῦν αὐτούς, ποτὲ δὲ ὄμβρων ἢ καυμάτων ὑπερβολάς,
ἔστι δὲ ὅτε κομητῶν ἀστέρων ἐπιτολάς, ἔτι δὲ ἡλίου τε καὶ σελήνης
ἐκλείψεις, καὶ σεισμούς, καὶ τὸ σύνολον πάσας τὰς ἐκ τοῦ περιέχον-
τος γεννωμένας περιστάσεις ὠφελίμους τε καὶ βλαβερὰς οὐ μόνον ἔθ-
νεσιν ἢ τόποις, ἀλλὰ καὶ βασιλεῦσι καὶ τοῖς τυχοῦσιν ἰδιώταις.
6Ὑπὸ δὲ τὴν τούτων φορὰν λέγουσι τετάχθαι τριάκοντα ἀστέρας,
οὓς προσαγορεύουσι βουλαίους θεούς· τούτων δὲ τοὺς μὲν ἡμίσεις
τοὺς ὑπὲρ γῆν τόπους ἐφορᾶν, τοὺς δ' ἡμίσεις τοὺς ὑπὸ τὴν γῆν, τὰ
κατ' ἀνθρώπους ἐπισκοποῦντας ἅμα καὶ τὰ κατὰ τὸν οὐρανὸν συμβαί-
νοντα· διὰ δ' ἡμερῶν δέκα πέμπεσθαι τῶν μὲν ἄνω πρὸς τοὺς κάτω κα-
θάπερ ἄγγελον ἕνα τῶν ἀστέρων, τῶν δ' ὑπὸ γῆν πρὸς τοὺς ἄνω πάλιν
ὁμοίως ἕνα, καὶ ταύτην ἔχειν αὐτοὺς φορὰν ὡρισμένην καὶ περιόδῳ
κεκυρωμένην αἰωνίῳ.7τῶν θεῶν δὲ τούτων κυρίους εἶναί φασι δώδεκα
τὸν ἀριθμόν, ὧν ἑκάστῳ μῆνα καὶ τῶν δώδεκα λεγομένων ζῳδίων ἓν
προσνέμουσι. διὰ δὲ τούτων φασὶ ποιεῖσθαι τὴν πορείαν τόν τε ἥλιον
καὶ τὴν σελήνην καὶ πέντε τοὺς πλάνητας ἀστέρας, τοῦ μὲν ἡλίου τὸν
ἴδιον κύκλον ἐν ἐνιαυτῷ τελοῦντος, τῆς δὲ σελήνης ἐν μηνὶ τὴν ἰδί-
αν περίοδον διαπορευομένης.

31. 1Τῶν δὲ πλανήτων ἴδιον ἕκαστον ἔχειν δρόμον καὶ διηλλαγμέ-
νως καὶ ποικίλως χρῆσθαι τοῖς τάχεσι καὶ τῇ τῶν χρόνων διαιρέσει.

πλεῖστα δὲ πρὸς τὰς γενέσεις τῶν ἀνθρώπων συμβάλλεσθαι τούτους τοὺς
ἀστέρας ἀγαθά τε καὶ κακά· διὰ δὲ τῆς τούτων φύσεώς τε καὶ θεωρίας
μάλιστα γινώσκειν τὰ συμβαίνοντα τοῖς ἀνθρώποις. ²πεποιῆσθαι δέ
φασι προρρήσεις ἄλλοις τε βασιλεῦσιν οὐκ ὀλίγοις καὶ τῷ καταπολε-
μήσαντι Δαρεῖον ᾿Αλεξάνδρῳ καὶ τοῖς μετὰ ταῦτα βασιλεύσασιν ᾿Αντι-
γόνῳ τε καὶ Σελεύκῳ τῷ Νικάτορι, ἐν ἅπασι δὲ τοῖς ῥηθεῖσιν εὐστοχη-
κέναι δοκοῦσιν· ὑπὲρ ὧν ἡμεῖς τὰ κατὰ μέρος ἐν οἰκειοτέροις ἀνα-
γράψομεν καιροῖς. ³προλέγουσι δὲ καὶ τοῖς ἰδιώταις τὰ μέλλοντα συμ-
βαίνειν οὕτως εὐστόχως ὥστε τοὺς πειραθέντας θαυμάζειν τὸ γινόμε-
νον καὶ μεῖζον ἢ κατ᾿ ἄνθρωπον ἡγεῖσθαι.

⁴Μετὰ δὲ τὸν ζῳδιακὸν κύκλον εἴκοσι καὶ τέτταρας ἀφορίζουσιν ἀσ-
τέρας, ὧν τοὺς μὲν ἡμίσεις ἐν τοῖς βορείοις μέρεσι, τοὺς δ᾿ ἡμί-
σεις ἐν τοῖς νοτίοις τετάχθαι φασί, καὶ τούτων τοὺς μὲν ὁρωμένους
τῶν ζώντων εἶναι καταριθμοῦσι, τοὺς δ᾿ ἀφανεῖς τοῖς τετελευτηκόσι
προσωρίσθαι νομίζουσιν, οὓς δικαστὰς τῶν ὅλων προσαγορεύουσιν. ⁵
ὑπὸ πάντα δὲ τὰ προειρημένα τὴν σελήνην φέρεσθαι λέγουσιν, ἔγγιστα
μὲν τῆς γῆς οὖσαν διὰ τὴν βαρύτητα, διαπορευομένην δ᾿ ἐν ἐλαχίστῳ
χρόνῳ τὸν ἑαυτῆς δρόμον, οὐ διὰ τὴν ὀξύτητα τῆς φορᾶς, ἀλλὰ διὰ
τὴν βραχύτητα τοῦ κύκλου. ⁶ὅτι δὲ τὸ φῶς ἀλλότριον ἔχει καὶ διότι
τὰς ἐκλείψεις ποιεῖται διὰ τὸ σκίασμα τῆς γῆς παραπλήσια λέγουσι
τοῖς ῞Ελλησι. περὶ δὲ τῆς κατὰ τὸν ἥλιον ἐκλείψεως ἀσθενεστάτας
ἀποδείξεις φέροντες οὐ τολμῶσι προλέγειν οὐδ᾿ ἀκριβῶς ὑπὲρ ταύτης
περιγράφειν τοὺς χρόνους. ⁷περὶ δὲ τῆς γῆς ἰδιωτάτας ἀποφάσεις
ποιοῦνται, λέγοντες ὑπάρχειν αὐτὴν σκαφοειδῆ καὶ κοίλην, καὶ πολ-
λὰς καὶ πιθανὰς ἀποδείξεις εὐποροῦσι περί τε ταύτης καὶ περὶ τῶν
ἄλλων τῶν κατὰ τὸν κόσμον· ὑπὲρ ὧν τὰ κατὰ μέρος διεξιέναι τῆς
ὑποκειμένης ἱστορίας ἀλλότριον εἶναι νομίζομεν. ⁸τοῦτο μέντοι γε
διαβεβαιώσαιτ᾿ ἄν τις προσηκόντως ὅτι Χαλδαῖοι μεγίστην ἕξιν ἐν
ἀστρολογίᾳ τῶν ἁπάντων ἀνθρώπων ἔχουσι καὶ διότι πλείστην ἐπιμέ-
λειαν ἐποιήσαντο ταύτης τῆς θεωρίας. ⁹περὶ δὲ τοῦ πλήθους τῶν ἐτῶν,

ἐν οἷς φασι τὴν θεωρίαν τῶν κατὰ τὸν κόσμον πεποιῆσθαι τὸ σύστημα
τῶν Χαλδαίων, οὐκ ἄν τις ῥᾳδίως πιστεύσειεν· ἐτῶν γὰρ ἑπτὰ καὶ τετ-
ταράκοντα μυριάδας καὶ τρεῖς ἐπὶ ταύταις χιλιάδας εἰς τὴν Ἀλεξάν-
δρου διάβασιν γεγονέναι καταριθμοῦσιν, ἀφ' ὅτου τὸ παλαιὸν ἤρξαντο
τῶν ἄστρων τὰς παρατηρήσεις ποιεῖσθαι.

STRABO

About B. C. 63, Strabo the geographer was born in Amasia in
Pontus. He travelled widely, and studied under various teachers
of grammar and philosophy. He wrote history as well as geography,
but his preeminence in antiquity as the geographer overshadows his
work as historian. His *Geography* was probably put into final form
about A. D. 17-23. It is one of four or five works listed by Rader-
macher as of great importance for the study of the non-literary
Koine. We reproduce a section containing descriptions of Pales-
tine, Moses, the high-priesthood and Herod the Great from the text
published by H. L. Jones, *The Geography of Strabo* Vol. VII, XVI 2.
34-37, 40, 45f (The Loeb Library) London: Heinemann, New York: Putnam, 1930.

34. Τῆς δ' Ἰουδαίας τὰ μὲν ἑσπέρια ἄκρα τὰ πρὸς τῷ Κασίῳ κατέ-
χουσιν Ἰδουμαῖοί τε καὶ ἡ λίμνη. Ναβαταῖοι δ' εἰσὶν οἱ Ἰδουμαῖ-
οι· κατὰ στάσιν δ' ἐκπεσόντες ἐκεῖθεν προσεχώρησαν τοῖς Ἰουδαίοις
καὶ τῶν νομίμων τῶν αὐτῶν ἐκείνοις ἐκοινώνησαν· πρὸς θαλάττῃ δὲ ἡ
Σιρβωνὶς τὰ πολλὰ κατέχει καὶ ἡ συνεχὴς μέχρι Ἱεροσολύμων· καὶ
γὰρ ταῦτα πρὸς θαλάττῃ ἐστίν· ἀπὸ γὰρ τοῦ ἐπινείου τῆς Ἰόπης εἴ-
ρηται ὅτι ἐστὶν ἐν ὄψει. ταῦτα μὲν προσάρκτια· τὰ πολλὰ δ' ὡς
ἕκαστά εἰσιν ὑπὸ φύλων οἰκούμενα μικτῶν ἔκ τε Αἰγυπτίων ἐθνῶν καὶ
Ἀραβίων καὶ Φοινίκων· τοιοῦτοι γὰρ οἱ τὴν Γαλιλαίαν ἔχοντες καὶ

τὸν Ἱερικοῦντα καὶ τὴν Φιλαδελφίαν καὶ Σαμάρειαν, ἣν Ἡρώδης Σε-
βαστὴν ἐπωνόμασεν. οὕτω δ' ὄντων μιγάδων, ἡ κρατοῦσα μάλιστα φήμη
τῶν περὶ τὸ ἱερὸν τὸ ἐν τοῖς Ἱεροσολύμοις πιστευομένων Αἰγυπτίους
ἀποφαίνει τοὺς προγόνους τῶν νῦν Ἰουδαίων λεγομένων.

35. Μωσῆς γάρ τις τῶν Αἰγυπτίων ἱερέων, ἔχων τι μέρος τῆς κάτω
καλουμένης χώρας, ἀπῆρεν ἐκεῖσε ἐνθένδε, δυσχεράνας τὰ καθεστῶτα,
καὶ συνεξῆραν αὐτῷ πολλοὶ τιμῶντες τὸ θεῖον. ἔφη γὰρ ἐκεῖνος καὶ
ἐδίδασκεν, ὡς οὐκ ὀρθῶς φρονοῖεν οἱ Αἰγύπτιοι θηρίοις εἰκάζοντες
καὶ βοσκήμασι τὸ θεῖον, οὐδ' οἱ Λίβυες· οὐκ εὖ δὲ οὐδ' οἱ Ἕλληνες,
ἀνθρωπομόρφους τυποῦντες· εἴη γὰρ ἓν τοῦτο μόνον θεὸς τὸ περιέχον
ἡμᾶς ἅπαντας καὶ γῆν καὶ θάλατταν, ὃ καλοῦμεν οὐρανὸν καὶ κόσμον
καὶ τὴν τῶν ὄντων φύσιν. τούτου δὴ τίς ἂν εἰκόνα πλάττειν θαρρή-
σειε νοῦν ἔχων ὁμοίαν τινὶ τῶν παρ' ἡμῖν; ἀλλ' ἐᾶν δεῖν πᾶσαν
ξοανοποιίαν, τέμενος δ' ἀφορίσαντας καὶ σηκὸν ἀξιόλογον τιμᾶν ἔ-
δους χωρίς· ἐγκοιμᾶσθαι δὲ καὶ αὐτοὺς ὑπὲρ ἑαυτῶν καὶ ὑπὲρ τῶν
ἄλλων ἄλλους τοὺς εὐονείρους· καὶ προσδοκᾶν δεῖν ἀγαθὸν παρὰ τοῦ
θεοῦ καὶ δῶρον ἀεί τι καὶ σημεῖον τοὺς σωφρόνως ζῶντας καὶ μετὰ
δικαιοσύνης, τοὺς δ' ἄλλους μὴ προσδοκᾶν.

36. Ἐκεῖνος μὲν οὖν τοιαῦτα λέγων ἔπεισεν εὐγνώμονας ἄνδρας
οὐκ ὀλίγους καὶ ἀπήγαγεν ἐπὶ τὸν τόπον τοῦτον, ὅπου νῦν ἐστι τὸ
ἐν τοῖς Ἱεροσολύμοις κτίσμα. κατέσχε δὲ ῥᾳδίως, οὐκ ἐπίφθονον ὂν
τὸ χωρίον, οὐδ' ὑπὲρ οὗ ἄν τις ἐσπουδασμένως μαχέσαιτο· ἔστι γὰρ
πετρῶδες, αὐτὸ μὲν εὔυδρον, τὴν δὲ κύκλῳ χώραν ἔχον λυπρὰν καὶ
ἄνυδρον, τὴν δ' ἐντὸς ἑξήκοντα σταδίων καὶ ὑπόπετρον. ἅμα δ' ἀντὶ
τῶν ὅπλων τὰ ἱερὰ προύβάλλετο καὶ τὸ θεῖον, ἵδρυσιν τούτου ζητεῖν
ἀξιῶν, καὶ παραδώσειν ὑπισχνούμενος τοιοῦτον σεβασμὸν καὶ τοιαύτην
ἱεροποιίαν, ἥτις οὔτε δαπάναις ὀχλήσει τοὺς χρωμένους οὔτε θεοφο-
ρίαις οὔτε ἄλλαις πραγματείαις ἀτόποις. οὗτος μὲν οὖν εὐδοκιμήσας
τούτοις συνεστήσατο ἀρχὴν οὐ τὴν τυχοῦσαν, ἁπάντων προσχωρησάντων
ῥᾳδίως τῶν κύκλῳ διὰ τὴν ὁμιλίαν καὶ τὰ προτεινόμενα.

37. Οἱ δὲ διαδεξάμενοι χρόνους μέν τινας ἐν τοῖς αὐτοῖς διέμε-
νον δικαιοπραγοῦντες καὶ θεοσεβεῖς ὡς ἀληθῶς ὄντες· ἔπειτ' ἐφισ-
ταμένων ἐπὶ τὴν ἱερωσύνην τὸ μὲν πρῶτον δεισιδαιμόνων, ἔπειτα τυ-
ραννικῶν ἀνθρώπων, ἐκ μὲν τῆς δεισιδαιμονίας αἱ τῶν βρωμάτων ἀπο-
σχέσεις, ὧνπερ καὶ νῦν ἔθος ἐστὶν αὐτοῖς ἀπέχεσθαι, καὶ αἱ περιτο-
μαὶ καὶ αἱ ἐκτομαὶ καὶ εἴ τινα τοιαῦτα ἐνομίσθη, ἐκ δὲ τῶν τυραν-
νίδων τὰ λῃστήρια. οἱ μὲν γὰρ ἀφιστάμενοι τὴν χώραν ἐκάκουν καὶ
αὐτὴν καὶ τὴν γειτνιῶσαν, οἱ δὲ συμπράττοντες τοῖς ἄρχουσι καθήρ-
παζον τὰ ἀλλότρια καὶ τῆς Συρίας κατεστρέφοντο καὶ τῆς Φοινίκης
πολλήν. ἦν δ' ὅμως εὐπρέπειά τις περὶ τὴν ἀκρόπολιν αὐτῶν, οὐχ
ὡς τυραννεῖον βδελυττομένων, ἀλλ' ὡς ἱερὸν σεμνυνόντων καὶ σεβο-
μένων.

40. Ἤδη δ' οὖν φανερῶς τυραννουμένης τῆς Ἰουδαίας, πρῶτος
ἀνθ' ἱερέως ἀνέδειξεν ἑαυτὸν βασιλέα Ἀλέξανδρος· τούτου δ' ἦσαν
υἱοὶ Ὑρκανός τε καὶ Ἀριστόβουλος· διαφερομένων δὲ περὶ τῆς ἀρ-
χῆς, ἐπῆλθε Πομπήιος καὶ κατέλυσεν αὐτοὺς καὶ τὰ ἐρύματα αὐτῶν
κατέσπασε καὶ αὐτὰ ἐν πρώτοις τὰ Ἱεροσόλυμα βίᾳ καταλαβών· ἦν
γὰρ πετρῶδες καὶ εὐερκὲς ἔρυμα, ἐντὸς μὲν εὔυδρον, ἐκτὸς δὲ παν-
τελῶς διψηρόν, τάφρον λατομητὴν ἔχον βάθος μὲν ἐξήκοντα ποδῶν,
πλάτος δὲ πεντήκοντα καὶ διακοσίων· ἐκ δὲ τοῦ λίθου τοῦ λατομη-
θέντος ἐπεπύργωτο τὸ τεῖχος τοῦ ἱεροῦ. κατελάβετο δ, ὥς φασι, τη-
ρήσας τὴν τῆς νηστείας ἡμέραν, ἡνίκα ἀπείχοντο οἱ Ἰουδαῖοι παντὸς
ἔργου, πληρώσας τὴν τάφρον καὶ ἐπιβαλὼν τὰς διαβάθρας· κατασπάσαι
δ' οὖν ἐκέλευσε τὰ τείχη πάντα καὶ ἀνεῖλεν εἰς δύναμιν τὰ λῃστήρια
καὶ τὰ γαζοφυλάκια τῶν τυράννων. ἦν δὲ δύο μὲν τὰ ταῖς εἰσβολαῖς
ἐπικείμενα τοῦ Ἱερικοῦντος Θρῆξ τε καὶ Ταῦρος, ἄλλα δὲ Ἀλεξάν-
δριόν τε καὶ Ὑρκάνιον καὶ Μαχαιροῦς καὶ Λυσιὰς καὶ τὰ περὶ τὴν
Φιλαδελφίαν καὶ ἡ περὶ Γαλιλαίαν Σκυθόπολις.

45. Ἔστι δὲ καὶ ἐν τῇ Γαδαρίδι ὕδωρ μοχθηρὸν λιμναῖον, οὗ τὰ γευσάμενα κτήνη τρίχας καὶ ὁπλὰς καὶ κέρατα ἀποβάλλει. ἐν δὲ ταῖς καλουμέναις Ταριχέαις ἡ λίμνη μὲν ταριχείας ἰχθύων ἀστείας παρέχει, φύει δὲ δένδρα καρποφόρα, μηλέαις ἐμφερῆ· χρῶνται δ᾽ Αἰγύπτιοι τῇ ἀσφάλτῳ πρὸς τὰς ταριχείας τῶν νεκρῶν.

46. Πομπήιος μὲν οὖν περικόψας τινὰ τῶν ἐξιδιασθέντων ὑπὸ τῶν Ἰουδαίων κατὰ βίαν ἀπέδειξεν Ἡρώδῃ τὴν ἱερωσύνην· τῶν δ᾽ ἀπὸ γένους τις ὕστερον Ἡρώδης, ἀνὴρ ἐπιχώριος, παραδὺς εἰς τὴν ἱερω- σύνην, τοσοῦτον διήνεγκε τῶν πρὸ αὐτοῦ, καὶ μάλιστα τῇ πρὸς Ῥω- μαίους ὁμιλίᾳ καὶ πολιτείᾳ, ὥστε καὶ βασιλεὺς ἐχρημάτισε, δόντος τὸ μὲν πρῶτον Ἀντωνίου τὴν ἐξουσίαν, ὕστερον δὲ καὶ Καίσαρος τοῦ Σεβαστοῦ· τῶν δ᾽ υἱῶν τοὺς μὲν αὐτὸς ἀνεῖλεν, ὡς ἐπιβουλεύσαντας αὐτῷ, τοὺς δὲ τελευτῶν διαδόχους ἀπέλιπε, μερίδας αὐτοῖς ἀποδούς. Καῖσαρ δὲ καὶ τοὺς υἱοὺς ἐτίμησε τοῦ Ἡρώδου καὶ τὴν ἀδελφὴν Σαλώ- μην καὶ τὴν ταύτης θυγατέρα Βερενίκην· οὐ μέντοι εὐτύχησαν οἱ παῖ- δες, ἀλλ᾽ ἐν αἰτίαις ἐγένοντο, καὶ ὁ μὲν ἐν φυγῇ διετέλει, παρὰ τοῖς Ἀλλόβριξι Γαλάταις λαβὼν οἴκησιν, οἱ δὲ θεραπείᾳ πολλῇ μόλις εὕροντο κάθοδον, τετραρχίας ἀποδειχθείσης ἑκατέρῳ.

EPICTETUS

This Stoic philosopher was born about A.D. 60 and died either in the reign of Trajan or possibly in the reign of Hadrian. Born in Phry- gia, he lived in Rome as a slave in the household of Nero's freedman Epaphroditus: yet he found time to study under the Stoic teacher Mu- sonius Rufus. When Domitian banished the philosophers from Rome in A. D. 90, Epictetus went to Nicopolis in southern Epirus and spent the rest of his life there teaching and preaching the Stoic way of life. Physically weak, Epictetus was a robust and vigorous teacher of moral idealism. He himself wrote nothing, but one of his disciples, Flavius

Arrianus, took down his teaching and published it after the death of
his master in eight books as *The Discourses of Epictetus*. This teaching
also exists in an abbreviated form in the *Encheiridion* or handbook.

In style and vocabulary, the discourses of Epictetus are quite
close to the Greek of the New Testament. His use of the technical
terms of Greek philosophy and his occasional quotation from earlier
writings give his language a touch of Greek culture above that
found in the New Testament, but the areas of agreement are more
extensive than the differences. We reproduce in I 9 and II 8 and
16 the text of W. A. Oldfather, *Epictetus* (The Loeb Library) Vol.
I London: Heinemann, New York: Putnam. 1926. The remaining selec-
tions are from the edition of H. Schenkl, *Epicteti Dissertationes
ab Arriano Digestae* Leipzig: Teubner, 1916.

Πῶς ἀπὸ τοῦ συγγενεῖς ἡμᾶς εἶναι τῷ θεῷ
ἐπέλθοι ἄν τις ἐπὶ τὰ ἐξῆς

I. 9. [1]Εἰ ταῦτά ἐστιν ἀληθῆ τὰ περὶ τῆς συγγενείας τοῦ θεοῦ
καὶ ἀνθρώπων λεγόμενα ὑπὸ τῶν φιλοσόφων, τί ἄλλο ἀπολείπεται τοῖς
ἀνθρώποις ἢ τὸ τοῦ Σωκράτους, μηδέποτε πρὸς τὸν πυθόμενον ποδαπός
ἐστιν εἰπεῖν ὅτι ᾿Αθηναῖος ἢ Κορίνθιος, ἀλλ᾿ ὅτι κόσμιος; [2]διὰ τί
γὰρ λέγεις ᾿Αθηναῖον εἶναι σεαυτόν, οὐχὶ δ᾿ ἐξ ἐκείνης μόνον τῆς
γωνίας, εἰς ἣν ἐρρίφη γεννηθέν σου τὸ σωμάτιον; [3]ἢ δῆλον ὅτι ἀπὸ
τοῦ κυριωτέρου καὶ περιέχοντος οὐ μόνον αὐτὴν ἐκείνην τὴν γωνίαν,
ἀλλὰ καὶ ὅλην σου τὴν οἰκίαν καὶ ἁπλῶς ὅθεν σου τὸ γένος τῶν προ-
γόνων εἰς σὲ κατελήλυθεν ἐντεῦθέν ποθεν καλεῖς σεαυτὸν ᾿Αθηναῖον
καὶ Κορίνθιον; [4]ὁ τοίνυν τῇ διοικήσει τοῦ κόσμου παρηκολουθηκὼς
καὶ μεμαθηκώς, ὅτι "τὸ μέγιστον καὶ κυριώτατον καὶ περιεκτικώτατον
πάντων τοῦτό ἐστι τὸ σύστημα τὸ ἐξ ἀνθρώπων καὶ θεοῦ, ἀπ᾿ ἐκείνου
δὲ τὰ σπέρματα καταπέπτωκεν οὐκ εἰς τὸν πατέρα τὸν ἐμὸν μόνον οὐδ᾿
εἰς τὸν πάππον, ἀλλ᾿ εἰς ἅπαντα μὲν τὰ ἐπὶ γῆς γεννώμενά τε καὶ

φυόμενα, προηγουμένως δ' εἰς τὰ λογικά, ⁵ὅτι κοινωνεῖν μόνον ταῦτα

πέφυκεν τῷ θεῷ τῆς συναναστροφῆς κατὰ τὸν λόγον ἐπιπεπλεγμένα,"

⁶διὰ τί μὴ εἴπῃ αὐτὸν κόσμιον; διὰ τί μὴ υἱὸν τοῦ θεοῦ; διὰ τί δὲ

φοβηθήσεταί τι τῶν γιγνομένων ἐν ἀνθρώποις; ⁷ἀλλὰ πρὸς μὲν τὸν

Καίσαρα ἡ συγγένεια ἢ ἄλλον τινὰ τῶν μέγα δυναμένων ἐν 'Ρώμῃ ἱκανὴ

παρέχειν ἐν ἀσφαλείᾳ διάγοντας καὶ ἀκαταφρονήτους καὶ δεδοικότας

μηδ' ὁτιοῦν, τὸ δὲ τὸν θεὸν ποιητὴν ἔχειν καὶ πατέρα καὶ κηδεμόνα

οὐκέτι ἡμᾶς ἐξαιρήσεται λυπῶν καὶ φόβων; — ⁸Καὶ πόθεν φάγω, φη-

σίν, μηδὲν ἔχων; — Καὶ πῶς οἱ δοῦλοι, πῶς οἱ δραπέται, τίνι πε-

ποιθότες ἐκεῖνοι ἀπαλλάττονται τῶν δεσποτῶν; τοῖς ἀγροῖς ἢ τοῖς

οἰκέταις ἢ τοῖς ἀργυρώμασιν; οὐδενί, ἀλλ' ἑαυτοῖς· καὶ ὅμως οὐκ

ἐπιλείπουσιν αὐτοὺς τροφαί. ⁹τὸν δὲ φιλόσοφον ἡμῖν δεήσει ἄλλοις

θαρροῦντα καὶ ἐπαναπαυόμενον ἀποδημεῖν καὶ μὴ ἐπιμελεῖσθαι αὐτὸν

αὐτοῦ καὶ τῶν θηρίων τῶν ἀλόγων εἶναι χείρονα καὶ δειλότερον, ὧν

ἕκαστον αὐτὸ αὐτῷ ἀρκούμενον οὔτε τροφῆς ἀπορεῖ τῆς οἰκείας οὔτε

διεξαγωγῆς τῆς καταλλήλου καὶ κατὰ φύσιν;

¹⁰'Εγὼ μὲν οἶμαι, ὅτι ἔδει καθῆσθαι τὸν πρεσβύτερον ἐνταῦθα οὐ

τοῦτο μηχανώμενον, ὅπως μὴ ταπεινοφρονήσητε μηδὲ ταπεινοὺς μηδ'

ἀγεννεῖς τινας διαλογισμοὺς διαλογιεῖσθε αὐτοὶ περὶ ἑαυτῶν, ¹¹ἀλλὰ

μή, ἄν τινες ἐμπίπτωσιν τοιοῦτοι νέοι, ἐπιγνόντες τὴν πρὸς τοὺς

θεοὺς συγγένειαν καὶ ὅτι δεσμά τινα ταῦτα προσηρτήμεθα τὸ σῶμα καὶ

τὴν κτῆσιν αὐτοῦ καὶ ὅσα τούτων ἔνεκα ἀναγκαῖα ἡμῖν γίνεται εἰς

οἰκονομίαν καὶ ἀναστροφὴν τὴν ἐν τῷ βίῳ, ὡς βάρη τινὰ καὶ ἀνιαρὰ

καὶ ἄχρηστα ἀπορρῖψαι θέλωσιν καὶ ἀπελθεῖν πρὸς τοὺς συγγενεῖς.

¹²καὶ τοῦτον ἔδει τὸν ἀγῶνα ἀγωνίζεσθαι τὸν διδάσκαλον ὑμῶν καὶ

παιδευτήν, εἴ τις ἄρα ἦν· ὑμᾶς μὲν ἔρχεσθαι λέγοντας "'Επίκτητε,

οὐκέτι ἀνεχόμεθα μετὰ τοῦ σωματίου τούτου δεδεμένοι καὶ τοῦτο τρέ-

φοντες καὶ ποτίζοντες καὶ ἀναπαύοντες καὶ καθαίροντες, εἶτα δι'

αὐτὸ συμπεριφερόμενοι τοῖσδε καὶ τοῖσδε. ¹³οὐκ ἀδιάφορα ταῦτα καὶ

οὐδὲν πρὸς ἡμᾶς; καὶ ὁ θάνατος οὐ κακόν; καὶ συγγενεῖς τινες τοῦ θεοῦ ἐσμεν κἀκεῖθεν ἐληλύθαμεν; [14]ἄφες ἡμᾶς ἀπελθεῖν ὅθεν ἐληλύθα-

μεν, ἄφες λυθῆναί ποτε τῶν δεσμῶν τούτων τῶν ἐξηρτημένων καὶ βα-

ρούντων. [15]ἐνταῦθα λησταὶ καὶ κλέπται καὶ δικαστήρια καὶ οἱ καλού-

μενοι τύραννοι δοκοῦντες ἔχειν τινὰ ἐφ' ἡμῖν ἐξουσίαν διὰ τὸ σωμά-

τιον καὶ τὰ τούτου κτήματα. ἄφες δείξωμεν αὐτοῖς, ὅτι οὐδενὸς ἔ-

χουσιν ἐξουσίαν·" [16]ἐμὲ δ' ἐνταῦθα λέγειν ὅτι "ἄνθρωποι, ἐκδέξασθε

τὸν θεόν. ὅταν ἐκεῖνος σημήνῃ καὶ ἀπολύσῃ ὑμᾶς ταύτης τῆς ὑπηρεσί-

ας, τότ' ἀπολύεσθε πρὸς αὐτόν· ἐπὶ δὲ τοῦ παρόντος ἀνάσχεσθε ἐνοι-

κοῦντες ταύτην τὴν χώραν, εἰς ἣν ἐκεῖνος ὑμᾶς ἔταξεν. [17]ὀλίγος ἄρα

χρόνος οὗτος ὁ τῆς οἰκήσεως καὶ ῥᾴδιος τοῖς οὕτω διακειμένοις.

ποῖος γὰρ ἔτι τύραννος ἢ ποῖος κλέπτης ἢ ποῖα δικαστήρια φοβερὰ

τοῖς οὕτως παρ' οὐδὲν πεποιημένοις τὸ σῶμα καὶ τὰ τούτου κτήματα;

μείνατε, μὴ ἀλογίστως ἀπέλθητε."

[18]Τοιοῦτόν τι ἔδει γίνεσθαι παρὰ τοῦ παιδευτοῦ πρὸς τοὺς εὐφυ-

εῖς τῶν νέων. [19]νῦν δὲ τί γίνεται; νεκρὸς μὲν ὁ παιδευτής, νεκροὶ

δ' ὑμεῖς. ὅταν χορτασθῆτε σήμερον, κάθησθε κλάοντες περὶ τῆς αὔρι-

ον, πόθεν φάγητε. [20]ἀνδράποδον, ἂν σχῇς, ἕξεις· ἂν μὴ σχῇς, ἐξε-

λεύσῃ· ἤνοικται ἡ θύρα. τί πενθεῖς; ποῦ ἔτι τόπος δακρύοις; τίς

ἔτι κολακείας ἀφορμή; διὰ τί ἄλλος ἄλλῳ φθονήσει; διὰ τί πολλὰ

κεκτημένους θαυμάσει ἢ τοὺς ἐν δυνάμει τεταγμένους, μάλιστ' ἂν καὶ

ἰσχυροὶ ὦσιν καὶ ὀργίλοι; [21]τί γὰρ ἡμῖν ποιήσουσιν; ἃ δύνανται ποι-

ῆσαι, τούτων οὐκ ἐπιστρεψόμεθα· ὧν ἡμῖν μέλει, ταῦτα οὐ δύνανται.

τίς οὖν ἔτι ἄρξει τοῦ οὕτως διακειμένου;

[22]Πῶς Σωκράτης εἶχεν πρὸς ταῦτα; πῶς γὰρ ἄλλως ἢ ὡς ἔδει τὸν

πεπεισμένον ὅτι ἐστὶ τῶν θεῶν συγγενής; [23]"Ἄν μοι λέγητε," φη-

σίν, "νῦν ὅτι 'ἀφίεμέν σε ἐπὶ τούτοις, ὅπως μηκέτι διαλέξῃ τούτους

τοὺς λόγους οὓς μέχρι νῦν διελέγου μηδὲ παρενοχλήσεις ἡμῶν τοῖς

νέοις μηδὲ τοῖς γέρουσιν,' [24]ἀποκρινοῦμαι ὅτι γελοῖοί ἐστε, οἵτι-

νες ἀξιοῦτε, εἰ μέν με ὁ στρατηγὸς ὁ ὑμέτερος ἔταξεν εἴς τινα τά-

ξιν, ὅτι ἔδει με τηρεῖν αὐτὴν καὶ φυλάττειν καὶ μυριάκις πρότερον αἱρεῖσθαι ἀποθνήσκειν ἢ ἐγκαταλιπεῖν αὐτήν, εἰ δ' ὁ θεὸς ἔν τινι χώρᾳ καὶ ἀναστροφῇ κατατέταχεν, ταύτην δ' ἐγκαταλιπεῖν δεῖ ἡμᾶς. |25 τοῦτ' ἔστιν ἄνθρωπος ταῖς ἀληθείαις συγγενὴς τῶν θεῶν.

Περὶ προνοίας

I. 16. [15] Εἰ γὰρ νοῦν εἴχομεν, ἄλλο τι ἔδει ἡμᾶς ποιεῖν καὶ κοινῇ καὶ ἰδίᾳ ἢ ὑμνεῖν τὸ θεῖον καὶ εὐφημεῖν καὶ ἐπεξέρχεσθαι τὰς χάριτας; [16]οὐκ ἔδει καὶ σκάπτοντας καὶ ἀροῦντας καὶ ἐσθίοντας ᾄδειν τὸν ὕμνον τὸν εἰς τὸν θεόν; "μέγας ὁ θεός, ὅτι ἡμῖν παρέσχεν ὄργανα ταῦτα δι' ὧν τὴν γῆν ἐργασόμεθα· [17]μέγας ὁ θεός, ὅτι χεῖρας δέδωκεν, ὅτι κατάποσιν, ὅτι κοιλίαν, ὅτι αὔξεσθαι λεληθότως, ὅτι καθεύδοντας ἀναπνεῖν." [18]ταῦτα ἐφ' ἑκάστου ἐφυμνεῖν ἔδει καὶ τὸν μέγιστον καὶ θειότατον ὕμνον ἐφυμνεῖν, ὅτι τὴν δύναμιν ἔδωκεν τὴν παρακολουθητικὴν τούτοις καὶ ὁδῷ χρηστικήν. [19]τί οὖν; ἐπεὶ οἱ πολλοὶ ἀποτετύφλωσθε, οὐκ ἔδει τινὰ εἶναι τὸν ταύτην ἐκπληροῦντα τὴν χώραν καὶ ὑπὲρ πάντων ᾄδοντα τὸν ὕμνον τὸν εἰς τὸν θεόν; [20]τί γὰρ ἄλλο δύναμαι γέρων χωλὸς εἰ μὴ ὑμνεῖν τὸν θεόν; εἰ γοῦν ἀηδὼν ἤμην, ἐποίουν τὰ τῆς ἀηδόνος, εἰ κύκνος, τὰ τοῦ κύκνου. [21]νῦν δὲ λογικός εἰμι· ὑμνεῖν με δεῖ τὸν θεόν. τοῦτό μου τὸ ἔργον ἐστίν, ποιῶ αὐτὸ οὐδ' ἐγκαταλείψω τὴν τάξιν ταύτην, ἐφ' ὅσον ἂν διδῶται, καὶ ὑμᾶς ἐπὶ τὴν αὐτὴν ταύτην ᾠδὴν παρακαλῶ.

Τίς οὐσία τοῦ ἀγαθοῦ

II. 8. [1]Ὁ θεὸς ὠφέλιμος· ἀλλὰ καὶ τἀγαθὸν ὠφέλιμον. εἰκὸς οὖν, ὅπου ἡ οὐσία τοῦ θεοῦ, ἐκεῖ εἶναι καὶ τὴν τοῦ ἀγαθοῦ. [2]τίς οὖν οὐσία θεοῦ; σάρξ; μὴ γένοιτο. ἀγρός; μὴ γένοιτο. φήμη; μὴ γένοιτο. νοῦς, ἐπιστήμη, λόγος ὀρθός. [3]ἐνταῦθα τοίνυν ἁπλῶς ζήτει τὴν οὐσίαν τοῦ ἀγαθοῦ. ἐπεί τοι μή τι αὐτὴν ἐν φυτῷ ζητεῖς; οὔ. μή τι ἐν ἀλόγῳ; οὔ. ἐν λογικῷ οὖν ζητῶν τί ἔτι ἀλλαχοῦ ζητεῖς ἢ ἐν τῇ παραλλαγῇ τῇ πρὸς τὰ ἄλογα; τὰ φυτὰ οὐδὲ φαντασίαις χρηστικά ἐστιν. ⁴

διὰ τοῦτο οὐ λέγεις ἐπ' αὐτῶν τὸ ἀγαθόν. δεῖται οὖν τὸ ἀγαθὸν χρή-

σεως φαντασιῶν. ⁵ἆρά γε μόνης; εἰ γὰρ μόνης, λέγε καὶ ἐν τοῖς ἄλ-

λοις ξῴοις τὰ ἀγαθὰ εἶναι καὶ εὐδαιμονίαν καὶ κακοδαιμονίαν. ⁶νῦν

δ' οὐ λέγεις καὶ καλῶς ποιεῖς· εἰ γὰρ καὶ τὰ μάλιστα χρῆσιν φαν-

τασιῶν ἔχει, ἀλλὰ παρακολούθησίν γε τῇ χρήσει τῶν φαντασιῶν οὐκ

ἔχει. καὶ εἰκότως· ὑπηρετικὰ γὰρ γέγονεν ἄλλοις, οὐκ αὐτὰ προηγού-

μενα. ⁷ὁ ὄνος ἐπεὶ γέγονεν μή τι προηγουμένως; οὔ· ἀλλ' ὅτι νώτου

χρείαν εἴχομεν βαστάζειν τι δυναμένου. ἀλλὰ νὴ Δία καὶ περιπατοῦν-

τος αὐτοῦ χρείαν εἴχομεν· διὰ τοῦτο προσείληφε καὶ τὸ χρῆσθαι φαν-

τασίαις· ἄλλως γὰρ περιπατεῖν οὐκ ἐδύνατο. καὶ λοιπὸν αὐτοῦ που

πέπαυται. ⁸εἰ δὲ καὶ αὐτός που προσείληφει παρακολούθησιν τῇ χρή-

σει τῶν φαντασιῶν, καὶ δῆλον ὅτι κατὰ λόγον οὐκέτ' ἂν ἡμῖν ὑπετέ-

τακτο οὐδὲ τὰς χρείας ταύτας παρεῖχεν, ἀλλ' ἦν ἂν ἴσος ἡμῖν καὶ

ὅμοιος.

⁹Οὐ θέλεις οὖν ἐκεῖ ζητεῖν τὴν οὐσίαν τοῦ ἀγαθοῦ, οὗ μὴ παρόν-

τος ἐπ' οὐδενὸς τῶν ἄλλων θέλεις λέγειν τὸ ἀγαθόν;¹⁰τί οὖν; οὐκ

ἔστι θεῶν ἔργα κἀκεῖνα; " ἔστιν, ἀλλ' οὐ προηγούμενα οὐδὲ μέρη θε-

ῶν. ¹¹σὺ δὲ προηγούμενον εἶ, σὺ ἀπόσπασμα εἶ τοῦ θεοῦ· ἔχεις τι ἐν

σεαυτῷ μέρος ἐκείνου. τί οὖν ἀγνοεῖς σου τὴν συγγένειαν; τί οὐκ

οἶδας, πόθεν ἐλήλυθας; ¹²οὐ θέλεις μεμνῆσθαι, ὅταν ἐσθίῃς, τίς ὢν

ἐσθίεις καὶ τίνα τρέφεις; ὅταν συνουσίᾳ χρῇ, τίς ὢν χρῇ; ὅταν ὁμι-

λίᾳ; ὅταν γυμνάζῃ, ὅταν διαλέγῃ, οὐκ οἶδας ὅτι θεὸν τρέφεις, θεὸν

γυμνάζεις; θεὸν περιφέρεις, τάλας, καὶ ἀγνοεῖς. ¹³δοκεῖς με λέγειν

ἀργυροῦν τινα ἢ χρυσοῦν ἔξωθεν; ἐν σαυτῷ φέρεις αὐτὸν καὶ μολύνων

οὐκ αἰσθάνῃ ἀκαθάρτοις μὲν διανοήμασι, ῥυπαραῖς δὲ πράξεσι. ¹⁴καὶ

ἀγάλματος μὲν τοῦ θεοῦ παρόντος οὐκ ἂν τολμήσαις τι τούτων ποιεῖν

ὧν ποιεῖς. αὐτοῦ δὲ τοῦ θεοῦ παρόντος ἔσωθεν καὶ ἐφορῶντος πάντα

καὶ ἐπακούοντος οὐκ αἰσχύνῃ ταῦτα ἐνθυμούμενος καὶ ποιῶν, ἀναίσθη-

τε τῆς αὐτοῦ φύσεως καὶ θεοχόλωτε;

¹⁵Λοιπὸν ἡμεῖς τί φοβούμεθα ἐκπέμποντες νέον ἐπί τινας πράξεις ἐκ τῆς σχολῆς, μὴ ἄλλως ποιήσῃ τι, μὴ ἄλλως φάγῃ, μὴ ἄλλως συνουσιάσῃ, μὴ ταπεινώσῃ αὐτὸν ῥάκη περιτεθέντα, μὴ ἐπάρῃ κομψὰ ἱμάτια;¹⁶ οὗτος οὐκ οἶδεν αὐτοῦ θεόν, οὗτος οὐκ οἶδεν, μετὰ τίνος ἀπέρχεται. ἀλλ' ἀνεχόμεθα λέγοντος "αὑτοῦ σὲ ἤθελον ἔχειν"; ¹⁷ἐκεῖ τὸν θεὸν οὐκ ἔχεις; εἶτ' ἄλλον τινὰ ζητεῖς ἐκεῖνον ἔχων; ¹⁸ἢ ἄλλα σοι ἐρεῖ ἐκεῖνος ἢ ταῦτα; ἀλλ' εἰ μὲν τὸ ἄγαλμα ἦς τὸ Φειδίου, ἡ Ἀθηνᾶ ἢ ὁ Ζεύς, ἐμέμνησο ἂν καὶ σαυτοῦ καὶ τοῦ τεχνίτου καὶ εἴ τινα αἴσθησιν εἶχες, ἐπειρῶ ἂν μηδὲν ἀνάξιον ποιεῖν τοῦ κατασκευάσαντος μηδὲ σεαυτοῦ, μηδ' ἐν ἀπρεπεῖ σχήματι φαίνεσθαι τοῖς ὁρῶσι· ¹⁹νῦν δέ σε ὅτι ὁ Ζεὺς πεποίηκεν, διὰ τοῦτο ἀμελεῖς οἷόν τινα δείξεις σεαυτόν; καὶ τί ὁ τεχνίτης τῷ τεχνίτῃ ὅμοιος ἢ τὸ κατασκεύασμα τῷ κατασκευάσματι; ²⁰καὶ ποῖον ἔργον τεχνίτου εὐθὺς ἔχει τὰς δυνάμεις ἐν ἑαυτῷ, ἃς ἐμφαίνει διὰ τῆς κατασκευῆς; οὐχὶ λίθος ἐστὶν ἢ χαλκὸς ἢ χρυσὸς ἢ ἐλέφας; καὶ ἡ Ἀθηνᾶ ἡ Φειδίου ἅπαξ ἐκτείνασα τὴν χεῖρα καὶ τὴν Νίκην ἐπ' αὐτῆς δεξαμένη ἕστηκεν οὕτως ὅλῳ τῷ αἰῶνι, τὰ δὲ τοῦ θεοῦ κινούμενα, ἔμπνοα, χρηστικὰ φαντασιῶν, δοκιμαστικά.²¹ τούτου τοῦ δημιουργοῦ κατασκεύασμα ὢν καταισχύνεις αὐτό; τί δ'; ὅτι οὐ μόνον σε κατεσκεύασεν, ἀλλὰ καὶ σοὶ μόνῳ ἐπίστευσεν καὶ παρακατέθετο, ²²οὐδὲ τούτου μεμνήσῃ, ἀλλὰ καὶ καταισχυνεῖς τὴν ἐπιτροπήν; εἰ δέ σοι ὀρφανόν τινα ὁ θεὸς παρέθετο, οὕτως ἂν αὐτοῦ ἠμέλεις; ²³παραδέδωκέ σοι σεαυτὸν καὶ λέγει "οὐκ εἶχον ἄλλον πιστότερόν σου· τοῦτόν μοι φύλασσε τοιοῦτον οἷος πέφυκεν, αἰδήμονα, πιστόν, ὑψηλόν, ἀκατάπληκτον, ἀπαθῆ, ἀτάραχον." εἶτα σὺ οὐ φυλάσσεις;

Ὅτι οὐ μάχεται τὸ θαρρεῖν τῷ εὐλαβεῖσθαι

II. 1. ²¹Τίς οὖν τούτων τῶν δογμάτων καρπός; ὅνπερ δεῖ κάλλιστόν τ' εἶναι καὶ πρεπωδέστατον τοῖς τῷ ὄντι παιδευομένοις, ἀταραξία ἀφοβία ἐλευθερία. ²²οὐ γὰρ τοῖς πολλοῖς περὶ τούτων πιστευτέον,

οἳ λέγουσιν μόνοις ἐξεῖναι παιδεύεσθαι τοῖς ἐλευθέροις, ἀλλὰ τοῖς
φιλοσόφοις μᾶλλον, οἳ λέγουσι μόνους τοὺς παιδευθέντας ἐλευθέρους
εἶναι. —²³Πῶς τοῦτο; — Οὕτως· νῦν ἄλλο τί ἐστιν ἐλευθερία εἰ τὸ
ἐξεῖναι ὡς βουλόμεθα διεξάγειν; "οὐδέν." λέγετε δή μοι, ὦ ἄνθρωποι,
βούλεσθε ζῆν ἁμαρτάνοντες; "οὐ βουλόμεθα." οὐδεὶς τοίνυν ἁμαρτάνων
ἐλεύθερός ἐστιν. ²⁴βούλεσθε ζῆν φοβούμενοι, βούλεσθε λυπούμενοι,
βούλεσθε ταρασσόμενοι; "οὐδαμῶς." οὐδεὶς ἄρα οὔτε φοβούμενος οὔτε
λυπούμενος οὔτε ταρασσόμενος ἐλεύθερός ἐστιν, ὅστις δ' ἀπήλλακται
λυπῶν καὶ φόβων καὶ ταραχῶν, οὗτος τῇ αὐτῇ ὁδῷ καὶ τοῦ δουλεύειν
ἀπήλλακται. ²⁵πῶς οὖν ἔτι ὑμῖν πιστεύσομεν, ὦ φίλτατοι νομοθέται;
οὐκ ἐπιτρέπομεν παιδεύεσθαι, εἰ μὴ τοῖς ἐλευθέροις; οἱ φιλόσοφοι
γὰρ λέγουσιν ὅτι οὐκ ἐπιτρέπομεν ἐλευθέροις εἶναι εἰ μὴ τοῖς πεπαι-
δευμένοις, τοῦτό ἐστιν ὁ θεὸς οὐκ ἐπιτρέπει.

Πῶς μαντευτέον

II. 7. ¹Διὰ τὸ ἀκαίρως μαντεύεσθαι πολλοὶ καθήκοντα πολλὰ παρα-
λείπομεν. ²τί γὰρ ὁ μάντις δύναται πλέον ἰδεῖν θανάτου ἢ κινδύνου
ἢ νόσου ἢ ὅλως τῶν τοιούτων; ³ἂν οὖν δέῃ κινδυνεῦσαι ὑπὲρ τοῦ φίλου,
ἂν δὲ καὶ ἀποθανεῖν ὑπὲρ αὐτοῦ καθήκῃ, ποῦ μοι καιρὸς ἔτι μαντεύεσ-
θαι; οὐκ ἔχω τὸν μάντιν ἔσω τὸν εἰρηκότα μοι τὴν οὐσίαν τοῦ ἀγαθοῦ
καὶ τοῦ κακοῦ, τὸν ἐξηγημένον τὰ σημεῖα ἀμφοτέρων; ⁴τί οὖν ἔτι χρεί-
αν ἔχω τῶν σπλάγχνων ἢ τῶν οἰωνῶν; ἀλλ' ἀνέχομαι λέγοντος ἐκείνου
"συμφέρει σοι"; ⁵τί γάρ ἐστι συμφέρον οἶδεν; τί ἐστιν ἀγαθὸν οἶδεν;
μεμάθηκεν ὥσπερ τὰ σημεῖα τῶν σπλάγχνων οὕτως σημεῖα τίνα ἀγαθῶν
καὶ κακῶν; εἰ γὰρ τούτων οἶδεν σημεῖα, καὶ καλῶν καὶ αἰσχρῶν οἶδεν
καὶ δικαίων καὶ ἀδίκων. ⁶ἄνθρωπε, σύ μοι λέγε τί σημαίνεται, ζωὴ ἢ
θάνατος, πενία ἢ πλοῦτος· πότερον δὲ συμφέρει ταῦτα ἢ ἀσύμφορά ἐσ-
τιν, σοῦ μέλλω πυνθάνεσθαι; ⁷διὰ τί ἐν γραμματικοῖς οὐ λέγεις; ἐν-
θάδ' οὖν, ὅπου πάντες ἄνθρωποι πλανώμεθα καὶ πρὸς ἀλλήλους μαχόμε-
θα; ⁸διὰ τοῦτο ἡ γυνὴ καλῶς εἶπεν ἡ πέμψαι θέλουσα τῇ Γρατίλλῃ ἐξ-

ὡρισμένη τὸ πλοῖον τῶν ἐπιμηνίων κατὰ τὸν εἰπόντα ὅτι " 'Αφαιρήσεται αὐτὰ Δομιτιανὸς," "Μᾶλλον θέλω," φησίν, "ἵν' ἐκεῖνος αὐτὰ ἀφέληται ἢ ἵν' ἐγὼ μὴ πέμψω."

῞Οτι οὐ μελετῶμεν χρῆσθαι τοῖς περὶ ἀγαθῶν καὶ κακῶν δόγμασιν

II. 16. ¹¹Τοιοῦτόν τι καὶ ἡμεῖς πάσχομεν. τίνα θαυμάζομεν; τὰ ἐκτός. περὶ τίνα σπουδάζομεν; περὶ τὰ ἐκτός. εἶτ' ἀποροῦμεν, πῶς φοβούμεθα ἢ πῶς ἀγωνιῶμεν; ¹²τί οὖν ἐνδέχεται, ὅταν τὰ ἐπιφερόμενα κακὰ ἡγώμεθα; οὐ δυνάμεθα μὴ φοβεῖσθαι, οὐ δυνάμεθα μὴ ἀγωνιᾶν. ¹³ εἶτα λέγομεν "κύριε ὁ θεός, πῶς μὴ ἀγωνιῶ;" μωρέ, χεῖρας οὐκ ἔχεις; οὐκ ἐποίησέν σοι αὐτὰς ὁ θεός; εὔχου νῦν καθήμενος, ὅπως αἱ μύξαι σου μὴ ῥέωσιν· ἀπόμυξαι μᾶλλον καὶ μὴ ἐγκάλει.

II. 16. ¹⁸Τί οὖν ἔτι θαυμάζομεν εἰ περὶ μὲν τὰς ὕλας τετρίμμε-θα, ἐν δὲ ταῖς ἐνεργείαις ταπεινοί, ἀσχήμονες, οὐδενὸς ἄξιοι, δει-λοί, ἀταλαίπωροι, ὅλοι ἀτυχήματα; οὐ γὰρ μεμέληκεν ἡμῖν οὐδὲ μελε-τῶμεν. ¹⁹εἰ δὲ μὴ τὸν θάνατον ἢ τὴν φυγὴν ἐφοβούμεθα, ἀλλὰ τὸν φό-βον, ἐμελετῶμεν ἂν ἐκείνοις μὴ περιπίπτειν ἃ φαίνεται ἡμῖν κακά. ²⁰νῦν δ' ἐν μὲν τῇ σχολῇ γοργοὶ καὶ κατάγλωσσοι, κἂν ζητημάτιον ἐμπέσῃ περὶ τινος τούτων, ἱκανοὶ τὰ ἑξῆς ἐπελθεῖν· ἕλκυσον δ' εἰς χρῆσιν καὶ εὑρήσεις τάλανας ναυαγούς. προσπεσέτω φαντασία ταρακτι-κὴ καὶ γνώσῃ, τί ἐμελετῶμεν καὶ πρὸς τί ἐγυμναζόμεθα. ²¹λοιπὸν ὑπὸ τῆς ἀμελετησίας προσεπισωρεύομεν ἀεί τινα καὶ προσπλάσσομεν μείζο-να τῶν καθεστώτων. ²²εὐθὺς ἐγώ, ὅταν πλέω, κατακύψας εἰς τὸν βυθὸν ἢ τὸ πέλαγος περιβλεψάμενος καὶ μὴ ἰδὼν γῆν ἐξίσταμαι καὶ φανταζό-μενος, ὅτι ὅλον με δεῖ τὸ πέλαγος τοῦτο ἐκπιεῖν, ἂν ναυαγήσω, οὐκ ἐπέρχεταί μοι, ὅτι μοι τρεῖς ξέσται ἀρκοῦσιν. τί οὖν με ταράσσει; τὸ πέλαγος; οὔ, ἀλλὰ τὸ δόγμα. ²³πάλιν ὅταν σεισμὸς γένηται, φαν-τάζομαι ὅτι ἡ πόλις ἐπιπίπτειν μοι μέλλει· οὐ γὰρ ἀρκεῖ μικρὸν λιθάριον, ἵν' ἔξω μου τὸν ἐγκέφαλον βάλῃ;

II. 16. [39]Οὐ θέλεις ἤδη ὡς τὰ παιδία ἀπογαλακτισθῆναι καὶ ἅπ-
τεσθαι τροφῆς στερεωτέρας μηδὲ κλάειν μάμμας καὶ τιτθάς, γραῶν ἀπο-
κλαύματα; [40]"ἀλλ'ἐκείνας ἀπαλλασσόμενος ἀνιάσω." σὺ αὐτὰς ἀνιά-
σεις; οὐδαμῶς, ἀλλ' ὅπερ καὶ σέ, τὸ δόγμα. τί οὖν ἔχεις ποιῆσαι;
ἔξελε, τὸ δ' ἐκείνων, ἂν εὖ ποιῶσιν, αὐταὶ ἐξελοῦσιν· εἰ δὲ μή,
οἰμώξουσι δι' αὐτάς. [41]ἄνθρωπε, τὸ λεγόμενον τοῦτο ἀπονοήθητι ἤδη
ὑπὲρ εὐροίας, ὑπὲρ ἐλευθερίας, ὑπὲρ μεγαλοψυχίας. ἀνάτεινόν ποτε
τὸν τράχηλον ὡς ἀπηλλαγμένος δουλείας, [42]τόλμησον ἀναβλέψας πρὸς
τὸν θεὸν εἰπεῖν ὅτι "χρῶ μοι λοιπὸν εἰς ὃ ἂν θέλῃς· ὁμογνωμονῶ
σοι, σός εἰμι· οὐδὲν παραιτοῦμαι τῶν σοὶ δοκούντων· ὅπου θέλεις,
ἄγε· ἣν θέλεις ἐσθῆτα περίθες. ἄρχειν με θέλεις, ἰδιωτεύειν, μέ-
νειν, φεύγειν, πένεσθαι, πλουτεῖν; ἐγώ σοι ὑπὲρ ἁπάντων τούτων
πρὸς τοὺς ἀνθρώπους ἀπολογήσομαι· [43]δείξω τὴν ἑκάστου φύσιν οἵα
ἐστίν." [44]οὔ· ἀλλ' ἔνδον ὡς κοράσια καθήμενος ἐκδέχου σου τὴν μάμ-
μην, μέχρις σε χορτάσῃ. ὁ Ἡρακλῆς εἰ τοῖς ἐν οἴκῳ παρεκάθητο, τίς
ἂν ἦν; Εὐρυσθεὺς καὶ οὐχὶ Ἡρακλῆς. ἄγε, πόσους δὲ περιερχόμενος
τὴν οἰκουμένην συνήθεις ἔσχεν, φίλους; ἀλλ' οὐδὲν φίλτερον τοῦ θε-
οῦ· διὰ τοῦτο ἐπιστεύθη Διὸς υἱὸς εἶναι καὶ ἦν. ἐκείνῳ τοίνυν πει-
θόμενος περιῄει καθαίρων ἀδικίαν καὶ ἀνομίαν. [45]ἀλλ' οὐκ εἶ Ἡρα-
κλῆς καὶ οὐ δύνασαι καθαίρειν τὰ ἀλλότρια κακά, ἀλλ' οὐδὲ Θησεύς,
ἵνα τὰ τῆς Ἀττικῆς καθάρῃς· τὰ σαυτοῦ κάθαρον. ἐντεῦθεν ἐκ τῆς
διανοίας ἔκβαλε ἀντὶ Προκρούστου καὶ Σκίρωνος λύπην, φόβον, ἐπιθυ-
μίαν, φθόνον, ἐπιχαιρεκακίαν, φιλαργυρίαν, μαλακίαν, ἀκρασίαν. [46]
ταῦτα δ' οὐκ ἔστιν ἄλλως ἐκβαλεῖν, εἰ μὴ πρὸς μόνον τὸν θεὸν ἀπο-
βλέποντα, ἐκείνῳ μόνῳ προσπεπονθότα, τοῖς ἐκείνου προστάγμασι κα-
θωσιωμένον. [47]ἂν δ' ἄλλο τι θέλῃς, οἰμώζων καὶ στένων ἀκολουθήσεις
τῷ ἰσχυροτέρῳ ἔξω ζητῶν ἀεὶ τὴν εὔροιαν καὶ μηδέποτ' εὑροεῖν δυνά-

μενος. ἐκεῖ γὰρ αὐτὴν ζητεῖς, οὗ μή ἐστιν, ἀφεὶς ἐκεῖ ζητεῖν, ὅπου ἐστίν.

Πῶς ἀγωνιστέον πρὸς τὰς φαντασίας

II. 18. [27]Οὗτός ἐστιν ὁ ταῖς ἀληθείαις ἀσκητὴς ὁ πρὸς τὰς τοιαύτας φαντασίας γυμνάζων ἑαυτόν. μεῖνον, τάλας, μὴ συναρπασθῇς. μέγας ὁ ἀγών ἐστιν, θεῖον τὸ ἔργον, ὑπὲρ βασιλείας, ὑπὲρ ἐλευθερίας, ὑπὲρ εὐροίας, ὑπὲρ ἀταραξίας. [29]τοῦ θεοῦ μέμνησο, ἐκεῖνον ἐπικαλοῦ βοηθὸν καὶ παραστάτην ὡς τοὺς Διοσκόρους ἐν χειμῶνι οἱ πλέοντες. ποῖος γὰρ μείζων χειμὼν ἢ ὁ ἐκ φαντασιῶν ἰσχυρῶν καὶ ἐκκρουστικῶν τοῦ λόγου; αὐτὸς γὰρ ὁ χειμὼν τί ἄλλο ἐστὶν ἢ φαντασία; [30]ἐπεί τοι ἆρον τὸν φόβον τοῦ θανάτου καὶ φέρε ὅσας θέλεις βροντὰς καὶ ἀστραπὰς καὶ γνώσῃ, ὅση γαλήνη ἐστὶν ἐν τῷ ἡγεμονικῷ καὶ εὐδία. [31]ἂν δ' ἅπαξ ἡττηθεὶς εἴπῃς ὅτι ὕστερον νικήσεις, εἶτα πάλιν τὸ αὐτό, ἴσθι ὅτι οὕτως ποθ' ἕξεις κακῶς καὶ ἀσθενῶς, ὥστε μηδ' ἐφιστάνειν ὕστερον ὅτι ἁμαρτάνεις, ἀλλὰ καὶ ἀπολογίας ἄρξῃ πορίζειν ὑπὲρ τοῦ πράγματος· [32]καὶ τότε βεβαιώσεις τὸ τοῦ Ἡσιόδου, ὅτι ἀληθές ἐστιν

αἰεὶ δ' ἀμβολιεργὸς ἀνὴρ ἄτῃσι παλαίει.

Ὅτι οὐ δεῖ χαλεπαίνειν τοῖς ἁμαρτανομένοις

I. 18. [1]Εἰ ἀληθές ἐστι τὸ ὑπὸ τῶν φιλοσόφων λεγόμενον ὅτι πᾶσιν ἀνθρώποις μία ἀρχὴ καθάπερ τοῦ συγκαταθέσθαι τὸ παθεῖν ὅτι ὑπάρχει καὶ τοῦ ἀνανεῦσαι τὸ παθεῖν ὅτι οὐχ ὑπάρχει καὶ νὴ Δία τοῦ ἐπισχεῖν τὸ παθεῖν ὅτι ἄδηλόν ἐστιν, [2]οὕτως καὶ τοῦ ὁρμῆσαι ἐπί <τι> τὸ παθεῖν ὅτι ἐμοὶ συμφέρει, ἀμήχανον δ' ἄλλο μὲν κρίνειν τὸ συμφέρον, ἄλλου δ' ὀρέγεσθαι καὶ ἄλλο μὲν κρίνειν καθῆκον, ἐπ' ἄλλο δὲ ὁρμᾶν, τί ἔτι τοῖς πολλοῖς χαλεπαίνομεν; — [3]Κλέπται, φησίν, εἰσὶ καὶ λωποδύται. — Τί ἐστι τὸ κλέπται καὶ λωποδύται; πεπλάνηνται περὶ ἀγαθῶν καὶ κακῶν. χαλεπαίνειν οὖν δεῖ αὐτοῖς ἢ ἐλεεῖν αὐτούς; [4]ἀλλὰ δεῖξον τὴν πλάνην καὶ ὄψει πῶς ἀφίστανται τῶν ἁμαρτημάτων. ἂν δὲ

μὴ βλέπωσιν, οὐδὲν ἔχουσιν ἀνώτερον τοῦ δοκοῦντος αὐτοῖς...

[13]ἔχεις καλὰ ἱμάτια, ὁ γείτων σου οὐκ ἔχει· θυρίδα ἔχεις, θέ-

λεις αὐτὰ ψῦξαι. οὐκ οἶδεν ἐκεῖνος τί τὸ ἀγαθόν ἐστι τοῦ ἀνθρώπου,

ἀλλὰ φαντάζεται ὅτι τὸ ἔχειν καλὰ ἱμάτια, τοῦτο ὃ καὶ σὺ φαντάζῃ.

[14]εἶτα μὴ ἔλθῃ καὶ ἄρῃ αὐτά; ἀλλὰ σὺ πλακοῦντα δεικνύων ἀνθρώποις

λίχνοις καὶ μόνος αὐτὸν καταπίνων οὐ θέλεις ἵνα αὐτὸν ἁρπάσωσι;

μὴ ἐρέθιζε αὐτούς, θυρίδα μὴ ἔχε, μὴ ψῦχέ σου τὰ ἱμάτια. [15]κἀγὼ

πρῴην σιδηροῦν λύχνον ἔχων παρὰ τοῖς θεοῖς ἀκούσας ψόφον τῆς θυρί-

δος κατέδραμον. εὗρον ἡρπασμένον τὸν λύχνον. ἐπελογισάμην, ὅτι ἔπα-

θέν τι ὁ ἄρας οὐκ ἀπίθανον. τί οὖν; αὔριον, φημί, ὀστράκινον εὑ-

ρήσεις. [16]ἐκεῖνα γὰρ ἀπολλύει, ἃ ἔχει."ἀπώλεσά μου τὸ ἱμάτιον."

εἶχες γὰρ ἱμάτιον."ἀλγῶ τὴν κεφαλήν." μή τι κέρατα ἀλγεῖς; τί οὖν

ἀγανακτεῖς; τούτων γὰρ αἱ ἀπώλειαι, τούτων οἱ πόνοι, ὧν καὶ αἱ

κτήσεις.

[17]"'Αλλ'ὁ τύραννος δήσει." τί; τὸ σκέλος. "ἀλλ'ἀφελεῖ." τί; τὸν

τράχηλον. τί οὖν <οὐ> δήσει οὐδ' ἀφελεῖ; τὴν προαίρεσιν. διὰ τοῦ-

το παρήγγελ<λ>ον οἱ παλαιοὶ τὸ Γνῶθι σαυτόν. [18]τί οὖν; ἔδει νὴ

τοὺς θεοὺς μελετᾶν ἐπὶ τῶν μικρῶν καὶ ἀπ' ἐκείνων ἀρχομένους δια-

βαίνειν ἐπὶ τὰ μείζω. [19]"κεφαλὴν ἀλγῶ." "οἴμοι" μὴ λέγε. "ὠτίον ἀλγῶ."

"οἴμοι" μὴ λέγε. καὶ οὐ λέγω ὅτι οὐ δέδοται στενάξαι, ἀλλὰ ἔσωθεν

μὴ στενάξῃς. μηδ' ἂν βραδέως τὸν ἐπίδεσμον ὁ παῖς φέρῃ, κραύγαζε

καὶ σπῶ καὶ λέγε"πάντες με μισοῦσιν." τίς γὰρ μὴ μισήσῃ τὸν τοιοῦ-

τον; [20]τούτοις τὸ λοιπὸν πεποιθὼς τοῖς δόγμασιν ὀρθὸς περιπάτει,

ἐλεύθερος, οὐχὶ τῷ μεγέθει πεποιθὼς τοῦ σώματος ὥσπερ ἀθλητής·

οὐ γὰρ ὡς ὄνον ἀήττητον εἶναι.<δεῖ>.

Περὶ εὐσταθείας

I. 29. ⁴⁶"Πῶς οὖν ἀναβαίνεις νῦν;" ὡς μάρτυς ὑπὸ τοῦ θεοῦ κεκλημέ-
νος.⁴⁷"ἔρχου σὺ καὶ μαρτύρησόν μοι· σὺ γὰρ ἄξιος εἶ προαχθῆναι μάρ-
τυς ὑπ' ἐμοῦ. μή τι τῶν ἐκτὸς τῆς προαιρέσεως ἀγαθόν ἐστιν ἢ κα-
κόν; μή τινα βλάπτω; μή τι ἐπ' ἄλλῳ τὴν ὠφέλειαν ἐποίησα τὴν ἑκά-
στου ἢ ἐπ' αὐτῷ;"⁴⁸τίνα μαρτυρίαν δίδως τῷ θεῷ; "ἐν δεινοῖς εἰμι,
κύριε, καὶ δυστυχῶ, οὐδείς μου ἐπιστρέφεται, οὐδείς μοι δίδωσιν
οὐδέν, πάντες ψέγουσιν, κακολογοῦσιν." ⁴⁹ταῦτα μέλλεις μαρτυρεῖν
καὶ καταισχύνειν τὴν κλῆσιν ἣν κέκληκεν, ὅτι σε ἐτίμησεν ταύτην
τὴν τιμὴν καὶ ἄξιον ἡγήσατο προσαγαγεῖν εἰς μαρτυρίαν τηλικαύτην;

Περὶ Κυνισμοῦ

III. 22. ²⁶Δεῖ οὖν αὐτὸν δύνασθαι ἀνατεινάμενον, ἂν οὕτως τύχῃ,
καὶ ἐπὶ σκηνὴν τραγικὴν ἀνερχόμενον λέγειν τὸ τοῦ Σωκράτους "ἰὼ
<ἄ>νθρωποι, ποῖ φέρεσθε; τί ποιεῖτε, ὦ ταλαίπωροι; ὡς τυφλοὶ ἄνω
καὶ κάτω κυλίεσθε· ἄλλην ὁδὸν ἀπέρχεσθε τὴν οὖσαν ἀπολελοιπότες,
ἀλλαχοῦ ζητεῖτε τὸ εὔρουν καὶ τὸ εὐδαιμονικόν, ὅπου οὐκ ἔστιν, οὐδ'
ἄλλου δεικνύοντος πιστεύετε. ²⁷τί αὐτὸ ἔξω ζητεῖτε; ἐν σώματι οὐκ
ἔστιν. εἰ ἀπιστεῖτε, ἴδετε Μύρωνα, ἴδετε Ὀφέλλιον. ἐν κτήσει οὐκ
ἔστιν. εἰ δ' ἀπιστεῖτε, ἴδετε Κροῖσον, ἴδετε τοὺς νῦν πλουσίους,
ὅσης οἰμωγῆς ὁ βίος αὐτῶν μεστός ἐστιν. ἐν ἀρχῇ οὐκ ἔστιν. εἰ δὲ
μή γε, ἔδει τοὺς δὶς καὶ τρὶς ὑπάτους εὐδαίμονας εἶναι· οὐκ εἰσὶ
δέ. ²⁸τίσιν περὶ τούτου πιστεύσομεν; ὑμῖν τοῖς ἔξωθεν τὰ ἐκείνων
βλέπουσιν καὶ ὑπὸ τῆς φαντασίας περιλαμπομένοις ἢ αὐτοῖς ἐκείνοις;
²⁹τί λέγουσιν; ἀκούσατε αὐτῶν, ὅταν οἰμώζωσιν, ὅταν στένωσιν, ὅταν
δι' αὐτὰς τὰς ὑπατ<ε>ίας καὶ τὴν δόξαν καὶ τὴν ἐπιφάνειαν ἀθλιώτε-
ρον οἴωνται καὶ ἐπικινδυνότερον ἔχειν. ³⁰ἐν βασιλείᾳ οὐκ ἔστιν.
εἰ δὲ μή, Νέρων ἂν εὐδαίμων ἐγένετο καὶ Σαρδανάπαλλος..."

Πρὸς τοὺς εὐκόλως ἐπὶ τὸ σοφιστεύειν ἐρχομένους

III. 21. [11π]'Αλλ' ὁ δεῖνα σχολὴν ἔχει· διὰ τί μὴ κἀγὼ σχῶ;" οὐκ εἰκῆ ταῦτα γίνεται, ἀνδράποδον, οὐδ' ὡς ἔτυχεν, ἀλλὰ καὶ ἡλικίαν εἶναι δεῖ καὶ βίον καὶ θεὸν ἡγεμόνα. [12]οὔ· ἀλλ' ἀπὸ λι[πο]μένος μὲν οὐδεὶς ἀνάγεται μὴ θύσας τοῖς θεοῖς καὶ παρακαλέσας αὐτοὺς βοηθοὺς οὐδὲ σπείρουσιν ἄλλως οἱ ἄνθρωποι εἰ μὴ τὴν Δήμητρα ἐπικαλεσάμενοι· τηλικούτου δ' ἔργου ἀψάμενός τις ἄνευ θεῶν ἀσφαλῶς ἄψεται καὶ οἱ τούτῳ προσιόντες εὐτυχῶς προσελεύσονται; [13]τί ἄλλο ποιεῖς, ἄνθρωπε, ἢ τὰ μυστήρια ἐξορχῇ καὶ λέγεις "οἴκημά ἐστι καὶ ἐν Ἐλευσῖνι, ἰδοὺ καὶ ἐνθάδε. ἐκεῖ ἱεροφάντης· καὶ ἐγὼ ποιήσω ἱεροφάντην. ἐκεῖ κήρυξ· κἀγὼ κήρυκα καταστήσω. ἐκεῖ δᾳδοῦχος· κἀγὼ δᾳδοῦχον. ἐκεῖ δᾷδες· καὶ ἐνθάδε. αἱ φωναὶ αἱ αὐταί· τὰ γινόμενα τί διαφέρει ταῦτα ἐκείνων;" [14]ἀσεβέστατε ἄνθρωπε, οὐδὲν διαφέρει; καὶ παρὰ τόπον ταῦτα*ὠφελεῖ καὶ παρὰ καιρόν· καὶ μετὰ θυσίας δὲ καὶ μετ' εὐχῶν καὶ προηγνευκότα καὶ προδιακείμενον τῇ γνώμῃ, ὅτι ἱεροῖς προσελεύσεται καὶ ἱεροῖς παλαιοῖς. [15]οὕτως ὠφέλιμα γίνεται τὰ μυστήρια, οὕτως εἰς φαντασίαν ἐρχόμεθα, ὅτι ἐπὶ παιδείᾳ καὶ ἐπανορθώσει τοῦ βίου κατεστάθη πάντα ταῦτα ὑπὸ τῶν παλαιῶν. [16]σὺ δ' ἐξαγγέλλεις αὐτὰ καὶ ἐξορχῇ παρὰ καιρόν, παρὰ τόπον, ἄνευ θυμάτων, ἄνευ ἁγνείας· οὐκ ἐσθῆτα ἔχεις ἣν δεῖ τὸν ἱεροφάντην, οὐ κόμην, οὐ στρόφιον οἷον δεῖ, οὐ φωνήν, οὐχ ἡλικίαν, οὐχ ἥγνευκας ὡς ἐκεῖνος, ἀλλ' αὐτὰς μόνας τὰς φωνὰς ἀνειληφὼς λέγεις. ἱεραί εἰσιν αἱ φωναὶ αὐταὶ καθ' αὐτάς;

* Oldfather emends: ταὐτὰ ὠφελεῖ καὶ παρὰ καιρόν; οὐ· ἀλλὰ καὶ, κτλ.

EUHEMERUS, *HIERA ANAGRAPHE* (FROM DIODORUS SICULUS VI. 1-10)

Euhemerus of Messene (probably the Sicilian Messene) who flourished ca. 300 B. C. was the author of a philosophical Utopian romance, called the *Hiera Anagraphe* or *Sacred Document*, much read and

admired by certain circles in antiquity, and translated into Latin
by no less a poet than Ennius. Having explained that the Greek gods
were originally culture heroes who were given divine attributes by
their subjects, Euhemerus became known as the exponent of a form
of historical rationalism, which was appropriately called Euhemerism.
Pagan skeptics and early Christian writers quoted him approvingly
to support their hostile attitudes toward popular Greek religion.

   The present selection is from a fragment which describes the
customs of the inhabitants of the imaginary island of Panchaea, and
is reproduced from the text of F. Vogel, *Diodori Bibliotheca His-
torica*, Vol. II, Leipzig: Teubner, 1890, pp. 121-23.

   [Τῶν βίβλων ἡμῖν ἓξ μὲν αἱ πρῶται περιέχουσι τὰς πρὸ τῶν Τρωι-
κῶν πράξεις καὶ μυθολογίας, καὶ τούτων αἱ μὲν προηγούμεναι τρεῖς
τὰς βαρβαρικάς, αἱ δ' ἑξῆς σχεδὸν τὰς τῶν Ἑλλήνων ἀρχαιολογίας.]

   Ταῦτα ὁ Διόδωρος ἐν τῇ τρίτῃ τῶν ἱστοριῶν. ὁ δ' αὐτὸς καὶ ἐν
τῇ ἕκτῃ ἀπὸ τῆς Εὐημέρου τοῦ Μεσσηνίου γραφῆς ἐπικυροῖ τὴν αὐτὴν
θεολογίαν, ὧδε κατὰ λέξιν φάσκων·

   ²Περὶ θεῶν τοίνυν διττὰς οἱ παλαιοὶ τῶν ἀνθρώπων τοῖς μεταγεν-
εστέροις παραδεδώκασιν ἐννοίας· τοὺς μὲν γὰρ ἀιδίους καὶ ἀφθάρτους
εἶναί φασιν, οἷον ἥλιόν τε καὶ σελήνην καὶ τὰ ἄλλα ἄστρα τὰ κατ'
οὐρανόν, πρὸς δὲ τούτοις ἀνέμους καὶ τοὺς ἄλλους τοὺς τῆς ὁμοίας
φύσεως τούτοις τετευχότας· τούτων γὰρ ἕκαστον ἀίδιον ἔχειν τὴν γέ-
νεσιν καὶ τὴν διαμονήν· ἑτέρους δὲ λέγουσιν ἐπιγείους γενέσθαι θε-
ούς, διὰ δὲ τὰς εἰς ἀνθρώπους εὐεργεσίας ἀθανάτου τετευχότας τιμῆς
τε καὶ δόξης, οἷον Ἡρακλέα, Διόνυσον, Ἀρισταῖον, καὶ τοὺς ἄλλους
τοὺς τούτοις ὁμοίους. ³περὶ δὲ τῶν ἐπιγείων θεῶν πολλοὶ καὶ ποι-
κίλοι παραδέδονται λόγοι παρὰ τοῖς ἱστορικοῖς τε καὶ μυθογράφοις·
καὶ τῶν μὲν ἱστορικῶν Εὐήμερος ὁ τὴν ἱερὰν ἀναγραφὴν ποιησάμενος
ἰδίως ἀναγέγραφεν, τῶν δὲ μυθολόγων Ὅμηρος καὶ Ἡσίοδος καὶ Ὀρ-

φεὺς καὶ ἕτεροι τοιοῦτοι τερατωδεστέρους μύθους περὶ θεῶν πεπλάκα-

σιν· ἡμεῖς δὲ τὰ παρ' ἀμφοτέροις ἀναγεγραμμένα πειρασόμεθα συντό-

μως ἐπιδραμεῖν, στοχαζόμενοι τῆς συμμετρίας. 4Εὐήμερος μὲν οὖν,

φίλος γεγονὼς Κασσάνδρου τοῦ βασιλέως καὶ διὰ τοῦτον ἠναγκασμένος

τελεῖν βασιλικάς τινας χρείας καὶ μεγάλας ἀποδημίας, φησὶν ἐκτοπισ-

θῆναι κατὰ τὴν μεσημβρίαν εἰς τὸν ὠκεανόν. ἐκπλεύσαντα δὲ αὐτὸν

ἐκ τῆς εὐδαίμονος Ἀραβίας ποιήσασθαι τὸν πλοῦν δι' ὠκεανοῦ πλείους

ἡμέρας, καὶ προσενεχθῆναι νήσοις πελαγίαις, ὧν μίαν ὑπάρχειν τὴν

ὀνομαζομένην Παγχαίαν, ἐν ᾗ τεθεᾶσθαι τοὺς ἐνοικοῦντας Παγχαίους

εὐσεβείᾳ διαφέροντας καὶ τοὺς θεοὺς τιμῶντας μεγαλοπρεπεστάταις

θυσίαις καὶ ἀναθήμασιν ἀξιολόγοις ἀργυροῖς τε καὶ χρυσοῖς. 5εἶναι

δὲ καὶ τὴν νῆσον ἱερὰν θεῶν, καὶ ἕτερα πλείω θαυμαζόμενα κατά τε τὴν

ἀρχαιότητα καὶ τὴν τῆς κατασκευῆς πολυτεχνίαν, περὶ ὧν τὰ κατὰ μέρος ἐν ταῖς πρὸ

ταύτης βίβλοις ἀναγεγράφαμεν. 6εἶναι δ' ἐν αὐτῇ κατά τινα λόφον

ὑψηλὸν καθ' ὑπερβολὴν ἱερὸν Διὸς Τριφυλίου, καθιδρυμένον ὑπ' αὐτοῦ

καθ' ὃν καιρὸν ἐβασίλευσε τῆς οἰκουμένης ἁπάσης ἔτι κατὰ ἀνθρώπους

ὤν. 7ἐν τούτῳ τῷ ἱερῷ στήλην εἶναι χρυσῆν, ἐν ᾗ τοῖς Παγχαίοις

γράμμασιν ὑπάρχειν γεγραμμένας τάς τε Οὐρανοῦ καὶ Κρόνου καὶ Διὸς

πράξεις κεφαλαιωδῶς. 8μετὰ ταῦτά φησι πρῶτον Οὐρανὸν βασιλέα γε-

γονέναι, ἐπιεικῆ τινα ἄνδρα καὶ εὐεργετικὸν καὶ τῆς τῶν ἄστρων κι-

νήσεως ἐπιστήμονα, ὃν καὶ πρῶτον θυσίαις τιμῆσαι τοὺς οὐρανίους

θεούς· διὸ καὶ Οὐρανὸν προσαγορευθῆναι. 9υἱοὺς δὲ αὐτῷ γενέσθαι

ἀπὸ γυναικὸς Ἑστίας Τιτᾶνα καὶ Κρόνον, θυγατέρας δὲ Ῥέαν καὶ Δή-

μητρα. Κρόνον δὲ βασιλεῦσαι μετὰ Οὐρανόν, καὶ γήμαντα Ῥέαν γεν-

νῆσαι Δία καὶ Ἥραν καὶ Ποσειδῶνα. τὸν δὲ Δία διαδεξάμενον τὴν

βασιλείαν τοῦ Κρόνου γῆμαι Ἥραν καὶ Δήμητρα καὶ Θέμιν, ἐξ ὧν παῖ-

δας ποιήσασθαι Κούρητας μὲν ἀπὸ τῆς πρώτης, Φερσεφόνην δὲ ἐκ τῆς

δευτέρας, Ἀθηνᾶν δὲ ἀπὸ τῆς τρίτης. 10ἐλθόντα δὲ εἰς Βαβυλῶνα

ἐπιξενωθῆναι Βήλῳ, καὶ μετὰ ταῦτα εἰς τὴν Παγχαίαν νῆσον πρὸς τῷ

ὠκεανῷ κειμένην παραγενόμενον Οὐρανοῦ τοῦ ἰδίου προπάτορος βωμὸν

ἱδρύσασθαι. κἀκεῖθεν διὰ Συρίας ἐλθεῖν πρὸς τὸν τότε δυνάστην
Κάσιον, ἐξ οὗ τὸ Κάσιον ὄρος. ἐλθόντα δὲ εἰς Κιλικίαν πολέμῳ νι-
κῆσαι Κίλικα τοπάρχην, καὶ ἄλλα δὲ πλεῖστα ἔθνη ἐπελθόντα παρ' ἅ-
πασι τιμηθῆναι καὶ θεὸν ἀναγορευθῆναι.

HYMN TO ISIS

The Isis cult inscription which was discovered on the island
of Ios in the Aegean dates from the second or third century A. D.,
but that its text is considerably older is certain because of the
reference to a similar Isis text by the Greek historian Diodorus,
who wrote in the latter part of the first century B. C. Apart from
the influence of the Isis cult on the cult of the Virgin Mary in
the early centuries of Roman Catholic ritual, the inscription is
of great interest because of its stylistic resemblance to the mys-
tical passages where Jesus speaks of his attributes in the first
person, e.g. in the Gospel of John 10:7-14. We reproduce the text
given by Adolf Deissmann, *Light from the Ancient East,* English
translation by R. M. Strachan, New York and London: Hodder and
Stoughton, 1910, pp. 136f. The fourth German edition, 1923, dif-
fers in three minor instances.

ι‘Ο δεῖνα ἀνέθηκεν Εἶ]σι[δι Σεράπ]ι[δ]ι ['Α]νούβιδι κ'Α[ρπο-
κρά]τῃ. Εἶσις ἐγώ εἰμι ἡ τ[ύρανν]ος πάσης χώρας καὶ ἐπαιδ[εύ]θην
ὑπὸ ‘Ερμοῦ καὶ γράμματα εὗρον μετὰ ‘Ερμοῦ τὰ δημόσια, ἵνα μὴ τοῖς
αὐτοῖς πάντα γράφηται. ’Εγὼ νόμους ἀνθρώποις ἐθέμην καὶ ἐνομοθέ-
τησα, ἃ οὐδεὶς δύναται μεταθεῖναι. ’Εγώ εἰμι Κρόνου θυγάτηρ πρεσ-
βυτάτη. ’Εγώ εἰμι γυνὴ καὶ ἀδελφὴ ’Οσείρεος βασιλέος. ’Εγώ εἰμι
θεοῦ Κυνὸς ἄστρῳ ἐπιτέλουσα. ’Εγώ εἰμι ἡ παρὰ γυναιξὶ θεὸς καλου-
μένη. ’Ε[μ]οὶ Βούβαστις πόλις ᾠκοδομήθη. ’Εγὼ ἐχώρισα γῆν ἀπ'

οὐρανοῦ.   'Εγὼ ἄστ[ρ]ων ὁδοὺς ἔδειξα.   'Εγὼ ἡλίου καὶ σελήνης πο-
ρείαν συνέταξα.   'Εγὼ θαλάσσια ἔργα εὗρα.   'Εγὼ τὸ δίκαιον ἰσχυρὸν
ἐποίησα.   'Εγὼ γυναῖκα καὶ ἄνδρα συνήγαγα.   'Εγὼ γυναιξὶ δεκάμηνον
βρέφος ἐνέταξα.   'Εγὼ ὑπὸ τέκνων γονεῖς φιλοστοργεῖσθαι ἐνομοθέτη-
σα.   'Εγὼ τοῖς ἀστόργοις γονεῖσι διακειμένοις τειμωρίαν ἐπέθηκα.
'Εγὼ μετὰ τοῦ ἀδελφοῦ 'Οσείρεος τὰς ἀνθρωποφαγίας ἔπαυσα.   'Εγὼ
μυήσεις ἀνθρώποις ἀνέδειξα.   'Εγὼ ἀγάλματα θεῶν τειμᾶν ἐδίδαξα.
'Εγὼ τεμένη θεῶν εἱδρυσάμην.   'Εγὼ τυράννω[ν ἀ]ρχὰς κατέλυσα.   'Εγὼ
στέργεσθαι γυναῖκας ὑπ' ἀνδρῶν ἠνάγκασα.   'Εγὼ τὸ δίκαιον εἰσχυρό-
τερον χρυσίου καὶ ἀργυρίου ἐποίησα.   'Εγὼ τὸ ἀληθὲς καλὸν ἐνομοθέ-
τησα νομίζ[εσ]θαι.   'Εγὼ συγγραφὰς γαμικὰ[ς] εὗρα.   'Εγὼ [ὁ]ιαλέκ-
τους "Ελλησι καὶ βαρβάροις διεταξάμην.   'Εγὼ τὸ καλὸν καὶ τὸ αἰσ-
χρὸν διαγεινώσκεσθαι [ὑπ]ὸ τῆς φύ[σ]ε[ω]ς ἐποί[ησ]α.   'Εγὼ ὅρκου
φόρον [ἐπέβαλο]ν ἐπ[ὶ . . . .]ν ἀδίκως ε . . . .

LUCIAN OF SAMOSATA

Lucian of Samosata in Syria, who flourished in the latter half
of the second century A.D., has delighted many generations of read-
ers by his malicious satires of the world in which he lived, and his
literary forms have had a lasting influence upon modern as well as
late-antique satirists. But to the student of the history of re-
ligion he is invaluable for the information his works yield not
only on mystery cults, religious charlatans, urban skepticism of
traditional Greek religion and many other things, but also because
he reflects that mixture of Oriental and Greek cultural elements
which is characteristic of the milieu in which Christianity had its
beginnings.

The first selection is from *Alexander the False Prophet* (cc.
12-14), and tells how he used various ingenious mechanical devices
to fool the gullible people of his time.

The second is from *The Death of Peregrinus* (cc. 11-13), and
is of great interest as one of the earliest examples we have of the
attitude toward Christians shown by a sophisticated pagan whose
home was in the region from which Christianity spread throughout
the Hellenistic-Roman world. The text is taken from the edition
of C. Jacobitz, *Luciani Samosatensis Opera*, Leipzig: Teubner, 1887,
Vol. II, pp. 121f, and Vol. III, pp. 274f, respectively.

ALEXANDER 12-14

12 Ἐσβαλὼν οὖν ὁ Ἀλέξανδρος μετὰ τοιαύτης τραγῳδίας διὰ πολλοῦ
ἐς τὴν πατρίδα περίβλεπτός τε καὶ λαμπρὸς ἦν, μεμηνέναι προσποιού-
μενος καὶ ἀφροῦ ἐνίοτε ὑποπιμπλάμενος τὸ στόμα· ῥᾳδίως δὲ τοῦτο
ὑπῆρχεν αὐτῷ, στρουθίου τῆς βαφικῆς βοτάνης τὴν ῥίζαν διαμασησα-
μένῳ· τοῖς δὲ θεῖόν τι καὶ φοβερὸν ἐδόκει καὶ ὁ ἀφρός. ἐπεποίητο
δὲ αὐτοῖς πάλαι καὶ κατεσκεύαστο κεφαλὴ δράκοντος ὀθονίνη ἀνθρωπό-
μορφόν τι ἐπιφαίνουσα, κατάγραφος, πάνυ εἰκασμένη, ὑπὸ θριξὶν ἱπ-
πείαις ἀνοίγουσά τε καὶ αὖθις ἐπικλείουσα τὸ στόμα, καὶ γλῶττα οἵα
δράκοντος διττὴ μέλαινα προέκυπτεν, ὑπὸ τριχῶν καὶ αὐτὴ ἑλκομένη.
καὶ ὁ Πελλαῖος δὲ δράκων προϋπῆρχε καὶ οἴκοι ἐτρέφετο, κατὰ καιρὸν
ἐπιφανησόμενος αὐτοῖς καὶ συντραγῳδήσων, μᾶλλον δὲ πρωταγωνιστὴς
ἐσόμενος.

13 Ἤδη δὲ ἄρχεσθαι δέον, μηχανᾶται τοιόνδε τι· νύκτωρ γὰρ ἐλ-
θὼν ἐπὶ τοὺς θεμελίους τοῦ νεὼ τοὺς ἄρτι ὀρυττομένους — συνειστή-
κει δὲ ἐν αὐτοῖς ὕδωρ ἢ αὐτόθεν ποθὲν συλλειβόμενον ἢ ἐξ οὐρανοῦ
πεσόν — ἐνταῦθα κατατίθεται χήνειον ᾠὸν προκεκενωμένον, ἔνδον φυ-
λάττον ἑρπετόν τι ἀρτιγέννητον, καὶ βυθίσας τοῦτο ἐν μυχῷ τοῦ πη-
λοῦ ὀπίσω αὖθις ἀπηλλάττετο. ἕωθεν δὲ γυμνὸς ἐς τὴν ἀγορὰν προπη-

δήσας, διάζωμα δὲ περὶ τὸ αἰδοῖον ἔχων κατάχρυσον, καὶ τοῦτο καὶ *
τὴν ἅρπην ἐκείνην φέρων, σείων ἅμα τὴν κόμην ἄνετον ὥσπερ οἱ τῇ
μητρὶ ἀγείροντές τε καὶ ἐνθεαζόμενοι, ἐδημηγόρει ἐπὶ βωμόν τινα
ὑψηλὸν ἀναβὰς καὶ τὴν πόλιν ἐμακάριζεν αὐτίκα μάλα δεξομένην ἐναρ-
γῆ τὸν θεόν. οἱ παρόντες δὲ — ξυνδεδραμήκει γὰρ σχεδὸν ἅπασα ἡ
πόλις ἅμα γυναιξὶ καὶ γέρουσι καὶ παιδίοις — ἐτεθήπεσαν καὶ εὔ-
χοντο καὶ προσεκύνουν. ὁ δὲ φωνάς τινας ἀσήμους φθεγγόμενος, οἵα
γένοιντο ἂν Ἑβραίων ἢ Φοινίκων, ἐξέπληττε τοὺς ἀνθρώπους οὐκ εἰ-
δότας ὅ τι καὶ λέγοι, πλὴν τοῦτο μόνον, ὅτι πᾶσιν ἐγκατεμίγνυ τὸν
Ἀπόλλω καὶ τὸν Ἀσκληπιόν. ¹⁴εἶτα ἔθει δρόμῳ ἐπὶ τὸν ἐσόμενον
νεών· καὶ ἐπὶ τὸ ὄρυγμα ἐλθὼν καὶ τὴν προῳκοδομημένην τοῦ χρηστη-
ρίου πηγήν, ἐμβὰς ἐς τὸ ὕδωρ ὕμνους τε ᾖδεν Ἀσκληπιοῦ καὶ Ἀπόλ-
λωνος μεγάλῃ τῇ φωνῇ καὶ ἐκάλει τὸν θεὸν ἥκειν τύχῃ τῇ ἀγαθῇ ἐς
τὴν πόλιν. εἶτα φιάλην αἰτήσας, δόντος τινός, ῥᾳδίως ὑποβαλὼν ἀν-
ιμᾶται μετὰ τοῦ ὕδατος καὶ τοῦ πηλοῦ τὸ ᾠὸν ἐκεῖνο, ἐν ᾧ ὁ θεὸς
αὐτῷ κατεκέκλειστο, κηρῷ λευκῷ καὶ ψιμυθίῳ τὴν ἁρμογὴν τοῦ στόματος
ξυγκεκολλημένον· καὶ λαβὼν αὐτὸ ἐς τὰς χεῖρας ἔχειν ἔφασκεν ἤδη
τὸν Ἀσκληπιόν. οἱ δὲ ἀτενὲς ἀπέβλεπον ὅ τι καὶ γίγνοιτο, πολὺ
πρότερον θαυμάσαντες τὸ ᾠὸν ἐν τῷ ὕδατι εὑρημένον. ἐπεὶ δὲ καὶ
κατάξας αὐτὸ ἐς κοίλην τὴν χεῖρα ὑπεδέξατο τὸ τοῦ ἑρπετοῦ ἐκείνου
ἔμβρυον καὶ οἱ παρόντες εἶδον κινούμενον καὶ περὶ τοῖς δακτύλοις
εἰλούμενον, ἀνέκραγον εὐθὺς καὶ ἠσπάζοντο τὸν θεὸν καὶ τὴν πόλιν
ἐμακάριζον καὶ χανδὸν ἕκαστος ἐνεπίμπλαντο τῶν εὐχῶν, θησαυροὺς
καὶ πλούτους καὶ ὑγίειαν καὶ τὰ ἄλλα ἀγαθὰ αἰτῶν παρ' αὐτοῦ. ὁ
δὲ δρομαῖος αὖθις ἐπὶ τὴν οἰκίαν ἵετο φέρων ἅμα καὶ τὸν ἀρτιγέν-
νητον Ἀσκληπιὸν δὶς τεχθέντα, ὅτε ἄλλοι ἅπαξ τίκτονται ἄνθρωποι,
οὐκ ἐκ Κορωνίδος μὰ Δί' οὐδέ γε κορώνης, ἀλλ' ἐκ χηνὸς γεγεννημέ-
νον. ὁ δὲ λεὼς ἅπας ἠκολούθει, πάντες ἔνθεοι καὶ μεμηνότες ὑπὸ τῶν
ἐλπίδων.

*or, ἔχων, κατάχρυσον καὶ τοῦτο, καὶ

PEREGRINUS 11-13

11 Ὅπερ καὶ τὴν θαυμαστὴν σοφίαν τῶν Χριστιανῶν ἐξέμαθε περὶ τὴν Παλαιστίνην τοῖς ἱερεῦσι καὶ γραμματεῦσιν αὐτῶν ξυγγενόμενος. καὶ τί γάρ; ἐν βραχεῖ παῖδας αὐτοὺς ἀπέφηνε προφήτης καὶ θιασάρχης καὶ ξυναγωγεὺς καὶ πάντα μόνος αὐτὸς ὤν· καὶ τῶν βίβλων τὰς μὲν ἐξηγεῖτο καὶ διεσάφει, πολλὰς δὲ αὐτὸς καὶ ξυνέγραφε, καὶ ὡς θεὸν αὐτὸν ἐκεῖνοι ἡγοῦντο καὶ νομοθέτῃ ἐχρῶντο καὶ προστάτην ἐπέγραφον· τὸν μέγαν γοῦν ἐκεῖνον ἔτι σέβουσι τὸν ἄνθρωπον τὸν ἐν τῇ Παλαιστίνῃ ἀνασκολοπισθέντα, ὅτι καινὴν ταύτην τελετὴν εἰσήγαγεν ἐς τὸν βίον. 12 τότε δὴ καὶ συλληφθεὶς ἐπὶ τούτῳ ὁ Πρωτεὺς ἐνέπεσεν εἰς τὸ δεσμωτήριον, ὅπερ καὶ αὐτὸ οὐ μικρὸν αὐτῷ ἀξίωμα περιεποίησε πρὸς τὸν ἑξῆς βίον καὶ τὴν τερατείαν καὶ δοξοκοπίαν, ὧν ἐρῶν ἐτύγχανεν. ἐπεὶ δ' οὖν ἐδέδετο, οἱ Χριστιανοὶ συμφορὰν ποιούμενοι τὸ πρᾶγμα πάντα ἐκίνουν ἐξαρπάσαι πειρώμενοι αὐτόν. εἶτ' ἐπεὶ τοῦτο ἦν ἀδύνατον, ἥ γε ἄλλη θεραπεία πᾶσα οὐ παρέργως, ἀλλὰ σὺν σπουδῇ ἐγίγνετο· καὶ ἕωθεν μὲν εὐθὺς ἦν ὁρᾶν παρὰ τῷ δεσμωτηρίῳ περιμένοντα γράδια χήρας τινὰς καὶ παιδία ὀρφανά, οἱ δὲ ἐν τέλει αὐτῶν καὶ συνεκάθευδον ἔνδον μετ' αὐτοῦ διαφθείροντες τοὺς δεσμοφύλακας· εἶτα δεῖπνα ποικίλα εἰσεκομίζετο καὶ λόγοι ἱεροὶ αὐτῶν ἐλέγοντο καὶ ὁ βέλτιστος Περεγρῖνος — ἔτι γὰρ τοῦτο ἐκαλεῖτο — καινὸς Σωκράτης ὑπ' αὐτῶν ὠνομάζετο. 13 καὶ μὴν κἀκ τῶν ἐν Ἀσίᾳ πόλεων ἔστιν ὧν ἧκόν τινες, τῶν Χριστιανῶν στελλόντων ἀπὸ τοῦ κοινοῦ, βοηθήσοντες καὶ ξυναγορεύσοντες καὶ παραμυθησόμενοι τὸν ἄνδρα. ἀμήχανον δέ τι τὸ τάχος ἐπιδείκνυνται, ἐπειδάν τι τοιοῦτον γένηται δημόσιον· ἐν βραχεῖ γάρ, ἀφειδοῦσι πάντων. καὶ δὴ καὶ τῷ Περεγρίνῳ πολλὰ τότε ἧκε χρήματα παρ' αὐτῶν ἐπὶ προφάσει τῶν δεσμῶν καὶ πρόσοδον οὐ μικρὰν ταύτην ἐποιήσατο· πεπείκασι γὰρ αὐτοὺς οἱ κακοδαίμονες τὸ μὲν

ὅλον ἀθάνατοι ἔσεσθαι καὶ βιώσεσθαι τὸν ἀεὶ χρόνον, παρ' ὃ καὶ κατα-
φρονοῦσι τοῦ θανάτου καὶ ἑκόντες αὐτοὺς ἐπιδιδόασιν οἱ πολλοί· ἔπ-
ειτα δὲ ὁ νομοθέτης ὁ πρῶτος ἔπεισεν αὐτοὺς ὡς ἀδελφοὶ πάντες εἶεν
ἀλλήλων, ἐπειδὰν ἅπαξ παραβάντες θεοὺς μὲν τοὺς ῾Ελληνικοὺς ἀπαρ-
νήσωνται, τὸν δὲ ἀνεσκολοπισμένον ἐκεῖνον σοφιστὴν αὐτῶν προσκυνῶσι
καὶ κατὰ τοὺς ἐκείνου νόμους βιῶσι. καταφρονοῦσιν οὖν ἀπάντων ἐξ
ἴσης καὶ κοινὰ ἡγοῦνται ἄνευ τινὸς ἀκριβοῦς πίστεως τὰ τοιαῦτα παρα-
δεξάμενοι. ἢν τοίνυν παρέλθῃ τις εἰς αὐτοὺς γόης καὶ τεχνίτης ἄν-
θρωπος καὶ πράγμασι χρῆσθαι δυνάμενος, αὐτίκα μάλα πλούσιος ἐν βρα-
χεῖ ἐγένετο ἰδιώταις ἀνθρώποις ἐγχανών.

PLUTARCH, *ON ISIS AND OSIRIS*

Plutarch (ca. 46-120 A.D.) is best known to modern readers
as the author of the *Parallel Lives*. He is almost of equal im-
portance to scholars as the chief authority on religious traditions
and attitudes in the early Roman empire. Among the many works that
he wrote on religious and moral themes, one of the most valuable
is his exposition of the ancient Egyptian myth of Osiris and Isis;
not only is Plutarch an important source for many details of the
myth that are obscure or missing in the original Egyptian texts,
but he has also performed a useful service to students of Hellen-
istic religion by trying to read into the ancient oriental fer-
tility myth various elements of Greek religion and philosophy,
thus illustrating, as do some of the other writers here included,
the process of Hellenistic syncretism. The following selection,
cc. 12-19, is reprinted from Nachstädt, Sieveking and Titchener,
Plutarchi Moralia Vol. II, Leipzig: Teubner, 1935, 355D-358D.

12Λεγέσθω δ' ὁ μῦθος οὗτος ἐν βραχυτάτοις ὡς ἔνεστι μάλιστα
τῶν ἀχρήστων σφόδρα καὶ περιττῶν ἀφαιρεθέντων. τῆς Ῥέας φασὶ κρύ-
φα τῷ Κρόνῳ συγγενομένης αἰσθόμενον ἐπαράσασθαι τὸν Ἥλιον αὐτῇ
μήτε μηνὶ μητ' ἐνιαυτῷ τεκεῖν· ἐρῶντα δὲ τῆς θεοῦ τὸν Ἑρμῆν συν-
ελθεῖν, εἶτα παίξαντα πέττια πρὸς τὴν Σελήνην καὶ ἀφελόντα τῶν φώ-
των ἑκάστου τὸ ἑβδομηκοστὸν ἐκ πάντων ἡμέρας πέντε συνελεῖν καὶ
ταῖς ἑξήκοντα καὶ τριακοσίαις ἐπαγαγεῖν, ἃς νῦν ἐπαγομένας Αἰγύ-
πτιοι καλοῦσι καὶ τῶν θεῶν γενεθλίους ἄγουσι. τῇ μὲν πρώτῃ τὸν
Ὄσιριν γενέσθαι καὶ φωνὴν αὐτῷ τεχθέντι συνεκπεσεῖν, ὡς ὁ πάντων
κύριος εἰς φῶς πρόεισιν. ἔνιοι δὲ Παμύλην τινὰ λέγουσιν ἐν Θήβαις
ὑδρευόμενον ἐκ τοῦ ἱεροῦ τοῦ Διὸς φωνὴν ἀκοῦσαι διακελευομένην ἀν-
ειπεῖν μετὰ βοῆς, ὅτι μέγας βασιλεὺς εὐεργέτης Ὄσιρις γέγονε, καὶ
διὰ τοῦτο θρέψαι τὸν Ὄσιριν ἐγχειρίσαντος αὐτῷ τοῦ Κρόνου καὶ τὴν
τῶν Παμυλίων ἑορτὴν αὐτῷ τελεῖσθαι Φαλληφορίοις ἐοικυῖαν. τῇ δὲ
δευτέρᾳ τὸν Ἀρούηριν, [ὃν Ἀπόλλωνα,] ὃν καὶ πρεσβύτερον Ὧρον
ἔνιοι καλοῦσι, τῇ τρίτῃ δὲ Τυφῶνα μὴ καιρῷ μηδὲ κατὰ χώραν, ἀλλ'
ἀναρρήξαντα πληγῇ διὰ τῆς πλευρᾶς ἐξαλέσθαι. τετάρτῃ δὲ τὴν Ἶσιν
ἐν πανύγροις γενέσθαι, τῇ δὲ πέμπτῃ Νέφθυν, ἣν καὶ Τελευτὴν καὶ Ἀφ-
ροδίτην, ἔνιοι δὲ καὶ Νίκην ὀνομάζουσιν. εἶναι δὲ τὸν μὲν Ὄσιριν
ἐξ Ἡλίου καὶ τὸν Ἀρούηριν, ἐκ δ' Ἑρμοῦ τὴν Ἶσιν, ἐκ δὲ τοῦ Κρό-
νου τὸν Τυφῶνα καὶ τὴν Νέφθυν. διὸ καὶ τὴν τρίτην τῶν ἐπαγομένων
ἀποφράδα νομίζοντες οἱ βασιλεῖς οὐκ ἐχρημάτιζον οὐδ' ἐθεράπευον
αὑτοὺς μέχρι νυκτός. γήμασθαι δὲ τῷ Τυφῶνι τὴν Νέφθυν, Ἶσιν δὲ
καὶ Ὄσιριν ἐρῶντας ἀλλήλων καὶ πρὶν ἢ γενέσθαι κατὰ γαστρὸς ὑπὸ
σκότῳ συνεῖναι. ἔνιοι δέ φασι καὶ τὸν Ἀρούηριν οὕτω γεγονέναι καὶ
καλεῖσθαι πρεσβύτερον Ὧρον ὑπ' Αἰγυπτίων, Ἀπόλλωνα δ' ὑφ' Ἑλλή-
νων.

13Βασιλεύοντα δ' Ὄσιριν Αἰγυπτίους μὲν εὐθὺς ἀπόρου βίου καὶ θηριώδους ἀπαλλάξαι καρποὺς τε δείξαντα καὶ νόμους θέμενον αὐτοῖς

καὶ θεοὺς διδάξαντα τιμᾶν· ὕστερον δὲ γῆν πᾶσαν ἡμερούμενον ἐπελ-

θεῖν ἐλάχιστα μὲν ὅπλων δεηθέντα, πειθοῖ δὲ τοὺς πλείστους καὶ λό-

γῳ μετ' ᾠδῆς πάσης καὶ μουσικῆς θελγομένους προσαγόμενον· ὅθεν Ἕλ-

λησι δόξαι Διονύσῳ τὸν αὐτὸν εἶναι. Τυφῶνα δ' ἀπόντος μὲν οὐθὲν νε-

ωτερίζειν διὰ τὸ τὴν Ἶσιν εὖ μάλα φυλάττεσθαι καὶ προσέχειν ἐγκρα-

τῶς ἔχουσαν, ἐπανελθόντι δὲ δόλον μηχανᾶσθαι συνωμότας ἄνδρας ἑβδο-

μήκοντα καὶ δύο πεποιημένον καὶ συνεργὸν ἔχοντα βασίλισσαν ἐξ Αἰθι-

οπίας παροῦσαν, ἣν ὀνομάζουσιν Ἀσώ· τοῦ δ' Ὀσίριδος ἐκμετρησάμε-

νον λάθρα τὸ σῶμα καὶ κατασκευάσαντα πρὸς τὸ μέγεθος λάρνακα καλὴν

καὶ κεκοσμημένην περιττῶς εἰσενεγκεῖν εἰς τὸ συμπόσιον. ἡσθέντων

δὲ τῇ ὄψει καὶ θαυμασάντων ὑποσχέσθαι τὸν Τυφῶνα μετὰ παιδιᾶς, ὃς

ἂν ἐγκατακλιθεὶς ἐξισωθῇ, διδόναι δῶρον αὐτῷ τὴν λάρνακα. πειρωμέ-

νων δὲ πάντων καθ' ἕκαστον, ὡς οὐδεὶς ἐνήρμοττεν, ἐμβάντα τὸν Ὄσι-

ριν κατακλιθῆναι· τοὺς δὲ συνωμότας ἐπιδραμόντας ἐπιρράξαι τὸ πῶμα

καὶ τὰ μὲν γόμφοις καταλαβόντας ἔξωθεν, τῶν δὲ θερμὸν μόλιβδον κατα-

χεαμένους ἐπὶ τὸν ποταμὸν ἐξενεγκεῖν καὶ μεθεῖναι διὰ τοῦ Τανιτικοῦ

στόματος εἰς τὴν θάλασσαν, ὃ διὰ τοῦτο μισητὸν ἔτι νῦν καὶ κατάπτυ-

στον νομίζειν Αἰγυπτίους. ταῦτα δὲ πραχθῆναι λέγουσιν ἑβδόμῃ ἐπὶ

δέκα μηνὸς Ἀθύρ, ἐν ᾧ τὸν σκορπίον ὁ ἥλιος διέξεισιν, ὄγδοον ἔτος

καὶ εἰκοστὸν ἐκεῖνο βασιλεύοντος Ὀσίριδος. ἔνιοι δὲ βεβιωκέναι

φασὶν αὐτόν, οὐ βεβασιλευκέναι χρόνον τοσοῦτον.

   14Πρώτων δὲ τῶν τὸν περὶ Χέμμιν οἰκούντων τόπον Πανῶν καὶ Σα-

τύρων τὸ πάθος αἰσθομένων καὶ λόγον ἐμβαλόντων περὶ τοῦ γεγονότος

τὰς μὲν αἰφνιδίους τῶν ὄχλων ταραχὰς καὶ πτοήσεις ἔτι νῦν διὰ τοῦ-

το Πανικὰς προσαγορεύεσθαι· τὴν δ' Ἶσιν αἰσθομένην κείρασθαι μὲν

ἐνταῦθα τῶν πλοκάμων ἕνα καὶ πένθιμον στολὴν ἀναλαβεῖν, ὅπου τῇ

πόλει μέχρι νῦν ὄνομα Κοπτώ. ἕτεροι δὲ τοὔνομα σημαίνειν οἴονται

στέρησιν· τὸ γὰρ ἀποστερεῖν "κόπτειν" λέγουσι. πλανωμένην δὲ πάν-

τη καὶ ἀποροῦσαν οὐδένα παρελθεῖν ἀπροσαύδητον, ἀλλὰ καὶ παιδαρί-
οις συντυχοῦσαν ἐρωτᾶν περὶ τῆς λάρνακος· τὰ δὲ τυχεῖν ἑωρακότα
καὶ φράσαι τὸ στόμα, δι' οὗ τὸ ἀγγεῖον οἱ φίλοι τοῦ Τυφῶνος εἰς
τὴν θάλασσαν ἔωσαν. ἐκ τούτου τὰ παιδάρια μαντικὴν δύναμιν ἔχειν
οἴεσθαι τοὺς Αἰγυπτίους καὶ μάλιστα ταῖς τούτων ὀττεύεσθαι κληδόσι
παιζόντων ἐν ἱεροῖς καὶ φθεγγομένων ὅ τι ἂν τύχωσιν. αἰσθομένην
δὲ τῇ ἀδελφῇ [ἐρῶντα] συγγεγονέναι δι' ἄγνοιαν ὡς ἑαυτῇ Ὄσιριν
καὶ τεκμήριον ἰδοῦσαν τὸν μελιλώτινον στέφανον, ὃν ἐκεῖνος παρὰ
τῇ Νέφθυι κατέλιπε, τὸ παιδίον ζητεῖν (ἐκθεῖναι γὰρ εὐθὺς τεκοῦσαν
διὰ φόβον τοῦ Τυφῶνος)· εὑρεθὲν <δὲ> χαλεπῶς καὶ μόγις κυνῶν ἐπ-
αγόντων τὴν Ἶσιν ἐκτραφῆναι καὶ γενέσθαι φύλακα καὶ ὀπαδὸν αὐτῆς
Ἄνουβιν προσαγορευθέντα καὶ λεγόμενον τοὺς θεοὺς φρουρεῖν, ὥσπερ
οἱ κύνες τοὺς ἀνθρώπους.

15 Ἐκ δὲ τούτου πυθέσθαι περὶ τῆς λάρνακος, ὡς πρὸς τὴν Βύβλου
χώραν ὑπὸ τῆς θαλάσσης ἐκκυμανθεῖσαν αὐτὴν ἐρείκῃ τινὶ μαλθακῶς ὁ
κλύδων προσέμιξεν· ἡ δ' ἐρείκη κάλλιστον ἔρνος ὀλίγῳ χρόνῳ καὶ μέ-
γιστον ἀναδραμοῦσα περιέπτυξε καὶ περιέφυ καὶ ἀπέκρυψεν ἐντὸς ἑαυ-
τῆς. θαυμάσας δ' ὁ βασιλεὺς τοῦ φυτοῦ τὸ μέγεθος καὶ περιτεμὼν
τὸν περιέχοντα τὸν σορὸν οὐχ ὁρωμένην κορμὸν ἔρεισμα τῇ στέγῃ ὑπ-
έστησε. ταῦτά τε πνεύματί φασι δαιμονίῳ φήμης πυθομένην τὴν Ἶσιν
εἰς Βύβλον ἀφικέσθαι καὶ καθίσασαν ἐπὶ κρήνης ταπεινὴν καὶ δεδακρυ-
μένην ἄλλῳ μὲν μηδενὶ προσδιαλέγεσθαι, τῆς δὲ βασιλίδος τὰς θερα-
παινίδας ἀσπάζεσθαι καὶ φιλοφρονεῖσθαι τήν τε κόμην παραπλέκουσαν
αὐτῶν καὶ τῷ χρωτὶ θαυμαστὴν εὐωδίαν ἐπιπνέουσαν ἀφ' ἑαυτῆς. ἰδ-
ούσης δὲ τῆς βασιλίδος τὰς θεραπαινίδας ἵμερον ἐμπεσεῖν τῆς ξένης
τῶν τε τριχῶν *** τοῦ τε χρωτὸς ἀμβροσίαν πνέοντος· οὕτω δὲ μετα-
πεμφθεῖσαν καὶ γενομένην συνήθη ποιήσασθαι τοῦ παιδίου [τὴν] τίτ-
θην. ὄνομα δὲ τῷ μὲν βασιλεῖ Μάλκανδρον εἶναί φασιν· αὐτῇ δ' οἱ
μὲν Ἀστάρτην οἱ δὲ Σάωσιν οἱ δὲ Νεμανοῦν, ὅπερ ἂν Ἕλληνες Ἀθην-

αἶδα προσείποιεν. (16)τρέφειν δὲ τὴν Ἶσιν ἀντὶ μαστοῦ τὸν δάκτυ-
λον εἰς τὸ στόμα τοῦ παιδίου διδοῦσαν, νύκτωρ δὲ περικαίειν τὰ θνη-
τὰ τοῦ σώματος· αὐτὴν δὲ γενομένην χελιδόνα τῇ κίονι περιπέτεσθαι
καὶ θρηνεῖν, ἄχρι οὗ τὴν βασίλισσαν παραφυλάξασαν καὶ ἐγκραγοῦσαν,
ὡς εἶδε περικαιόμενον τὸ βρέφος, ἀφελέσθαι τὴν ἀθανασίαν αὐτοῦ.
τὴν δὲ θεὰν φανερὰν γενομένην αἰτήσασθαι τὴν κίονα τῆς στέγης· ὑφ-
ελοῦσαν δὲ ῥᾷστα περικόψαι τὴν ἐρείκην, εἶτα ταύτην μὲν ὀθόνῃ περι-
καλύψασαν καὶ μύρον καταχεαμένην ἐγχειρίσαι τοῖς βασιλεῦσι καὶ νῦν
ἔτι σέβεσθαι Βυβλίους τὸ ξύλον ἐν ἱερῷ κείμενον Ἴσιδος. τῇ δὲ σο-
ρῷ περιπεσεῖν καὶ κωκῦσαι τηλικοῦτον, ὥστε τῶν παίδων τοῦ βασιλέως
τὸν νεώτερον ἐκθανεῖν· τὸν δὲ πρεσβύτερον μεθ' ἑαυτῆς ἔχουσαν καὶ
τὴν σορὸν εἰς πλοῖον ἐνθεμένην ἀναχθῆναι. τοῦ δὲ Φαίδρου ποταμοῦ
πνεῦμα τραχύτερον ἐκθρέψαντος ὑπὸ τὴν ἕω θυμωθεῖσαν ἀναξηρᾶναι τὸ
ῥεῖθρον.

    17 Ὅπου δὲ πρῶτον ἐρημίας ἔτυχεν, αὐτὴν καθ' ἑαυτὴν γενομένην
ἀνοῖξαι τὴν λάρνακα καὶ τῷ προσώπῳ τὸ πρόσωπον ἐπιθεῖσαν ἀσπάσασθαι
καὶ δακρύειν. τοῦ δὲ παιδίου σιωπῇ προσελθόντος ἐκ τῶν ὄπισθεν καὶ
καταμανθάνοντος αἰσθομένην μεταστραφῆναι καὶ δεινὸν ὑπ' ὀργῆς ἐμ-
βλέψαι· τὸ δὲ παιδίον οὐκ ἀνασχέσθαι τὸ τάρβος, ἀλλ' ἀποθανεῖν. οἱ
δέ φασιν οὐχ οὕτως, ἀλλ' ὡς εἴρηται*** τρόπον ἐκπεσεῖν εἰς τὴν θάλ-
ασσαν, ἔχειν δὲ τιμὰς διὰ τὴν θεόν· ὃν γὰρ ᾄδουσιν Αἰγύπτιοι παρὰ
τὰ συμπόσια Μανερῶτα, τοῦτον εἶναι. τινὲς δὲ τὸν μὲν παῖδα καλεῖ-
σθαι Παλαιστινὸν ἢ Πηλούσιον καὶ τὴν πόλιν ἐπώνυμον ἀπ' αὐτοῦ γε-
νέσθαι κτισθεῖσαν ὑπὸ τῆς θεοῦ· τὸν δ' ᾀδόμενον Μανερῶτα πρῶτον εὑ-
ρεῖν μουσικὴν ἱστοροῦσιν. ἔνιοι δέ φασιν ὄνομα μὲν οὐδενὸς εἶναι,
διάλεκτον δὲ πίνουσιν ἀνθρώποις καὶ θαλειάζουσι πρέπουσαν "αἴσιμα
τὰ τοιαῦτα παρείη." τοῦτο γὰρ τῷ Μανερῶτι φραζόμενον ἀναφωνεῖν
ἑκάστοτε τοὺς Αἰγυπτίους. ὥσπερ ἀμέλει καὶ τὸ δεικνύμενον αὐτοῖς
εἴδωλον ἀνθρώπου τεθνηκότος ἐν κιβωτίῳ περιφερόμενον οὐκ ἔστιν ὑπ-
όμνημα τοῦ περὶ Ὀσίριδος πάθους, ᾗ τινες ὑπολαμβάνουσιν, ἀλλ' οἰ-

νωμένους παρακαλοῦντες αὐτοὺς χρῆσθαι τοῖς παροῦσι καὶ ἀπολαύειν,
ὡς πάντας αὐτίκα μάλα τοιούτους ἐσομένους, ἄχαριν ἐπίκωμον ἐπεισ-
άγουσι.

18Τῆς δ' Ἴσιδος πρὸς τὸν υἱὸν Ὧρον ἐν Βούτῳ τρεφόμενον πορευ-
θείσης τὸ δ' ἀγγεῖον ἐκποδὼν ἀποθεμένης Τυφῶνα κυνηγετοῦντα νύκτωρ
πρὸς τὴν σελήνην ἐντυχεῖν αὐτῷ καὶ τὸ σῶμα γνωρίσαντα διελεῖν εἰς
τεσσαρεσκαίδεκα μέρη καὶ διαρρῖψαι, τὴν δ' Ἴσιν πυθομένην ἀναζη-
τεῖν ἐν βάριδι παπυρίνῃ τὰ [δ'] ἕλη διεκπλέουσαν· ὅθεν οὐκ ἀδικεῖ-
σθαι τοὺς ἐν παπυρίνοις σκάφεσι πλέοντας ὑπὸ τῶν κροκοδείλων ἢ φο-
βουμένων ἢ σεβομένων διὰ τὴν θεόν. ἐκ τούτου δὲ καὶ πολλοὺς τά-
φους Ὀσίριδος ἐν Αἰγύπτῳ λέγεσθαι διὰ τὸ προστυγχάνουσαν ἑκάστῳ
μέρει ταφὰς ποιεῖν. οἱ δ' οὔ φασιν, ἀλλ' εἴδωλα ποιουμένην διδό-
ναι καθ' ἑκάστην πόλιν ὡς τὸ σῶμα διδοῦσαν ὅπως παρὰ πλείοσιν ἔχῃ
τιμὰς καί, ἂν ὁ Τυφῶν ἐπικρατήσῃ τοῦ Ὥρου, τὸν ἀληθινὸν τάφον ζη-
τῶν πολλῶν λεγομένων καὶ δεικνυμένων ἀπαγορεύσῃ. μόνον δὲ τῶν με-
ρῶν τοῦ Ὀσίριδος τὴν Ἴσιν οὐχ εὑρεῖν τὸ αἰδοῖον· εὐθὺς γὰρ εἰς
τὸν ποταμὸν ῥιφῆναι καὶ γεύσασθαι τόν τε λεπιδωτὸν αὐτοῦ καὶ τὸν
φάγρον καὶ τὸν ὀξύρυγχον, [ὡς] οὓς μάλιστα τῶν ἰχθύων ἀφοσιοῦσθαι·
τὴν δ' Ἴσιν ἀντ' ἐκείνου μίμημα ποιησαμένην καθιερῶσαι τὸν φαλλόν,
ᾧ καὶ νῦν ἑορτάζειν τοὺς Αἰγυπτίους.

19Ἔπειτα τῷ Ὥρῳ τὸν Ὄσιριν ἐξ Ἅιδου παραγενόμενον διαπο-
νεῖν ἐπὶ τὴν μάχην καὶ ἀσκεῖν, εἶτα διερωτῆσαι, τί κάλλιστον ἡγεῖ-
ται· τοῦ δὲ φήσαντος "τὸ πατρὶ καὶ μητρὶ τιμωρεῖν κακῶς παθοῦσι"
δεύτερον ἐρέσθαι, τί χρησιμώτατον οἴεται ζῷον εἰς μάχην ἐξιοῦσι·
τοῦ δ' Ὥρου "ἵππον" εἰπόντος ἐπιθαυμάσαι καὶ διαπορῆσαι, πῶς οὐ
λέοντα μᾶλλον ἀλλ' ἵππον· εἰπεῖν οὖν τὸν Ὧρον, ὡς λέων μὲν ὠφέλ-
ιμον ἐπιδεομένῳ βοηθείας, ἵππος δὲ φεύγοντα διασπάσαι καὶ κατανα-
λῶσαι τὸν πολέμιον. ἀκούσαντ' οὖν ἡσθῆναι τὸν Ὄσιριν, ὡς ἱκανῶς
παρασκευασαμένου τοῦ Ὥρου. λέγεται δ' ὅτι πολλῶν μετατιθεμένων

δεὶ πρὸς τὸν Ὧρον καὶ ἡ παλλακὴ τοῦ Τυφῶνος ἀφίκετο Θούηρις· ὄφις
δέ τις ἐπιδιώκων αὐτὴν ὑπὸ τῶν περὶ τὸν Ὧρον κατεκόπη, καὶ νῦν
διὰ τοῦτο σχοινίον τι προβάλλοντες εἰς μέσον κατακόπτουσι. τὴν
μὲν οὖν μάχην ἐπὶ πολλὰς ἡμέρας γενέσθαι καὶ κρατῆσαι τὸν Ὧρον·
τὸν Τυφῶνα δὲ τὴν Ἴσιν δεδεμένον παραλαβοῦσαν οὐκ ἀνελεῖν, ἀλλὰ
καὶ λῦσαι καὶ μεθεῖναι· τὸν δ' Ὧρον οὐ μετρίως ἐνεγκεῖν, ἀλλ' ἐπι-
βαλόντα τῇ μητρὶ τὰς χεῖρας ἀποσπάσαι τῆς κεφαλῆς τὸ βασίλειον·
Ἑρμῆν δὲ περιθεῖναι βούκρανον αὐτῇ κράνος. τοῦ δὲ Τυφῶνος δίκην
τῷ Ὧρῳ νοθείας λαχόντος βοηθήσαντος [δὲ] τοῦ Ἑρμοῦ [καὶ] τὸν Ὧ-
ρον ὑπὸ τῶν θεῶν γνήσιον κριθῆναι· τὸν δὲ Τυφῶνα δυσὶν ἄλλαις μά-
χαις καταπολεμηθῆναι. τὴν δ' Ἴσιν ἐξ Ὀσίριδος μετὰ τὴν τελευτὴν
συγγενομένου τεκεῖν ἡλιτόμηνον καὶ ἀσθενῆ τοῖς κάτωθεν γυίοις τὸν
Ἁρποκράτην.

HERMETIC CORPUS, *POIMANDRES*

The tractate *Poimandres* is the first of the eighteen that make
up the corpus of Greek Hermetic writings, so called because Hermes
Trismegistus, the Greek form of the Egyptian god Thoth, is repre-
sented as the medium of divine inspiration. The writings as a
whole come from the second or third century A. D. and are probably
based on some as early as the second or first century B. C. They
contain the theosophic teachings cf a school that probably had its
center in Alexandria, and that combined the doctrines found in Pla-
to's *Timaeus*, in Stoic writers, in Philo, and in the Greek Bible
(chiefly the creation story in Genesis) with older oriental forms
of religious ecstasy and illumination (*gnosis*). That some early
Christian theologians were familiar with and influenced by Hermetic
doctrine is probable; that later Cabbalists, both Jewish and Christ-

ian, were influenced by them is certain. Although Neo-Platonists
like Plotinus were opposed to gnostic teaching, there are many
agreements in ideas, still more in religious feeling, between the
two schools. Both in form and content the Hermetic writings are
of interest to students of early Christian literature. We repro-
duce the text edited by R. Reitzenstein, *Poimandres*, Leipzig: Teub-
ner, 1904, pp. 328-38.

¹'Εννοίας μοί ποτε γενομένης περὶ τῶν ὄντων καὶ μετεωρισθείσης
μοι τῆς διανοίας σφόδρα, κατασχεθεισῶν μου τῶν σωματικῶν αἰσθήσεων,
καθάπερ οἱ ὕπνῳ βεβαρημένοι ἐκ κόρου τροφῆς ἢ ἐκ κόπου σώματος, ἔ-
δοξά τινα ὑπερμεγέθη μέτρῳ ἀπεριορίστῳ τυγχάνοντα καλεῖν μου τὸ ὄ-
νομα [καὶ] λέγοντά μοι· τί βούλει ἀκοῦσαι καὶ θεάσασθαι καὶ νοήσας
μαθεῖν καὶ γνῶναι; — ²φημὶ ἐγώ· σὺ γὰρ τίς εἶ; — ἐγὼ μέν, φησίν,
εἰμὶ ὁ Ποιμάνδρης, ὁ τῆς αὐθεντίας νοῦς· οἶδα ὃ βούλει καὶ σύνειμί
σοι πανταχοῦ. — ³φημὶ ἐγώ· μαθεῖν θέλω τὰ ὄντα καὶ νοῆσαι τὴν τού-
των φύσιν καὶ γνῶναι τὸν θεόν. τοῦτο, ἔφην, ἀκοῦσαι βούλομαι. —
φησὶν ἐμοὶ πάλιν· ἔχε νῷ σῷ ὅσα θέλεις μαθεῖν, κἀγώ σε διδάξω. —
⁴Τοῦτο εἰπὼν ἠλλάγη τῇ ἰδέᾳ, καὶ εὐθέως πάντα μοι ἤνοικτο ῥοπῇ,
καὶ ὁρῶ θέαν ἀόριστον, φῶς δὲ πάντα γεγενημένα εὔδιόν τε καὶ ἱλα-
ρόν· καὶ ἠγάσθην ἰδών. καὶ μετ' ὀλίγον σκότος κατωφερὲς ἦν ἐν μέ-
ρει γεγενημένον φοβερόν τε καὶ στυγνόν, σκολιῶς ἐσπειραμένον, ὡς
εἰκάσαι με <δράκοντι>· εἶτα μεταβαλλόμενον τὸ σκότος εἰς ὑγράν τι-
να φύσιν ἀφάτως τεταραγμένην καὶ καπνὸν ἀποδιδοῦσαν ὡς ἀπὸ πυρὸς
καί τινα ἦχον ἀποτελοῦσαν ἀνεκλάλητον γοώδη. εἶτα βοὴ ἐξ αὐτῆς ἀ-
σύναρθρος ἐξεπέμπετο, ὡς εἰκάσαι, φωνὴ πυρός. ⁵ἐκ δὲ φωτὸς ∗∗ λό-
γος ἅγιος ἐπέβη τῇ φύσει, καὶ πῦρ ἄκρατον ἐξεπήδησεν ἐκ τῆς ὑγρᾶς
φύσεως ἄνω εἰς ὕψος· κοῦφον δὲ ἦν καὶ ὀξὺ δραστικόν τε ἅμα· καὶ ὁ
ἀὴρ ἐλαφρὸς ὢν ἠκολούθησε τῷ πυρί, ἀναβαίνοντος αὐτοῦ μέχρι τοῦ
πυρὸς ἀπὸ γῆς καὶ ὕδατος, ὡς δοκεῖν κρέμασθαι αὐτὸν ἀπ' αὐτοῦ· γῆ

δὲ καὶ ὕδωρ ἔμενε καθ' ἑαυτὰ συμμεμιγμένα, ὡς μὴ θεωρεῖσθαι < τὴν γῆν> ἀπὸ τοῦ ὕδατος· κινούμενα δὲ ἦν διὰ τὸν ἐμπεριφερόμενον πνευματικὸν λόγον εἰς ἀκοήν.

6 Ὁ δὲ Ποιμάνδρης ἐμοί· ἐνόησας, φησί, τὴν θέαν ταύτην ὅτι καὶ βούλεται; — καί, γνώσομαι, ἔφην ἐγώ. — τὸ φῶς ἐκεῖνο, ἔφη, ἐγώ, νοῦς, ὁ σὸς θεός, ὁ πρὸ φύσεως ὑγρᾶς τῆς ἐκ σκότους φανείσης· ὁ δὲ ἐκ νοὸς φωτεινὸς λόγος υἱὸς θεοῦ. —

Τί οὖν; φημί. — οὕτω γνῶθι· τὸ ἐν σοὶ βλέπον καὶ ἀκοῦον λόγος κυρίου, ὁ δὲ νοῦς πατὴρ θεός· οὐ γὰρ διΐστανται ἀπ' ἀλλήλων· ἕνωσις γὰρ τούτων ἐστὶν ἡ ζωή. — εὐχαριστῶ σοι, ἔφην ἐγώ. — ἀλλὰ δὴ νόει τὸ φῶς καὶ γνώριζε τοῦτο. —

7 Εἰπόντος ταῦτα ἐπὶ πλείονα χρόνον ἀντώπησέ μοι, ὥστε με τρέμειν αὐτοῦ τὴν ἰδέαν. ἀνανεύσαντος δὲ θεωρῶ ἐν τῷ νοΐ [μου] τὸ φῶς ἐν δυνάμεσιν ἀναριθμήτοις ὄν, καὶ κόσμον ἀπεριόριστον γεγενημένον καὶ περιίσχεσθαι τὸ πῦρ δυνάμει μεγίστῃ καὶ στάσιν ἐσχηκέναι κρατούμενον. ταῦτα δὲ ἐγὼ διενοήθην ὁρῶν διὰ τὸν τοῦ Ποιμάνδρου λόγον.

8 Ὡς δὲ ἐν ἐκπλήξει μου ὄντος, φησὶ πάλιν ἐμοί· εἶδες ἐν τῷ νῷ τὸ ἀρχέτυπον εἶδος, τὸ προάρχον τῆς ἀρχῆς τῆς ἀπεράντου. ταῦτα ὁ Ποιμάνδρης ἐμοί. — τὰ οὖν, ἐγώ φημι, στοιχεῖα τῆς φύσεως πόθεν ὑπέστη; — πάλιν ἐκεῖνος πρὸς ταῦτα· ἐκ βουλῆς θεοῦ, ἥτις λαβοῦσα τὸν λόγον καὶ ἰδοῦσα τὸν καλὸν κόσμον ἐμιμήσατο, κοσμοποιηθεῖσα διὰ τῶν ἑαυτῆς στοιχείων καὶ γεννημάτων ψυχῶν.

9 Ὁ δὲ νοῦς ὁ θεός, ἀρρενόθηλυς ὤν, ζωὴ καὶ φῶς ὑπάρχων, ἀπεκύησε [λόγῳ] ἕτερον νοῦν δημιουργόν, ὃς θεὸς τοῦ πυρὸς καὶ πνεύματος ὤν ἐδημιούργησε διοικητάς τινας ἑπτά, ἐν κύκλοις περιέχοντας τὸν αἰσθητὸν κόσμον· καὶ ἡ διοίκησις αὐτῶν εἱμαρμένη καλεῖται.

10 Ἐπήδησεν εὐθὺς ἐκ τῶν κατωφερῶν στοιχείων [τοῦ θεοῦ] ὁ τοῦ θεοῦ λόγος εἰς τὸ καθαρὸν τῆς φύσεως δημιούργημα καὶ ἡνώθη τῷ δημιουργῷ νῷ· ὁμοούσιος γὰρ ἦν. καὶ κατελείφθη [τὰ] ἄλογα τὰ κατωφερῆ τῆς φύσεως στοιχεῖα, ὡς εἶναι ὕλην μόνην. 11 ὁ δὲ δημιουργὸς

νοῦς σὺν τῷ λόγῳ, ὁ περιίσχων τοὺς κύκλους καὶ δινῶν ῥοίζῳ, ἔστρε-
ψε τὰ ἑαυτοῦ δημιουργήματα καὶ εἴασε στρέφεσθαι ἀπ' ἀρχῆς ἀορίστου
εἰς ἀπέραντον τέλος· ἄρχεται γὰρ οὗ λήγει· ἡ [δὲ] τούτων περιφορά,
καθὼς θέλει ὁ νοῦς. <ἡ δὲ φύσις> ἐκ τῶν κατωφερῶν στοιχείων ζῷα ἤ-
νεγκεν ἄλογα· οὐ γὰρ ἐπεῖχε τὸν λόγον. ἀὴρ δὲ πετεινὰ ἤνεγκε καὶ
τὸ ὕδωρ νηκτά. διακεχώρισται δὲ ἀπ' ἀλλήλων ἥ τε γῆ καὶ τὸ ὕδωρ,
καθὼς ἠθέλησεν ὁ νοῦς. καὶ <ἡ γῆ> ἐξήνεγκεν ἀπ' αὐτῆς ἃ εἶχε ζῷα
τετράποδα <καὶ> ἑρπετά, θηρία ἄγρια καὶ ἥμερα.

12 Ὁ δὲ πάντων πατὴρ ὁ νοῦς, ὢν ζωὴ καὶ φῶς, ἀπεκύησεν Ἄνθρω-
πον αὐτῷ ἴσον· οὗ ἠράσθη ὡς ἰδίου τόκου· περικαλλὴς γὰρ <ἦν> τὴν
τοῦ πατρὸς εἰκόνα ἔχων· ὄντως γὰρ καὶ ὁ θεὸς ἠράσθη τῆς ἰδίας μορ-
φῆς· <ᾧ> παρέδωκε τὰ ἑαυτοῦ πάντα δημιουργήματα. 13καὶ κατανοήσας
δὲ τὴν τοῦ Δημιουργοῦ κτίσιν ἐν τῷ πατρὶ ἠβουλήθη καὶ αὐτὸς δημι-
ουργεῖν, καὶ συνεχωρήθη ὑπὸ τοῦ πατρός. γενόμενος <δὲ> ἐν τῇ δη-
μιουργικῇ σφαίρᾳ <ὡς> ἕξων τὴν πᾶσαν ἐξουσίαν κατενόησε τοῦ ἀδελ-
φοῦ τὰ δημιουργήματα, οἱ δὲ ἠράσθησαν αὐτοῦ, ἕκαστος δὲ μετεδίδου
τῆς ἰδίας τάξεως. καὶ καταμαθὼν τὴν τούτων οὐσίαν καὶ μεταλαβὼν
τῆς αὐτῶν φύσεως ἠβουλήθη ἀναρρῆξαι τὴν περιφέρειαν τῶν κύκλων καὶ
τὸ κράτος τοῦ ἐπικειμένου ἐπὶ τοῦ πυρὸς καταπονῆσαι.

14Καὶ ὁ τοῦ [τῶν θνητῶν] κόσμου [καὶ τῶν ἀλόγων ζῴων] ἔχων πᾶ-
σαν ἐξουσίαν διὰ τῆς ἁρμονίας παρέκυψεν ἀναρρήξας **** τὸ κράτος,
καὶ ἔδειξε τῇ κατωφερεῖ φύσει τὴν καλὴν τοῦ θεοῦ μορφήν. ἡ δὲ ἰδο-
οῦσα ἀκόρεστον κάλλος <αὐτόν τε> πᾶσαν ἐνέργειαν ἐν ἑαυτῷ ἔχοντα
τῶν διοικητόρων τήν τε μορφὴν τοῦ θεοῦ, ἐμειδίασεν ἔρωτι, ὡς ἅτε
τῆς καλλίστης μορφῆς τοῦ Ἀνθρώπου τὸ εἶδος ἐν τῷ ὕδατι ἰδοῦσα καὶ
τὸ σκίασμα ἐπὶ τῆς γῆς. ὁ δὲ ἰδὼν τὴν ὁμοίαν αὐτῷ μορφὴν ἐν αὐτῇ
οὖσαν ἐν τῷ ὕδατι, ἐφίλησε καὶ ἠβουλήθη αὐτοῦ οἰκεῖν. ἅμα δὲ τῇ
βουλῇ ἐγένετο ἐνέργεια καὶ ᾤκησε τὴν ἄλογον μορφήν. ἡ δὲ φύσις λα-
βοῦσα τὸν ἐρώμενον περιεπλάκη ὅλη, καὶ ἐμίγησαν· ἐρώμενοι γὰρ ἦσαν.
15καὶ διὰ τοῦτο παρὰ πάντα τὰ ἐπὶ γῆς ζῷα διπλοῦς ἐστιν ὁ ἄνθρωπος,

θνητὸς μὲν διὰ τὸ σῶμα, ἀθάνατος δὲ διὰ τὸν οὐσιώδη ἄνθρωπον· ἀ-
θάνατος γὰρ ὢν καὶ πάντων τὴν ἐξουσίαν ἔχων τὰ θνητοῦ πάσχει ὑπο-
κείμενος τῇ εἱμαρμένῃ. ὑπεράνω γὰρ ὢν τῆς ἁρμονίας ἐναρμόνιος γέ-
γονε δοῦλος, ἀρρενόθηλυς δὲ ὤν, ἐξ ἀρρενοθήλεος ὢν πατρός, καὶ ἄ-
ϋπνος ἀπὸ ἀΰπνου *** κρατεῖται.

16Καὶ μετὰ ταῦτα < ἐγώ· Δίδαξόν με πάντα>, νοῦς ὁ ἐμός· καὶ αὐ-
τὸς γὰρ ἐρῶ τοῦ λόγου. — ὁ δὲ Ποιμάνδρης εἶπε· τοῦτο ἔστι τὸ κε-
κρυμμένον μυστήριον μέχρι τῆσδε τῆς ἡμέρας. ἡ γὰρ φύσις ἐπιμιγεῖσα
τῷ Ἀνθρώπῳ ἤνεγκέ τι θαῦμα θαυμασιώτατον. ἔχοντος γὰρ αὐτοῦ τῆς
ἁρμονίας τῶν ἑπτὰ τὴν φύσιν, οὓς ἔφην σοι ἐκ πυρὸς καὶ πνεύματος,
οὐκ ἀνέμενεν ἡ φύσις ἀλλ' εὐθὺς ἀπεκύησεν ἑπτὰ ἀνθρώπους, πρὸς τὰς
φύσεις τῶν ἑπτὰ διοικητόρων, ἀρρενοθήλεας καὶ μεταρσίους. —

Καὶ μετὰ ταῦτα· Ὦ Ποιμάνδρη, εἰς μεγάλην γὰρ νῦν ἐπιθυμίαν
ἦλθον καὶ ποθῶ ἀκοῦσαι. μὴ ἔκτρεχε. — καὶ ὁ Ποιμάνδρης εἶπεν· Ἀλ-
λὰ σιώπα· οὔπω γάρ σοι ἀνήπλωσα τὸν πρῶτον λόγον. — ἰδοὺ σιωπῶ,
ἔφην ἐγώ. —

17Ἐγένετο οὖν, ὡς ἔφην, τῶν ἑπτὰ τούτων ἡ γένεσις τοιῷδε τρό-
πῳ· θηλυκὴ γῆ ἦν καὶ ὕδωρ ὀχευτικόν, τὸ δὲ πέπειρον ἐκ πυρός, ἐκ
δὲ αἰθέρος τὸ πνεῦμα ἔλαβε, καὶ ἐξήνεγκεν ἡ φύσις τὰ σώματα πρὸς
τὸ εἶδος τοῦ Ἀνθρώπου. ὁ δὲ Ἄνθρωπος ἐκ ζωῆς καὶ φωτὸς ἐγένετο
εἰς ψυχὴν καὶ νοῦν, ἐκ μὲν ζωῆς ψυχήν, ἐκ δὲ φωτὸς νοῦν. καὶ ἔμει-
νεν οὕτω τὰ πάντα <μέρη> τοῦ αἰσθητοῦ κόσμου μέχρι περιόδου τέλους
<καὶ> ἀρχῶν καινῶν.

18Ἄκουε λοιπόν, ὃν ποθεῖς λόγον ἀκοῦσαι. τῆς περιόδου πεπλη-
ρωμένης ἐλύθη ὁ πάντων σύνδεσμος ἐκ βουλῆς θεοῦ· πάντα γὰρ τὰ ζῷα
ἀρρενοθήλεα ὄντα διελύετο ἅμα τῷ ἀνθρώπῳ καὶ ἐγένετο τὰ μὲν ἀρρενι-
κὰ ἐν μέρει τὰ δὲ θηλυκὰ ὁμοίως. ὁ δὲ θεὸς εὐθὺς εἶπεν ἁγίῳ λόγῳ·
αὐξάνεσθε ἐν αὐξήσει καὶ πληθύνεσθε ἐν πλήθει πάντα τὰ κτίσματα καὶ
δημιουργήματα· καὶ ἀναγνωρισάτω <ὁ> ἔννους <ἄνθρωπος> ἑαυτὸν ὄντα

ἀθάνατον, καὶ τὸν αἴτιον τοῦ θανάτου ἔρωτα καὶ πάντα τὰ ὄντα.

¹⁹Τούτο εἰπόντος ἡ πρόνοια διὰ τῆς εἰμαρμένης καὶ ἀρμονίας τὰς μίξεις ἐποιήσατο καὶ τὰς γενέσεις κατέστησε, καὶ ἐπληθύνθη κατὰ γένος τὰ πάντα. καὶ ὁ ἀναγνωρίσας ἑαυτὸν ἐλήλυθεν εἰς τὸ περιούσιον ἀγαθόν, ὁ δὲ ἀγαπήσας ἐκ πλάνης ἔρωτος τὸ σῶμα, οὗτος μένει ἐν τῷ σκότει πλανώμενος, αἰσθητῶς πάσχων τὰ τοῦ θανάτου. — ²⁰τί τοσοῦτον ἁμαρτάνουσιν, ἔφην ἐγώ, οἱ ἀγνοοῦντες, ἵνα στερηθῶσι τῆς ἀθανασίας; — ἔοικας, ὦ οὗτος, τῷ μὴ πεφροντικέναι ὧν ἤκουσας. οὐκ ἔφην σοι νοεῖν; — νοῶ καὶ μιμνήσκομαι, εὐχαριστῶ δὲ ἅμα. — εἰ ἐνόησας, εἰπέ μοι, διὰ τί ἄξιοί εἰσι τοῦ θανάτου οἱ ἐν θανάτῳ ὄντες. — ὅτι προκατάρχεται τοῦ ὑλικοῦ σώματος τὸ στυγνὸν σκότος, ἐξ οὗ ἡ ὑγρὰ φύσις, ἐξ ἧς τὸ σῶμα συνέστηκεν ἐν τῷ αἰσθητῷ κόσμῳ, ἐξ οὗ θάνατος ἀρύεται. —

²¹Ἐνόησας ὀρθῶς, ὦ οὗτος. κατὰ τί δὲ "ὁ νοήσας ἑαυτὸν εἰς αὐτὸν χωρεῖ," ὅπερ ἔχει ὁ τοῦ θεοῦ λόγος; — φημὶ ἐγώ· ὅτι ἐκ φωτὸς καὶ ζωῆς συνέστηκεν ὁ πατὴρ τῶν ὅλων, ἐξ οὗ γέγονεν ὁ ἄνθρωπος. — εὖ φὴς λαλῶν· φῶς καὶ ζωή ἐστιν ὁ θεὸς καὶ πατήρ, ἐξ οὗ ἐγένετο ὁ ἄνθρωπος. ἐὰν οὖν μάθῃς ἑαυτὸν ἐκ· ζωῆς καὶ φωτὸς ὄντα καὶ <πιστεύσῃς> ὅτι ἐκ τούτων τυγχάνεις, εἰς ζωὴν πάλιν χωρήσεις. ταῦτα ὁ Ποιμάνδρης εἶπεν. — ἀλλ' ἔτι μοι εἰπέ, πῶς εἰς ζωὴν χωρήσω ἐγώ, ἔφην, ὦ νοῦς ἐμός. — .... φησὶ γὰρ ὁ θεός· "ὁ ἔννους ἄνθρωπος ἀναγνωρισάτω ἑαυτὸν <ὄντα ἀθάνατον >." —

²²Οὐ πάντες γὰρ ἄνθρωποι νοῦν ἔχουσιν; — εὐφήμει, ὦ οὗτος, λαλῶν. παραγίνομαι αὐτὸς ἐγὼ ὁ νοῦς τοῖς ὁσίοις καὶ ἀγαθοῖς καὶ καθαροῖς καὶ ἐλεήμοσι καὶ τοῖς εὐσεβοῦσι, καὶ ἡ παρουσία μου γίνεται βοήθεια, καὶ εὐθὺς τὰ πάντα γνωρίζουσι καὶ τὸν πατέρα ἱλάσκονται ἀγαπητικῶς καὶ εὐχαριστοῦσιν εὐλογοῦντες καὶ ὑμνοῦντες, τεταμένοι πρὸς αὐτὸν τῇ στοργῇ. καὶ πρὸ τοῦ παραδοῦναι τὸ σῶμα ἰδίῳ θανάτῳ μυσάττονται τὰς αἰσθήσεις εἰδότες αὐτῶν τὰ ἐνεργήματα. μᾶλ-

λον δὲ οὐκ ἐάσω αὐτὸς ὁ νοῦς τὰ προσπίπτοντα ἐνεργήματα τοῦ σώμα-
τος ἐκτελεσθῆναι· πυλωρὸς ὢν ἀποκλείσω τὰς εἰσόδους, τῶν κακῶν καὶ
αἰσχρῶν ἐνεργημάτων τὰς ἐνθυμήσεις ἐκκόπτων. ²³τοῖς δὲ ἀνοήτοις
καὶ κακοῖς καὶ πονηροῖς καὶ φθονεροῖς καὶ πλεονέκταις καὶ φονεῦσι
καὶ ἀσεβέσι πόρρωθέν εἰμι, τῷ τιμωρῷ ἐκχωρήσας δαίμονι, ὅστις τὴν
ὀξύτητα τοῦ πυρὸς προσβάλλων [καὶ] τοῦτον βασανίζει καὶ ἐπ' αὐτὸν
πῦρ ἐπὶ τὸ πλέον αὐξάνει <καὶ> θρώσκει αὐτὸν αἰσθητῶς καὶ μᾶλλον
ἐπὶ τὰς ἀνομίας αὐτὸν ὁπλίζει, ἵνα τύχῃ μείζονος τιμωρίας· καὶ οὐ
παύεται ἐπ' ὀρέξεις ἀπλέτους τὴν ἐπιθυμίαν ἔχων, ἀκορέστως σκοτο-
μαχῶν. —

²⁴Εὖ μοι πάντα, ὡς ἐβουλόμην, ἐδίδαξας, ὦ νοῦς. ἔτι δέ μοι εἰ-
πὲ <περὶ> τῆς ἀνόδου τῆς γινομένης. — πρὸς ταῦτα ὁ Ποιμάνδρης εἶ-
πε· πρῶτον μὲν ἐν τῇ ἀναλύσει τοῦ σώματος τοῦ ὑλικοῦ παραδίδως αὐ-
τὸ [τὸ σῶμα] εἰς ἀλλοίωσιν, καὶ τὸ εἶδος, ὃ εἶχες, ἀφανὲς γίνεται,
καὶ τὸ ἦθος τῷ δαίμονι ἀνενέργητον παραδίδως, καὶ αἱ αἰσθήσεις τοῦ
σώματος εἰς τὰς ἑαυτῶν πηγὰς ἐπανέρχονται μέρη γινόμεναι καὶ πάλιν
συνανιστάμεναι εἰς [τὰς] ἐνεργείας· καὶ ὁ θυμὸς καὶ ἡ ἐπιθυμία εἰς
τὴν ἄλογον φύσιν χωρεῖ. ²⁵καὶ οὕτως ὁρμᾷ λοιπὸν ἄνω <ὁ ἄνθρωπος>
διὰ τῆς ἁρμονίας καὶ τῇ πρώτῃ ζώνῃ δίδωσι τὴν αὐξητικὴν ἐνέργειαν
καὶ τὴν μειωτικήν, καὶ τῇ δευτέρᾳ τὴν μηχανὴν τῶν κακῶν [δόλον]
ἀνενέργητον, καὶ τῇ τρίτῃ τὴν ἐπιθυμητικὴν ἀπάτην ἀνενέργητον, καὶ
τῇ τετάρτῃ τὴν ἀρχοντικὴν προφανίαν ἀνενέργητον, καὶ τῇ πέμπτῃ τὸ
θράσος τὸ ἀνόσιον καὶ τῆς τόλμης τὴν προπέτειαν <ἀνενέργητον>, καὶ
τῇ ἕκτῃ τὰς ἀφορμὰς τὰς κακὰς τοῦ πλούτου ἀπλεονεκτήτους,* καὶ τῇ
ἑβδόμῃ ζώνῃ τὸ ἐνεδρεῦον ψεῦδος <ἀνενέργητον>. ²⁶Καὶ τότε γυμνωθεὶς
ἀπὸ τῶν τῆς ἁρμονίας ἐνεργημάτων γίνεται ἐπὶ τὴν ὀγδοαδικὴν φύσιν
τὴν ἰδίαν δύναμιν ἔχων καὶ ὑμνεῖ σὺν τοῖς οὖσι τὸν πατέρα· συγχαί-
ρουσι δὲ οἱ παρόντες τῇ τούτου παρουσίᾳ. καὶ ὁμοιωθεὶς τοῖς συνοῦ-
σιν ἀκούει καί τινων δυνάμεων ὑπὲρ τὴν ὀγδοαδικὴν φύσιν οὐσῶν φωνῇ

*Read   ἀνενεργήτους (?).

τινι ἰδίᾳ ὑμνουσῶν τὸν θεόν. καὶ τότε τάξει ἀνέρχονται πρὸς τὸν
πατέρα καὶ αὐτοὶ εἰς δυνάμεις ἑαυτοὺς παραδιδόασι καὶ δυνάμεις γε-
νόμενοι ἐν θεῷ γίνονται. τοῦτο ἔστι τὸ ἀγαθὸν τέλος τοῖς γνῶσιν
ἐσχηκόσι, θεωθῆναι. λοιπόν, τί μέλλεις; οὐχ ὡς πάντα παραλαβὼν καθ-
οδηγὸς γίνῃ τοῖς ἀξίοις, ὅπως τὸ γένος τῆς ἀνθρωπότητος διὰ σοῦ
ὑπὸ θεοῦ σωθῇ; —

²⁷Ταῦτα εἰπὼν ὁ Ποιμάνδρης ἐμοὶ ἐμίγη ταῖς δυνάμεσιν. ἐγὼ δὲ
εὐχαριστήσας καὶ εὐλογήσας τὸν πατέρα τῶν ὅλων ἀνείθην ὑπ᾽ αὐτοῦ
δυναμωθεὶς καὶ διδαχθεὶς τοῦ παντὸς τὴν φύσιν καὶ τὴν μεγίστην θέ-
αν. καὶ ἦργμαι κηρύσσειν τοῖς ἀνθρώποις τὸ τῆς εὐσεβείας καὶ γνώ-
σεως κάλλος· Ὦ λαοί, ἄνδρες γηγενεῖς, οἱ μέθῃ καὶ ὕπνῳ ἑαυτοὺς
ἐκδεδωκότες καὶ τῇ ἀγνωσίᾳ τοῦ θεοῦ, νήψατε, παύσασθε δὲ κραιπαλ-
ῶντες, θελγόμενοι ὕπνῳ ἀλόγῳ.

²⁸Οἱ δὲ ἀκούσαντες παρεγένοντο ὁμοθυμαδόν. ἐγὼ δέ φημι· τί ἑ-
αυτούς, ὦ ἄνδρες γηγενεῖς, εἰς θάνατον ἐκδεδώκατε ἔχοντες ἐξουσί-
αν τῆς ἀθανασίας μεταλαβεῖν; μετανοήσατε οἱ συνοδεύσαντες τῇ πλάνῃ
καὶ συγκοινωνήσαντες τῇ ἀγνοίᾳ· ἀπαλλάγητε τοῦ σκοτεινοῦ φωτός,
μεταλάβετε τῆς ἀθανασίας καταλείψαντες τὴν φθοράν. —

²⁹Καὶ οἱ μὲν αὐτῶν καταφλυαρήσαντες ἀπέστησαν τῇ τοῦ θανάτου
ὁδῷ ἑαυτοὺς ἐκδεδωκότες, οἱ δὲ παρεκάλουν διδαχθῆναι, ἑαυτοὺς πρὸ
ποδῶν μου ῥίψαντες. ἐγὼ δὲ ἀναστήσας αὐτοὺς καθοδηγὸς ἐγενόμην τοῦ
γένους, τοὺς λόγους διδάσκων, πῶς καὶ τίνι τρόπῳ σωθήσονται. καὶ
ἔσπειρα αὐτοῖς τοὺς τῆς σοφίας λόγους καὶ ἐτράφησαν ἐκ τοῦ ἀμβρο-
σίου ὕδατος. ὀψίας δὲ γενομένης καὶ τῆς τοῦ ἡλίου αὐγῆς ἀρχομένης
δύεσθαι ὅλης ἐκέλευσα αὐτοῖς εὐχαριστεῖν τῷ θεῷ. καὶ ἀναπληρώσαν-
τες τὴν εὐχαριστίαν ἕκαστος ἐτράπη εἰς τὴν ἰδίαν κοίτην. ³⁰ἐγὼ δὲ
τὴν εὐεργεσίαν τοῦ Ποιμάνδρου ἀνεγραψάμην εἰς ἐμαυτόν, καὶ πληρω-
θεὶς ὧν ἤθελον ἐξηυφράνθην. ἐγένετο γὰρ ὁ τοῦ σώματος ὕπνος τῆς
ψυχῆς νῆψις, καὶ ἡ κάμμυσις τῶν ὀφθαλμῶν ἀληθινὴ ὅρασις, καὶ ἡ σι-

ωπῇ μου ἐγκύμων τοῦ ἀγαθοῦ, καὶ ἡ τοῦ λόγου ἐκφορὰ γεννήματα ἀγα-
θῶν. τοῦτο δὲ συνέβη μοι λαβόντι ἀπὸ τοῦ νοός [μου], τουτέστι τοῦ
Ποιμάνδρου, τὸν τῆς αὐθεντίας λόγον· θεόπνους γενόμενος <ἐπὶ τὸν
κύκλον> τῆς ἀληθείας ἦλθον· διὸ δίδωμι ἐκ ψυχῆς καὶ ἰσχύος ὅλης
εὐλογίαν τῷ πατρὶ θεῷ·

31"Ἅγιος ὁ θεὸς ὁ πατὴρ τῶν ὅλων· ἅγιος ὁ θεός, οὗ ἡ βουλὴ τε-
λεῖται ἀπὸ τῶν ἰδίων δυνάμεων· ἅγιος ὁ θεός, ὃς γνωσθῆναι βούλεται
καὶ γινώσκεται τοῖς ἰδίοις. ἅγιος εἶ ὁ λόγῳ συστησάμενος τὰ ὄντα·
ἅγιος εἶ, οὗ πᾶσα φύσις εἰκὼν ἔφυ· ἅγιος εἶ, ὃν ἡ φύσις οὐκ ἐμόρφω-
σεν. ἅγιος εἶ ὁ πάσης δυνάμεως ἰσχυρότερος· ἅγιος εἶ ὁ πάσης ὑπερ-
οχῆς μείζων· ἅγιος εἶ ὁ κρείττων <πάν>των ἐπαίνων. δέξαι λογικὰς
θυσίας ἁγνὰς ἀπὸ ψυχῆς καὶ καρδίας πρὸς σε ἀνατεταμένης, ἀνεκλάλη-
τε, ἄρρητε, σιωπῇ φωνούμενε. 32αἰτουμένῳ τὸ μὴ σφαλῆναι τῆς γνώσ-
εως τῆς κατ' οὐσίαν ἡμῶν ἐπίνευσόν μοι καὶ ἐνδυνάμωσόν με καὶ <πλή-
ρωσόν με> τῆς χάριτος ταύτης, < ἵνα> φωτίσω τοὺς ἐν ἀγνοίᾳ τοῦ γέ-
νους, ἐμοῦ <μὲν> ἀδελφούς, υἱοὺς δὲ σοῦ. διὸ πιστεύω καὶ μαρτυρῶ·
εἰς ζωὴν καὶ φῶς χωρῶ. εὐλόγητος εἶ, πάτερ· ὁ σὸς ἄνθρωπος συναγι-
άζειν σοι βούλεται, καθὼς παρέδωκας αὐτῷ τὴν πᾶσαν ἐξουσίαν.

HYMN TO THE SOUL FROM *ACTS OF THOMAS*

One of the central themes of modern Christian thought exempli-
fied in the writings of Tillich and others of the Kierkegaardian
tradition is that of the soul's estrangement from God and the need
of reconciliation with the divine.   This same theme was a central
one in the writings of Hellenistic theologians from Philo on through
the Neo-Platonists and the contemporary pagan and Christian gnos-
tics.   Perhaps the most beautiful ancient example of this relig-
ious theme in symbolical form is the *Hymn to the Soul*, probably
originally written in Syriac in the second century A.D. and now

found in the Christian Apocryphal romance known as the *Acts of Thomas*. The presumed Syriac original was translated into Greek soon after its composition and in that form has survived in one manuscript and in an early paraphrase. We give the text published by R. A. Lipsius and M. Bonnet, *Acta Apostolorum Apocrypha*, Leipzig: H. Mendelssohn, 1898, pp. 219-24.

[108]Προσευχόμενον δὲ πάντες ἔβλεπον αὐτὸν οἱ δέσμιοι καὶ ἐδέοντο αὐτοῦ ὑπὲρ αὐτῶν εὔξασθαι. προσευξάμενος δὲ καὶ καθεσθεὶς ἤρξατο λέγειν ψαλμὸν τοιοῦτον· "Οτε ἤμην βρέφος ἄλαλον ἐν τοῖς τοῦ πατρός μου βασιλείοις ἐν πλούτῳ καὶ τρυφῇ τῶν τροφέων ἀναπαυόμενος, ἐξ 'Ανατολῆς τῆς πατρίδος ἡμῶν ἐφοδιάσαντές με οἱ γονεῖς ἀπέστειλάν με· ἀπὸ δὲ πλούτου τῶν θησαυρῶν τούτων φόρτον συνέθηκαν μέγαν τε καὶ ἐλαφρόν, ὅπως αὐτὸν μόνος βαστάσαι δυνηθῶ· χρυσός ἐστιν ὁ φόρτος τῶν ἄνω, καὶ ἄσημος τῶν μεγάλων θησαυρῶν, καὶ λίθοι ἐξ 'Ινδῶν οἱ χαλκεδόνιοι, καὶ μαργαρῖται ἐκ Κοσάνων· καὶ ὥπλισάν με τῷ ἀδάμαντι· καὶ ἐνέδυσάν με ἐσθῆτα διάλιθον χρυσόπαστον, ἣν ἐποίησαν στέργοντές με, καὶ στολὴν τὸ χρῶμα ξανθὴν πρὸς τὴν ἐμὴν ἡλικίαν. σύμφωνα δὲ πρὸς ἐμὲ πεποιήκασιν, ἐγκαταγράψαντες τῇ διανοίᾳ μου ἐπιλαθέσθαι με, ἔφησάν τε· 'Εὰν κατελθὼν εἰς Αἴγυπτον κομίσῃς ἐκεῖθεν τὸν ἕνα μαργαρίτην τὸν ὄντα ἐκεῖ περὶ τὸν δράκοντα τὸν καταπότην, ὅπως ἐνδύσῃ τὴν διάλιθον ἐσθῆτα καὶ τὴν στολὴν ἐκείνην ἣν ἐπαναπαύεται· τοῦ εὐμνήστου καὶ γένῃ μετὰ τοῦ ἀδελφοῦ σου κῆρυξ τῇ ἡμετέρᾳ βασιλείᾳ.

[109]'Ηρχόμην δὲ ἐξ 'Ανατολῆς ἐφ' ὁδὸν δυσχερῆ τε καὶ φοβερὰν μεθ' ἡγεμόνων δύο, ἄπειρος δὲ ἤμην τοῦ ταύτην ὁδεῦσαι. παρελθὼν δὲ καὶ τὰ τῶν Μεσηνῶν μεθόρια, ἔνθα ἐστὶν τὸ καταγώγιον τῶν ἀνατολικῶν ἐμπόρων, ἀφικόμην εἰς τὴν τῶν Βαβυλωνίων χώραν. εἰσελθόντος δέ μου εἰς Αἴγυπτον ἀπέστησαν οἱ συνοδεύσαντές μοι ἡγεμόνες, ὥρμων δὲ ἐπὶ τὸν δράκοντα τὴν ταχίστην καὶ περὶ τὸν τούτου φωλεὸν

κατέλυον, ἐπιτηρῶν νυστάξαι καὶ κοιμηθῆναι τοῦτον, ὅπως μου τὸν
μαργαρίτην ὑφέλωμαι. μόνος δὲ ὢν ἐξενιζόμην τὸ σχῆμα καὶ τοῖς ἐ-
μοῖς ἀλλότριος ἐφαινόμην. ἐκεῖ δὲ εἶδον ἐμὸν συγγενῆ τὸν ἐξ ᾿Ανα-
τολῆς, τὸν ἐλεύθερον, παῖδα εὐχαρῆ καὶ ὡραῖον, υἱὸν μεγιστάνων.
οὗτός μοι προσελθὼν συγγέγονεν, καὶ συνόμιλον αὐτὸν ἔσχον, καὶ φί-
λον καὶ κοινωνὸν τῆς ἐμῆς πορείας ποιησάμενος. παρεκελευσάμην δὲ
αὐτῷ τοὺς Αἰγυπτίους φυλάσσεσθαι καὶ τῶν ἀκαθάρτων τούτων τὴν κοι-
νωνίαν. ἐνεδυσάμην δὲ αὐτῶν τὰ φορήματα, ἵνα μὴ ξενίζωμαι ὥσπερ
ἔξωθεν ἐπὶ τὴν τοῦ μαργαρίτου ἀνάληψιν, καὶ τὸν δράκοντα διυπνίσω-
σιν κατ᾿ ἐμοῦ οἱ Αἰγύπτιοι. οὐκ οἶδα δὲ ἐξ οἵας ἔμαθον προφάσεως
ὡς οὐκ εἰμὶ τῆς χώρας αὐτῶν, δόλῳ δὲ συνέμειξάν μοι τέχνην, καὶ
ἐγευσάμην τῆς αὐτῶν τροφῆς. ἠγνόησα ἐμαυτὸν υἱὸν ὄντα βασιλέως, τῷ
δὲ αὐτῶν ἐδούλευσα βασιλεῖ. ἦλθον δὲ καὶ ἐπὶ τὸν μαργαρίτην, ἐφ᾿
ὃν οἱ πατέρες μου ἀπεστάλκασίν με, τῷ δὲ τῆς τροφῆς αὐτῶν βάρει
εἰς ὕπνον κατηνέχθην βαθύν.

110ταῦτα δέ μου παθόντος καὶ οἱ πατέρες μου ᾔσθοντο καὶ ἔπαθον
ὑπὲρ ἐμοῦ. ἐκηρύχθη δὲ κήρυγμα ἐν τῇ βασιλείᾳ ἡμῶν ἵνα πάντες ἐπὶ
τὰς ἡμετέρας ἀπαντῶσιν θύρας. καὶ τότε οἱ βασιλεῖς τῆς Παρθενίας
καὶ οἱ ἐν τέλει καὶ οἱ ᾿Ανατολῆς πρωτεύοντες γνώμης ἐκράτησαν περὶ
ἐμοῦ ἵνα μὴ ἔλθω*ἐν Αἰγύπτῳ. ἔγραψαν δέ με καὶ οἱ δυνάσται σημαίν-
οντες οὕτως· Παρὰ τοῦ πατρὸς βασιλέων βασιλεὺς καὶ μητρὸς τὴν ᾿Α-
νατολὴν κατεχούσης καὶ ἀδελφοὺς αὐτῶν δευτέρους ἀφ᾿ ἡμῶν τῷ ἐν Αἰ-
γύπτῳ υἱῷ ἡμῶν εἰρήνη. ἀνάστηθι καὶ ἀνάνηψον ἐξ ὕπνου, καὶ τῶν ἐπι-
στολιμαίων ῥημάτων ἄκουσον, καὶ ὑπομνήσθητι υἱὸς βασιλέων ὑπάρχων.
δουλικὸν ὑπεισῆλθες ζυγόν· μνημόνευσον τῆς ἐσθῆτός σου τῆς χρυσο-
πάστου· μνημόνευσον τοῦ μαργαρίτου δι᾿ ὃν εἰς Αἴγυπτον ἀπεστάλης.
ἐκλήθη δὲ τὸ ὄνομά σου βιβλίον#ζωῆς καὶ τοῦ ἀδελφοῦ σου οὗ παρεί-
ληφας ἐν τῇ βασιλείᾳ ἡμῶν.

111῾Ο δὲ βασιλεὺς ὡς πρεσβευτὴς κατεσφραγίσατο διὰ τοὺς πονη-

*Read λειφθῶ (?).   #Read ἐν βιβλίῳ (?).

ρούς τούς Βαβυλωνίους παῖδας καὶ δαίμονας τυραννικοὺς Λαβυρίνθους.
ἐγὼ δὲ πρὸς τὴν ταύτης φωνήν τε καὶ αἴσθησιν ἐξ ὕπνου ἀνωρμησάμην
ἀναλαβὼν δὲ καὶ καταφιλήσας ἀνεγίνωσκον. ἐγέγραπτο δὲ περὶ ἐκείνου
τοῦ ἐν τῇ καρδίᾳ μου ἀναγεγραμμένου· καὶ ὑπεμνήσθην παραχρῆμα ὅτι
βασιλέων εἰμὶ υἱὸς καὶ ἡ ἐλευθερία μου τὸ γένος μου ἐπιζητεῖ. ὑπ-
εμνήσθην δὲ καὶ τοῦ μαργαρίτου ἐφ' ὃν κατεπέμφθην εἰς Αἴγυπτον·
ἠρχόμην δὲ ἐφ' ἅρμασιν*ἐπὶ τὸν δράκοντα τὸν φοβερόν, καὶ κατεπό-
νεσα τοῦτον ἐπονομάσας τὸ τοῦ πατρός μου ὄνομα. ἁρπάσας δὲ τὸν μαρ-
γαρίτην ἀπέστρεφον πρὸς τοὺς ἐμοὺς ἀποκομίσας πατέρας. καὶ ἀποδυ-
σάμενος τὸ ῥυπαρὸν ἔνδυμα ἐν τῇ αὐτῶν κατέλειψα χώρᾳ, ηὔθυνον δὲ
αὐτὸ καὶ τὴν ὁδὸν πρὸς τὸ φῶς τῆς κατὰ ἀνατολὴν πατρίδος. καὶ εὗ-
ρον καθ' ὁδὸν διαιροῦσάν με· αὕτη δέ, ὥσπερ φωνῇ χρησαμένη ἀνέστη-
σεν ὑπνωθέντα με, καὶ ὠδήγησέν με τῷ παρ'αὐτῆς φωτί. ἔστιν γὰρ ὅτε
ἡ ἀπὸ σηρικῶν ἐσθὴς βασιλικὴ πρὸ τῶν ἐμῶν ὀφθαλμῶν. ἀγούσης δέ με
καὶ ἐλκούσης τῆς στοργῆς τὴν Βαβύρινθον παρῆλθον· καὶ καταλείψας
ἐπ' ἀριστερὰ τὴν Βαβυλῶνα εἰς τὴν Μέσον ἀφικόμην τὴν μεγάλην οὖσαν
παραλίαν.

[112]οὐκ ἐμνημόνευον δὲ τῆς λαμπρότητός μου· παῖς γὰρ ὢν ἔτι καὶ
κομιδῇ νέος κατελελοίπειν αὐτὴν ἐν τοῖς τοῦ πατρὸς βασιλείοις· ἐξ-
αίφνης δὲ ἰδόντος μου τὴν ἐσθῆτα ὡς ἐν ἐσόπτρῳ ὁμοιωθεῖσαν, καὶ ὅ-
λον ἐμαυτὸν ἐπ' αὐτὴν ἐθεασάμην, καὶ ἔγνων καὶ εἶδον δι'αὐτῆς ἐμαυ-
τόν, ὅτι κατὰ μέρος διῃρήμεθα ἐκ τοῦ αὐτοῦ ὄντες, καὶ πάλιν ἐν ἐσ-
μεν διὰ μορφῆς μιᾶς. οὐ μὴν ἀλλὰ καὶ αὐτοὺς τοὺς ταμειούχους τοὺς
τὴν ἐσθῆτα κομίσαντας ἑώρων δύο, μορφὴ δὲ μία ἐπ' ἀμφοτέρων, ἐν
σύμβολον βασιλικὸν ἐν ἀμφοτέροις ἔκειτο· τὸ δὲ χρῆμα καὶ τὸν πλοῦ-
τον ἐν χερσὶν εἶχον, καὶ ἀπεδίδουν μοι τιμήν· καὶ τὴν ἐσθῆτα τὴν
εὐπρεπεστάτην, ἥτις ἐν φαιδροῖς χρώμασιν χρυσῷ πεποίκιλτο καὶ λί-
θοις τιμίοις καὶ μαργαρίταις χροιᾷ πρεπούσῃ· ἵδρυντο ἐν ὕψει· καὶ
ἡ εἰκὼν τοῦ τῶν βασιλέων βασιλέως ὅλη δι' ὅλης. λίθοις σαμπφειρί-

*Read φαρμάξεσιν (witoheries) (?).

νοις ἐν ὕψει ἐπεπήγεισαν ἁρμοδίως.

¹¹³ἑώρων δὲ αὖθις ὅτι δι' ὅλων κινήσεις ἐξεπέμποντο γνώσεως,

καὶ ἦν ἑτοίμη ἀφεῖναι λόγον· ἤκουον δὲ αὐτῆς ὁμιλούσης· Ἐγώ εἰμι

ἐκείνου τῶν πάντων ἀνθρώπων ἀνδρειοτάτου οὗ ἕνεκεν παρ' αὐτῷ τῷ

πατρὶ ἐνεγράφην· καὶ αὐτὸς δὲ ᾐσθόμην αὐτοῦ τῆς ἡλικίας. Αἱ δὲ κι-

νήσεις αἱ βασιλικαὶ πᾶσαι ἐπανεπαύοντό μοι αὐξανούσης πρὸς ταύτης

ὁρμάς· ἔσπευδεν ἐκ χειρὸς αὐτοῦ ὀρεγομένη ἐπὶ τὸν δεχόμενον αὐτήν.

κἀμὲ ὁ πόθος διήγειρεν ὁρμῆσαι εἰς ὑπάντησιν αὐτοῦ καὶ δέξασθαι

αὐτήν. ἐκταθεῖσαν δὲ χρωμάτων ἐκομίσθην, καὶ τὴν στολήν μου τὴν

βασιλικὴν ὑπερέχουσαν ἐστολισάμην δι' ὅλου· ἐνδυσάμενος δὲ ἤρθην

εἰς χώραν εἰρήνης σεβάσματος· καὶ τὴν κεφαλὴν κλίνας προσεκύνησα

τοῦ πατρὸς τὸ φέγγος τοῦ ἀποστείλαντός μοι ταύτην, ὅτι ἐγὼ μὲν ἐ-

ποίησα τὰ προσταχθέντα, καὶ αὐτὸς ὁμοίως ὅπερ κατεπηγγείλατο· καὶ

ἐν ταῖς θύραις τοῦ βασιλικοῦ τοῦ ἐξ ἀρχῆς αὐτοῦ κατεμειγνύμην. ἥσ-

θη δὲ ἐπ' ἐμοὶ καὶ εἰσεδέξατό με μετ' αὐτοῦ ἐν τοῖς βασιλείοις·

πάντες δὲ οἱ ὑπήκοοι αὐτοῦ εὐφήμοις φωναῖς ὑμνοῦσιν· ὑπέσχετο δέ

μοι καὶ εἰς τὰς τοῦ βασιλέως θύρας σὺν αὐτῷ ἀποσταλεῖσθαι, ἵνα με-

τὰ τῶν ἐμῶν δώρων καὶ τοῦ μαργαρίτου ἅμα αὐτῷ φαινώμεθα τῷ βασιλεῖ.

Papyri Publications:

BGU *Ägyptische Urkunden aus den königlichen Museen zu Berlin: Griechische Urkunden.* (Berlin, 1895--).

P Lond *Greek Papyri in the British Museum.* Edd. F.G. Kenyon and H.I. Bell (London, 1893--).

P Oxy *The Oxyrhynchus Papyri.* Edd. B.P. Grenfell and A.S. Hunt (London, 1898--).

PSI *Papiri Greci e Latini, Pubblicazioni della Società Italiana, etc.* (Florence, 1912--).

Symbols: Papyri and Inscriptions, Acts of Paul and Hymn to Isis

[ ]	Lacuna in text
⟨ ⟩	Editorial addition
( )	Expansion of abbreviation or resolution of symbol
{ }	Error in original
⟦ ⟧	Erasure in original
[...]	Unrestored lacuna
.....	Illegible letters
αδελφ	Uncertain letters

Other documents (same as Papyri except as indicated)

[ ]	Uncertain or suspected text; interpolation (Testament of XII Patriarchs); corrupt addition (I Enoch)
⟨ ⟩	Lacuna (Cleanthes); Uncertain or suspected text (Epicurus, I Enoch)

( )	Parenthesis in Greek (Aristeas, Plutarch); editorial addition or emendation (I Enoch)
....	Words to be supplied (I Enoch)
****	Unrestored lacuna (Plutarch, Poimandres)

For symbols in the New Testament see page 56.

Some suggested emendations of difficult readings have been adopted in our text; a few others have been noted in the margin.

Many itacisms and several other orthographic irregularities are emended in the text, and some uncommon spelling is noted in the Vocabulary. The very common interchange of ι and ει is sometimes left unaltered, especially in the Papyri and Inscriptions.

VOCABULARY

ἄβατος, ον untrodden, inaccessible

ἄβυσσος abyss

ἀγαθοποιία good deed

ἀγαθός, ή, όν good

ἀγαθότης, ητος goodness

ἀγαθύνω exalt, do good

ἀγαλλιάω exult in

ἀγάλλω glorify; pass. glory in

ἄγαλμα, ατος image, statue

ἄγαμαι be delighted with

ἀγανακτέω be angry

ἀγαπάω love, regard with brotherly
  love, be pleased with

ἀγάπη brotherly love, love

ἀγαπητικῶς affectionately

ἀγαπητός, ή, όν beloved

ἀγγαρεύω force to serve

ἀγγεῖον vessel, box, chest, coffin

ἀγγέλλω bear a message, report, tell

ἄγγελος messenger, angel

ἄγγος, ους vessel

ἀγείρω gather together, assemble

ἀγέλη herd, crowd

ἀγενεαλόγητος, ον without genealogy

ἀγενής (ἀγεννής), ές ignoble

ἄγευστος, ον without taste of

ἁγιάζω dedicate to God (the gods),
  set aside as holy

ἁγίασμα, ατος holy place, sanctuary,
  sanctification

ἁγιασμός sanctification, holiness

ἅγιος, α, ον dedicated to God (the
  gods), holy

ἁγιωσύνη holiness

ἀγκυλομήτης crooked of counsel

ἀγκύλος, η, ον crooked, intricate

ἄγναφος, ον not fulled, unwashed, new

ἁγνεία purity, chastity, purification

ἁγνεύω be pure

ἀγνοέω not know, not perceive

ἄγνοια ignorance

ἁγνός, ή, όν holy, pure

ἄγνυμι break, crush

ἀγνωσία ignorance

ἄγνωστος, ον unknown, unknowable

ἄγονος, ον unfruitful, barren

ἀγορά assembly, market-place

ἀγοράζω buy

ἀγράμματος, ον illiterate, uneducated

ἀγραυλέω live in the open

ἄγριος, α, ον wild, rude

ἄγροικος rustic, of the country

ἀγρός field, country

ἀγρυπνέω lie awake, be watchful

ἀγρυπνία sleeplessness

ἄγχιστος, ον nearest, most like

ἄγω lead, drive, bring, conduct, hold,
  keep, observe

ἀγωγή conduct

ἀγών, ῶνος contest, trial, cause

ἀγωνιάω be distressed

ἀγωνίζομαι contend for a prize, exert
  oneself

ἀδάμας, αντος adamant

ἀδελφή sister

ἀδελφός brother

ἄδηλος, ον unknown, uncertain

ἀδηλότης, ητος uncertainty

ᾅδης, ου place of departed spirits,
  grave, death; "Aι. Hades

ἀδιάκοπος, ον unbroken, uninterrupted

ἀδιάλειπτος, ον incessant

ἀδιαλλάκτως irreconcilably

ἀδιατύπωτος, ον imperfectly formed

ἀδιάφορος, ον indifferent

ἀδικέω do wrong, wrong

ἀδίκημα, ατος unrighteousness, wrong-
  doing

ἀδικία unrighteousness

ἄδικος, η, ον unjust, untrue

ἀδίκως unjustly

ἀδόκιμος, ον not approved, worthless

ἀδοξέω be held in no esteem

ἄδοξος, ον without honor, disgraced

ἀδυναμέω be incapable, want power

ἀδύνατος, ον powerless, impossible

ᾄδω (ἀείδω) sing

ἀεί ever, always

ἀειδράστεια (etymology of 'Αδράστεια)
    she who is always active

ἀείδω (see ᾄδω)

ἀείζως, ων ever-living, everlasting

ἀειθαλής, ές evergreen

ἀέναος, ον everlasting

ἀετός eagle

ἀηδών, όνος or οῦς nightingale

ἀήρ, ἀέρος air

ἀήττητος, ον unconquered, unconquerable

ἀθανασία immortality

ἀθανατίζω make immortal

ἀθάνατος, ον deathless, immortal

ἀθέατος, ον unseen, not seeing

ἀθέμιτος, ον unlawful

ἄθεος, ον godless, ungodly

'Αθηναῖος, α, ον Athenian

ἀθλητής, οῦ combatant, athlete

ἄθλιος, α, ον unhappy, miserable

ἄθραυστος, ον unhurt

ἀθρέω gaze at, observe

ἀθῷος, ον guiltless, harmless

αἰαῖ woe!

αἰγιαλός seashore, beach

αἰγίοχος, ον aegis-bearing

αἰγίς, ίδος goatskin, hurricane

Αἰγυπτικός, α, ον Egyptian

Αἰγύπτιος, α, ον Egyptian

αἰδέομαι be ashamed, respect

αἰδήμων, ον modest

ἀίδιος, η, ον eternal

αἰδοῖον genitals

αἰδώς, οῦς modesty, reverence, respect

αἰεί, αἰέν (see ἀεί)

αἰθέριος, (α), ον of the upper air,
    on high, ethereal

αἰθήρ, έρος ether, the heaven

αἴθριος, ον clear (weather)

αἰκία outrage, torment, torture

αἰκίζω torment

αἷμα, ατος blood

αἱματώδης, ες blood-like, blood-red

αἱμωδιάω have the teeth set on edge

αἰνέω praise

αἴνιγμα, ατος dark saying, riddle

αἰνίττομαι hint at, intimate

αἶνος praise

αἱρέομαι take for oneself, choose

αἵρεσις, εως heresy, theory, school,
    division, sect, party

αἱρετός, ή, όν preferable, desirable

αἴρω raise, lift up, bear, take away,
    put an end to

αἰσθάνομαι perceive, feel

αἴσθησις, εως perception by the senses

αἰσθητήριον perceptive faculty, sense

αἰσθητός, ή, όν sensible, perceptible

αἰσθητῶς sensibly, perceptibly

αἴσιμος, (η), ον destined, agreeable

ἀίσσω shoot, glance, dart, fan (the air)

ἄιστος, ον unseen

αἰσχρολογία filthy speech

αἰσχρός, ά, όν disgraceful, base

αἰσχύνη shame, sense of shame

αἰσχύνομαι be ashamed, confounded

αἰτέω ask, beg

αἰτία quarrel, law-suit, cause

αἴτιος, α, ον responsible for, guilty

αἰφνίδιος, ον sudden

αἰχμαλωσία captivity

αἰχμαλωτίζω capture

αἰών, ῶνος age; pl. eternity

αἰώνιος, α, ον lasting, eternal

αἰωνόβιος, ον immortal, eternal

αἰώρα fluctuation

ἀκαθαρσία impurity

ἀκάθαρτος, ον impure, unclean

ἀκαίρως unseasonably

ἄκακος, ον guileless

ἄκανθα thorn

ἀκατάπληκτος, ον undaunted

ἀκατασκεύαστος, ον unformed, disordered

ἀκαταφρόνητος, ον not to be despised

ἀκαυχησία humility

ἀκέραιος, ον unmixed, pure

ἀκίνητος, (η), ον unmoved

ἄκκεπτον back-pay, credit

ἀκμάζω be ripe

ἀκμή high point,most fitting time

ἄκμων,ονος anvil

ἀκοή ear,report,hearing

ἀκοίμητος,ον sleepless,unresting

ἀκολουθέω follow

ἀκόλουθος,ον following

ἀκολούθως in accordance with

ἀκοντίζω hurl

ἀκόρεστος,ον not satiating,insatiate

ἀκορέστως insatiably

ἄκοσμος,ον un-ordered,disorderly

ἀκούσιος,ον unwilling,involuntary

ἀκουσίως unwillingly

ἄκουσμα,ατος thing heard,sound

ἀκουστός,ή,όν heard,audible

ἀκούω hear,heed,obey

ἀκρασία incontinence,lack of self-control

ἄκρατος,ον unmixed,pure

ἀκριβασμός pl. searchings

ἀκρίβεια exactness

ακριβής,ές exact,accurate,strict

ἀκριβῶς accurately

ἀκρίς,ίδος locust

ἀκροάομαι hear,listen

ἀκρόασις,εως hearing

ἀκροβυστία uncircumcision

ἄκρον extremity

ἀκρόπολις,εως citadel

ἄκρως completely,exceedingly

ἀκτίς,ῖνος ray,beam

ἀκυρόω cancel,invalidate

ἀλαζονεία boastfulness

ἀλαζών,όνος braggart, showy

ἀλαλάζω shout,wail,clang

ἄλαλος,ον speechless

ἄλας,ατος salt

ἀλαστέω be wrathful,distressed

ἀλάστωρ,ορος avenging spirit or deity

ἀλγέω be distressed

ἀλγηδών,όνος pain

ἄλγημα,ατος grief,pain

ἀλείφω anoint with oil

'Αλεξανδρίς,ίδος Alexandrian

ἀλεύρος wheat-meal

ἀλήθεια truth

ἀληθής,ές unconcealed,true

ἀληθινός,ή,όν true,genuine

ἀλήκτως unceasingly

ἁλιεύς,έως fisherman

ἁλίζω salt,season

ἀλλά but

ἀλλάσσω change,depart

ἀλλαχοῦ elsewhere

ἀλλήλων (gen.pl.) of one another

ἀλλογενής,ές of another race,alien

ἀλλοῖος,α,ον strange,different

ἀλλοιόω change,alter (for the worse)

ἀλλοίωσις,εως difference,change

ἄλλος,η,ο another

ἄλλοτε at another time; (ἄ. μὲν)...
ἄ. δὲ or ἄ....ἄλλος at one time .
.. at another

ἀλλοτριεπίσκοπος one who meddles in
another's affairs,revolutionist?

ἀλλότριος,α,ον another's,foreign

ἄλλως else,otherwise,wrongly

ἄλογος,ον irrational

ἄλσος,ους grove,sacred grove

ἀλφιτηρός,ά,όν of or for barley meal

ἅλων,ωνος threshing-floor

ἅμα at the same time with

αμαδαρωθ (Heb.) rushing,dashing

ἀμαθία ignorance,stupidity

ἅμαξα carriage,wagon

ἁμαρτάνω miss the mark,sin

ἁμαρτάω sin

ἁμάρτημα,ατος failure,sin

ἁμαρτία failure,sin

ἁμαρτωλός sinner

ἀμβλύνω blunt

ἀμβρόσιος,α,ον divine,immortal

ἀμείβω change,exchange; mid. do al-
ternately,repay,answer

ἀμείνων,ον better

ἀμελετησία lack of practice

ἀμελέω be careless,negligent; ἀμέλει
doubtless,of course

ἀμελία negligence,indifference

ἀμέμπτως blamelessly

ἀμεριμνία freedom from care

ἀμετάλλακτος,ον unchanging

ἀμεταμέλητος,ον unrepentant,re-
morseless

ἀμέτοχος,ον not partaking of,free from

ἀμήν so be it,truly,amen

ἀμήτωρ,ορος without mother

ἀμήχανος,ον impracticable,impossible

ἄμικτος,ον unmixed,not mixable

ἀμίμητος,ον inimitable,unparalleled

ἀμνός lamb

ἄμοχθος,ον without toil or trouble

ἄμπελος vine,grapevine

ἀμφήκης,ες two-edged,forked

ἀμφιβολία quarrel

ἀμφιλογέω dispute

ἀμφότερος,α,ον either,both

ἄμφω both

ἄμωμος,ον blameless

ἄν a modal particle, often not
translated

ἄν (ἐάν) if

ἀνά up along,over,through,among

ἀναβαίνω go up,come on

ἀναβάλλω throw up

ἀναβάτης,ου horseman

ἀναβιόω live again

ἀναβλέπω look up,recover sight

ἀναβοάω cry out

ἀναγγέλλω report,relate

ἀναγεννάω beget anew

ἀναγέννησις,εως regeneration

ἀναγινώσκω read

ἀναγκάζω compel,force

ἀναγκαῖος,α,ον convincing,necessary,
applying force

ἀναγκαίως of necessity,forcibly

ἀνάγκη constraint,necessity

ἀναγνωρίζω recognize

ἀνάγνωσις,εως recognition,reading

ἀναγορεύω proclaim,designate

ἀναγραφή record,register

ἀναγράφω write up,describe,record

ἀνάγω lead up,bring up,produce,offer,
put out (a ship) to sea

ἀναγωγή a leading up,reference

ἀναδείκνυμι declare

ἀναδίδωμι give forth,hold up,deliver

ἀναζάω be alive again

ἀναζητέω search out,search for

ἀναθεωρέω examine carefully

ἀνάθημα (ἀνάθεμα),ατος votive offer-
ing,accursed thing

ἀναθυμίασις,εως rising vapor,ex-
halation

ἀναιδῶς shamelessly,ruthlessly

ἀναίμακτος,ον unstained by blood

ἀναιρέω take up,destroy,deny

ἀναίσθητος,ον without feeling

ἀνακαινίζω renew,restore

ἀνακαλέω recall

ἀνακηρύττω (-ύσσω) proclaim

ἀνακλίνω make to lie back; pass.
lie,lean back

ἀνακράζω cry out,shout,hoot

ἀνακρίνω examine (judicially)

ἀναλαμβάνω take up,accept,assume,
adopt,wear

ἀναλάμπω flame up,shine out

ἀνάληψις,εως acceptance,acquirement

ἀνάλυσις,εως releasing,departure

ἀναμένω await,delay

ἀναμιμνήσκω remind; mid. remember

ἀνάμνησις,εως remembrance

ἀνανεύω raise the head,throw the
head back (in denial),deny

ἀνανήφω become sober again

ἀναντλέω endure patiently

ἀναξηραίνω dry up

ἀνάξιος,α,ον unworthy

ἀνάπαυσις,εως quiet,rest

ἀναπαύω rest,refresh,stop from

ἀναπείθω persuade,mislead

ἀναπέμπω offer up,send back

ἀναπετάννυμι (-αννύω) expand,open

ἀναπηδάω leap out,jump up

ἀναπίμπλημι fill up

ἀναπίπτω fall back,fall from,recline

ἀναπληρόω fill up,fulfil,complete

ἀναπλήρωσις,εως fulfilment

ἀναπλόω unfold,open,explain

ἀναπνέω breathe (again)

ἀναπόδραστος,ον unavoidable

ἀναρίθμητος,ον countless

ἀνάρμοστος,ον inappropriate

ἀναρρήγνυμι break through

ἀνασκολοπίζω crucify,impale

ἀνασπάω pull up,draw up

ἀνάστασις,εως raising up,resurrection,erection

ἀνασταυρόω crucify again

ἀναστενάζω groan aloud

ἀναστροφή existence,occupation

ἀνατάσσω mid. rehearse,set in order

ἀνατείνω lift up,raise the hand or voice

ἀνατέλλω rise,cause to rise

ἀνατέμνω cut open,cut up

ἀνατίθημι set up,dedicate

ἀνατολή rising,sunrise,east

ἀνατολικός,ή,όν eastern

ἀνατρέπω overturn

ἀνατρέφω restore by nourishment, bring up,educate

ἀνατρέχω run up,soar up,shoot up

ἀνατροφή rearing

ἀναφέρω bring up,bear,offer up in sacrifice,refer

ἀναφωνέω call out,shout,exclaim

ἀναχέω pour out,pour over

ἀναχωρέω withdraw

ἀνδράποδον captive,slave,bum

ἀνδρεία manliness

ἀνδρεῖος,α,ον courageous,worthy

ἀνδριάς,άντος image of a man,statue

ἀνδρίζομαι play the man

ἀνεγείρω wake up,rouse,build

ἀνέγλειπτος (ἀνέκ-),ον uninterrupted,unfailing

ἀνείλατος (ἀνηλέητος),ον unmerciful

ἀνεῖπον announce,proclaim

ἀνεκδιήγητος,ον inexpressible

ἀνέκθυτος,ον not removable by sacrifice

ἀνεκλάλητος,ον unutterable

ἀνεκτός,ή,όν bearable

ἀνέκφευκτος,ον inescapable,inevitable

ἀνελεήμων,ον merciless

ἀνέλεος,ον merciless

ἄνεμος wind

ἀνενδεής,ές wanting nothing

ἀνενέργητος,ον inactive

ἀνεπιλήπτως blamelessly

ἀνέρχομαι go up,ascend

ἀνερωτάω ask again,ask

ἄνεσις,εως relaxation,indulgence

ἄνετος,ον slack,uncontrolled

ἄνευ without

ἀνευρίσκω find out,discover

ἀνέχω uphold,endure,hold out

ἀνήκοος,ον without hearing,ignorant of

ἀνήκω reach up to,benefit,be proper

ἀνήρ,ἀνδρός man,husband

ἀνθίστημι stand against,withstand

ἄνθος,ους bud,flower

ἀνθρώπειος,α,ον human

ἀνθρώπινος,η,ον human

ἀνθρωπόμορφος,ον of human form

ἄνθρωπος man

ἀνθρωπότης,ητος humanity

ἀνθρωποφαγία cannibalism

ἀνθύπατος proconsul

ἀνιαρός,ά,όν troublesome

ἀνίατος,ον incurable,incorrigible

ἀνιάω grieve,distress

ἀνίημι send up,let loose

ἀνίκητος,ον unconquered,unconquerable

ἀνίλεως,ων unmerciful

ἀνιμάω draw up,draw out

ἀνίστημι raise up,rise up

ἄνοδος way up,ascent

ἀνόητος,ον foolish,senseless

ἄνοια want of understanding

ἀνοίγω open

ἀνοίκειος,ον foreign to,alien from

ἀνομβρέω gush out with water,pour out

ἀνομία lawlessness

ἀνομοιότης,ητος unlikeness

ἄνομος,ον lawless

ἀνορμάομαι start up

ἀνόσιος,α,ον unholy

ἄνους,ουν without understanding

ἀνοχή forbearance

ἀντακολουθέω be reciprocally implied

ἀνταποδίδωμι requite,avenge

ἀνταπόδομα,ατος requital,repayment

ἀνταποδότης,ου paymaster

ἀνταποκρίνομαι answer again

ἀντασπάζομαι greet in return

ἀντεκτίνω repay

ἀντέχομαι hold out against,cling to

ἀντί instead of,in exchange for

ἀντίγραφον copy

ἀντιδοξέω differ with

ἀντικατάστασις,εως confrontation
with, opposition

ἀντικνήμιον skin,leg

ἄντικρυς openly,opposite,on the
other hand

ἀντιλαμβάνω receive in turn,take
part with,help,lay hold of

ἀντιλέγω speak against,contradict

ἀντίλεξις,εως talk,contradiction

ἀντίλημψις,εως defense; ἀ. ἑωθινή
name of a Hebrew melody

ἀντιλήπτωρ,ορος friend,helper

ἀντίπαις,αιδος like a child

ἀντίψυχος,ον given for life; τὸ ἀ.
ransom

ἀντωπέω look in the face

ἄνυδρος,ον waterless

ἄνω up,upwards,above

ἄνωθεν from above,again

ἀνωνόμαστος,ον indescribable

ἀνωτάτω in the highest degree

ἀξιόλογος,ον worthy

ἀξιόπιστος,ον trustworthy,plausible

ἄξιος,ία,ιον worthy,of like value

ἀξιόω think (fit,worthy),esteem,ask

ἀξίωμα,ατος honor,reputation

ἀξίως worthily of

ἄξυλος,ον thick with trees,unthinned

ἄοκνος,ον resolute

ἀόρατος,ον unseen,invisible

ἀόριστος,ον limitless,indeterminate

ἀπαγγέλλω declare,announce,reveal

ἀπαγορευτικῶς by prohibition

ἀπαγορεύω forbid,give up fail

ἀπάγω lead away,arrest

ἀπαθής,ές not suffering,not liable
to change

ἀπαίρω take away,depart

ἀπαιτέω demand of one,refuse

ἀπαλλάσσω (-ττω) set free,remove;
mid.& pass. go away

ἀπαλότης,ητος softness,tenderness

Ἀπαμηνός,ή,όν Apamenian,of Apamea

ἀπαντάω meet,encounter,fight

ἀπάντησις,εως meeting,greeting

ἅπαξ once,at once,once for all

ἀπαράβατος,ον unchangeable

ἀπαραίτητος,ον not to be begged
off,inexorable

ἀπαρασκεύως without preparation

ἀπαρνέομαι deny completely,reject

ἀπαρτίζω get ready,complete

ἀπαρχή firstfruit

ἅπας,ἅπασα,ἅπαν all,altogether,
entirely

ἀπάτη deceit

ἀπάτωρ,ορος without father

ἀπαύστως unendingly

ἀπειθέω disobey,disbelieve

ἀπεικάζω model,represent,liken

ἀπειλέω threaten

ἀπειλή threat,threatening condition

ἄπειμι be away,be absent

ἄπειμι go away,go up

ἀπείργω keep away from,hinder

ἀπειρία inexperience,ignorance

ἄπειρος,ον untried,ignorant

ἄπειρος,ον boundless,infinite

ἀειροσύνη (see ἀπειρία)

ἀπεκδέχομαι expect

ἀπελεύθερος freedman

ἀπελπίζω give up hope,despair

ἀπέναντι opposite,in the presence of

ἀπέραντος,ον boundless,infinite

ἀπέρεισις,εως leaning upon,reliance

ἀπερίληπτος,ον uncircumscribed,
indefinite

ἀπεριόριστος,ον infinite,unlimited

ἀπέρχομαι go away, depart

ἀπέχω abstain from, be distant
receive fully

ἀπίθανος, ον incredible, unlikely

ἀπιστέω disbelieve, doubt

ἀπλανής, ες not wandering, fixed

ἀπλεονέκτητος, ον without avarice

ἄπλετος, ον immense, extraordinary

ἁπλοῦς, ῆ, οῦν single, simple

ἁπλῶς singly, once, plainly, simply

ἀπό from, of, because of

ἀποβάλλω lose

ἀποβλέπω gaze steadfastly, regard,
pay attention to

ἀπογαλακτίζω wean

ἀπογεύω give a taste; mid. taste

ἀπογραφή notice, taxation, census

ἀπογράφω copy, register

ἀποδείκνυμι appoint, assign

ἀπόδειξις, εως explanation,
showing forth

ἀποδέκτης, ου received

ἀποδέχομαι accept gladly, welcome,
acknowledge, praise

ἀποδηλόω make clear, explain

ἀποδημέω go abroad, leave home

ἀποδημία going abroad

ἀποδιαστέλλω divide; pass. be
set apart, forbidden

ἀποδίδωμι give back, give,
dispose of, pay

ἀποδοκιμάζω reject

ἀποδύω strip off

ἀποθαυμάζω wonder at, be astounded

ἀποθεόω deify

ἀποθνήσκω die, perish

ἄποιος, ον without quality or
attribute

ἀποκαθίστημι re-establish, restore

ἀποκαλύπτω disclose, reveal

ἀποκάλυψις, εως revelation

ἀπόκειμαι be reserved, laid up

ἀπόκλαυμα, ατος loud wailing

ἀποκλείω shut off, close

ἀποκομίζω carry away

ἀποκόπτω cut off

ἀποκρίνομαι answer, reply

ἀπόκρισις, εως answer

ἀποκρύπτω hide from

ἀπόκρυφος, ον hidden, concealed

ἀποκτείνω condemn to death, kill

ἀποκυέω bear young, bring forth

ἀπολαμβάνω receive back

ἀπόλαυσις, εως enjoyment

ἀπολαυστός, όν enjoyed, enjoyable

ἀπολαύω enjoy

ἀπολείπω leave behind, abandon;
pass. be wanting in

ἀπόλλυμι destroy, lose; mid. perish

ἀπολογέομαι speak in defense

ἀπόλυσις, εως dissolution

ἀπολύτρωσις, εως redemption

ἀπολύω release, intr. depart

ἀπομαίνομαι rage, be mad

ἀπομνημόνευμα, ατος record; pl. memoirs

ἀπομύσσω wipe (the nose); mid. blow
(the nose)

ἀπονέμω portion out, distribute

ἀπονεύω move away

ἀπονίπτω wash off, wash clean

ἀπονοέω make desperate

ἄπονος, ον without toil, easy, painless

ἀπόνως without toil or trouble

ἀποπλέω sail away

ἀπόπληκτος, ον paralyzed

ἀπορέω be in doubt, be in want of

ἀπόρθητος, ον unravaged

ἄπορος, ον impassable, poor, needy

ἀπορρίπτω throw away

ἀπόσπασμα, ατος piece, shred

ἀποσπάω tear or drag away from,
detach

ἀποστεγάζω remove a roof

ἀποστέλλω send away, send

ἀποστερέω rob, deprive of, defraud

ἀποστολικός, ή, όν apostolic

ἀπόστολος one sent out, apostle,
missionary

ἀποστρέφω turn back, turn away

ἀποσύρω tear away, scrape bare

ἀποτελέω complete,perform,produce
ἀποτέμνω out off
ἀποτίθημι put away,deposit
ἀποτίνω repay
ἀποτολμάω dare,venture
ἀποτομή piece
ἀποτρέπω turn away,turn back
ἀποτρέχω run back,return
ἀποτρίβω rub off
ἀποτροπή prevention
ἀποτυγχάνω miss,fail
ἀποτυφλόω blind completely
ἀποφαίνω show forth,declare,reveal
ἀπόφασις,εως statement,sentence,
  decision
ἀποφέρω carry away,bear away
ἀποφορά tax payment,exhalation
ἀποφράς,άδος not to be mentioned,
  unlucky
ἀπόχρησις,εως full use,misuse
ἀπράγμων,ον free from business,
  not troublesome
ἀπρεπής,ές unbecoming
ἀπροόρατος,ον unforseen
ἀπροσαύδητος,ον unaccosted
ἀπροσκόπως without offence
ἅπτω bind,fasten to,touch,
  study,lay hold of
ἁπτώτως infallibly; ἁ...ἔχειν
  be secure
ἀπωθέω thrust aside,reject
ἀπώλεια loss,misfortune,destruction
ἄρα really,therefore
ἆρα (particle used to introduce direct
  questions; not translated)
ἀρά prayer,ourse
'Αραβικός,ή,όν Arabian
'Αράβιος,α,ον Arabian
ἀργία laziness,idleness
ἀργικέραυνος,ον with bright lightning
ἀργός,ή,όν idle,pointless,undone
ἀργύριον silver,coin,money
ἄργυρος silver
ἀργυροῦς,ᾶ,οῦν of silver
ἀργύρωμα,ατος silver vessel
ἄρδω water,irrigate

"Αρειος,(α),ον of Ares or Mars; "Α.
  πάγος the hill of Ares,Areopagus
'Αρεοπαγίτης,ου Areopagite
ἀρεστός,ή,όν pleasing
ἀρετή goodness,excellence,virtue
ἀρήν,ἀρνός lamb
ἀριθμέω think,count
ἀριθμός number
ἀριπρεπής,ές famous,distinguished
ἀριστερός,ά,όν left
ἄριστος,η,ον best
ἀρκέω be strong enough,suffice;pass.
  be satisfied with
ἄρκος bear
ἅρμα,ατος chariot
ἁρμογή junction,joint
ἁρμοδίως fitly,suitably
ἁρμόζω adapt,fit,be suitable
ἁρμονία joint,harmony,system
ἀρνέομαι deny,refuse
ἀρνίον lamb
ἀρόω plough
ἁρπαγή robbery,extortion
ἁρπάζω snatch,plunder
ἅρπη a bird of prey
'Αρραβικός,ή,όν Arabian
ἀρρενικός,ή,όν masculine,male
ἀρρενόθηλυς,υ bisexual
ἄρρητος,ον unspoken,inexpressible
ἀρρωστέω be unwell
ἀρρωστία illness
ἄρτι now
ἀρτιγέννητος,ον just born
ἄρτιος,α,ον complete,perfect,proper
ἄρτος bread,loaf
ἀρύω draw(water),draw in
ἀρχαιολογία ancient history,anti-
  quities
ἀρχαῖος,α,ον of old,ancient
ἀρχαιότης,ητος antiquity
ἀρχέγονος,ον original,primal; ὁ ἀ.
  author,origin
ἀρχέτυπον ar'ohetype,pattern
ἀρχή sovereignty,office,government,
  beginning
ἀρχηγός,όν beginning,leading,chief;

ὁ ἀ. founder, leader, first cause
ἀρχιερατεύω be high-priest
ἀρχιερατικός, ή, όν of the high-priest
ἀρχιερεύς, έως high-priest, chief-priest
ἀρχιερωσύνη high-priesthood
ἀρχικέραυνος, ον ruling the thunder
ἀρχικυνηγός chief huntsman
ἀρχοντικός, ή, όν of a ruler, over-ruling
ἄρχω begin, rule, hold office
ἄρχων, οντος ruler
ἄρωμα, ατος spice
ἀσαφής, ές indistinct, obscure
ἄσβεστος, η, ον unquenched, ceaseless
ἀσέβεια irreverence, ungodliness
ἀσεβέω act profanely, sin
ἀσεβής, ές ungodly, irreverent
ἄσημος, ον unmarked, meaningless;
   ἄσ. χρυσός uncoined gold
ἀσθένεια weakness, sickliness
ἀσθενέω be weak
ἀσθενής, ές weak, sick
ἀσκέω form, adorn, exercise, endeavor
ἀσκός wine-skin, leather bag
ἀσόφιστος, ον not deluded
ἀσόφως unwisely
ἀσπάζομαι welcome kindly, greet, say
   goodby
ἀσπαστός, ή, όν welcome
ἄσπιλος, ον spotless, pure
ἀσπίς, ίδος shield; asp
ἀστεῖος, α, ον elegant
ἀστήρ, έρος star
ἄστοργος, ον without natural affect-
   ion
ἀστοχέω fail, lack, offend
ἀστραπαῖος, α, ον. of lightning, with
   thunder storms
ἀστραπή flash of lightning
ἀστρολογία astrology
ἀστρολόγος astrologer, astronomer
ἄστρον star
ἄστυ, ους or εως town
ἀστυγείτων, ον near a city
ἄσυλος, ον inviolate, inviolable
ἀσύμφορος, ον inexpedient, useless
ἀσύναρθρος, ον inarticulate

ἀσφαλεία security
ἄσφαλτος asphalt
ἀσφαλῶς safely, soundly, certainly
ἀσχημονέω act rudely
ἀσχήμων, ον ugly, shameful
ἀσχολέω occupy, engage
ἀσώματος, ον incorporeal
ἀσωτία wastefulness, profligacy
ἄσωτος, ον having no hope of safety,
   hopeless, abandoned
ἀσώτως wastefully
ἀταλαίπωρος, ον careless, incapable
   of bearing fatigue, without pains
ἀτάραχος, ον undisturbed, steady, quiet
ἀταραξία calmness, tranquility
ἀτενής, ές strained, intense, intent
ἀτιμάζω dishonor
ἀτιμία dishonor, disgrace
ἄτιμος, ον without honor, despised
ἀτοπία absurdity, folly
ἄτοπος, ον out of place, strange, mon-
   strous
ἀτρέπτως inflexibly, unchangeably
ἀτύχημα, ατος misfortune, mistake,
   failure
αὐγή bright light, radiance, gleam
αὐθάδεια selfishness, stubbornness
αὐθάδιος, ον self-willed, stubborn
αὐθεντία absolute sway, authority
αὖθις back, again, in turn
αὖλαξ, αχος furrow
αὐλίζομαι lodge, camp
αὐξάνω increase, advance; pass. grow
αὔξησις, εως growth
αὐξητικός, ή, όν growing, increasing
αὔξω (see αὐξάνω)
ἄυπνος, ον sleepless, wakeful
αὖρα (αὔρα) morning air, breeze
αὔριον tomorrow, next day
αὐτάρκης, ες self-sufficient
αὐτίκα immediately, presently
αὐτόθεν from the very spot
αὐτοκράτωρ, ορος possessing full pow-
   ers; ὁ Αὐ. Emperor
αὐτομάτως happening without cause
αὐτός, ή, ό self; he, she, it (emphatic);

ὁ,ἡ,τὸ αὑ. the same; used in ob-
lique cases for 3 pers. personal pro-
noun

αὑτοῦ just there, just here

αὐχμηρός,ά,όν dry,dusty,needy

ἀφαιρέω take away from,bereave,pardon,
rob of

ἀφανής,ές invisible

ἀφανίζω destroy,obscure

ἀφάτως unutterably,indescribably

ἀφειδία generosity,discipline

ἀφειδέω be unsparing of

ἄφεσις,εως forgiveness,release

ἀφή touch,contact,ligament

ἀφηγέομαι lead,tell

ἀφθαρσία immortality

ἄφθαρτος,ον uncorrupted,incorruptible

ἄφθονος,ον ungrudging,generous

ἀφθόνως ungrudgingly

ἀφιδρύω set up (image,statue,etc)

ἀφιερόω hallow,consecrate

ἀφίημι send away,permit,spare,for-
give,release,give up,neglect

ἀφικνέομαι reach

ἀφιλάργυρος,ον not money-loving

ἀφίστημι put away,cause to depart (re-
volt); stand (keep) away from,with-
draw from

ἀφοβία fearlessness

ἀφόμοιος,ον like

ἀφομοιόω make like

ἀφορίζω define,set apart

ἀφορμάω set forth

ἀφορμή occasion,cause,pretext,means

ἀφοσιόω purify,devote,avoid on re-
ligious grounds

ἀφροδίσιος,α,ον belonging to the god-
dess of love; τὰ ἀ. sexual pleasure

ἀφρός foam,froth

ἄφρων,ον unwise,foolish

ἄφωνος,ον speechless,dumb,silent

ἄχαρις,ἄχαρι ungracious,unpleasant

ἄχθομαι be angry

ἄχρηστος,ον useless,not to be used

ἄχρι (ἄχρις) until,as far as

ἄχρονος,ον without time,non-temporal

ἄχυρον chaff

ἀχώριστος,ον undivided,inseparable

ἀψευδής,ές lying not,truthful

ἀψηλάφητος,ον not tried,untouched

ἄψυχος,ον lifeless,soul-less

ἄωρος,ον untimely,unseasonable

B

Βαβυλώνιος,α,ον Babylonian

βαδίζω go,march

βαθμός step,degree

βάθος,ους depth,height

βαθύς,βαθεῖα,βαθύ deep

βάκτρον stick,staff,club

βάλλω throw,put

βάμμα,ατος dye

βαπτίζω immerse,baptize,wash

βάπτισμα,ατος immersion,baptism,
washing

βαπτισμός baptism

βαρβαρικός,ή,όν barbaric,foreign

βάρβαρος,ον barbarian,foreign

βαρέω weigh down

βαρέως weightily; β. φέρειν be dis-
pleased with

βᾶρις,ιδος or εως barge,boat,raft

βάρος,ους weight,burden

βαρύνω weigh down

βαρύς,εῖα,ύ heavy,annoying

βαρύτης,ητος weight

βασανίζω test,torment

βασανισμός torment

βάσανος torture

βασιλεία kingdom,kingship

βασίλειον capital,palace,crown

βασιλεύς,έως king

βασιλεύω rule as a king

βασιλικός,ή,όν royal

βασίλισσα queen

βάσις,εως step,base,pedestal

βαστάζω lift up,carry,bear

βάτος prickly bush

βαττολογέω babble,repeat idly

βαφικός,ή,όν (useful) for dyeing

βδέλυγμα,ατος abomination

βδελύσσω (-ύττω) make abominable; mid. feel a loathing for

βέβαιος,α ον sure,firm,steadfast

βεβαιόω make strong,firm

βεβαίως surely,firmly

βέβηλος,ον profane,unholy

βέλος,ους missile,arrow,thunderbolt

βέλτιστος,η,ον best

βελτίων,ον better

βία force,strength,difficulty

βιάζω constrain,overpower

βίαιος,α,ον strong,forceful

βιάτικον travel allowance

βιβλίον book,document

βίβλος Egyptian papyrus,book

βίος life,livelihood,world

βιοτεύω live

βιόω live

βίωσις,εως way of life

βιωτικός,ή,όν pertaining to life

βλαβερός,ά,όν harmful

βλάβη harm,injury

βλάπτω hinder,injure

βλαστός shoot,bud

βλασφημέω blaspheme

βλέπω see,behold

βοάω cry out

βοή cry,shout

βοήθεια aid

βοηθέω assist,help,aid

βοηθός helper

βολίς,ίδος missile,flash (of lightning)

βόρειος,α,ον northern

βορράς,ᾶ north wind,north

βόσκημα,ατος pl. cattle

βόσκω feed

βοτάνη plant

βότρυς,υος bunch of grapes

βούκρανος,ον bull-headed

βουλαῖος,α,ον of the council

βουλευτήριος,ον giving advice,of the council

βουλεύω plan,devise

βουλή advice,purpose,plan,will,council,senate

βούλημα,ατος will,plan

βούλομαι will,wish,be willing,mean

βουνός hill

βοῦς,βοός cow,ox,bull

βούτυρον butter

βραδέως slowly

βραδύς,εῖα,ύ slow,dull

βραχίων,ονος arm

βραχύς,εῖα,ύ small,few,short

βραχύτης,ητος shortness

βρέφος,ους infant

βρίθω be heavy,weigh down

βροντή thunder

βροτός mortal man

βρῶμα,ατος food

βρῶσις,εως food,eating,corrosion,rust

βρωτός,ή,όν to be eaten; τὸ β. food

βυθίζω bury,sink,submerge

βυθός depth,the deep

βύσσινος,η,ον linen

βωμός raised platform,altar

Γ

γαζοφυλάκιον treasury

γαῖα (see γῆ)

γάλα,γάλακτος milk

γαλεάγρα cage

γαλέη (γαλῆ),ῆς weasel,polecat

Γαλιλαῖος,α,ον Galilean

γαμετή wife

γαμέω marry

γαμικός,ή,όν of marriage

γάμος wedding,wedding day

γάρ for,now,for example,indeed,really,why

γαστήρ,γαστρός belly,womb

γε at least,at any rate,indeed

γειτνία neighborhood,quarter

γειτνιάω be a neighbor

γείτων,ονος neighbor

γέλοιος (γελοῖος),α,ον laughable

γέλως,ωτος laughter

γεμίζω fill

γενεά race,generation,offspring

γενέθλιον,(α),ον of one's birth;
ἡ γ. (ἡμέρα) birthday

γένεσις,εως beginning,birth,race

γενητός (γεννητός),ή,όν begotten,
born

γενναῖος,α,ον high-born,excellent,
strong

γεννάω beget,bear,produce; mid.
grow

γέννημα,ατος product,child,off-
spring; pl. fruits

γένος,ους race,people,family,kind

γεραιός,ά,όν old,venerable

γεραίρω honor,celebrate

γεραρός,ά,όν majestic,magnificent

γέρας,ως gift of honor,privilege

γέρων,οντος old man

γεύω taste,swallow

γεῶδης,ες earth-like

γεωργέω be a farmer,till,cultivate

γεωργία farming,agriculture

γεωργός farmer

γῆ earth,land

γηγενής,ές earthborn,earthy

γήινος,η,ον of earth,earthly

γῆρας,ως old age

γηράσκω grow old

γηράω grow old

γίνομαι (γίγνομαι) come into being,
be,exist,happen

γινώσκω know

γλαυκότης,ητος grayness,bluish-gray

γλαύξ,κός an owl

γλυκύς,εῖα,ύ sweet

γλῶσσα (γλῶττα) tongue,language

γνάθον jaw

γνήσιος,α,ον legitimate,genuine

γνησίως really,truly

γνόφος darkness; pl. storm-clouds

γνώμη mind,approval,opinion,judgment,
resolution

γνωρίζω make known,discover,recognize

γνώριμος,η,ον well-known

γνῶσις,εως knowledge

γνωστός,ή,όν known

γογγύζω grumble

γογγυσμός murmuring,muttering

γόης,ητος sorcerer,charlatan

γόμφος bolt,dowel,fastening

γονεύς,έως parent

γόνιμος,η,ον fruitful,productive

γόνυ,γόνατος knee

γονυπετέω fall down before

γοργός,ή,όν fierce,terrible

γοῦν at any rate

γοώδης,ες mournful

γράδιον old hag

γράμμα,ατος letter; pl. alphabet,
documents

γραμματεία learning

γραμματεύς,έως scribe

γραμματικός,ή,όν literate,concerning
letters or grammar

γραπτός,ή,όν written

γραῦς,γραός old woman

γραφή writing

γράφω write

γρηγορέω be awake,watch

γυῖον limb

γυμνάζω exercise,train

γυμνασιαρχικός,ή,όν of or for a gym-
nasiarch

γυμνάσιον public exercising place

γυμνάω lay bare,strip

γυμνός,ή,όν naked

γυνή,γυναικός woman,wife

γωνία corner

Δ

δᾳδοῦχος,ον holding torches; ἡ δ.
torch-bearer

δαιμονίζομαι be possessed by a demon

δαιμόνιον demon,god

δαιμόνιος,α,ον of a δαίμων

δαίμων,ονος god,demon

δάκνω bite

δάκρυον tear

δακρύω weep

δακτύλιος ring

δάκτυλος finger

δάμαλις,εως young cow,heifer

δαπανάω expend,consume

δαπάνη expense

δᾴς (δαΐς),ᾴδος pine-torch,torch

δάφνη sweet bay

δέ and,but,indeed

δέησις,εως need,prayer

δείδω fear

δείκνυμι show

δείλη afternoon

δειλία cowardice,timidity

δειλόομαι be afraid

δειλός,ή,όν cowardly,wretched

δεῖνα,δεῖνος so-and-so

δεινός,ή,όν terrible,powerful,skilful

δειπνέω dine

δεῖπνον meal

δεισιδαιμονία religious feeling, superstition

δεισιδαιμόνως scrupulously

δεισιδαίμων,ονος religious,super-stitious

δέκα ten

δεκάμηνος,ον in the tenth month

δέκατος,η,ον tenth

δεκτός,ή,όν acceptable

δένδρον tree

δεξιός,ά,όν right

δέομαι (see δέω B)

δεόντως fittingly

δεπόσιτον deposit

δέρω thrash,cudgel,flay

δεσέρτωρ,ορος deserted

δέσμιος captive,prisoner

δεσμός (pl.τὰ δεσμά) band,fetter

δεσμοφύλαξ,ακος prison guard,jailer

δεσμωτήριον prison

δεσπόζω rule absolutely

δεσπότης,ου absolute ruler,master

δέσποτις,δεσπότιδος mistress,lady

δεῦρο (pl. δεῦτε) hither,come!

δεῦτε (see δεῦρο)

δεύτερος,α,ον second,next; δεύτερον secondly :

δευτερόω repeat,do a second time

δέχομαι receive,accept

δέω bind

δέω lack,need; dep. stand in need of,beg for,pray,be necessary

δή really,of course,already,then, you see,I say

Δήλιος,(α),ον of Delos,Delian

δηλονότι (δῆλον ὅτι) it is plain that,clearly,of course

δῆλος,η,ον clear,evident

δηλόω clarify,signify,explain

δημηγορέω speak before the assembly

δημιουργέω fabricate,create

δημιούργημα,ατος piece of workmanship

δημιουργία workmanship,oreation, office

δημιουργικός,ή,όν of a craftsman

δημιουργός maker,creator

δῆμος district,people

δημόσιος,α,ον belonging to the people or state,public,common; δημοσίᾳ at public expense,in public

δημότης,ου one of the people

διά through,because of,for the sake of

διαβάθρα ladder

διαβαίνω stride,pass over or across

διαβάλλω throw across,cross,slander

διάβασις,εως crossing

διαβεβαιόομαι affirm

διάβημα,ατος step,conduct

διαβιόω live through

διαβολή slander,enmity

διαβολικός,ή,όν devilish,slanderous

διάβολος,ον slanderous; ὁ δ.slanderer, enemy,the Devil

διαβούλιον deliberation,resolution

διαγγέλλω proclaim,make known

διαγινώσκω distinguish

διάγω go through,live

διαδέχομαι receive; part.successor

διάδημα,ατος diadem

διάδοσις,εως distribution

διαδοχή succession

διάδοχος successor

διαζεύγνυμι disjoin,separate

διάζωμα,ατος girdle,loin-cloth

διάθεσις,εως arrangement,disposition

διαθήκη testament,covenant

διαίρεσις,εως division,period

διαιρέω divide into parts

διαίρω raise up,lift up

δίαιτα way of life

διάκειμαι be disposed

διακελεύομαι exhort,direct,command

διακονέω minister

διακονία service

διάκονος servant,deacon

διακοπή breach,canal

διακόσιοι,αι,α two hundred

διακόσμησις,εως regulation,orderly
  arrangement

διακούω hear out,hear,learn

διακρίνω separate one from another,
  examine,be partial,judge

διάκρισις,εως discernment

διακύπτω lean out

διαλαμβάνω take,hold,believe

διαλάμπω shine through

διαλέγω choose,discuss,demonstrate

διαλείπω leave off

διάλεκτος conversation,language,
  dialect,expression

διάλιθος,ον set with gems

διαλλάσσω change,reconcile

διαλογίζομαι reason,argue

διαλογισμός reasoning

διάλυσις,εως dissolution

διαλύω loose,break,destroy

διαμαρτύρομαι call to witness,beg
  earnestly

διαμασάομαι chew up

διαμένω remain,continue with

διαμερίζω divide

διαμνημονεύω remember clearly

διαμονή continuance,permanence

διανέμησις,εως distribution

διανέμω distribute,spread abroad

διανοέω think,be minded,understand

διανόημα,ατος thought

διάνοια thought,meaning

διαπλάσσω form,make

διαπονέω work hard,cultivate,practice,
  train

διαπορεύω go through,perform

διαπορέω be in doubt,be puzzled

διαπρεπής,ές eminent,conspicuous

διαπρύσιος,α,ον piercing; διαπρύσιον
  piercingly

διαρέω flow through or away

διαρρήγνυμι break through

διαρρήδην expressly,explicitly

διαρρίπτω throw about,scatter

διασαφέω make clear,explain

διασήπω cause to rot,rot through

διασκορπίζω scatter abroad

διασπάω tear apart,break through,break
  up,separate,scatter

διασπορά scattering,dispersion

διαστέλλω separate,command

διάστημα,ατος interval

διαστολή difference

διαστροφή twisting,perversion

διασχίζω sever,split apart,divide

διασώζω keep safe through; mid. pre-
  serve oneself

διάταξις,εως disposition,arrangement

διατάσσω appoint,arrange

διατείνω stretch out,extend

διατελέω accomplish,continue,remain

διατίθημι set,direct,dispose of

διατρέφω nourish,support,sustain

διατρέχω run through,exhaust

διατριβή pastime,study,discourse

διατρίβω consume,busy oneself

διατυπόω form,represent,portray

διαφερόντως differently,especially

διαφέρω bear through,differ,excel

διαφεύγω escape

διαφθείρω destroy,corrupt,bribe

διαφορά difference

διάφορος,ον different,unlike,remark-
  able; τὸ δ. difference

διαφορότης,ητος difference,excellence

διαφυλάττω guard carefully

διαχωρίζω divide,separate

διάψαλμα,ατος musical interlude (LXX

for "Selah")
διδακτός,ή,όν taught
διδασκαλία teaching,instruction
διδάσκαλος teacher
διδάσκω teach
διδαχή teaching
δίδωμι give
διεγείρω arouse
δίειμι go about,go through,discuss
διεκβολή narrow exit,terminus
διεξάγω bring to an end,manage
διεξαγωγή way of living
διέξειμι go through,relate in detail
διεξέρχομαι go through,go by
διέπω manage,sway
διέρχομαι go through,relate
διερωτάω cross-question
διεσθίω eat through,consume
διευθύνω keep straight,amend
διηγέομαι describe,picture
διήγησις,εως narration,narrative
διήκω extend
διηλλαγμένως differently
διηνεκής,ές continuous; εἰς τὸ δ. or
  διηνεκές continuously
διηνεκῶς invariably
Δῖιος,ον of Zeus
διίστημι set apart,separate
δικαιοπραγέω act honestly
δίκαιος,α,ον lawful,righteous
δικαιοσύνη righteousness,justice
δικαιόω make righteous,pronounce and
  treat as righteous
δικαίωμα,ατος judgment,claim,decree,
  plea of right
δικαίως justly,righteously
δικαίωσις,εως punishment,accounting
  righteous
δικαστής,οῦ judge
δίκη right,justice,judgment,satisfac-
  tion,punishment,charge,law suit
δικτυωτός,ή,όν latticed (window)
δινέω whirl,spin
διό wherefore
διοίκησις,εως administration

διοικητής,οῦ administrator,governor
διοικήτωρ,ορος administrator,
  governor,controller (of the planets)
Διονυσία (ἱερά) festival of Dionysus
Διονυσιακός,ή,όν of Dionysus,Dionysiac
διόπερ wherefore
διορθόω make straight
διορύσσω dig through
διότι because,for the reason that
διπλοκαρδία doublemindedness,duplicity
διπλοῦς,ῆ,οῦν twofold,double
δίς twice
δισσῶς doubly
διστάζω doubt,hesitate
δισχίλιοι,αι,α two thousand
διττός,ή,όν twofold,double
διυπνίζω wake from sleep
δίφρος seat,couch,throne
δίχα in two,apart,apart from
διχονοέω differ in opinion
διψάω thirst,be dry,parched
διψηρός,ά,όν waterless,thirsty
διψυχέω be doubtful,hesitate
δίψυχος,ον double-minded
διώκτης,ου persecutor
διώκω chase,pursue,persecute
δόγμα,ατος decree,opinion,doctrine
δογματίζω impose rules; pass.submit
  to rules
δοκέω think,seem,seem good
δοκιμάζω prove,test; pass. stand the
  test,be approved as fit
δοκιμασία proving,test
δοκιμαστικός,ή,όν of(for) scrutiny,
  able to put to a test
δοκιμή proof,approved character
δόλιος,α,ον deceitful
δόλος deceit
δόμα,ατος gift
δόξα dignity,glory,renown,opinion,
  reputation
δοξάζω honor,glorify,hold an opinion
δοξοκοπία desire for notoriety
δόρυ,ατος spear
δορυφόρος,ον spear-bearing; ὁ δ.
  spearman,bodyguard

δουλεία slavery

δουλεύω serve, be a slave to

δούλη female slave

δουλικός, ή, όν slavish, servile

δοῦλος slave, subject

δράκων, οντος dragon, serpent

δράξ, κός handful, hand

δραπέτης, ου runaway slave

δράσσομαι grasp, lay hold of, obtain

δραστικός, ή, όν active

δράω perform, do, accomplish

δρέπανον sickle

δρομαῖος, (α), ον running at full speed

δρομαίως at full speed

δρόμος race, course, running, speed

δρόσος dew, water

δύναμαι be able

δυναμικός, ή, όν powerful

δύναμις, εως power, host, force, influence, miracle, function, faculty

δυναμόω strengthen

δυναστεία lordship, power

δυνάστης, ου high official

δυνατός, ή, όν mighty, powerful, possible

δύνω (see δύω)

δύο two

δυσέλπιστος, ον unhoped for

δυσερμήνευτος, ον hard to explain

δυσέριστος, ον with vain or unholy striving

δύσις, εως setting, sunset, west

δυσκόλως hardly, scarcely

δύσμορος, ον ill-fated, unhappy

δυσνίκητος, ον hard to conquer

δυσπαρακολούθητος, ον difficult to follow or understand

δυσσεβέω be impious

δυστυχέω be unfortunate

δυσχεραίνω dislike

δυσχερής, ές offensive, difficult

δυσώδης, ες evil-smelling

δύω put on, enter, sink into, set

δώδεκα twelve

δωρεά gift

δωρεάν freely

δῶρον gift

E

ἐάν if

ἐάνπερ if

ἑαυτοῦ, ῆς, οῦ of himself, of herself, of itself

ἐάω permit, let alone, let be

ἑβδομάς, άδος seven, number of seven, week

ἑβδομήκοντα seventy

ἑβδομηκοστός, ή, όν seventieth

ἕβδομος, η, ον seventh

Ἑβραῖος, α, ον Hebrew

Ἑβραΐς, ίδος Hebrew

Ἑβραϊστί in Hebrew

ἐγγίζω bring near, approach

ἔγγιστος, η, ον nearest; adv. ἔγγιστα

ἐγγράφω write upon, enter in register

ἐγγύς near

ἐγείρω raise, awaken; mid. rise

ἐγκακέω be weary, faint

ἐγκαλέω invoke, charge, accuse, blame

ἐγκαταγράφω inscribe

ἐγκατακλίνω lie down in

ἐγκαταλείπω leave behind, forsake

ἐγκαταμίγνυμι mix in with

ἔγκειμαι lie in, press upon, urge

ἐγκέφαλος brain

ἐγκοιμάομαι sleep in

ἔγκοπος, ον wearied

ἐγκόσμιος, ον mundane

ἐγκρατῶς by force, vigorously

ἐγκρυφίας (ἄρτος) loaf baked in ashes

ἐγκύμων, ον pregnant

ἔγκυος, ον pregnant

ἐγκύπτω look into, examine closely

ἐγκωμιάζω praise, commend

ἐγρήγορος, ον wakeful, watchful

ἐγχαίνω gape, scoff at, delude

ἐγχειρίζω deliver to, entrust

ἐγχρίω annoint

ἐγχωρέω give room to, allow; ἐγχωρεῖ there is time

ἐγώ I

ἔγωγε (see ἐγώ and γε)

ἔδαφος, ους ground

ἔδος ους seat, dwelling-place, statue

ἑδράζω make to sit, establish

ἑδραῖος, α, ον firmly based

ἐθελοθρησκία self-imposed worship

ἐθέλω wish, be willing

ἐθίζω accustom, use, be accustomed

ἐθνικός, ή, όν heathen, gentile

ἔθνος, ους nation; τὰ ἐ. Gentiles

ἔθος, ους custom, law

εἰ if

εἶδος, ους that which is seen, form, shape, kind, beauty

εἰδωλόθυτος, ον sacrificed to idols

εἰδωλολατρία idolatry

εἴδωλον image, idol

εἰκάζω liken, compare, represent as lifelike

εἰκῆ (εἰκῇ) at random, rashly, vainly

εἰκός, ότος likelihood, probability

εἴκοσι twenty

εἰκοστός, ή, όν twentieth

εἰκότως suitably, fairly, reasonably

εἰκών, όνος image, likeness, simile

εἰλέω wind, turn around

εἱμαρμένη (see μείρομαι)

εἰμί be, exist; ppl. real, true; τῷ ὄντι truly; τὰ ὄντα possessions, existing things

εἴπερ if, indeed

εἶπον speak, say

εἴ πως if possibly, if by any means

εἰργμός (εἱργμός) prison

εἴργνυμι shut in

εἴργω (ἔργω) shut in, shut out

εἰρήναρχος police captain

εἰρηνεύω reconcile, placate, live peaceably

εἰρήνη peace

εἰρηνικός, ή, όν peaceful, peaceable

εἰρηνοποιός peace maker

εἱρμός series, sequence, connection

εἴρω (ἐρῶ, κ.τ.λ.) say, speak, tell

εἷς, μία, ἕν one

εἰς (ἐς) into, to, for, at, because of, in, about

εἰσάγω lead in, take in with, marry

εἰσακούω give ear to, hear, yield

εἰσβάλλω throw into, enter

εἰσβολή entrance, pass

εἰσδέχομαι take into, admit, receive

εἴσειμι enter

εἰσέρχομαι enter, come in

εἰσηγέομαι introduce, instruct

εἰσηγητής, οῦ one who brings in

εἰσκομίζω carry in, bring in

εἰσκρίνω admit; pass. enter into

εἴσοδος entry, entrance

εἰσπηδάω burst in, rush in

εἰσφέρω bring in

εἰσχυρότερος (see ἰσχ-)

εἶτα then

εἴτε whether; εἴ. ... εἴ. whether ... or

εἴωθα be accustomed, be in the habit

ἐκ (ἐξ) out of, from, according to, by means of

ἑκασταχοῦ everywhere

ἕκαστος, η, ον every, every one

ἑκάστοτε each time

ἑκάτερος, α, ον each one (of two)

ἑκατόν hundred

ἑκατοστός, ή, όν hundredth

ἐκβάλλω cast out, thrust out, send out

ἐκβιάζω expel, drive, compel

ἐκγελάω laugh loudly

ἔκγονος, (η), ον born of; subst. child, offspring

ἐκδέχομαι receive, wait for

ἐκδίδωμι give up, surrender, give over to, put out, publish

-ἐκδιηγέομαι tell in detail

ἐκδικάζω avenge

ἐκδικέω avenge, conduct oneself worthy of

ἐκδίκησις, εως vengeance, vindication

ἐκδιώκω chase, drive away

ἐκεῖ there

ἐκεῖθεν from there, thence

ἐκεῖνος, η, ο that

ἐκεῖσε there,thither

ἐκζητέω seek,require

ἔκθεσμος,ον unlawful

ἐκθλίβω distress greatly

ἐκθνήσκω die away

ἐκθυμιάω burn as incense

ἐκθύω sacrifice; mid. expiate
  by offerings

ἐκκαίδεκα sixteen

ἐκκαιδέκατος,η,ον sixteenth

ἐκκαίω light,kindle; pass. burn

ἐκκλησία assembly,church

ἐκκλησιαστής,οῦ preacher

ἐκκλίνω turn aside,shun

ἐκκόπτω cut out

ἐκκράζω cry out

ἐκκυμαίνω swerve; pass. be washed
  ashore

ἐκλάμπω shine forth,light up

ἐκλέγω choose

ἐκλείπω overlook,desert,abandon,
  fail

ἔκλειψις,εως eclipse

ἐκλεκτός,ή,όν select,superior

ἐκλογή choice,selection

ἐκλύω ungird,enfeeble,relax

ἐκμανθάνω learn thoroughly

ἐκμετρέω measure out,measure

ἐκμυκτηρίζω hold in derision,
  mock at

ἐκούσιος,ον voluntary; κατὰ ἐκούσιον
  freely

ἐκουσίως willingly

ἐκπειράομαι make trial of,tempt

ἐκπέμπω send out

ἐκπέτασις,εως spreading out

ἐκπέταμαι fly away

ἐκπηδάω leap out

ἐκπίπτω fall out,cease,issue,lose

ἐκπίνω drink out,drain dry

ἐκπλέω sail out or away

ἔκπληξις,εως obsession

ἐπλήρωσις,εως completion

ἐκπλήττω expel,amaze,astound

ἐκποδών out of the way,away,aside

ἐκπορεύομαι proceed out

ἐκπληρόω fill up completely

ἐκρίπτω cast forth

ἐκσπάω draw out

ἔκστασις,εως astonishment

ἐκταράσσω agitate,stir up

ἐκτείνω stretch out

ἐκτελέω bring to an end,complete

ἐκτέμνω cut out or away,castrate

ἐκτενής,ές assiduous,extended

ἐκτίθημι set out,expose,bring forth

ἐκτομή castration,excision

ἐκτοπίζω leave a place,go abroad

ἐκτός without,outside

ἕκτος,η,ον sixth

ἐκτρέπω turn aside; mid. avoid,
  turn away from

ἐκτρέφω bring up, rear

ἐκτρέχω run out,hasten away

ἐκτρίβω rub out,destroy

ἐκφέρω carry out,take,bring forth

ἐκφεύγω escape

ἐκφορά utterance,expression

ἐκχέω pour out

ἐκχύνω pour out

ἐκχωρέω depart from,give place to

ἑκών,οῦσα,όν readily,purposely

ἐλαία olive tree,olive

ἔλαιον olive oil,oil

ἐλασσόνως in a lesser degree

ἐλασσόω (see ἐλαττόω)

ἐλαττονέω be less,diminish

ἐλαττόω make less,diminish

ἐλαφρός,ά,όν light in weight

ἐλάχιστος,η,ον least

ἐλεγμός reproof,correction

ἔλεγξις,εως rebuke

ἔλεγχος refutation,scrutiny,proof

ἐλέγχω prove,accuse,put to shame,
  correct

ἐλεέω have compassion on,pity

ἐλεημοσύνη pity,alms,gift

ἐλεήμων,ον merciful

ἔλεος mercy,compassion

ἐλευθερία freedom,liberty

ἐλεύθερος,α,ον free
ἐλευθέριος,α,ον free,noble,of freedom
ἐλευθερόω set free
ἐλεφάντινος,η,ον of ivory
ἐλέφας,αντος elephant,ivory
ἐλίσσω turn about,whirl
ἑλκύω (see ἕλκω)
ἕλκω draw,drag,pull
ἐλλάμπω shine upon,illuminate
Ἑλληνικός,ή,όν Greek,Hellenic
Ἑλληνίς,ίδος Greek
ἐλλιπής,ές omitting,wanting,defective
ἐλλογέω (-άω) charge to one's
    account
ἐλπίζω hope,trust
ἐλπίς,ίδος hope
ἐμαυτοῦ,ἐμαυτῆς of me,of myself
ἐμβαίνω enter
ἐμβάλλω throw in,put in,submit
ἐμβατεύω enter,be initiated into a
    mystery
ἐμβλέπω look at
ἐμβριμῶς with rage
ἐμβροχή wet application,lotion,foment-
    ation
ἔμβρυον young one
ἐμέν (ἐμέ)
ἐμμένω abide by,be true to
ἐμός,ή,όν mine,my
ἐμπειρία knowledge,experience
ἐμπεριφέρω pervade
ἐμπίμπλημι fill,satisfy
ἐμπίπτω fall in,happen
ἔμπλαστρος plaster,salve
ἐμπλέκω weave in,interweave
ἐμπνέω blow (breathe) upon or into
ἔμπνοος,ον breathing,alive
ἔμπορος merchant
ἔμπροσθεν before
ἐμφαίνω exhibit,indicate
ἐμφανής,ές visible,open,manifest;
    ἐμφανῆ conspicuously
ἐμφαντικός,ή,όν vivid,clear
ἐμφέρεια resemblance,likeness
ἐμφερής,ές resembling
ἐμφέρω bring in,resemble

ἐμφράσσω stop up,block up
ἐμφυσάω breathe upon
ἔμψυχος,ον alive,living
ἐν in,by means of,with,into,for,with
    respect to,to
ἐναντιόομαι oppose,resist
ἐναντίος,α,ον opposite,contrary
ἐναποθνῄσκω die in or during
ἐναργής,ές visible,in bodily form,
    distinct,plain
ἐνάρετος,ον virtuous,valiant,splendid
ἐναρμόνιος,ον musical,in harmony with
ἐναρμόττω fit in,fit into
ἐνάρχομαι begin
ἐνδεής,ές in want,needy
ἐνδεικτικῶς by example
ἔνδειξις,εως manifestation,token
ἐνδελεχέω continue
ἐνδέχεται (impers.) it is possible
ἐνδέω bind,entangle,control
ἐνδέω be wanting,lack
ἐνδίδωμι surrender,give,cause
ἔνδον inside
ἐνδοξάζω honor,glorify
ἔνδοξος,ον of high repute,glorious
ἔνδυμα,ατος garment
ἐνδυναμόω strengthen
ἐνδύω (ἐνδύνω) endue,clothe in
ἐνεδρεύω ambush,attack
ἔνειμι be possible,be in one's power
ἕνεκα (ἕνεκεν) for the sake of
ἐνενήκοντα ninety
ἐνεορτάζω celebrate a festival in
ἐνεός,ά,όν speechless,dumbfounded
ἐνεργάζομαι produce,effect
ἐνέργεια action,actuality
ἐνεργέω work,effect
ἐνέργημα,ατος action,work,effect
ἐνεργής,ές effective
ἐνέχω hold a grudge against
ἔνθα where,there
ἐνθάδε in this place
ἐνθεάζω be inspired
ἔνθεν thence,whence; ἔ. ... καὶ ἔ.
    oh one side ... on the other

ἐνθένδε   hence, thereafter

ἔνθεος, ον   inspired, divinely possessed

ἐνθρόνισμα, ατος   consecrated seat

ἐνθυμέομαι   lay to heart, ponder, plan

ἐνθύμησις, εως   consideration, reflect-
ion, idea

ἐνί   poet. for ἐν

ἐνιαύσιος, α, ον   of a year, annual

ἐνιαυτός   year

ἔνιοι, αι, α   some

ἐνίοτε   at times, sometimes

ἐνίστημι   set in, be at hand

ἐνισχύω   strengthen

ἐννεακαιδέκατος, η, ον   nineteenth

ἐννοέω   think of, understand, conceive

ἔννοια   thought, sense

ἔννομος, ον   lawful, law-abiding

ἐννόμως   lawfully

ἔννους, ουν   thoughtful, intellectual

ἐνοικέω   dwell in, inhabit

ἔνοικος, ον   inhabitant

ἔνοπλος, ον   armed

ἐνότης, ητος   unity

ἐνοχλέω   annoy, trouble

ἔνοχος, ον   guilty of

ἐνόω   make one, unite

ἔνταλμα, ατος   command, order, precept

ἐντάσσω   insert, command, ordain

ἐνταῦθα   hither, here

ἐντείνω   stretch, bend (the bow)

ἐντέλλω   command, instruct

ἔντερον   intestine

ἐντεῦθεν   hence, therefore, afterward

ἐντίθημι   put in, put on, board a ship

ἔντιμος, ον   honored, prized

ἐντολή   injunction, command

ἐντός   within

ἐντρέπω   turn about

ἐντυγχάνω   light upon, meet with, con-
verse with, intercede

ἐνύπνιον   dream

ἐνώπιον   before

ἐνωρίστερον   earlier

ἔνωσις, εως   union

ἐνωτίζομαι   listen, hearken

ἕξ   six

ἐξαγγέλλω   proclaim

ἐξάγω   lead out

ἐξαιρετός, ή, όν   set apart, special

ἐξαιρέω   take out, choose, deliver, expel

ἐξαίρω   move, lift up, remove

ἐξαίφνης   suddenly

ἐξακόσιοι, αι, α   six hundred

ἐξακριβάζω   know or inquire accurately

ἐξαλείφω   wipe out, destroy utterly

ἐξάλλομαι   leap out of

ἐξανίστημι   raise up

ἐξαπατάω   deceive utterly

ἐξαπίνης   suddenly

ἐξαποστέλλω   send out, send away

ἐξάπτω   fasten, set fire to, kindle

ἐξαριθμέω   count, enumerate

ἐξαρκέω   be sufficient, suffice for

ἐξαρπάζω   snatch away, rescue

ἐξαρτίζω   complete, equip

ἐξαρτισμός   equipment, perfection

ἐξασθενέω   be exhausted, faint

ἐξασκέω   adorn, train thoroughly

ἐξαφίημι   set free from, turn loose

ἐξεγείρω   awaken, arouse

ἔξειμι   go out

ἔξειμι   only impers. ἔξεστι   it
is possible, lawful

ἐξελέγχω   search out, expose, confute

ἐξελίττω   unroll, unfold, evolve

ἐξέλκω   draw out

ἐξεργάζομαι   work out

ἐξερευνάω   (-εραύνω)   search out,
examine

ἐξέρχομαι   come out, go out

ἐξετάζω   examine thoroughly

ἐξεύρεσις, εως   searching out, invention

ἐξευρίσκω   find out, discover

ἐξευτελίζω   disparage, reduce

ἐξευφραίνομαι   rejoice highly

ἐξηγέομαι   interpret, explain

ἐξήγησις, εως   interpretation, statement

ἐξηγητής, οῦ   guide, adviser, interpret-
er, (esp. of oracles, omens, etc.)

ἑξήκοντα   sixty

ἐξήκω   succeed

ἑξῆς   in order, next

ἐξιδιάζομαι appropriate to oneself

ἕξις, εως possession, condition,
  habit, skill, experience

ἐξισόω make even, fit exactly

ἐξίστημι put out of its place,
  amaze, astonish, go out

ἐξιχνιάζω track out

ἐξιχνιασμός tracking out

ἔξοδος march out, way out, end

ἐξολεθρεύω destroy completely

ἐξομολογέομαι confess, praise

ἐξορίζω exile, banish

ἐξόρκωσις, εως exorcism, binding by
  oath

ἐξορύσσω gouge out, dig up

ἐξορχέομαι dance out, burlesque,
  betray

ἐξουδένημα, ατος a thing of no
  account, despised object

ἐξουδενόω rate as nothing, scorn,
  mock

ἐξουθενέω (see ἐξουδενόω)

ἐξουσία power, authority

ἐξυρβίζω break out into insolence,
  riot

ἔξω outside, out

ἔξωθεν from without

ἐξωθέω thrust or drive out

ἔοικα be like, seem

ἐόντα (=ὄντα)

ἑορτάζω celebrate a festival or
  as a festival

ἑορτή feast

ἐπαγγελία notice, promise

ἐπαγγέλλω promise, proclaim

ἐπάγω bring on or in, lead on, add,
  intercalate; mid. win

ἐπαγωγή bringing to, introduction,
  incantation, spell

ἐπαινετῶς praiseworthily

ἐπαινέω approve, commend, praise

ἔπαινος praise

ἐπαίρω lift up

ἐπακούω hear, hear with favor, perceive

ἐπαναμιμνήσκω remind; pass. remember

ἐπαναπαύω rest upon, lean, refresh

ἐπανέρχομαι return, go up

ἐπανήκω have come back, return

ἐπανόρθωσις, εως amendment, correction

ἐπάνω above, over, on top of, beyond, suc-
  cessionally

ἐπαράομαι lay curses upon

ἐπαρκέω ward off, hinder, help, aid

ἔπαρχος commander, governor, prefect

ἔπαυλις, εως camp, quarters

ἐπεγείρω awaken, rouse up

ἐπεί since, when, after that

ἐπειδάν whenever

ἐπειδή since

ἐπειδήπερ since in fact

ἐπεισάγω bring in besides, introduce

ἐπεισπαίω burst in

ἔπειτα then, thereupon

ἐπέκεινα beyond

ἐπεξέρχομαι go out against, go over in
  detail, discuss, rehearse

ἐπεξήγησις, εως explanation

ἐπέοικα be like; impers. it is proper,
  fitting

ἐπέρχομαι come upon, approach, occur
  to, discuss

ἐπερωτάω consult, inquire, ask

ἐπευφημέω shout approval, respond

ἐπέχω offer, attack, prevail, stop

ἐπί upon, on, over, in, at, by, against, for,
  by means of, in the time of, on
  condition of, to

ἐπιβαίνω go up, walk on, approach

ἐπιβάλλω throw upon, devote oneself to,
  break in, belong to, lay (hands) on; τὸ
  ἐπιβάλλον (μέρος) one's due portion

ἐπιβλέπω look on

ἐπίβλημα, ατος covering, garment, cloak,
  patch

ἐπιβουλεύω plot against

ἐπιβουλή plot, scheme

ἐπίγειος, ον earthly

ἐπιγινώσκω observe, recognize, discover,
  come to know

ἐπίγνωσις, εως recognition, knowledge,
  understanding

ἐπιγράφω inscribe, entitle, register

ἐπιδείκνυμι display, parade, point out,
  demonstrate, prove

ἐπιδεσμός band, bandage

ἐπιδέχομαι receive, welcome, allow

ἐπιδέω want, be in need

ἐπιδημέω be at home, reside in

ἐπιδιακονία rendering of service

ἐπιδίδωμι give besides, give freely, advance

ἐπιδιώκω pursue

ἐπίδοσις, εως free giving, advance

ἐπιεικής, ές fitting, reasonable, fair

ἐπιζητέω seek, inquire

ἐπιθαυμάζω wonder at

ἐπίθεσις, εως laying on, attack

ἐπιθυμέω set one's heart upon, desire

ἐπιθυμητικός, ή, όν desiring, coveting

ἐπιθυμητός, ή, όν desired, desirable, choice

ἐπιθυμία desire, lust

ἐπιθύω sacrifice upon, sacrifice besides, burn incense

ἐπικαλέω invoke(over), invite, call in, call by surname, accuse

ἐπικάρπιος, ον fruit-bringing, -guarding

ἐπίκειμαι be laid upon, be put to, be urgent, be suitable to the purpose

ἐπικίνδυνος, ον in danger, dangerous

ἐπικλείω close, shut

ἐπικοσμέω adorn, put in order

Ἐπικούρειος, ον of Epicurus, Epicurean

ἐπικουρέω act as an ally, aid

ἐπικρατέω rule, prevail over, conquer

ἐπικυρόω confirm

ἐπικύρω light upon, fall in with

ἐπίκωμος, ον revelling

ἐπιλαμβάνω take besides, seize, reach, arrest, catch

ἐπιλανθάνω forget

ἐπιλέγω say with or besides, utter

ἐπιλείπω leave behind, fail

ἐπίληπτος, ον caught, epileptic

ἐπιλογίζομαι reflect, consider

ἐπίλογος inference, conclusion, explanatory sentence

ἐπιμέλεια care, diligence

ἐπιμελέομαι take care of

ἐπιμελής, ές anxious about, careful

ἐπιμελῶς carefully

ἐπιμένω remain, continue, await

ἐπιμήνιος, ον monthly; τὰ ἐ. monthly offerings

ἐπιμίγνυμι mix with, blend

ἐπιμιμνήσκω recall, mention

ἐπιμίσγω have intercourse, mingle

ἐπιμονή tarrying, delay, persistence

ἐπίνειον sea-port

ἐπινεύω nod assent

ἐπίνοια thought, invention

ἐπιξενόομαι be entertained (as a guest), visit

ἐπιούσιος, ον (variously explained as meaning) necessary for existence, for this day, for the coming day, next

ἐπιπέτομαι fly to, fly over

ἐπιπήγνυμι fix upon

ἐπιπίπτω fall upon

ἐπιπλέκω interweave

ἐπιπνέω breathe upon, blow upon

ἐπιπομπή visitation, punishment

ἐπιπόνως with toil and trouble

ἐπιπορεύομαι go to

ἐπιπροστίθημι add besides

ἐπι(ρ)ράπτω sew on, stitch on

ἐπιρράσσω shut violently, dash against

ἐπίρρινος, ον long-nosed

ἐπι(ρ)ρίπτω cast upon, commit to

ἐπίσημος, ον marked, noted, stamped, remarkable

ἐπισκέπτομαι inspect, visit

ἐπίσκεψις, εως inspection, inquiry

ἐπισκοπέω watch, inspect, visit, review, meditate

ἐπίσκοπος overseer, bishop

ἐπισπάω drag after, bring in, induce

ἐπίσταμαι know, understand

ἐπιστέλλω send to, command, write

ἐπιστήμη understanding, knowledge

ἐπιστήμων, ον knowing, wise, versed in

ἐπιστολή message, letter

ἐπιστολιμαῖος, ον in or of letters

ἐπιστόλιον brief letter

ἐπιστρέφω turn about, cause to repent, return; mid. pay attention to ἐπιστροφή turning about

ἐπισυνάγω collect, gather together

ἐπισφαλής, ές unstable

ἐπισχύω make strong, be strong, prevail

ἐπισωρεύω heap up

ἐπιταγή injunction, command

ἐπίτασις, εως intensity, intensification

ἐπιτάσσω command

ἐπιτελέω accomplish, sacrifice, pay in full

ἐπιτήδειος, α, ον suitable, necessary, τὰ ἐ. provisions

ἐπιτηδειότης, ητος fitness

ἐπιτήδευσις, εως cultivation (of a habit)

ἐπιτηδεύω practise; pass. be made (so and so) by art

ἐπιτηρέω watch for

ἐπιτίθημι place upon, add, impose

ἐπιτιμάω reprove, admonish

ἐπίτιμον reward, penalty

ἐπιτολή rising

ἐπιτρέπω turn to, permit, command

ἐπιτρέχω run upon, run to, run over

ἐπιτροπή guardianship, reliance, trust

ἐπίτροπος steward, procurator

ἐπιτυγχάνω hit the mark, meet with, reach, be successful

ἐπιφαίνω display; mid. reveal oneself

ἐπιφάνεια appearance, prominence

ἐπιφανής, ές appearing, manifest, notable, remarkable

ἐπιφανῶς conspicuously, distinctively

ἐπιφέρω bring upon, adduce, assert; pass. impend

ἐπίφθονος, ον enviable

ἐπιφροσύνη thoughtfulness, wisdom

ἐπιχαιρεκακία joy at one's neighbor's misfortunes

ἐπιχαίρω rejoice over

ἐπιχορηγέω supply, furnish

ἐπιχράομαι deal with, practice

ἐπιχώριος, α, ον of the country, native

ἐποικοδομέω build upon, build up

ἕπομαι follow, attend, obey

ἐπονομάζω name, call

ἐποπτεύω watch over, take charge of

ἐπόπτης, ου watcher, spectator, mystery initiate of highest grade

ἔπος, ους word, saying, song, poem

ἐποτρύνω stir up, urge on

ἐπουράνιος, ον heavenly

ἑπτά seven

ἑπτάκις seven times

ἐπῳδή song, enchantment, charm

ἐπώνυμος, ον named, surnamed

ἐράω love, long for

ἐργάζομαι work, make, perform, practice, cause

ἐργάτης, ου workman

ἐργολαβία profit-making

ἔργον work, deed, accomplishment

ἐρεθίζω rouse to anger, provoke

ἐπείδω prop, support; mid. and pass. lean upon

ἐρείκη erica (tree)

ἔρεισμα, ατος prop, support, pillar

ἐρευνήτρια (fem.) searcher, inquirer

ἐρημία wilderness, desolation

ἔρημος, ον desolate, bereft of

ἐρήμωσις, εως desolation, laying waste

ἐρίγδουπος, ον loud-sounding, thundering

ἔριον wool

ἔριφος kid

ἕρκειος, (α), ον of the front court; τὸ ἕ. wall, fence, defense

ἑρμηνεία interpretation

ἑρμηνεύς, έως interpreter

ἑρμηνεύω interpret

ἔρνος, ους shoot, young plant

ἑρπετόν, οῦ creeping thing, snake

ἕρπω move slowly, walk, go, come, creep

ἔρρωσο (ῥώννυμι) farewell

ἐρυθρός, ή, όν red

ἔρυμα, ατος fortification

ἔρχομαι come, go

ἐρῶ (see εἴρω)

ἔρως, ωτος love, desire

ἐρωτάω ask, question

ἐς (see εἰς)

ἐσθής, ῆτος clothing

ἐσθίω eat

ἐσθλός, ή, όν brave, noble, good

ἔσοπτρον mirror

ἐσοράω (=εἰσοράω) look upon or into,
  behold, discern

ἑσπέρα evening

ἑσπέριος, α, ον western

ἐσπουδασμένως seriously, zealously

ἑστία hearth, home, family

ἐσχατίζω be last

ἔσχατος, (η), ον last, farthest;
  ἔσχατον at last; ἐπ' ἔσχατον
  last of all

ἔσω inside

ἑταῖρος companion, friend

ἑτεροδιδασκαλέω teach otherwise

ἕτερος, α, ον other, another, different

ἑτέρωθεν from the other side, from
  elsewhere

ἔτι yet, longer, still

ἑτοιμάζω get ready, prepare

ἕτοιμος, η, ον at hand, prepared, ready

ἔτος, ους year

εὖ well

εὐαγγελίζω proclaim good news

εὐαγγέλιον good news, gospel

εὐαγγελιστής, οῦ evangelist

εὐάρεστος, ον well-pleasing

εὐγένεια nobility of birth

εὐγενῶς nobly

εὐγνώμων, ον of good feeling,
  sensible

εὐδαιμονία happiness

εὐδαιμονικός, ή, όν happy

εὐδαίμων, ον fortunate, happy

εὐδίδακτος, ον teachable, well-
  trained

εὔδιος, ον calm, fine, clear

εὐδοκέω be well pleased, be
  satisfied, agree

εὐδοκία satisfaction, approval

εὐδοκιμέω be popular

εὐειδής, ές well-built, beautiful

εὐεκτικός, ή, όν healthy, wholesome

εὐεπίγνωστος, ον easy to understand
  or recognize

εὐεργεσία well-doing, benefit, kindness

εὐεργετέω do well, do good, benefit

εὐεργέτης, ου well-doer, benefactor

εὐεργετικός, ή, όν beneficent

εὐερκής, ές well protected, secure

εὐήθης, ες good-hearted, simple-minded,
  silly, foolish, absurd

εὐήκοος, ον well-hearing, obedient

εὔθετος, ον well arranged or adapted

εὐθέως immediately

εὐθηνέω thrive, flourish, prosper

εὐθής, ές (see εὐθύς)

εὔθυμος, ον kind, well-disposed

εὐθύνω direct, make straight, call to
  account, refute

εὐθύς, εῖα, ύ straight, right

εὐθύς (εὐθύ) immediately, directly,
  for example

εὐθύτης, ητος straightness, righteous-
  ness

εὐκαιρέω have or spend leisure time

εὔκαιρος, ον in season; adv. εὐκαίρως

εὔκοπος, ον easy

εὐλάβεια discretion, piety, reverence

εὐλαβέομαι be cautious, fear, beware

εὐλαβῶς cautiously, discreetly

εὐλογέω praise, bless

εὐλογητός, ή, όν blessed

εὐλογία praise, blessing

εὐλογιστία prudence, reasonableness

εὔλογος, ον reasonable, suitable

εὐμείλικτος, ον easily appeased

εὐμένεια favor, goodwill

εὐμενής, ές well disposed

εὐμηχάνως by skilful contrivance,
  ingeniously

εὔμνηστος, ον mindful, well-remembered

εὔμοιρος, ον wealthy

εὔνοια good will

εὐόνειρος, ον having good dreams

εὐπείθεια ready obedience

εὐποιΐα well-doing

εὐπορέω prosper, find means, furnish

εὐπραγέω be well off, prosper

εὐπραγία welfare, well-doing, favor

εὐπρέπεια good appearance, dignity, majesty, speciousness

εὐπρεπής, ές good-looking, glorious

εὑρεματικός, ή, όν inventive, ingenious

εὕρεσις, εως discovery, invention

εὑρετής, οῦ finder

εὑρίσκω find, discover

εὑροέω flow well, go on well, be prosperous, be happy

εὕροια fluency, abundance, happiness

εὕρους, ουν well-flowing, serene, prosperous; τὸ εὖ. serenity

εὐσέβεια reverence, piety, religion

εὐσεβέω live or act piously, reverence

εὐσεβής, ές pious, godly, devout

εὐσεβῶς reverently

εὐστάθεια stability

εὐσταθέω be steady, be calm, enjoy sound health

εὐστοχέω hit the mark

εὐστόχως accurately

εὐσχήμων, ον good-looking, becoming

εὐτονία tension, vigor

εὐτόνως vigorously

εὐτυχέω be successful, fare well

εὐτυχής, ές successful, fortunate

εὐτυχία good luck, success

εὐτυχῶς with good fortune

εὔυδρος, ον well-watered

εὐφημέω speak auspiciously, praise

εὔφημος, ον of good sound, auspicious

εὐφραίνω cheer; pass. enjoy oneself

εὐφροσύνη gladness, pleasure, festivity

εὐφυής, ές well-grown, shapely, naturally clever

εὐχαρής, ές gracious, pleasing

εὐχαριστέω oblige, thank, return thanks, pray, celebrate the Lord's Supper

εὐχαριστία gratitude, giving of thanks, Lord's Supper

εὐχή vow, prayer

εὔχομαι vow, pray, boast

εὔχρηστος, ον useful

εὐωδία fragrant odor

εὐωδιάζω have a sweet odor

εὐωχία cheerfulness, festival

ἐφαρμόττω fit together, coincide

ἐφεξῆς in order, continuously

Ἐφέσιος, α, ον of Ephesus

ἐφήμερος, ον of a day, daily

ἐφικτός, ή, όν attainable

ἐφίππος, ον on horseback, equestrian

ἐφίστημι place over, appoint; intrans. be present

ἐφοδιάζω provision for a journey

ἐφοράω observe, oversee

ἔφορος overseer, ruler

ἐφυμνέω sing after, sing of

ἐχθρός, ά, όν hated; ὁ ἐ. enemy

ἔχω have, hold, be, border on, have to do with, be able

ἕψω boil

ἕωθεν early in the morning

ἑωθινός, ή, όν in the morning, early

ἕως, ἕω dawn, morning

ἕως until, as far as

Z

ζάω live

ζευγίζω yoke in pairs, unite

ζεύγνυμι yoke, harness, join together

ζῆλος jealousy, eagerness, pride, spirit

ζηλοτυπία jealousy

ζηλόω vie with, envy, be jealous, admire

ζηλωτής, οῦ emulator

ζητέω seek, search for

ζητημάτιον inquiry, question (especially of a philosophical nature)

ζήτησις, εως searching, inquiry

ζυγόν (ζυγός) yoke

ζωδιακός, ή, όν of the zodiac

ζῴδιον sign of the zodiac

ζωή life

ζώνη belt, girdle, zone, sphere

ζώννυμι gird

ζῷον living being, animal
ζωοποιέω make alive, bring to life
ζωός, ή, όν alive
ζώω (see ζάω)

H

ἤ or, than; ἤ...ἤ, either...or
ἥβη manhood, youth
ἡγεμονεύω lead, rule
ἡγεμονία supremacy, government
ἡγεμονικός, ή, όν authoritative, dominant
ἡγεμών, όνος leader, emperor, governor, guide
ἡγέομαι lead, rule, believe; ὁ ἡγούμενος leader, chief
ἥγησις, εως command
ἡδέα (=ἡδεῖα; see ἡδύς)
ἡδέως gladly
ἤδη already, now
ἥδιστος, η, ον (superl. of ἡδύς)
ἡδίων, ον (comp. of ἡδύς)
ἥδομαι be pleased
ἡδονή pleasure
ἡδύς, ἡδεῖα, ἡδύ pleasant, glad
ἠθικός, ή, όν moral
ἠθικῶς ethically, morally
ἦθος, ους custom, disposition
ἥκω have come, be present
ἡλικία age, manhood, size, youth
ἡλικῶτις, ιδος equal in age, contemporaneous with
ἥλιος sun
ἡλιτόμηνος, ον untimely born
ἡμεῖς we
ἡμέρα day, daylight
ἥμερος, (α), ον tame, cultivated
ἡμερόω tame, pacify, subdue
ἡμέτερος, α, ον our
ἥμισυς, εια, υ half
ἤν (=ἐάν or εἰ ἄν)
ἡνίκα when, whenever
ἧπαρ, ατος liver
ἡπίως kindly
ἡρεμαῖος, α, ον quiet, peaceful, gentle

Ἡρωδιανός, ή, όν Herodian
ἡρωϊκός, ή, όν of or for a hero or heroes, heroic
ἥρως, ἥρωος hero
ἡρῷον shrine of a hero
ἥσσων (ἥττων), ἧσσον (ἧττον) less, inferior, weaker
ἡσυχάζω be quiet, be at rest
ἡσυχία stillness, quietness, peace
ἤτοι (ἤ τοι) or; ἤτοι...ἤ either...or
ἡττάω overcome; mid. and pass. be inferior to, be subject to
ἠχέω sound, ring, peal
ἦχος sound, voice, echo

Θ

θάλασσα (θάλαττα) sea
θαλάσσιος, (α), ον of the sea
θαλειάζω (θαλιάζω) enjoy oneself
θάλλω grow, bloom, flourish, prosper
θαμά thickly, often
θάνατος death
θανατόω put to death
θάπτω bury
θαρρέω (θαρσέω) be of good courage, be bold
θάτερον (=ἕτερον) otherwise
θαῦμα, ατος wonder
θαυμάζω wonder, admire
θαυμάσιος, α, ον marvelous
θαυμαστός, ή, όν wonderful, excellent
θεά goddess
θέα seeing, looking at, vision
θέαμα, ατος sight, spectacle
θεάομαι behold, contemplate
θέατρον theater
θεῖον brimstone
θεῖος, α, ον divine
θέλγω charm, enchant, spell-bind
θέλημα, ατος will
θέλω (ἐθέλω) be willing, wish, shall or will
θέμα, ατος deposit, prize
θεμέλιος (θεμέλιον) foundation

θεμελιόω lay the foundation,found firmly

θέμις,ιτος law (by custom),right

θεοδρόμος God's messenger

θεολογία science of divine things

θεολόγος theologian

θεομακάριστος,ον godly,blessed

θεόπνευστος,ον divinely inspired

θεόπνους,ουν divinely inspired

θεοπρεπής,ές meet for a god, marvelous

θεός god

θεοσεβής,ές religious

θεότης,ητος deity,divinity

θεοφιλής,ές dear to God (the gods)

θεοφορία divine possession

θεοχόλωτος,ον under God's wrath

θεόω deify

θεραπαινίς,ίδος maid servant, female slave

θεραπεία service,cure

θεραπεύω do service,worship,take care of,propitiate,heal,cure

θεράπων,οντος attendant,servant

θερίζω harvest

θερισμός harvest

θερμαίνω heat

θερμός,ή,όν hot

θερμότης,ητος heat

θέρος,ους summer,summer-time

Θεσβίτης,ου Tishbite

θέσις,εως setting,position, deposit,thesis,ordinance

θεσμός law,rule,ordinance

θέω run

θεωρέω behold,look on

θεώρημα,ατος spectacle,theory scheme

θεωρητικός,ή,όν speculative

θεωρία contemplation,study, spectacle

θηλυκός,ή,όν feminine,female

θῆλυς,θήλεια,θῆλυ female

θηπέω be astonished,moved

θηρεύω hunt,catch

θηριομαχεῖον fight with wild beasts

θηριομαχέω fight with wild beasts

θηριομάχος,ον fighting with wild beasts

θηρίον wild beast

θηριώδης,ες full of wild beasts, savage,bestial

θησαυρίζω store,treasure up

θησαυρός treasure

θιασάρχης,ου cult-leader

θίασος Bacchic procession,company

θιγγάνω touch

θλίβω squeeze,afflict

θλῖψις,εως oppression,affliction

θνήσκω die,perish

θνητός,ή,όν mortal,human

θόρυβος uproar,confusion

θράσος,ους courage,insolence

θρασύς,εῖα,ύ bold,rash

θρασύτης,ητος rashness

θραύω shatter

θρηνέω lament

θρῆνος lament

θρησκεία worship

θρησκεύω worship

θριαμβεύω lead in triumph,make sport of

θρίξ,τριχός hair

θροέω ory aloud

θρόνος seat,throne

θρώσκω leap,assault,impregnate

θυγάτηρ,θυγατρός daughter

θυΐσκη censer

θύλακος (meal)sack

θῦμα,ατος sacrifice,offering

θυμίαμα,ατος incense

θυμός soul,spirit,heart,anger,mind, will,purpose

θύρα door,gate

θυρίς,ίδος window

θυσία sacrifice

θυσιαστήριον altar

θύω sacrifice,slay

I

ἴαμα,ατος healing

ἰάομαι heal,cure

ἰατρός physician

ἰδέ see! behold!

ἰδέα form,appearance,kind

ἰδία privately,on one's own account

ἴδιος,α,ον one's own,peculiar

ἰδιότης,ητος individuality,peculiarity

ἰδίως peculiarly,specifically

ἰδιωτεύω be a private person

ἰδιώτης,ου common man,layman

ἰδού see! behold!

ἰδρόω sweat

ἴδρυσις,εως foundation,building

ἰδρύω seat,fasten,set up; mid.
    dedicate

ἰδρώς,ῶτος perspiration,sweat

ἱερατεύω be priest

ἱερεία (ἱέρεια) priestess

ἱερεύς,έως priest

ἱεροθέσιον sacred monument

ἱεροποιία ritual

ἱερός,ά,όν holy,sacred; τὸ ἱ. temple;
    τὰ ἱ. sacrifices,rites

ἱεροσκοπία divination by inspection
    of victims

Ἱεροσολυμίτης,ου citizen of Jerusalem

ἱεροσύνη (see ἱερω-)

ἱερουργία religious ceremony

ἱεροφάντης,ου initiating priest,
    hierophant

ἱερωσύνη (ἱερο-) priesthood

ἱκανός,ή,όν sufficient,able

ἱκανῶς sufficiently,adequately

ἱκεσία supplication

ἱκέσιος,(α),ον of suppliants,
    suppliant

ἱκετεύω supplicate

ἱκετηρία entreaty

ἱκμάς,άδος moisture,juice

ἱλαρός,ά,όν cheerful

ἱλάσκομαι appease,propitiate,expiate

ἱλαστήριος,α,ον propitiatory

ἵλεως,ων propitious,gracious

ἱμάτιον outer garment

ἱματισμός clothing

ἵμερος longing,desire

ἵνα that,in order that

ἱνατί why?

ἰνδάλλομαι seem,appear,have delusions

Ἰνδός,ή,όν Indian

ἰός poison

Ἰουδαϊκός,ή,όν Jewish

Ἰουδαῖος,α,ον Jewish

ἵππειος,α,ον of a horse or horses

ἱππεύς,έως horseman

ἵππος horse; ἡ ἵ. cavalry

ἰσοδυναμέω be equivalent to

ἰσοδύναμος,ον of equal force

ἰσονομέω act fairly,equitably

ἴσος,η,ον equal,fair,even; ἐξ
    ἴσης evenly

ἰσότης,ητος equality

Ἰσραηλίτης,ου Israelite

ἵστημι make to stand,establish;
    pass. & intr. stand

ἱστορέω inquire,record

ἱστορία inquiry,information,history

ἱστορικός,ή,όν exact,historical;
    ὁ ἱ. historian

ἰσχυροποιέω make strong

ἰσχυρός,ά,όν strong

ἰσχύς,ύος strength

ἰσχύω be strong,prevail

ἴσχω restrain,hold,desist from

ἴσως equally,probably,perhaps

ἰχθύς,ύος fish

ἴχνος,ους track,trace

ἰώ oh! alas!

K

καδημιμ (Heb.) ancient,from of old

καθά just as

καθαιρέω take down

καθαίρω cleanse

καθάπερ even as,just as

καθαρίζω cleanse,clear,purify

καθαρισμός cleansing

καθαρμός purification

καθαρός,ά,όν clean,pure

καθαρότης,ητος cleanness,purity

καθαρπάζω snatch down, appropriate

καθάρσιος, ον cleansing; τὸ κ. expiation

καθαρτικός, ή, όν purifying, cleansing

καθαρτικῶς in purified manner, with purification

καθεύδω sleep

καθηγεμών, όνος leader

καθήκω come (to), be proper; καθήκει μοι it is my right (duty)

καθηλόω nail on

κάθημαι sit, reside

καθιδρύω establish, found, dedicate

καθιερόω dedicate, consecrate

καθίζω set, seat, convene; intr. sit, settle

καθίστημι set down, appoint; intr. become, exist, remain, be established

καθό (καθ' ὅ) according as

καθοδηγός guide

κάθοδος descent, return

καθολικός, ή, όν universal, general

καθόλου in general, completely

καθοράω look down upon, view

καθοσιόω dedicate, consecrate

καθότι (καθ' ὅτι) inasmuch as

καθυμνέω sing of constantly

καθυπνόω sleep soundly

καθώς just as, as

καθώσπερ (=καθώς)

καί and, also, even

καίγε and indeed

καινοποιέω renew, innovate

καινός, ή, όν new

καινοτομέω make innovations

καίπερ although

καιρός (right point of) time, season

καίτοι and indeed

καίω burn, light, kindle

κἄκ (καὶ ἐκ)

κακία badness, evil, cowardice, hurt

κακοδαιμονία unhappiness

κακοδαίμων, ον unfortunate; ὁ κ. poor devil

κακολογέω speak ill, revile

κακοπαθέω suffer distress

κακοποιέω do evil

κακοποιός, ον doing ill, mischievous; ὁ κ. evil-doer

κακός, ή, όν bad

κακοτεκνία evil practice

κακότεχνος, ον using evil practices, lascivious

κακόφημος, ον of ill omen

κακόω maltreat, injure

κακῶς wrongly; κ. ἔχειν be sick

κάκωσις, εως ill-treatment

καλέω call, invite, name, invoke

καλλίων, ον (comp. of καλός)

κάλλιστος, η, ον (super. of καλός)

κάλλος, ους beauty

καλλωπίζω beautify the face, beautify

καλός, ή, όν beautiful, good, noble

καλύπτω cover

καλῶς well, nobly

καμάρα anything with an arched cover, vaulted room

κάμινος oven, furnace

κάμμυσις, εως closing (of the eyes)

κάμνω work, toil, be weary

Καμπανός, ή, όν Campanian

κάμπτω bow, bend

καπνίζω make smoke, cause to smoke

καπνός smoke

καρδία heart, desire, mind

καρδιογνώστης, ου knower of hearts

καρπίζω enjoy the fruits of

καρπός fruit

καρποφόρος, ον fruit-bearing

καρπόω bear fruit, take as fruit; mid. exploit, enjoy

καροῦχα carriage

κατά downward, down over, by, against, opposite, toward, concerning, owing to, according to

καταβαίνω go down

καταβάλλω throw down, lay

καταβολή foundation

καταβραβεύω give judgment against

καταγγελεύς, έως proclaimer, herald

καταγγέλω proclaim

καταγινώσκω lay as a charge against, give judgment against, reprove

κατάγλωσσος,ον talkative

κατάγνυμι break in pieces,break up

κατάγραφος,ον delineated,painted over

κατάγω lead down; pass. land

καταγώγιον lodging place,resort

καταδείκνυμι make known,introduce

καταδιώκω pursue closely

καταδυναστεύω oppress

κατάθεμα,ατος curse

καταιβάτης,ου descending in thunder and lightning

καταιγίς,ίδος descending squall, hurricane

καταισχύνω dishonor

κατακαίω burn completely

κατακαλύπτω cover up

κατακάλυψις,εως covering,concealment

κατακαυχάομαι exult over

κατάκειμαι lie down,lie sick

κατακλείω shut in,enclose

κατακλίνω lay down; pass. lie down recline at table

κατακοιμίζω put to sleep,sleep through

κατακολουθέω follow after

κατακόπτω cut down,cut up

κατακρίνω condemn,sentence

καταλαλέω talk down,slander

καταλαμβάνω seize,over-take,grasp, comprehend,fasten down

κατάλειμμα,ατος remnant

καταλείπω leave behind,forsake, abandon,reserve

καταλλαγή reconciliation

καταλλάσσω reconcile

κατάλληλος,ον correspondent,appropriate

κατάλυμα,ατος lodging,inn

καταλύω put down,destroy,halt,lodge

καταμανθάνω learn well,understand

καταμερίζω divide,distribute

καταμίγνυμι mix,mix up

καταναλίσκω consume,devour,squander

κατανδραποδίζω enslave completely

κατανοέω consider,understand

καταντάω arrive,come to

καταξιόω deem worthy,honor,appoint

καταπατέω tread down

καταπαύω stop,rest,cease

καταπέμπω send down

καταπέτασμα,ατος veil,curtain

καταπίνω gulp down

καταπίπτω fall down

καταπλέω sail down stream,sail in

καταπλήσσω strike down,amaze

καταπολεμέω make war against,defeat

καταπονέω subdue; pass. be exhausted

κατάποσις,εως swallowing,gullet

καταπότης,ου devouring

κατάπτυστος,(η),ον to be spat upon, abominable

κατάρα curse

καταράομαι curse

κατάρασις,εως cursing

καταργέω render invalid

καταριθμέω count among,reckon

καταρτίζω repair,restore

καταρτόω prepare,train,equip; pf.ppl. full-grown,perfected

καταρχή beginning

κατάρχω rule,govern

κατασβέννυμι put out,quench

κατασκέπτομαι view closely,examine, explore

κατασκευάζω furnish,prepare

κατασκεύασμα,ατος work of art,art

κατασκευή preparation,artistic treatment,construction

κατασκηνόω encamp,dwell,make dwell

κατασκήνωσις,εως encampment

κατασκήπτω rush down,fall upon

κατασκοπέω view closely

κατασπάω pull down

καταστρέφω overturn,undo,end,die

κατασφάζω slaughter,slay

κατασφραγίζω seal up

κατάσχεσις,εως retention,possession

κατατερταρόω hurl down to Tartarus

κατατάσσω station,put,appoint

κατατίθημι set down,deposit

κατατρέχω run down,overrun

κατατρίβω rub away; pass. be worn out

καταφέρω bring down; pass. be weighed down (by sleep)

καταφεύγω flee for protection, have recourse to

καταφιλέω kiss

καταφλέγω burn up

καταφλυαρέω chatter continuously

καταφρονέω disdain, despise

καταφρόνημα, ατος contempt

καταφυτεύω plant

καταχέω pour down

κατάχρυσος, ον gilded

καταψεύδομαι tell lies, say falsely

κατείδωλος, ον full of idols

κάτειμι go down

κατέναντι opposite, before

κατεπαγγέλομαι make a contract or agreement with, promise

κατεργάζομαι gain by labor, accomplish

κατέρχομαι go down

κατεσθίω devour

κατευθύνω make straight, direct

κατέχω hold fast, detain, occupy

κατηγορέω accuse

κατηγορία accusation

κατήγορος accuser

κατηχέω instruct

κατισχύω prevail over

κατοικέω settle, govern, dwell (in)

κατοίκησις, εως dwelling

κατοικία dwelling-place, habitation

κατορθόω erect, put straight, set right, succeed in

κάτω downwards, below

κάτωθεν from below, below

κατωφερής, ές heavy

καῦμα, ατος heat

καῦσις, εως burning

καυστικός, ή, όν burning, caustic

καυχάομαι boast

καύχημα, ατος boast

καψάκης, ου jar, flask

κεῖμαι be set, lie

κείρω shear, cut (hair)

κελαινεφής, ές black with clouds, wrapped in dark clouds

κελεύω order

κεν (κε) (=ἄν)

κενόδοξος, ον conceited

κενός, ή, όν empty, fruitless

κενόω empty, make void

κεντυρία centuria, division of troops

κενῶς vainly, fruitlessly

κεραμεύς, εως potter

κεράμιον jar, pot

κέραμος potter's clay, pottery

κεράννυμι mix, mingle

κέρας, ατος horn

κέρασμα, ατος mixture

κεράτιον small horn, carob-pod

κεραυνός thunderbolt

κερδαίνω gain, profit

κέρδος, ους gain, profit

κερδοσύνη cunning, craft, gain

κεφαλαιωδῶς in summary form

κεφαλή head

κηδεμών, όνος guardian, protector

κηρός wax

κήρυγμα, ατος proclamation, preaching

κῆρυξ, υκος herald

κηρύσσω proclaim, preach

κῆτος, ους sea monster, huge fish

κιβώτιον small box, ark

κιθάρα harp

κιθαρίζω play the harp or lyre

κιθαρῳδός harper

Κίναιος, α, ον (Heb.) Kenite

κινδυνεύω take a risk, venture; pass. be endangered

κίνδυνος danger, risk

κινέω move, disturb

κίνημα, ατος movement, emotion

κίνησις, εως motion

κισσός ivy

κίων, ονος pillar

κλαίω (κλάω) weep, wail

Κλαυδιανός, ή, όν Claudian

κλάω (see κλαίω) break in pieces

κλείω shut

κλέπτης,ου thief

κλέπτω steal

κληδών (κληδών),όνος omen,report

κληρονομέω inherit,obtain

κληρονομία inheritance

κληρονόμος heir

κλῆρος lot,allotment

κληρουχία citizen's foreign land-
allotment

κλῆσις,εως calling,summons

κλίνη bed,couch

κλίνω lean,bend,bow

κλοιός collar

κλοπή theft

κλύδων,ωνος wave,billow,surf

κλύω hear,perceive,obey

κλῶσις,εως spinning

κνήθω (κνάω) scratch; mid. itch

κνήμη leg,shank,spoke (of a wheel)

κνῖσα smell of a burnt sacrifice

κνώδαλον monster,animal

κοδράντης,ου (Lat. quadrans) a coin
(ca. one-half cent)

κοιλάς,άδος hollow,valley

κοιλία cavity of the body,belly,womb

κοῖλος,η,ον hollow

κοιμάω put to sleep; mid. and pass.
fall asleep

κοιμίζω put to sleep

κοινός,ή,όν common,universal,public;
ὁ κ. public treasury; κοινῇ by
common consent,together

κοινόω make common,defile

κοινωνέω share,be a partner

κοινωνία association,participation,
sharing

κοινωνός partner,sharer

κοίτη bed,lair,den

κοιτών,ῶνος bedroom

κολάζω check,punish

κολακεία flattery

κολακεύω flatter

κόλασις,εως chastisement,retribution

κολαστικός,ή,όν punitive,corrective

κολλάω glue,join; pass. cling to

κόλπος bosom,lap

κόμη the hair

κομήτης,ου long-haired,comet

κομιδῇ wholly,altogether

κομίζω carry off,bring,recover,re-
ceive

κομπός boaster

κομφέκτωρ,ορος executor,destroyer,
executioner

κομψός,ή,όν refined,smart,pleasant

κονιορτός cloud of dust

κοπετός noise (of lamentation)

κοπή slaughter

κοπιάω toil,work hard,grow weary

κόπος striking,toil,suffering

κόραξ,ακος raven,crow

κοράσιον maiden

Κορίνθιος,α,ον Corinthian

κορμός (bare) trunk of a tree

κορόνους (=κορὸς νοῦς) "pure-mind"

κόρος satiety

κορυφή top,highest point,head

κορώνη crow,rook

Κοσάνος inhabitant of Kushan

κοσμέω arrange,adorn,decorate

κοσμητικός,ή,όν skilled in ordering,
cosmetic (presided over by cosmetae)

κοσμικός,ή,όν worldly,secular

κόσμιος,α,ον regular,ornamental,cos-
mopolitan; τὰ κ. ornaments

κοσμοπλανής,ῆτος world-deceiver

κοσμοποιέω make the world

κόσμος order,ornament,universe,world

κοῦφος,η,ον light

κράβατος (κράββατος) bed,mat

κράζω cry out,scream

κραίνω accomplish,reign,govern

κραιπαλάω be intoxicated

κρᾶμα,ατος mixture,mixed wine

κράνος,ους helmet

κρᾶσις,εως mixing,blending

κραταιός,ά,όν mighty

κρατέω master,obtain,hold,rule over,
control

κράτος,ους power

κραυγάζω scream, shriek, cry out

κραυγή screaming, yelling

κρέας, κρέως meat

κρείσσων (κρείττων), ον better, fairer, greater

κρεμάννυμι hang

κρημνίζω hurl down

κρήνη well, spring, fountain

κρηπεῖς, εῖδος (κρηπίς) shoe, groundwork, foundation

κρίμα, ατος judgment, decree, decision

κρίνω judge, govern, decide (in favor of), prefer, choose

κριός ram

κρίσις, εως judgment, choosing

κριτήριον standard, court

κριτής, οῦ judge

κροκόδειλος crocodile

Κρονικός, ή, όν of Saturn; Κρονική (sc. ἡμέρα) Saturday

Κρόνιος, α, ον of Cronos or Saturn

κρυπτός, ή, όν hidden, secret

κρύπτω hide

κρύφα secretly, without the knowledge of

κρυφαῖος, (α), ον secret, hidden

κρυφίως secretly

κτάομαι get, keep, hold, possess

κτείνω kill

κτῆμα, ατος possession

κτῆνος, ους beast, domestic animal; pl. flocks and herds

κτήσιος, α, ον of property, (Zeus) protector of house and property

κτῆσις, εως possession

κτίζω found, create, make

κτίσις, εως creation, creature, founding

κτίσμα, ατος creation, building

κτίστης, ου founder, creator

κυβερνάω steer, govern, guide

κυβέρνησις, εως steering, guidance, wise counsel

κυβερνήτης, ου pilot, guide

κύδιστος, η, ον (sup. of κυδρός) most honored, noblest

κυκλόθεν in a circle

κύκλος ring, circle

κυκλόω encircle, surround

κύκνος swan

κυλίω roll

κυμαίνω rise in waves, surge

κύμβαλον cymbal

κυνηγέω hunt, fish, catch

κυνηγία hunt, chase

κυνήγιον hunt, chase

κύπτω bend the head, stoop

κυρέω attain to, reach, obtain

κυρία lady

κυριακός, ή, όν belonging to the Lord; ἡ κ. ἡμέρα the Lord's Day

κυριεύω rule, govern

κύριος, α, ον having power, authority; ὁ, ἡ κ. lord, master, lady, mistress; ὁ Κ. Lord

κυριότης, ητος power, dominion, lordship

κυρόω ratify

κύων, κυνός dog

κωκύω shriek, wail, lament

κωλύω hinder, prevent

κῶμος revel, carousal

Λ

λαγχάνω obtain by lot or as one's portion; λ. δίκην bring a suit against

λάθρα secretly

λακάνη dish, pot, pan

λάκκος (λάκος) pond, cistern, pit

λαλέω talk, speak

λαλιά speech, talk, conversation

λαμβάνω take, get

λαμπρός, ά, όν bright, magnificent

λαμπρότης, ητος brilliance, splendor

λάμπω burn brightly, shine

λανθάνω escape notice

λαός people

λάρναξ, ακος coffer, box, chest

λάρυγξ, υγγος throat

λατομέω quarry

λατομητός, ή, όν hewn (out of rock)

λατρεία service, servitude, worship

λατρεύω serve

λέγω   say,speak,relate

λεῖος,α,ον   smooth,level,soft,gentle

λείπω   leave,desert; pass. be
lacking in,be in want

λειτουργέω   serve,minister

λειτουργία   service,ministry

λεληθότως   imperceptibly,unconsciously

λέξις,εως   word,phrase,diction,text

λεπιδωτός,ή,όν   scaly; ὁ λ. a (Nile)
fish with large scales

λεπίζω   peel off,strip off,scale off

λεπίς,ίδος   scale,scales

λεπτόγεως,ων   of thin or poor soil

λεπτός,ή,όν   thin,fine,light

λευκαίνω   make white

λευκός,ή,όν   white,bright

λεύκωμα,ατος   public bulletin board,
white spot in the eye

λεύω   stone

λεχώ,οῦς   woman in childbed

λέων,οντος   lion

λεώς,ώ (=λαός)   people

λήγω   leave off

λήθη   forgetting,forgetfulness

λήκυθος   oil-flask

ληνός   trough,wine-vat,wine-press

λῆξις,εως   determination (by lot)
allotment

ληστήριον   band of robbers,robber-
haunt

λίαν   very much,wholly

λίβανος   frankincense

λιβανωτός,οῦ   frankincense

λιβλάριος   scribe,secretary,account-
ant

λιθάριον   pebble

λιθεία   fine stone,marble

λίθινος,η,ον   of stone,stony

λίθος   stone

λιμήν,ένος   harbor

λιμναῖος,α,ον   of the marsh,stagnant

λίμνη   marshy lake,pool,sea

λιμός   famine,hunger

λιπαρός,ά,όν   oily,rich,smooth,easy,
comfortable,bright

λιποθυμέω   faint

λιτανεία   entreaty

λίχνος,η,ον   greedy,gluttonous

λογίζομαι   reckon,consider,infer

λογικός,ή,όν   of speech,rational

λόγιον   oracle; τὰ λ. sayings

λογισμός   reckoning,thought,reasoning,
reasoning power

λόγος   account,reason,utterance,word,
Logos,order,idea,law

λοιβή   drink-offering

λοιδορέω   revile,abuse

λοιμός,ή,όν   pestilent

λοιπόν   further,then,finally

λοιπός,ή,όν   remaining; τ.λοιποῦ
(sc. χρόνου) in the future

λουτρόν   washing,baptism

λούω   wash,baptize

λόφος   neck,ridge,hill

λόχος   ambush,band,company

λυγρός,ά,όν   baneful,miserable

λύκος   wolf

λυμαίνομαι (λυμαίνω)   outrage,dishonor

λύμη   outrage,mutilation

λυπέω   grieve,pain

λύπη   pain,sorrow,grief

λυπρός,ά,όν   wretched,barren,painful

λύρα   lyre

λύσις,εως   loosing,solution,interpretation

λυτρόω   ransom,redeem,deliver,rescue

λύτρωσις,εως   ransoming

λυχνία   lampstand

λύχνος   lamp

λύω   loose,free,solve

λωποδύτης,ου   clothes-stealer,robber

M

μά   (particle in oaths) by

μαγεία   magic

μάγος   enchanter

μάθημα,ατος   learning

μάθησις,εως   learning,training

μαθητής,οῦ   learner,disciple

μαθήτρια   female disciple

μαῖα   midwife

μαίνομαι rage,be mad,be in a
   divine frenzy

μακαρίζω bless,congratulate

μακάριος,α,ον blessed,fortunate,happy

μακαριότης,ητος happiness,bliss

μακαριστός,ή,όν happy,enviable

μακαριστῶς as counted happy,enviable

Μακέτις,ιδος Macedonian

μακράν at a distance

μακρόβιος,ον long-lived

μακροθυμέω be patient,bear patiently

μακροθυμία patience,forbearance

μακρός,ά,όν long,distant

μακρύνω prolong,be far away

μάλα very,exceedingly

μαλακία sickness,weakness

μαλακίζομαι be weak,be sick

μαλακός,ή,όν soft,cowardly,remiss

μαλακύνω soften,make faint or weak

μαλθακῶς softly,gently

μάλιστα (super. of μάλα) most of
   all,especially

μᾶλλον (comp. of μάλα) rather,more

μάμμη "mamma",mother's breast

Μαμωνᾶς,οῦ Mammon,wealth,riches

μανθάνω learn

μανία madness

μαντεύομαι divine,use divination

μαντική divination,prophecy

μάντις,εως diviner,seer,prophet

μαρὰν ἀθά (Aramaic formula,meaning
   either) the Lord is coming or
   Come,Lord!

μαργαρίτης,ου pearl

μάρπτω lay hold of

μαρτυρέω bear witness,testify

μαρτυρία testimony,evidence

μαρτύριον testimony,proof

μάρτυς,μάρτυρος witness,martyr

μασάομαι chew

μάσησις,εως chewing

μάστιξ,ιγος whip,scourge

μαστός breast

μάταιος,(α),ον idle,foolish,vain,
   thoughtless

ματαιότης,ητος foolishness

ματαίως idly,in vain

ματρώνα matron

μάχαιρα dagger,sword

μάχη battle,fight,quarrel

μαχητός,ή,όν to be fought with

μάχομαι fight,quarrel

μεγαίρω begrudge,refuse,complain

μεγαλεῖος,α,ον grand,splendid

μεγαλειότης,ητος grandeur,splendor

μεγαλοπρέπεια majesty,magnificence

μεγαλοπρεπής,ές splendid,magnificent

μεγαλοπρεπῶς fittingly,magnificently

μεγαλοσύνη majesty

μεγαλοφρονέω be confident,high-
   spirited,proud

μεγαλοψυχία magnanimity

μεγαλύνω magnify,exalt

μεγαλωσύνη greatness,majesty

μέγας,μεγάλη,μέγα big,large,great

μέγεθος,ους magnitude,size

μεγιστάν,ᾶνος (usually in pl.)great
   man,grandee

μέγιστος,η,ον (super. of μέγας)

μεθερμηνεύω translate

μέθη strong drink,drunkenness

μεθίημι release,abandon

μεθίστημι remove,kill,banish

μεθόριος,(α),ον forming a boundary
   τὰ μ. borders

μειδιάω smile

μειζόνως in a greater degree

μείζων,ον greater

μείλιχος,ον gentle,kind

μείρομαι receive one's portion;
   pf.pass.impers. decreed by fate

μειωτικός,ή,όν diminishing,waning

μέλας,μέλαινα,μέλαν black,dark

μέλει (see μέλω)

μελετάω take care of,practise,study,
   meditate

μελέτη care,practice,habit

μέλι,ιτος honey

μελιλώτινος,η,ον made of melilot,
   (a clover)

μέλλω be about to,delay

μέλος,ους limb,melody,song

μέλω be an object of care or
　thought; (often impers.)μέλει it
　is a care

μέν indeed,of a truth; μέν...δέ on
　the one hand...on the other hand

μέντοι yet,nevertheless; καί...
　μέντοι and...in fact

μένω wait,stay,remain,await

μερίζω divide,distribute,bestow

μερικός,ή,όν partial,minutely divided,
　particular

μέριμνα care,trouble,thought

μερίς,ίδος part,class

μερισμός dividing,division,role

μέρος,ους part,share

μεσημβρία noon,south

μέσος,η,ον middle,moderate,mediating;
　τὸ μ. middle; μέσον in the middle

μεσουράνημα,ατος zenith,mid-heaven

Μεσσήνιος,α,ον of Messene,Messenian

μεστός,ή,όν full,full of

μετά with,after

μεταβαίνω pass over

μεταβάλλω change,vary

μεταβολή change

μεταγενής,ές born after; οἱ μετα-
　γενέστεροι posterity

μετάγω translate

μεταδίδωμι give a share

μεταλαμβάνω get a share of,receive
　from another

μετάληψις,εως participation

μετανοέω change one's mind,repent

μετάνοια repentance

μεταξύ between

μεταπέμπω send for,summon

μεταποιέω remodel,remake; mid. lay
　claim to

μεταποίησις,εως changing,alteration

μετάρσιος,(α),ον raised on high,aloft

μεταστρέφω turn about,alter

μετατίθημι change,overthrow,pass over

μέτειμι go after,pursue

μετενδύω mid. put on other clothes

μετέχω partake of,have knowledge of

μετεωρίζω raise to a height

μετοικίζω lead settlers to another
　home; mid. emigrate

μετουσία participation,enjoyment

μετριοπαθέω bear with

μετρίως moderately,temperately

μέτρον measure,rule

μέτωπον forehead

μέχρι (μέχρις) as far as,until

μή not,that not,lest

μηδαμῶς not at all

μηδέ and not,but not,not even

μηδείς,μηδεμία,μηδέν no one,none

μηδέποτε never

μηθείς (=μηδείς)

μηκέτι no longer,no more

μήκιστος,η,ον longest,greatest

μῆκος,ους length,height,size

μηλέα apple tree

μήν indeed,truly

μήν,μηνός month

μήνυσις,εως laying of information,
　description

μηνύω reveal,inform

μήποτε never,perhaps,lest ever

μήπω not yet

μήτε and not; μ...μ neither...nor

μήτηρ,μητρός mother

μητιάω meditate,plan,devise

μήτρα womb

μηχανάομαι devise,build

μηχανή contrivance,engine of war

μιαίνω stain,defile,pollute

μιαροφαγέω eat abominable meats

μίασμα,ατος stain,defilement,crime

μιγάς,άδος mixture

μίγνυμι mix,mingle

μικρός,ά,όν little,small

μικρῶς to a small degree

μικτός,ή,όν mixed

μίλιον mile

μιμέομαι imitate

μίμμα,ατος thing imitated,copy

μίμησις,εως imitation

μιμνήσκω remind; mid. remember,
　mention

μῖξις,εως mixing,intercourse
μισανθρωπία hatred of mankind
μισέω hate
μισητός,ή,όν hateful
μίσθιος,α,ον salaried,hired
μισθός pay,wages,reward
μῖσος,ους hatred
μίτρα linen girdle,headband,turban
μνεία remembrance
μνῆμα,ατος memorial,tomb
μνημεῖον memorial,tomb
μνήμη remembrance,memory,record
μνημονεύω remember,mention
μνημόσυνον remembrance,memorial,fame
μνηστεύω court,betroth
μόγις with difficulty,hardly,scarcely
μόδιος (a dry measure of about) a
   peck,vessel of a μόδιος capacity
μοῖρα part,portion,destiny,fate
μοιχεία adultery
μοιχεύω commit adultery with
μοίχιος,α,ον adulterous
μόλιβδος (μόλυβδος) lead
μόλις scarcely,hardly
μολύνω defile
μονάς,άδος unit,monad
μονογενής,ές only,unique
μονόκερως,ων one-horned,unicorn;
   wild ox
μόνος,η,ον alone,only
μόνως only
μόριον portion,part,prefix
μορφή form,kind
μορφόω form,shape
μοσφαθαιμ (Heb.) sheepfolds
μοσχάριον little calf
μόσχος calf,heifer
μοῦνος (= μόνος)
μουσικός,ή,όν musical,devoted to
   the Muses
μοχθέω be weary with toil
μοχθηρός,ά,όν wretched,rascally
μοχθός toil,labor
μυέω initiate into the mysteries,
   initiate,instruct

μύησις,εως initiation,mystery
μυθογράφος writer of legends or myths
μυθολογία fiction,legend
μυθοποιέω relate a fable,invent
μῦθος thing said,tale,fable
μυκτήρ,ῆρος nostril
μυκτηρίζω sneer at,mock
μύξα mucus,nostril
μυριάκις ten thousand times
μυριάς,άδος ten thousand,myriad
μυρίος,α,ον numberless,countless
μύρον sweet-oil,perfume
μυρσίνη myrtle,myrtle branch
μῦς,μυός mouse
μυσάττομαι loathe,abominate
μυστηριακῶς secretly
μυστήριον mystery,secret; τὰ μ. the
   mysteries
μυχός innermost part,recess
μωκάομαι mimic,ridicule; μωκώμενος
   in jest
μώλωψ,ωπος mark of a blow,bruise
μωραίνω be foolish; pass. become
   tasteless
μωρός,ά,όν dull,stupid

N

Ναζωραῖος,ου Nazarene
ναί yes
ναός temple,shrine
ναυαγέω be shipwrecked
ναυαγός,όν shipwrecked
νεάζω be young,new,of youthful spir-
   it,grow young again
νεανίσκος young man
νεκρός,ά,όν dead
νέμησις,εως distribution
νέομαι come,go,return
νεομηνία new moon
νέος,α,ον young,new
νεότης,ητος youth
νεφέλη cloud
νεφεληγερέτης,ου cloud-gatherer
νεώς,ώ (=ναός) temple,shrine

νεωτερίζω make innovations,revolt

νεώτερος,α,ον younger,newer,worse

νή (particle of strong affirmation,
  with acc. of the divinity invoked)

νήθω spin

νήκτης,ου swimmer

νήπιος,α,ον infant,childish

νῆσος island

νηστεία fasting

νηστεύω fast

νήφω drink no wine,be sober

νῆψις,εως sobriety,wakefulness

νικάω conquer,prevail over

νίπτω wash,cleanse

νοερός,ή,όν intellectual

νοέω see,perceive,learn,think

νοήμων,ον thoughtful,sensible,wise

νόησις,εως understanding,idea,
  concept

νοητός,ή,όν mental,intelligible

νοθεία illegitimacy

νομή pasture

νομίζω use customarily,think,
  consider,esteem,believe

νομικός,ή,όν relating to law;
  ὁ ν. lawyer,doctor of the
  Jewish law

νομικῶς lawfully,rightly

νόμιμος,η,ον customary,lawful

νομοθεσία legislation

νομοθετέω make laws,regulate

νομοθέτης,ου lawgiver

νόμος law,Torah

νοσέω be sick

νόσημα,ατος sickness,disease

νόσος sickness,disease

νότιος,(α),ον southern

νότος south wind,south
  (south-west)

νουθεσία warning

νουθετέω warn,admonish

νοῦς,νοῦ and νοός (=νόος) mind,
  understanding; ν. ἔχειν have
  sense

νύκτωρ by night

νύμφη bride

νυμφίος bridegroom,son-in-law

νυμφών,ῶνος bridechamber

νῦν (νυνί) now

νύξ,νυκτός night

νυστάζω nod,sleep

νωθροκάρδιος,ον slow of heart

νωθρός,ά,όν sluggish,dull

νῶτον back

Ξ

ξαίνω comb,thresh,mangle

ξανθός,ή,όν yellow,golden

ξενία hospitality,guest room

ξενίζω receive a guest,surprise,
  be or make strange

ξένιος,α,ον hospitable,(Zeus)
  protector of the rights of
  hospitality

ξένος,η,ον foreign,strange; ὁ ξ.
  guest-friend,guest,stranger;
  ἡ ξ. (sc. γῆ) foreign land

ξέστης,ου a Roman measure (Lat.
  sextarius) nearly equal to a pint,
  pitcher

ξηραίνω dry up,parch

ξηρός,ά,όν dry

ξιφίδιον small sword,dagger

ξοανοποιία forming of images

ξυλάριον small piece of wood,twig

ξύλινος,η,ον of wood

ξύλον wood,piece of wood,tree

ξυν- (see συν-)

Ο

ὁ,ἡ,τό definite article,the

ὀγδοαδικός,ή,όν of the eighth (heaven)

ὀγδοήκοντα eighty

ὄγδοος,η,ον eighth

ὅδε,ἥδε,τόδε this; τῇδε here,thus

ὁδεύω travel,journey

ὁδηγέω lead,guide,teach

ὁδοιπορέω journey

ὁδοιπορία (ὁδοιπορίη) journey

ὁδός way,road

ὁδούς,όντος tooth

ὀδυνάω cause pain

ὀδύνη pain, grief

ὅθεν whence, wherefore, where

ὀθόνη white linen, sheet, sail

ὀθόνινος, η, ον of fine linen

οἶδα know, perceive

οἰκεῖος, α, ον belonging to a household, proper, own, friendly

οἰκειόω make kin; mid. be made friendly, become familiar with

οἰκείως properly, suitably, naturally

οἰκέτης, ου household slave

οἰκέω inhabit; οἰκουμένη (so. γῆ) inhabited world, Roman world

οἴκημα, ατος dwelling, temple, chapel

οἴκησις, εως dwelling

οἰκία house, household, family

οἰκοδομέω build

οἰκοδομή building process, building

οἰκοδόμος builder

οἴκοι at home, in the house

οἰκονομέω manage, regulate

οἰκονομία management

οἰκονόμος manager, steward

οἶκος house

οἰκουμένη (see οἰκέω)

οἰκτιρμός pity

οἰκτίρμων, ον merciful, compassionate

οἰκτίρω pity, have compassion on

οἴμμοι (οἴμοι) woe's me! alas!

οἰμωγή wailing, lamentation

οἰμώζω wail, lament

οἶνος wine

οἰνόω intoxicate; pass. get drunk

οἴομαι (οἶμαι) think, suppose

οἶος, οἴα, οἶον such as, of what sort; οἶόν τέ ἐστιν it is possible

οἰωνός bird of omen

ὀκνέω shrink from, hesitate

ὀλεθρεύω destroy

ὀλέθριος, ον destructive, deadly, ruinous

ὄλεθρος ruin, destruction

ὀλίγος, η, ον small, few, little

ὀλιγοχρόνιος, (α), ον short-lived

ὀλιγοψυχέω weaken, be discouraged

ὀλιγοψυχία faint-heartedness

ὁλοκαύτωμα, ατος whole burnt-offering

ὅλος, η, ον whole, entire; τὸ ὅ. the universe

ὀλοφυρτικῶς lamentably

Ὀλύμπιος, ον Olympian

ὅλως wholly, actually; οὐχ ὅ. not at all

ὄμβρος rain

ὄμηρα, ἥρων (=ὅμηρος) hostage, hostages

ὁμιλέω associate with, encounter, address, speak to

ὁμιλία intercourse, fellowship, association

ὄμμα, ατος eye

ὄμνυμι (ὀμνύω) swear, confirm by oath

ὁμόγνιος, ον of the same race, (Zeus) protector of a race or family

ὁμογνωμονέω be of one mind, agree with

ὁμοειδής, ές of the same kind

ὁμοήθεια agreement of habits

ὁμοθυμαδόν with one accord

ὅμοιος, α, ον like; ὅμοιον in like manner

ὁμοιότης, ητος likeness

ὁμοιόω make like, liken, compare; pass. become like

ὁμοίως in like manner, equally

ὁμολογέω agree with, confess

ὁμολογία confession, profession

ὁμονοέω agree

ὁμόνοια concord

ὁμοούσιος, ον consubstantial

ὁμόφυλος, ον of the same race, related

ὄμφαξ, ακος unripe grape

ὁμώνυμος, ον of the same name

ὅμως nevertheless, yet

ὀνειδίζω reproach, upbraid

ὀνειδισμός reproach

ὄνειδος, ους reproach, disgrace

ὀνειροκρίτης, ου interpreter of dreams

ὀνίνημι benefit; mid. receive benefit, enjoy

ὄνομα, ατος name

ὀνομάζω name, call

ὀνομασία name

ὀνομαστός, ή, όν named, famous

ὄνος ass

ὄντως actually

ὀξύρυγχος,ον sharp-snouted; ὁ ὁ. an Egyptian fish

ὀξύς,εῖα,ύ sharp,swift

ὀξύτης,ητος sharpness,quickness

ὀπαδός (ὀπηδός) attendant,body-guard

ὄπισθε(ν) behind,after

ὀπισθοβαρής,ές loaded behind,grievous

ὀπίσω backwards,again,after,here-after,behind

ὁπλή hoof

ὁπλίζω make ready,equip,arm

ὅπλον implement,hoof,horn; pl. arms and armor

ὁποῖος,α,ον of what sort,such as

ὁπόσος,η,ον as much as

ὁπότε when

ὅπου where

ὀπτασία vision

ὀπτάω roast,broil,bake

ὅπως in order that,how

ὅραμα,ατος vision

ὅρασις,εως seeing,appearance,vision

ὁρατός,ή,όν to be seen,visible

ὁράω see,look,perceive

ὄργανον tool,organ,device

ὀργή wrath,anger,emotion

ὀργίζω make angry,irritate

ὀργίλος,η,ον irritable,inclined to anger

ὀρέγομαι reach at,desire

ὄρεξις,εως longing,desire

ὀρθός,ή,όν straight,right

ὄρθρος dawn

ὀρθῶς rightly,justly,truly

ὁρίζω divide,make out,order,define, distinguish

ὁρκάω bind by oath

ὅρκος oath

ὁρμάω urge on,rush headlong,hurry

ὁρμή onrush,impulse,pressure, attack,desire; (in Stoic philosophy) appetition (including reasoned choice and irrational impulse

ὄρνεον bird

ὀρνιθοσκόπος,ον divining (by birds)

ὄρνις,ὄρνιθος bird

ὁροθεσία boundary-fixing; pl. boundaries,limitations

ὄρος,ους mountain

ὄρυγμα,ατος excavation,ditch

ὀρύσσω (ὀρύττω) dig,burrow,pierce

ὀρφανός,ή,όν orphan,desolate

Ὀρφεοτελεστής,οῦ initiator into the Orphic mysteries

Ὀρφικός,ή,όν of Orpheus, Orphic

ὅς,ἥ,ὅ who,which

ὁσημέραι daily

ὅσιος,α,ον holy,religious

ὁσιότης,ητος piety

ὁσίως piously,religiously

ὅσος,η,ον as much as,as many as

ὅσπερ,ἥπερ,ὅπερ the very person who, the very thing which

ὀστέον (ὀστοῦν) bone

ὅστις,ἥτις,ὅτι anyone who,anything which

ὀστοῦν (contr. for ὀστέον)

ὀστράκινος,η,ον of clay,earthen

ὄστρακον potsherd,earthenware,tile

ὀσφραίνομαι smell,scent

ὀσφῦς,ὀσφύος loin or loins

ὅταν whenever,since

ὅτε when

ὀτέ sometimes,now and then

ὅτεπερ when indeed

ὅτι that,because

ὁτιοῦν whatsoever

ὀττεύομαι divine from voice or sound

οὐ (οὐκ,οὐχ) no,not

οὐαί woe!

οὐδαμῶς by no means

οὐδέ and not,but not,not ever,nor

οὐδείς,οὐδεμία,οὐδέν no one,none, nothing; οὐδέν in nothing,by no means

οὐδέποτε never

οὐθείς,οὐθέν (late form for οὐδείς)

οὐκέτι no longer

οὖλος,η,ον wooly,curly

οὖν then,therefore,now

οὔνομα (see ὄνομα)

οὐράνιος,α,ον heavenly

οὐρανός heaven,sky

οὖς,ὠτός ear

οὐσία property,substance,element

οὐσιώδης,ες essential,substantial

οὔτε...οὔτε neither....nor

οὗτος,αὕτη,τοῦτο this

οὕτω (οὕτως) thus,so

οὐχί (emphatic form of οὐ)

ὀφειλέτης,ου debtor

ὀφειλέω (see ὀφείλω)

ὀφειλή debt

ὀφείλημα,ατος debt

ὀφείλω be liable to,owe

ὄφελος,ους advantage,help

ὀφθαλμός eye

ὀφιοπλόκαμος,ον with snaky curls

ὄφις,ὄφεως serpent

ὄφρα that,in order that,while,until

ὀχευτικός,ή,όν salacious,fertilizing

ὀχλέω trouble,disturb

ὄχλος throng,crowd,mob

ὀχυρός,ά,όν strong,secure,fortified

ὀχύρωμα,ατος fortress

ὀψέ at length,late

ὀψία evening

ὄψις,εως appearance,sight,vision;
    pl. eyes

ὀψώνιον pay,salary,allowance

Π

παγίς,ίδος snare,trap

παγκρατής,ές all-powerful

πάγος crag,rocky hill

Παγχαῖος,α,ον Panchean,inhabitant
    of Panchea

πάθημα,ατος suffering,affliction

παθητός,ή,όν subject to suffering
    liable to change

πάθος,ους happening,misfortune,
    emotion

παιδάριον little child,young slave

παιδεία education,discipline

παίδευσις,εως training,education

παιδευτής,οῦ teacher,corrector

παιδεύω teach,discipline

παιδιά amusement,sport

παιδικός,ή,όν of a boy or child;
    τὸ π. favorite

παιδίον child,young slave

παιδίσκη maiden,young female slave,
    maidservant

παίζω play,dance and sing

παῖς,παιδός child,youth,slave,
    servant

παίω strike,hit

πάλαι long ago

παλαιός,ά,όν old; τὸ π. anciently

παλάμη palm,hand,violence,device

παλαμναῖος one guilty of violence,
    murderer,avenger

πάλιν back,again

παλίουρος a thorny shrub

παλλακή concubine

πάμπαν wholly,altogether

παμπληθής,ές very numerous

παναρμόνιος,α,ον all-harmonious

πάνδωρος,ον all-giving,all-bounteous

πανήγυρις,εως general assembly,
    festival

πανθαμάρτητος,ον altogether sinful

Πανικός,ή,όν of Pan,panic

πανμεγέθης (παμμ-),ες very great,
    immense

πανοπλία full armor

πανουργία villainy,prudence

πανταχῆ (-χῆ) everywhere

πανταχόθεν from everywhere

πανταχοῦ everywhere

παντελῶς entirely

πάντεσσι (=πᾶσι;see πᾶς)

πάντη (-τη) on every side

πάντοθεν from every side

παντοῖος,α,ον of all sorts or kinds

παντοκράτωρ,ορος almighty

πάντοτε always

πάντροφος,ον all-nurturing

πάντως in all ways,by all means,at
    any rate

πάνυ altogether

πάνυγρος,ον very damp or wet

πάππος grandfather

παπύρινος,η,ον made of papyrus

παρά from,beside,near,by,along, among,past,beyond

παραβαίνω go beyond,transgress

παράβασις,εως transgression

παραβάτης,ου transgressor

παραβλώψ,ῶπος a looking aside, squinting

παραβολή parable

παραβύω insert,stab

παραγγέλλω give orders,exhort, recommend

παραγίνομαι be beside,stand by, come to

παράγω lead by,bring in,pass by,avert

παράδειγμα,ατος pattern,model,exemplar

παραδειγματίζω make a public example of,contemn openly

παράδεισος park,garden,Paradise

παραδέχομαι receive from another or by tradition,take over

παραδίδωμι give over,betray,entrust, hand down

παράδοξος,ον unexpected,noted,in- credible,admirable

παραδόξως unexpectedly,incredibly

παράδοσις,εως tradition,surrender

παραδύω steal in,slip in

παράθυρος side door

παραινέω recommend,exhort

παραιτέομαι beg from,decline,avoid

παρακάθημαι sit beside

παρακαθίζω set beside;mid.sit beside

παρακαλέω summon,invite,exhort,com- fort,beseech

παρακελεύω exhort,order

παράκλησις,εως summons,ex- hortation,consolation

παράκλητος advocate,counsellor

παρακμάζω be past the prime

παρακολουθέω follow closely,understand

παρακολούθησις,εως following closely, understanding

παρακολουθητικός,ή,όν of understand- ing

παρακούω misunderstand,disobey

παρακύπτω stoop or glance sideways, peep in,look in,appear in

παραλαμβάνω receive

παραλείπω omit

παράλιος,α,ον by the sea

παραλλαγή transfer,alternation,dif- ferentiation

παραλλάσσω change; παρηλλαγμένος,η,ον strange,extraordinary

παραλυτικός,ή,όν paralytic

παραμένω persist in

παραμυθέομαι encourage

παρανομέω transgress the law

παράνομος,ον unlawful,lawless,unjust

παράπαν (properly τὸ π.) altogether

παραπίπτω fall away

παραπλέκω weave in,braid,curl

παραπλήσιος,α,ον close to,like

παραπλησίως about equally

παραπορεύομαι go beside,go past

παράπτωμα,ατος transgression

παράπτωσις,εως transgression

παρασιωπάω pass over in silence

παρασκευάζω prepare

παρασκευή preparation,day of Pre- paration (Friday)

παραστάσις,εως removal,representation

παραστάτις,ιδος helper,assistant

παρατάσσω draw up in battle order

παρατηρέω observe closely

παρατήρησις,εως observation

παρατίθημι place beside,deposit,pro- vide; mid. entrust

παρατυγχάνω happen to be present, be at hand

παραφέρω bring forward,allege

παραφυλάσσω watch beside,watch,ob- serve closely

παραχρῆμα immediately

παραχωρέω give place to

πάρδαλις,εως leopard

παρεγγυάω commend to another,exhort

παρεγκλίνω cause to incline sideways, alter slightly

παρεδρεύω sit constantly beside

πάρεδρος,ον sitting beside; ὁ π. assistant

παρείας,ου reddish-brown snake (sacred to Asclepius)

πάρειμι be near,be present,be possible

πάρειμι pass by,come forward

παρεισάγω introduce,propose

παρεκτός besides,except for

παρεμβάλλω insert,encamp

παρεμβολή insertion,camp

παρενοχλέω annoy,nag

παρεπίδημος sojourner at a strange place

παρέργως incidentally,casually

παρέρχομαι pass by (away),surpass, outwit,arrive at,come forward

πάρεσις,εως dismissal,remission

παρέχω furnish,allow,make over to, render

παρηγορέω address,console,soothe

παρηλλαγμένως differently

παρθένος virgin,maiden

παρίστημι place beside,show,stand before; παρεστηκώς,υῖα,ός fully grown,ripe

παρό (=παρ' ὅ) wherefore

παρόδιος,ον by (on) the roadway

παροικεσία (= παροικία)

παροικέω dwell by,live in

παροικία sojourning (in a foreign land)

πάροικος alien,sojourner

παροιμία proverb,adage

παροξύνω irritate,provoke

παροξυσμός paroxysm

παροράω look sideways,notice,overlook,disregard

παρουσία presence,arrival,advent

παρρησία outspokenness,confidence

πάρωρος,ον untimely,beyond the proper time

πᾶς,πᾶσα,πᾶν all,every

πάσσαλος peg,pin

παστός bridal chamber

πάσχω suffer,feel

πατάσσω beat,wound,strike

πατέω walk,tread on

πατήρ,πατρός father

πατρία lineage,family

πατρικός,ή,όν of or from one's father

πάτριος,α,ον of one's father,hereditary

πατρίς,ίδος fatherland,native country

πατρῷος,α,ον of or from one's father, ancestral

παύω make to end,stop; mid.& pass. cease

πεδίον (πέδον) plain

πεζός,ή,όν on foot; ὁ π.infantry, messenger

πειθαρχέω obey

πείθω persuade; mid.& pass.trust; πεποιθώς with sure confidence

πεινάω be hungry

πεῖρα experience,attempt

πειράζω test,tempt

πειράομαι attempt,make trial of

πειρασμός trial,temptation

πελάγιος,α,ον of the sea

πέλαγος,ους sea

Πελλαῖος,α,ον of Pella

πέμπτος,η,ον fifth

πέμπω send

πένης,ητος poor man

πενθέω mourn

πένθιμος,(η),ον for mourning,mournful

πένθος,ους mourning,grief

πενία poverty,need

πένομαι be poor

πεντακόσιοι,αι,α five hundred

πεντακοσιοστός,ή,όν five-hundredth

πέντε five

πεντήκοντα fifty

πεντηκοστός,ή,όν fiftieth; ἡ π. (sc. ἡμέρα) Pentecost

πέπειρος,ον ripe,mellow; τὸ π. ripeness

πεποίθησις,εως confidence

πέπρωται (see πόρω)

περ very much,by far,indeed,etc. (depending on preceding word) περαιτέρω further

πέραν on the other side

πέρας,ατος end,boundary; (adv.) at last

περάω drive across,pass through

περί around,concerning,about

περιάγω lead around

περιαστράπτω flash around,dazzle

περιβάλλω put on,clothe

περίβλεπτος,ον admired on all sides

περιβλέπω look around

περιβολή precinct

περιγίνομαι prevail over, live over, escape from,survive

περιγράφω define,sketch

περίειμι be around,surpass

περίειμι go around

περιεκτικός,ή,όν containing,universal

περιεργάζομαι overdo,bargain,seek diligently

περιεργία curiosity,meticulous care

περίεργος,ον over-careful,curious

περιέχω surround,include; τὸ περιέχον the atmosphere

περιθέω run around

περιΐσχω (=περιέχω)

περικαθαίρω purify completely

περικαίω scorch

περικαλλής,ές very beautiful

περικαλύπτω cover all around,wrap

περίκειμαι lie around,be summoned by

περικεφάλαιος,α,ον round the head; ἡ π. helmet,cap

περικλύζω wash,bathe

περικλυτός,ή,όν famous,noble

περικόπτω out off

περικυκλόω encircle

περιλάμπω shine round about

περίλοιπος,ον remaining,surviving

περιμάχητος,ον fought for,much desired

περιμένω await,wait

περίοδος going round,orbit,cycle, period (of time)

περιουσία residue,abundance, superiority

περιούσιος,ον abundant,peculiar

περιπατέω walk about

περιπέτομαι fly around

περιπίπτω fall around,embrace,fall in with,encounter

περιπλέκω twine around,embrace

περιποιέω secure; mid. acquire

περιπολέω wander about

περιπόλησις,εως wandering

περιπτύσσω enfold,embrace

περιρραίνω sprinkle; mid.purify oneself

περισπασμόν distraction

περισπάω draw away,distract

περισσεία abundance,advantage

περισσεύω be more than enough, abound

περισσός (περιττός),ή,όν prodigious, extraordinary,eccentric,superfluous

περίστασις,εως circumstance

περιστερά dove,pigeon

περιτειχίζω wall about,fortify

περιτέμνω cut around or off,circumcise

περιτίθημι put around,put on,bestow

περιτομή circumcision

περιττός,ή,όν (see περισσός)

περιφέρεια circumference

περιφέρω carry around

περιφορά circuit,revolution

περιφράσσω fence

περιφύω grow round about

περπερεύομαι boast

Πέρσης,ου Persian

Περσικός,ή,όν Persian

Περσίς,ίδος Persian; ἡ π.(γῆ) Persia

πετεινός,ή,όν winged; τὸ π. bird

πέτομαι fly

πέτρα rock,cliff

πετροβόλος stone-thrower

πετρώδης,ες rocky

πέττιον (πέσσιον) checker,game-piece; pl. checkers or backgammon

πῆ (πη) how? which way? where?

πηγή foundation,stream

πήγνυμι fix,fasten,make solid

πηδάω leap

πηλός clay, earth, mud, mire

πιάζω (= πιέζω) oppress, repress, catch

πιθανός, ή, όν persuasive, influential

πικρία harshness, cruelty

πικρός, ά, όν sharp, angry, fierce, bitter

πικρῶς bitterly, fiercely

πίμπλημι fill up

πίνω drink

πιπράσκω sell

πίπτω fall, fall down

πιστεύω believe, trust, entrust

πίστις, εως faith, trustworthiness, proof, faithfulness

πίσυνος, ον relying on, trusting on

πίων, πῖον fat, rich, prosperous

πλακοῦς, οῦντος a flat cake

πλανάω lead astray; pass. wander, stray; αἱ πλανώμεναι planets

πλάνη wandering, going astray, error

πλάνης, ητος wanderer; π. (ἀστήρ) planet

πλάξ, πλακός plain, tablet

πλάσμα, ατος anything formed, body, forgery

πλάσσω (πλάττω) shape, form, forge

πλατεῖα street

πλάτος, ους breadth

πλεῖστος, η, ον (sup. of πολύς) most, greatest; (as adv.) πλεῖστον most, τὰ π. for the most part

πλείων (πλέων), πλεῖον (πλέον) more, greater; (as adv.) πλεῖον, ἐπὶ πλεῖον, πλείω more, rather

πλέκω plait, contrive, devise

πλεονασμός excess

πλεονέκτης, ου greedy, grasping

πλεονεξία greediness, arrogance

πλευρά rib, side

πλέω sail

πληγή blow, impact, wound, plague

πλῆθος, ους fulness, crowd, quantity

πληθύνω increase, multiply

πλημμέλεια fault, error, sin

πλημμέλημα, ατος fault, trespass

πλήμμυρα (πλήμυρα) flood, overflowing

πλήν except, only, however, but

πλήρης, ες full, complete

πληροφορέω accomplish, fulfil

πληρόω make full, fulfil

πλήρωμα, ατος that by which a thing is filled, fulness

πλησιάζω bring near, be near, consort with (sexually)

πλησιαίτερος, α, ον (comp. of πλησίος)

πλησίος, α, ον near; ὁ π. neighbor; πλησίον near, nearby

πλησμονή satiety, indulgence

πλήσσω strike

πλοῖον boat

πλόκαμος lock or braid of hair; pl. hair

πλούσιος, α, ον rich, wealthy

πλουτέω become rich

πλουτίζω make rich

πλοῦτος wealth

πνεῦμα, ατος wind, spirit

πνευματικός, ή, όν spiritual

πνέω blow, breathe, smell of

πνοή wind, breath

ποδαπός, ή, όν from what country? of what sort?

ποδόνιπτρον foot pan

πόθεν whence

ποθέν from some place or other

ποθέω desire, long for

πόθος desire, yearning

ποῖ whither?, where?

ποιέω do, practise, make

ποίημα, ατος work, deed

ποίησις, εως production, creation, poem

ποιητής, οῦ maker, creator, poet

ποικιλία embroidery, tapestry

ποικίλλω embroider, diversify, embellish

ποικίλος, η, ον many-colored, various, intricate, rich

ποικίλως variously

ποιμαίνω shepherd, govern

ποιμήν, ένος shepherd

ποίμνη flock (of sheep)

ποίμνιον a little flock (of sheep)

ποινή blood-money, requital, penalty

ποῖος, α, ον what sort of?

ποιότης,ητος quality

πολεμέω make war (on),fight

πολεμικός,ή,όν of or for war

πολέμιος,α,ον hostile; ὁ π. enemy

πόλεμος war,battle,fight

πολιορκία siege

πολιεύς,έως (Zeus) guardian of the city

πόλις,εως city

πολιτεία citizenship,government, state

πολιτεύομαι live,be governed, engage in politics

πολιτευτής,οῦ statesman

πολίτης,ου citizen

πολιτικός,ή,όν civil,public,political

πολῖτις,ιδος citizen (fem.)

πολλάκις many times,often

πολλαχοῦ in many places

πολλαχῶς in many ways

πόλος pivot,celestial sphere,sky

πολυδράστεια she who accomplishes much

πολυετής,ές of many years

πολυλογία much speaking

πολυμαθής,ές knowing much

πολυμάταιος,α,ον very foolish

πολυπλοκία intricacy,cunning,subtlety

πολυπραγμονέω be busy about many things,interfere

πολύς,πολλή,πολύ much,many,great

πολυσαρκία fleshiness,plumpness

πολυσπλαγχνία great mercy

πολύσπλαγχνος,ον of great mercy

πολυτέλεια great expense,extravagance

πολυτελής,ές very expensive

πολυτεχνία versatility in arts

πολύφροντις,ιδος full of thought

πολύχρηστος,ον widely useful

πολυχρόνιος,ον old,ancient,lasting a long time

πολυώνυμος,ον of or worshipped under many names

πόμα,ατος drink

πομπεύω take part in a procession

πονέω toil,work hard

πονηρεύω do evil

πονηρία wickedness,guilt

πονηρός,ά,όν evil,wrong

πόνος toil,pain,distress,trouble

Ποντικός,ή,όν of Pontus,Pontic

πόντος (open) sea

πόπανον round cake (for sacrifices)

πορεία way,course

πορεύω bring,carry,send; mid. & pass. go,walk,march

πορθέω ravage,destroy,ruin

πορίζω bring,provide

πορνεία prostitution,fornication

πόρνη harlot

πόρρω forwards,further into,far from

πόρρωθεν from afar,far off

πόρω (only 2nd.aor.,pf. & plpf.) bring to pass,contrive,grant; πέπρωται it is fated,allotted

πόσις,εως drink,drinking

πόσος,η,ον how much? how great? how many?

ποταμός river

ποτέ at some time,once; ποτέ...ποτέ at one time...at another

πότε when?

πότερος,α,ον which of two; πότερον ...ἤ whether...or

ποτήριον cup

ποτίζω cause to drink

ποτός,ή,όν for drinking; τὸ π. drink

ποῦ where?

που somewhere

πούς,ποδός foot; παρὰ πόδας clearly, at once

πρᾶγμα,ατος deed,thing,effect; pl. business,affairs,trouble

πραγματεία undertaking

πραγματεύομαι be busy,be concerned with

πραέως (=πράως) mildly,gently

πρᾶξις,εως deed,action

πραότης,ητος meekness,gentleness

πράσσω (πράττω) do,practise,make, work

πραΰνω soothe,tame

πραΰς,εῖα,ΰ gentle,meek,soft

πραΰτης,ητος gentleness,mildness

πρέπω be clearly seen, resemble, be fitting

πρεπώδης, ες proper, becoming

πρεσβεία age, rank, embassy

πρεσβεύς, έως ambassador

πρεσβευτής, οῦ ambassador, lieutenant

πρεσβύτατος, η, ον (sup. of πρεσβύτης)

πρεσβύτερος, α, ον (comp. of πρεσβύτης)
οἱ π. elders, presbyters

πρεσβύτης, ου elderly man

πρίμαν (Lat.) first

πρίν before

πρό before, forth

προαγνεύω purify beforehand

προάγω lead on, go before, proceed

προαίρεσις, εως choosing, purpose, policy

προαιρέω choose before, prefer, purpose

προαμαρτάνω sin before

προάρχω begin first

προβαίνω step forward, advance

προβάλλω throw or set before, propose, put forward

πρόβατον sheep

προγίνομαι happen beforehand, exist before

προγινώσκω know beforehand

πρόγονος ancestor

προγράφω write before

πρόδηλος, ον clear beforehand, very clear

προδιάκειμαι be in a certain condition beforehand

προεῖπον say before, declare publicly, command before

προείρω (-ερῶ, etc.) (see προλέγω)

προεξομολογέομαι confess beforehand

προεστώς, ῶτος leader

προετοιμάζω prepare beforehand

προέχω (=προσέχω) turn to, attend to, cling to

προηγέομαι lead the way; προηγούμενος, η, ον leading, principal

προηγουμένως chiefly

προήκω go before, have advanced

πρόθεσις, εως proposition, offering, purpose, presentation

προθυμέομαι desire

προθύμως readily, actively

προΐστημι set before, establish as prior

προκαθίζω sit in state

προκαλέομαι summon, appeal, provoke

προκατάρχω begin first, originate

προκατασκευάζω supply in addition

προκενόω empty beforehand

προκηρύσσω proclaim publicly

πρόκλησις, εως challenge, proposal

προκομίζω bring forward, advance

προκοπή progress, success

προκόπτω advance

προκύπτω point forward, stick out

προλαμβάνω take before, overtake

προλέγω predict, say beforehand, mention before

πρόληψις, εως preconception

προμηνύω inform of before

προνηστεύω fast beforehand

προνοέω plan, provide

πρόνοια forethought, providence

προνομία privilege

πρόοδος advance, progress

προοικοδομέω build in front, beforehand

προοίμιον introduction, preface, preamble

προπάτωρ, ορος forefather, ancestor

προπέμπω send forth or before

προπέτεια headlong haste, rashness

προπηδάω spring forward

προπίπτω fall forward, throw oneself forward

πρόρρησις, εως prediction

πρός from, near, by, toward, at, to, against, in reference to, besides

προσαγορεύω name, call, tell

προσάγω bring to, draw near

προσαγωγή approach, access

προσανέχω await, devote oneself to

προσάπτω fasten upon, attach to

προσάρκτιος, ον northerly

προσαρτάω fasten to

προσαυδάω speak to, address, accost

προσβάλλω add to, increase, approach, attack

προσδεκτός, ή, όν acceptable

προσδέομαι want, lack, need, beg

προσδέχομαι receive, admit

προσδέω tie to, fasten on

προσδιαλέγομαι converse with

προσδοκάω expect, look for

προσεγγίζω bring near, approach

πρόσειμι belong to, be present

πρόσειμι approach, come in, attack

προσεξευρίσκω devise besides

προσέοικα be like, seem fit

προσεπισωρεύω pile up besides

προσέρχομαι come to, go to, enter,
  attack

προσέτι besides

προσευχή prayer, petition, place
  of prayer

προσεύχομαι vow, pray

προσέχω turn to, attend to, cling
  to, be on one's guard against

προσηγορία greeting, appellation,
  name

προσηκόντως fitly

προσήκω come to, arrive; impers.
  beseem, befit

προσημαίνω foretell, proclaim

προσηνῶς gently, lovingly

πρόσθεν before, in front of, formerly

προσίημι admit, allow, accept

προσίστημι set against, check, offend

προσκαθοσιόω consecrate besides

προσκαλέω summon

προσκαρτερέω persevere

προσκρούω offend

προσκυνέω do obeisance, fall down
  and worship, worship

προσλαλέω talk with (to)

προσλαμβάνομαι (προσλαμβάνω) take
  besides, receive

προσλέγω address, accost

προσλιπαρέω persevere, persist

προσμένω wait, await

προσμίγνυμι (-μείγνυμι) make to
  reach or touch, put ashore

προσνέμω dedicate to, assign

πρόσοδος approach, revenue, profit

προσομιλέω converse with

προσονομάζω name

προσορίζω bound, determine

προσοφείλω owe besides

προσοχή attention

προσοχθίζω be angry with

προσπάσχω have a special feeling for

προσπίπτω fall against, attack, assail

προσποιέω pretend to, pretend

προσπορεύομαι approach

πρόσταγμα, ατος ordinance, command

πρόσταξις, εως ordinance, command

προστάσσω (προστάττω) appoint, de-
  fine, enjoin, command

προστάτης, ου chief, chief protector

προστίθημι put to, add, continue, repeat

προστρέχω run to or against

προστυγχάνω obtain, meet with, come upon

προσυποδείκνυμι show besides

πρόσφατος, ον newly slaughtered or
  slain, fresh, new, recent

προσφέρω bring to, offer, present

προσφορά presentation, offering,
  expression

προσχωρέω unite with

προσωπολημπτέω show partiality

προσωπολημψία partiality

πρόσωπον face, front

προτείνω offer, hold before

πρότερον before, earlier, formerly

πρότερος, α, ον former

προτίθημι set before, propose

προτιμάω give greater honor to,
  prefer in honor

προϋπάρχω be beforehand, exist before

προϋπισχνέομαι promise beforehand

προϋποδείκνυμι explain beforehand

προφανερόω show forth, foreshow

προφανία (προφάνεια) distinction,
  eminence

πρόφασις, εως apparent cause, pretext

πρόφημι say before

προφητεία prophecy, oracular response

προφητεύω prophesy

προφήτης, ου prophet

προφητικός,ή,όν prophetic

πρώην lately,day before yesterday

πρωΐ (πρῴ) early in the day,forenoon

πρωταγωνιστής,οῦ chief actor

πρωτεῖον highest rank,first place

πρωτεύω be first,excel

πρῶτος,η,ον first; τὸ π. & τὰ π.
first,at first

πρωτότοκος,η,ον first-born

πταίω stumble,fall

πτέρνη hoof

πτεροφυέω put forth wings

πτηνός,ή,όν winged,flying; τὰ π.
birds

πτοέω terrify

πτόησις,εως excitement,fear

πτύρομαι be frightened

πτύω spit

πτωχίζω make poor

πτωχός,ή,όν poor,beggarly

πυκνά frequently

πυκνότερον more frequently

πυκνῶς frequently

πύλη gate,door

πυλών,ῶνος gateway,gate

πυλωρός gate-keeper

πυνθάνομαι inquire,learn,find out

πῦρ,πυρός fire

πύργος tower,fortification

πυργόω fence with towers

πύρινος,η,ον of fire,fiery

πυροειδής,ές fire-like,fiery

πυρόεις,εσσα,εν fiery

πυρόω burn,refine

πυρράκης,ου red,ruddy

πυρρός,ά,όν red

πύρωσις,εως burning

πῶλος foal

πῶμα,ατος lid,cover

πώποτε ever yet

πώρωσις,εως calloused state,hardening

πῶς how?

πως in any way,at all

P

ῥαββί (Aramaic) my master,lord

ῥάβδος wand,rod,staff

ῥαγάς,άδος rent,tearing

ῥᾴδιος,α,ον easy,easy-going

ῥᾳδίως easily

ῥαθυμέω be idle,be remiss

ῥᾴδιος,α,ον (see ῥᾴδιος)

ῥάκος,ους strip of cloth,rag

ῥαντίζω sprinkle

ῥάπισμα,ατος slap

ῥᾷστος,η,ον (super. of ῥᾴδιος)

ῥαστώνη mildness,rest,indolence

ῥέζω do,accomplish

ῥεῖθρον river,stream

ῥέω flow,run

ῥήγνυμι break,divide

ῥῆμα,ατος word,thing

ῥῆσις,εως word,speech

ῥητῶς definitely

ῥίζα root

ῥιζόω root,take root

ῥίπτω throw,cast,hurl

ῥίς,ῥινός nose,nostril

ῥόδον rose

ῥοῖζος rushing motion,whirl

ῥομφαία sword

ῥοπή decisive moment,twinkling

ῥύμη impetus,street

ῥύομαι guard,deliver

ῥυπαρός,ά,όν dirty,filthy

ῥύσις,εως flow,course,stream

ῥυσός,ή,όν shrivelled,wrinkled

Ῥωμαῖος,α,ον Roman

ῥώμη physical strength,might

ῥώννυμι be strong,be healthy,
farewell

Σ

σαββατίζω keep the Sabbath

σάββατον sabbath,rest,week

σαλεύω cause to vibrate,oscillate

σάλος tossing motion

σάλπιγξ,ιγγος trumpet

σαλπίζω sound the trumpet

σαπφείρινος (σαμπ-),η,ον of sapphire

σαρκικός,ή,όν of flesh,fleshly

σάρκινος,η,ον of flesh,fleshly

σαρκοποιέω make of flesh

σαρκοφαγία flesh-diet,eating of flesh

σάρξ,σαρκός flesh

σατράπης,ου satrap (title of a Persian governor of a province)

σαυτοῦ,ῆς (see σεαυτοῦ,ῆς)

σαφής,ές clear,sure

σαφῶς clearly,surely

σβέννυμι (σβεννύω) quench,put out

σεαυτοῦ,ῆς of yourself

σέβασμα,ατος object of worship or awe

σεβασμός reverence,worship

σεβαστός,ή,όν venerable; Σ. Augustus, Emperor

σέβομαι (σέβω) revere,worship,feel awe before God; ὁ σεβόμενος devout person,Jewish proselyte

σεῖω (=σοῦ)

σεισμός earthquake

σείω shake,heave

σελήνη moon

σεμνός,ή,όν holy,august,majestic

σεμνότης,ητος majesty,solemnity

σεμνύνω exalt,revere

σεμνῶς augustly,holily

σηκός enclosure,sanctuary,sepulchre

σημαίνω signify,point out

σημαντικός,ή,όν signifying

σημεῖον mark,sign,signal,miracle

σήμερον today

σήπω rot

σηρικός (σιρικός),ή,όν silken; τὸ σ. silken robe,silk

σής,σεός moth

σιαγών,όνος jaw-bone,cheek

σίδηρος iron knife,razor

σιδηροῦς,ᾶ,οῦν iron,steel

σίνομαι harm,injure

σιτευτός,ή,όν fattened

σιτίον (mostly pl.) grain,bread,food

σῖτος (pl.τὰ σῖτα) grain,food,bread

σιωπάω be silent

σιωπή silence,calm

σκανδαλίζω cause to stumble

σκάπτω dig

σκαφίς,ίδος tub,boat,skiff

σκαφοειδής,ές like a boat (bowl)

σκεδάννυμι scatter,disperse

σκέλος,ους leg

σκεπάζω cover,shelter

σκέπη shelter,protection,clothing

σκέπτομαι watch,examine,consider

σκέπτω (see σκέπτομαι)

σκεῦος,ους vessel,implement;pl. furniture,equipment

σκέψις,εως perception,consideration

σκηνή tent,stage

σκηνοποιέω make a tent

σκῆνος,ους (= σκηνή)

σκῆπτρον staff,stick,sceptre

σκιά shadow,shade

σκίασμα,ατος shadow

σκίλλα,ης squill

σκιρτάω leap

σκληραγωγέω bring up hardy

σκληρός,ά,όν hard,stubborn

σκληρύνω harden

σκολιῶς crookedly,sinuously

σκοπέω look at,consider

σκοπός scout,guardian,mark,object

σκόροδον garlic

σκορπίος scorpion

σκοτεινός,ή,όν dark

σκοτίζω make dark

σκοτομαχέω fight in the darkness

σκότος,ους darkness,gloom

σκύβαλον dung,filth

σκυθρωπάζω look sullen,gloomy,sad

σκυθρωπός,όν sullen,gloomy

σκύλαξ,ακος young dog,puppy

σκῦλον (mostly pl.) spoils,captured arms

σκυτοδέψης,ου leather-dresser

σκώληξ,ηκος worm

σκωρία dross,slag

σμύρνα myrrh

Σμυρναῖος,α,ον of Smyrna

σορός burial urn,coffin

σός,ή,όν your

σοφία wisdom,prudence

σοφίζω make wise

σοφιστής,οῦ expert,wise man,sophist

σοφός,ή,όν wise,skilled

σοφώτερος,α,ον (comp. of σοφός)

σπάνις,εως scarcity,rarity

σπαράττω tear,rend apart

σπαργανόω swathe,wrap up

σπάω draw,draw aside (the face)

σπείρω sow,disperse,extend

σπένδω make a libation

σπέρμα,ατος seed

σπερμολόγος,ον seed-picking,gossiping; ὁ σ. gossip,babbler

σπεύδω hasten,urge on,exert oneself

σπήλαιον grotto,cave

σπλαγχνίζομαι be merciful,have pity

σπλαγχνίζω (=σπλαγχνεύω) eat the inwards or flesh of a sacrifice

σπλαγχνισμός feeding on the inwards of a sacrifice

σπλάγχνον (mostly pl.) inward parts, seat of the feelings,"heart"

σπονδεῖον bowl,cup

σπορά sowing,seed,offspring

σποράς,άδος scattered

σπόριμος,ον sown,to be sown; τὰ σ. grainfields

σπόρος sowing,seed

σπουδάζω be zealous,do earnestly, make haste

σπουδαῖος,α,ον zealous,earnest

σπουδή zeal,effort,haste

στάδιον stade (standard of length, 606 3/4 feet),race-course, amphitheater

στάζω drop,let fall

στασιάζω quarrel

στάσις,εως stopping,position,faction, sedition,strife,revolution

σταυρόω crucify

σταφυλή bunch of grapes

στάχυς,υος head of grain

στέγη roof

στέγω bear,endure

στέλλω send,get ready; pass. be on one's way

στενάζω sigh,grieve

στεναγμός groaning,moaning

στενός,ή,όν narrow

στενοχωρία narrow space,distress

στένω moan,groan

στενωπός lane,pass,alley

στέργω love,feel affection for

στερεός,ά,όν stiff,hard,solid

στερέω deprive,bereave,rob

στέρησις,εως loss,bereavement

στερητικός,ή,όν of negative force

στέφανος wreath,crown

στέφω surround,wreathe,crown

στήλη monument,tablet

στοιχεῖον element

στοιχέω walk (straight)

στοῖχος row (of ascending series),file

στολή equipment,apparel,robe

στολίζω equip,array

στόλος equipment,expedition

στόμα,ατος mouth,outlet

στοργή affection

στοχάζομαι aim at,endeavor after,experiment

στράτευμα,ατος expedition,army

στρατεύω wage war,enlist

στρατιά army

στρατιωτικός,ή,όν of (for) soldiers

στρατοπεδεύω encamp

στρέφω turn,change

στρούθιον (στρούθειον) soap-wort

στροφή turning,strophe,erudition,understanding

στρόφιον head-band

στρωμνή bed,mattress

στυγνός,ή,όν gloomy

στύραξ,ακος shaft

Στωϊκός,ή,όν Stoic

σύ you (sg.)

συγγένεια kinship, family

συγγενής, ές of the same kin;
ὁ σ. kinsman

συγγίνομαι associate with, live with,
have (sexual) intercourse with

συγγνώμη fellow-feeling, lenient
judgment, forbearance

σύγγραμμα, ατος writing, work, ordin-
ance

συγγραφή writing, contract

συγγράφω write, describe, compose

συγκαθεύδω sleep with

συγκάμπτω bend down

συγκατατίθημι deposit together;
mid. assent to, agree with

συγκλείω enclose, hem in

συγκοιμάομαι sleep with

συγκοινωνέω share

συγκολλάω cement together, unite

συγκοπιάω be a fellow-laborer

συγκρᾶσις, εως blending, mixture

συγχαίρω rejoice with

συγχορεύω dance with

συγχράομαι make use of

συγχρονίζω spend some time in

συγχωρέω gather together, meet,
agree to, grant

συζάω live with

συζυγία union

συκοφαντία slander

συλαγωγέω make spoil of, rob

συλλαβή holding together, syllable,
conception

συλλαμβάνω collect, capture, arrest,
conceive

συλλέγω collect, gather

συλλείβω collect by streams

συλλήπτρια (fem.) sharer, assistant

σύλληψις, εως comprehension

συλλυπέομαι be greatly grieved

συμβαίνω meet, accompany, happen,
fall to one's lot

συμβάλλω throw or bring together,
collect, compare, contribute

συμβιβάζω teach, bring together

σύμβιος partner, husband, wife

συμβιόω live with, marry

σύμβολον symbol, token

συμβόσκομαι feed together

συμβουλεύω advise, counsel

συμβουλία advice, counsel

συμβούλιον advice, council

σύμμαχος, ον allied with; ὁ σ. ally,
helper

συμμετρία symmetry, due proportion

συμμίγνυμι mix, mingle

συμπαθέω feel sympathy

συμπαιδεύω teach together

συμπάρειμι be present also or with

σύμπας, σύμπασα, σύμπαν all together

συμπάσχω have the same thing happen
to one, suffer together

συμπεριφέρω carry around together;
pass. have intercourse with

συμπίπτω fall together or upon,
occur, happen

συμπόσιον drinking party, banquet
room

συμπράσσω (συμπράττω) co-operate

συμφέρον profitable thing

συμφέρω collect, be expedient

συμφλογίζω burn up

συμφορά event, misfortune, calamity

σύμφορος, ον useful, profitable

συμφωνία concord, harmony, orchestra

σύμφωνος, ον harmonious; τὸ σ. har-
mony, agreement

σύν with

συναγιάζω share in holiness

συναγορεύω counsel with, help, defend

συνάγω gather together, accumulate,
infer

συναγωγεύς, έως convener, synagogue
leader

συναγωγή gathering, swarm, synagogue

συναθλέω impress by practise upon,
struggle together

συναιρέω seize together, collect

συναιχμάλωτος fellow-prisoner

συναλίσγομαι be sullied with

συνανάκειμαι recline together

συναναπαύομαι sleep with, rest with

συνανατίθημι join in setting up or
dedicating

συναναστροφή fellowship

συνανίστημι make to rise together

συναντάω meet with, attack, happen

συναπάγω lead away with

συνάπτω join together, join with

συναρμόζω fit together, join

συναρπάζω seize and carry away

συναφανίζω cause to perish together with

συναφή union, connection

συγγραφή (see συγγραφή)

σύνδεσμος (pl. σύνδεσμα) band, bond

συνεγείρω help in raising; pass. rise together

συνέδριον council

σύνεδρος, ον sitting together; ὁ σ. councilor

συνεθίζω accustom, make customary

συνείδησις, εως conscience

σύνειμι be with

σύνειμι assemble, meet in battle, undergo

συνεκπίπτω fall out, issue forth together with

συνέλευσις, εως coming together, meeting

συνεξαίρω assist in raising, go out along with

συνεπιμαρτυρέω join in attesting

συνεπινεύω join in granting

συνεπισκοπέω join in considering

συνεργέω assist, work with

συνεργός, όν working with; ὁ (ἡ) σ. fellow-worker

συνέρχομαι come together, meet, assemble, unite with

σύνεσις, εως understanding

συνετός, ή, όν sagacious, understanding

συνεύχομαι pray together

συνεχής, ές continuous, frequent

συνέχω hold together, constrain

συνεχῶς continuously, unceasingly

συνηγορέω plead a cause, be an advocate

συνήθης, ες accustomed to each other, habitual, intimate

συνθεωρέω contemplate at the same time, take a comprehensive view

σύνθρονος, ον enthroned with

συνίημι send together, understand

συνίστημι combine, compose, organize, join (battle), exhibit

συννηστεύω fast together with

συνοδεύω travel with

σύνοδος (= συνοδοιπόρος) fellow-traveller

σύνολος, ον all together

συνόλως altogether

συνόμιλος, ον living with, associate

συνουσία society, sexual intercourse

συνουσιάζω have sexual intercourse

σύνοφρυς, υ with meeting eyebrows, with knitted brow

συνοχή anguish, prison

συνπομπεύω (συμ-) accompany in a procession

σύνταγμα, ατος treatise, book

σύνταξις, εως arrangement, order, composition, treatise

συντάσσω (συντάττω) put together, arrange, order, compose

συντέλεια accomplishment, unjust gain, wickedness

συντελέω complete, finish

συντηρέω preserve, keep in mind

συντήρησις, εως preservation

συντίθημι put together, compose; mid. agree on

συντόμως concisely, briefly, quickly

σύντονος, ον intense, earnest

συντραγῳδέω join in a solemn play

συντρέφω feed besides; pass. grow up with, be educated in

συντρέχω encounter, concur, run together

συντρίβω crush, destroy

συντυγχάνω meet with, fall in with

συνυφίστημι bring into existence with

συνῳδός (see σύνοδος) in harmony with

συνωμότης, ου confederate, fellow-conspirator

συρισμός shrill piping sound

σύρω drag by force

συσπάω draw together

σύστασις, εως composition, formation

συστέλλω confine,be discouraged

σύστημα,ατος system,order,confederacy

συστρατιώτης,ου fellow-soldier

σφαγή slaughter,sacrifice,throat

σφάγιον (mostly pl.) victim,sacrifice

σφαῖρα sphere,globe

σφάλλω make fall,overthrow; pass.
  fall,fail

σφενδόνη sling

σφέτερος,α,ον their own,their

σφόδρα exceedingly

σφραγίζω seal,mark

σφραγίς,ῖδος seal,gem

σχάζω cut open,let go,let fall (en-
  gines of war)

σχεδόν approximately,more or less

σχέσις,εως condition,quality,relation

σχῆμα,ατος figure,appearance,manner,
  dress,character

σχίσμα,ατος division,rent

σχοινίον rope

σχολάζω have leisure time,devote one-
  self to

σχολή leisure,school

σῴζω save,deliver

σῶμα,ατος body

σωματικός,ή,όν bodily

σωματικῶς in bodily form

σωμάτιον (dim. of σῶμα)

σωτήρ,ῆρος savior,deliverer

σωτηρία deliverance,security,salvation

σωτήριος,ον saving

σωφρονέω be of serious or sound mind

σωφρόνως wisely,cautiously

σωφροσύνη moderation,self-control

Τ

ταλαιπωρέω endure hardship

ταλαιπωρία hardship,suffering

ταλαίπωρος,ον wretched,miserable

τάλας,τάλαινα,τάλαιναν wretched

ταμεῖον treasury,store-room,chamber

ταμειοῦχος (ταμιοῦχος) one in charge
  of the store-room

ταμιεῖον (see ταμεῖον)

ταμιεύω disperse,manage,store up

Τανιτικός,ή,όν Tanite,of Tanis (a
  town of lower Egypt)

τάξις,εως order,rank

ταπεινός,ή,όν low,humble,mean

ταπεινοφρονέω be humble,mean-spirited

ταπεινοφροσύνη humility

ταπεινόω make low,humiliate

ταπείνωσις,εως humiliation,humility

ταράσσω disturb,trouble,confuse

ταραχή disorder,confusion,fear

ταριχεία preserving,mummification

Ταρσεύς,έως of Tarsus

τάσσω arrange,appoint,assess,pay

ταῦρος bull

ταφή burial

τάφος grave,tomb

τάφρος ditch,trench

τάχα perhaps,quickly

ταχέως quickly

τάχος,ους speed

ταχύ quickly

ταχύνω hasten,hurry

ταχύς,εῖα,ύ swift,quick

τε (enclitic particle) both,and

τείνω stretch,reach out,extend

τεῖχος,ους wall

τεκμήριον sign,token,proof

τέκνον child

τέλειος,α,ον complete,perfect

τελειότης,ητος perfection,maturity

τελειόω make perfect,complete,fulfil

τελείωσις,εως perfection

τέλεον finally,completely

τελεσφορέω bring to perfection,fulfil

τελετή rite,initiation,cult

τελευταῖος,α,ον last; τελευταῖον
  for the last time,finally

τελευτάω accomplish,be accomplished
  die

τελευτή end,death

τελέω complete,initiate,perform

τέλος,ους end,fulfilment,office,tax
  initiation,religious service

τελώνης,ου tax-collector

τελώνιον tax-office,custom-house

τεμένισμα,ατος temple precincts

τέμενος,ους officially assigned or sacredly dedicated portion of land, sacred precinct

τέμνω cut,cleave,plough

τέρας,ατος marvel,divine sign

τερατεία talking marvels,knowledge of marvels

τερατώδης,ες marvellous,prodigious, portentous

τέρμα,ατος end,boundary

τερπνός,ή,όν delightful,pleasant

τέρπω delight,please

τέρψις,εως (ιος) joy,delight,enjoyment

τέσσαρες (τέτταρες,τέσσερες),α four

τεσσαρεσκαίδεκα fourteen

τεσσαρεσκαιδέκατος,η,ον fourteenth

τεσσαράκοντα (τετταράκοντα) forty

τεσσερακοστός,ή,όν fortieth

τέταρτος,η,ον fourth; τέταρτον fourthly

τετράς,άδος the number four,fourth day (of the week,month,etc.)

τετρασκισχίλιοι,αι,α four thousand

τετράπους,ουν (gen. -ποδος; pl. -ποδα) four-footed; τὸ τ. beast

τετράπωλον four-horse chariot

τετραρχία tetrarchy

τεύχω make ready,produce,cause, ordain

τέφρα ashes

τέχνη skill,means,trade,occupation, craft,work of art

τεχνίτης,ου craftsman,workman,trickster,charlatan

τέως so long,in the meantime,until then,hitherto

τῇδε (see ὅδε)

τήκω melt

τηλικοῦτος,αύτη,οῦτο so much,so great

τηρέω watch over,observe,keep

τηρητής,οῦ keeper

τί why?

τίθημι put,set,make

τίκτω beget,bear,breed

τίλλω pluck,pull out

τιμάω honor,respect

τιμή price,honor

τίμιος,α,ον valued,precious

τιμωρέω help,avenge,punish

τιμωρία punishment

τιμωρός,ον helping,avenging

τίννυμαι (= τίνομαι) avenge,repay

τίς,τί who?,which?,what?

τις,τι someone,something

τίτθη nurse

τιτρώσκω wound

τλήμων,ονος suffering,rash,wretched

τοι I tell you,surely

τοιγαροῦν therefore

τοίνυν therefore,moreover,now

τοῖος,α,ον such,such as,so very

τοιόσδε,άδε,όνδε of such kind

τοιοῦτος,αύτη,οῦτο such as this

τοῖχος wall of a house,side

τόκος offspring,child

τολμάω undertake,dare

τόλμη (τόλμα) courage,audacity

τολμητής,οῦ bold man

τόξον bow

τοξότης,ου archer

τοπάρχης,ου district governor

τόπος place,room,region,position

τόσος,η,ον so great,so much,so very; pl. so many

τοσόσδε,ήδε,όνδε (see τόσος)

τοσοῦτος,αύτη,οῦτο (see τόσος)

τότε then,at that time

τραγικός,ή,όν of or for a tragedy, tragic

τραγῳδία tragedy,grandeur

τράπεζα table

τραυλισμός lisping,creaking

τραῦμα,ατος wound,hurt

τραυματίας, ου wounded man

τραυματίζω wound

τράχηλος neck,throat

τραχύς,εῖα,ύ rugged,rough

τρεῖς,τρία three

τρέμω tremble

τρέφω feed, foster, nurse

τρέχω run

τριάκοντα thirty

τριακόσιοι, αι, α three hundred

τριακοστός, ή, όν thirtieth

τρίβολος thistle, burr

τρίβος path, road

τρίοδος meeting of three roads

τρίς three times

τρισσός, ή, όν threefold

τριστάτης, ου high official, charioteer

τρίτος, η, ον third; τρίτον thirdly

Τριφύλιος, ον (= τρίφυλος) of three
tribes

τρίχωμα, ατος hair

τρόμος trembling

τροπαιοῦχος, ον having trophies, (Zeus)
to whom trophies are dedicated

τρόπος way, fashion, manner, habit;
ὃν τ. how

τροφεύς, έως one who rears, nurtures

τροφή food, nurture

τροχίζω break on the wheel, torture

τρυγάω gather ripe fruit, reap

τρυφή luxury

τρώγλη hole, cave

Τρωικός, ή, όν of Troy, Trojan

τυγχάνω happen, happen to be, obtain,
arrest

τύμβος burial mound, tomb, grave

τύπος blow, image, type, sign

τυπόω stamp, form, model

τύπτω beat, smite

τυραννεῖον tyrant's dwelling, seat
of tyranny

τυραννέω be a tyrant; pass. be
ruled despotically

τυραννικός, ή, όν tyrannical

τυραννίς, ίδος tyranny

'τύραννος absolute ruler, tyrant

τύχη fortune, destiny, genius

Υ

ὑάλινος, η, ον made of glass

ὑβρίζω run riot, insult

ὕβρις, εως insolence, violence

ὑγιαίνω be sound, healthy

ὑγίεια health

ὑγιής, ές sound, healthy

ὑγρός, ά, όν wet, moist, fluid

ὑδρεύω draw or carry water

ὑδρία pitcher

ὕδωρ, ὕδατος water

ὕειος, α, ον of swine

ὑέτιος, α, ον rainy, bringing rain

ὑετός rain

υἱοθεσία adoption

υἱός son

ὕλη wood, matter

ὑλικός, ή, όν of matter, material

ὑμεῖς you (pl.)

ὑμέτερος, α, ον your

ὑμνέω sing, celebrate

ὕμνος song, hymn of praise

ὑπαγορεύω dictate, suggest

ὑπάγω bring under one's power, lead
on, go slowly away, go

ὑπακοή obedience

ὑπακούω listen to, heed, obey, answer

ὑπαντάω (-ιάζω) meet, go to meet

ὑπάρχω begin, be, belong to

ὑπατεία consulate, consulship

ὕπατος, η, ον highest, best; ὁ ὕ. con-
sul

ὑπέρ over, in behalf of, for, concern-
ing, beyond

ὑπεράνω over, above

ὑπερασπίζω cover with a shield, de-
fend

ὑπερβάλλω throw over, exceed, excel

ὑπερβολή excellence, greatness; καθ'
ὑπερβολήν par excellence

ὑπερδοξάζω praise exceedingly

ὑπερέχω hold over, be above, excel

ὑπερητικός, ή, όν subordinate, menial

ὑπερηφανέω be arrogant, treat dis-
dainfully

ὑπερηφανία arrogance

ὑπερήφανος, ον snobbish, haughty

ὑπερκόσμιος, ον supramundane

ὑπερμεγέθης, ες immensely great

ὑπεροράω overlook, neglect, contemn

ὑπεροχή projection, pre-eminence

ὑπερτρέχω run over, cross, outrun

ὑπέρχομαι go or come under

ὑπερῷον upper story or room, upper part of the house

ὑπήκοος, ον hearing, obedient, subject; ὁ ὑ. subject, servant

ὑπηρετέω row, serve, work for, obey

ὑπηρέτης, ου assistant, servant

ὑπισχνέομαι promise

ὕπνος sleep

ὑπνόω put to sleep, sleep

ὑπό under, by

ὑπόβαθρον prop, base, rocker

ὑποβάλλω put under, lay under

ὑπογράφω subscribe, trace, outline

ὑπόδειγμα, ατος illustration

ὑποδείκνυμι indicate, show

ὑποδέχομαι receive, accept, admit

ὑπόδημα, ατος sandal

ὑποδοχή reception, acceptance

ὑποεργός (=ὑπουργός), όν serviceable

ὑποζύγιον beast for the yoke, ass

ὑποζώννυμι undergird

ὑπόκειμαι lie under, be subject to

ὑποκορίζομαι name playfully, nickname

ὑπόκρισις, εως reply, acting, hypocrisy

ὑποκριτής, οῦ actor, hypocrite

ὑπολαμβάνω take up, reply, interrupt, assume, suppose, entice

ὑπολείπω leave remaining

ὑπόληψις, εως assumption, notion, prejudice

ὑπολύω loosen, release; mid. take off one's shoes

ὑπομένω remain, await, endure

ὑπομιμνήσκω remind; mid. & pass. remember

ὑπόμνημα, ατος reminder, memorial

ὑπόμνησις, εως reminder, mention

ὑπομονή endurance

ὑπονοέω suspect, suppose, guess

ὑπόνοια suspicion

ὑπόπετρος, ον somewhat rocky, rocky beneath

ὑποπίμπλημι fill

ὑποπόδιον footstool

ὑπορρίπτω throw down

ὑποσημειόομαι under-sign, certify

ὑπόστασις, εως support, resolution, steadiness, substance

ὑποστρέφω turn about, return, elude

ὑποτάσσω place under, subdue, subject

ὑποτίθημι suggest, propose

ὑποψία suspicion

ὑστερέω come late, come short of, be in want, fail

ὑστέρημα, ατος deficiency, shortcoming

ὕστερος, α, ον latter, later, behind, next, secondary; ὕστερον afterward

ὑφαιρέω seize secretly, remove, purloin

ὑφίστημι place under; pass. subsist, exist

ὑψηλός, ή, όν high, proud

ὕψιστος, η, ον highest, most high, dwelling on high; τὰ ὑ. the highest (heavens)

ὕψος, ους height, summit, haughtiness, exaltation

ὑψόω raise, exalt

ὕω rain

Φ

φάγρος a fish (sea-bream or braize)

φαιδρός, ά, όν radiant, bright

φαίνω make appear, shine; pass. appear

φαλληφόρια, ίων a festival of Dionysus including a phallus-procession

φαλλός phallus or its image

φανεροποιέω make evident

φανερός, ά, όν visible, manifest, evident, open

φανερόω make manifest or visible

φανερῶς openly

φανέρωσις, εως manifestation

φαντάζω make visible; mid. imagine

φαντασία display, imagination, external impression, vision, image

φάος, εος (see φῶς)

φαρμακία (=-εία) use of medicine
(drugs,potions,spells),poisoning,
witchcraft

φαρμακός poisoner,sorcerer

φάσκω say,affirm

φάτνη manger,crib

φαῦλος,η,ον cheap,bad

φέγγος,ους light

φέρω bear,endure,bring

φεύγω flee

φήμη report,saying,fame

φημί say,speak

φημίζω announce,report

φθάνω come first,anticipate,reach,
(with negative) be quick to

φθαρτός,ή,όν perishable

φθέγγομαι utter a sound,speak out

φθείρω spoil,ruin,destroy

φθίνω decay,wane,die

φθονερός,ά,όν envious,jealous

φθονέω envy

φθόνος envy,malice

φθορά destruction,decay,death,
corruption,abortion

φθορεύς,έως seducer,corrupter

φιάλη shallow bowl,cup

φιλάδελφος,ον loving brother or
sister

φιλανθρωπία humanity,kindliness

φιλάνθρωπος,ον loving mankind

φιλανθρώπως humanly,in kindly
manner

φιλαργυρία love of money

φιλέλλην,ηνος friend of the Hellenes

φιλέω be a friend to,love

φίλη mistress

φίλημα,ατος kiss

φιλία love,friendship

φιλιάζω be a friend

φιλογράμματος,ον loving books

φιλόδωρος,ον loving to give,bounti-
ful

φιλομαθέω love learning

φιλομαθής,ές studious,desiring to
learn

φιλομήτωρ,ορος loving one's mother

φιλονεικέω strive or contend with

φιλόξενος,ον hospitable

φιλοπονέω love labor,be industrious

φιλοπονία love of labor

φιλόπονος,ον loving work,industrious

φιλορώμαιος,α,ον friend to the Romans

φίλος,η,ον dear,beloved,akin,pleasant
ὁ φ. friend

φιλοσοφέω love knowledge,philoso-
phize,study

φιλοσοφία philosophy

φιλόσοφος,ον loving knowledge; ὁ φ.
philosopher

φιλοστοργέω love tenderly

φιλοσώματος,ον body-loving

φιλοτιμέομαι seek honor,be ambitious,
strive earnestly

φιλοτιμία love of honor,ambition,zeal

φιλοφρονέομαι show favor to,treat
kindly

φίλτατος,η,ον (super. of φίλος)

φλόξ,φλογός flame

φοβερός,ά,όν frightful,fearful

φοβέω frighten; mid. & pass. fear

φόβος fear,reverence

φοινικοῦς,ῆ,οῦν purple,crimson,red

φοῖνιξ,ικος palm,phoenix

Φοῖνιξ,ικος Phoenician

φοιτάω go back and forth,roam

φονεύς,έως murderer

φονεύω kill,slay

φονοκτονία murder,slaughter

φόνος murder,slaughter

φορά course,motion,produce

φορέω bear,wear

φόρημα,ατος thing carried,load,
garment

φόρος tax,burden

φορτικός,ή,όν onerous,offensive

φορτίον burden,load,cargo

φόρτος load,cargo

φραγελλόω scourge

φράζω point out,show,tell,counsel

φραζων (Heb.) leader? leadership?

φρεναπατάω deceive

φρήν,φρενός midriff,heart,mind,
   thought
φριχτός,ή,όν horrible,awful
φρικώδης,ες awful,horrible
φρίσσω bristle,shudder,shiver
φρονέω think,intend
φρόνησις,εως good sense,mind,
   perception,pride
φρόνιμος,ον sensible,prudent
φροντίζω consider,take thought
φροντίς,ίδος thought,concern,care
φροντιστής,οῦ deep thinker,manager,
   guardian
φρουρέω watch,guard
φρυάσσω be wanton,be haughty
φυγαδεύω banish
φυγή flight,escape,exile
φυλακή watch,prison,guard,keeping
φύλαξ,ακος guard,guardian
φυλάσσω guard,protect,watch; mid.
   heed,beware of
φυλή tribe,clan
φύλλον leaf
φυλλο(ρ)ροέω shed the leaves
φυσικός,ή,όν natural,physical
φυσικῶς naturally,physically
φυσιόω puff up
φύσις,εως origin,form,nature
φυτεύω plant
φυτόν plant
φύω produce,generate; intr. grow,
   be born
φωλεός (pl. φωλεά) lair,den,hole
φωνέω speak loudly,call out
φωνή sound,voice,language
φώρ,φωρός thief
φῶς,φωτός light,daylight
φωστήρ,ῆρος light,luminary
φωσφόρος,ον giving light; ὁ φ.
   light-bringer
φωτεινός,ή,όν shining,bright
φωτίζω shine,illuminate
φωτισμός illumination

X

χαίρω rejoice,be welcome,fare-well
χάλαζα hail
χαλάω let down
χαλεπαίνω be hard,severe,angry with
χαλεπός,ή,όν hard to bear,difficult
χαλεπῶς hardly,with difficulty
χαλινός (pl. χαλινά) bridle,corner
   of mouth
χαλκεδών,όνος chalcedony
χαλκεύς,έως copper-smith
χαλκός copper,brass
χαμαί on the ground,to earth
χανδόν with open mouth,greedily
χαρά joy,delight
χάραγμα,ατος imprinted mark,sculpture
χαρακτήρ,ῆρος engraver,engraved mark,
   letter, (magic) symbol
χάραξ,ακος stake-palisade,rampart
χαράσσω sharpen,cut,engrave,write
χαρίζομαι treat kindly,give gladly;
   pf.ppl. welcome
χάρις,ιτος grace,lovliness,thanks,
   credit; χάριν (as prep.) for the
   sake of
χάρισμα,ατος kindness,favor,gift
χαριτόω show favor to
χεῖλος,ους lip,shore,edge
χειμάζω go into winter quarters,winter,
   expose to winter or to a storm
χειμάρρους,ουν winter-flowing; ὁ χ.
   torrent,watercourse,stream,river
χείρ,χειρός hand
χειραγωγέω lead by the hand,guide
χειροποίητος,ον made by hand,arti-
   ficial
χειροτονέω stretch out the hand,elect
χειρόω take in hand,master,subdue
χείρων,ον worse
χελιδών,όνος swallow
χερός,χέρα(ν) (see χείρ)
χήν,χηνός goose

χήνειος,α,ον of a goose

χήρα widow

χθών,ονός earth,ground

χιλιάρχης,ου commander of a thousand
men,tribune

χιλιάς,άδος a thousand

χιτών,ῶνος woolen shirt,tunic

χιών,όνος snow

χλευάζω scoff,jeer at

χοῖρος pig

χολή gall

χορηγέω lead a chorus,supply,equip
abundantly with

χορός dance,chorus,choir

χορτάζω feed,fill

χοῦς,χοῦ heap of earth,dust

χράω (of a god or oracle) proclaim,
give the needful answer; mid. use,
experience,employ,engage in

χρεία use,need

χρῆμα,ατος thing,money

χρηματίζω transact business,give
response,be named

χρήσιμος,(η),ον useful,profitable

χρῆσις,εως use

χρηστεύομαι be kind

χρηστήριον oracle

χρηστικός,ή,όν knowing how to use,
useful

χρηστός,ή,όν useful,good

χρηστότης,ητος goodness,kindness

χριστέμπορος,ον exploiting Christian-
ity

Χριστιανός,ή,όν Christian

χριστός,ή,όν annointed; ὁ Χ. the
Christ,Christ

χρίω annoint

χρόα (= χροιά)

χροιά skin,color

χρονίζω delay,be slow

χρόνος time

χρύσεος,η,ον (see χρυσοῦς)

χρυσίον gold,gold coin

χρυσοδακτύλιος,ον with a gold ring

χρυσόπαστος,ον gold-spangled

χρυσοπέδιλος,ον with golden sandals

χρυσός gold

χρυσόστολος,ον gold-attired

χρυσοῦς,ῆ,οῦν golden; ὁ χ.(στατήρ)
a gold coin,stater

χρυσοχόος goldsmith

χρῶμα,ατος skin,color

χρῶς,χρωτός skin,flesh,body,color

χυλός juice,liquid

χωλός,ή,όν lame

χώρα place,land,country

χωρέω make room for,advance, hold,
contain

χωρίζω separate,divide

χωρίον place,spot

χωρίς without,apart from

χώρτη (Lat.) cohort,company

Ψ

ψάλλω pluck,play,sing to a harp

ψαλμός psalm,song

ψέγω blame,find fault with

ψευδής,ές false,lying

ψευδομαρτυρία false witness,perjury

ψευδοπροφήτης,ου false prophet

ψεῦδος,ους lie,falsehood,falsity

ψεύδω lie,falsify

ψευδῶς falsely,untruly

ψηλαφάω grope for,search for,feel,
touch,handle

ψήφισμα,ατος decree,vote

ψιλός,ή,όν bold,bare

ψιμύθιον white lead

ψόφος noise,sound

ψυχή life,soul,spirit

ψυχρός,ά,όν cold

ψυχρότης,ητος cold,coldness

ψύχω breathe,blow,cool,refresh,air

ψωμίζω feed piecemeal,give for food

ψωμός morsel,bit

Ω

ὦ (ὤ) O! oh!

ὧδε so,thus,here

ᾠδή song

ὠκεανός (outward)sea,ocean

ὠκέως swiftly,quickly

ὤκιστα most quickly; ὅπως ὤ. as
quickly as possible

ὠμός,ή,όν raw,cruel

ᾠόν egg

ὥρα period,hour,season,youthful beauty

ὡραῖος,α,ον timely ripe,beautiful

ὡρύομαι roar,howl

ὡς as,that,so that,when,how

ὡσάν (=ὡς ἄν) as if,as it were

ὡσανεί (=ὡς ἄν εἰ) as if,as it were

ὡσαννά (Heb.) deliver now! save I
(we) pray thee!

ὡσαύτως in like manner

ὡσεί (=ὡς εἰ) as if,just as,about

ὥσπερ even as,just as

ὡσπερεί just as if,as it were

ὥστε as,like as,just as

ὥστε and so,therefore,so as to

ὠτίον ear

ὠφέλεια help,profit,benefit

ωφελέω help,profit,benefit

ὠφέλιμος,ον useful,profitable

PROPER NOUNS

Ἀαρών person

Ἀβέρκιος person

Ἀβιαθάρ person

Ἀβινέεμ person

Ἀβραάμ person

Ἀγαθὸς Δαίμων (Ἀγαθοδαίμων) person

Ἀγρίππας,α person

Ἀδάμ person

Ἀδράστεια title of a deity (Nemesis)

Ἀζαρία person

Ἀθηνᾶ,ᾶς deity

Ἀθῆναι,ῶν city

Ἀθηναΐς,ΐδος person

Ἀθηνονίκη (name of) a centuria

Ἀθύρ (Ἀθύρ) (Egyptian) month

Αἴγυπτος country

Ἅιδης (Ἀΐδης),ου (αο & εω) place
(Hades); (see ᾅδης)

Αἰθαλίδης,ου person

Αἰθιοπία country

Αἶσα deity (Fate)

Ἀλβῖνος person

Ἀλεξάνδρεια city

Ἀλέξανδρος person

Ἀληκτώ,οῦς deity (one of the Furies)

Ἄλκη person

Ἀλλόβριγες,ων people

Ἀλφαῖος person

Ἀμιναδάβ person

Ἄμμων (Ἀμμών),ωνος(ῶνος) deity,person

Ἀνάθ person

Ἀνανίας,ου person

Ἄνανος person

Ἄννας,α person

Ἀνοῦβις,ιδος deity

Ἀντίγονος person

Ἀντιόχεια city

Ἀντίοχος person

Ἀντώνιος person

Ἀντῶνις,ιος person

Ἀπίων,ωνος person

Ἀπόλλων,ωνος deity

Ἀπφία person

Ἀραβία country

Ἄρειος person

Ἄρης,εως deity

Ἀρισταῖος person

Ἀρίσταρχος person

Ἀρίστιππος person

Ἀριστόβουλος person

Ἀρμαθάιμ place

Ἀρούηρις,ιος deity

Ἀρποκράτης,ου deity

Ἀρτάγνης,ου deity

Ἀρτεμύλλα person

Ἀρχίβιος person

Ἀρχίππος person

Ἀσήρ tribe

Ἀσία country

Ἀσκληπιάδης,ου person

Ἀσκληπιός deity

Ἀστάρτη person,deity

Ἀσώ,οῦς deity

Ἄτροπος deity (one of the Fates)

Ἄτταλος person
Ἀττική country
Αὔγουστος person
Αὐδναῖος (Macedonian)month
Αὐρηλία person
Ἀυρήλιος person
Ἀφροδίτη deity
Ἀχαάβ person
Βαβυλών,ῶνος city
Βαβύρινθος (=Λαβύρινθος ?) place
Βάννους,ου person
Βαράκ person
Βεελσεπφών place
Βελίαρ demon
Βενιαμίν person
Βερενίκη person
Βηθλέεμ place
Βῆλος deity
Βούβαστις,ιος (=Βούβαστος) city
Βοῦτος place
Βραγχίδαι,ίδων oracle
Βύβλος city
Γαβαήλ person
Γαδαρίς,ίδος country
Γάιος person
Γαλαάδ region,tribe (=Γάδ)
Γαλάται,ῶν people
Γαλιλαία country
Γαλλώνιος person
Γαριζίν place
Γέσσιος person
Γῆ deity
Γρατίλλα person
Δαίμων,ονος (see Ἀγαθός)
Δακοί people
Δαμαρίς,ίδος person
Δαμασκός city
Δάμναιος person
Δάν (Δανί) person,tribe
Δανιήλ person
Δαρεῖος person
Δαυείδ (Δαυίδ) person
Δεββωρά (Δεββώρα) person
Δέκιος person
Δημᾶς,ᾶ person

Δημήτηρ,τρος deity
Δίκη deity
Διόδωρος person
Διονύσιος person
Διόνυσος deity
Διόσκορος person
Διόφαντος person
Δομιτιανός person
Ἐδώμ region
Εἱμαρμένη deity (see μείρομαι)
Εἰρήνη deity
Εἶσις (see Ἴσις)
Ἑκάτη deity
Ἐκβάτανα, ων city
Ἐλεάζαρος person
Ἐλευσίς (Ἐλευσίν),ῖνος city
Ἐλιάβ person
Ἑλλάς,άδος country (Greece)
Ἕλληνες,ων people (Greeks)
Ἐμπεδοκλῆς,έους person
Ἐνώχ person
Ἐπαφρᾶς,ᾶ person
Ἐπαφρόδιτος person
Ἐπίκτητος person
Ἐπίμαχος person
Ἐπίτροπος person
Ἐπιφανής,ές title; (see ἐπιφανής)
Ἐρινύς (Ἐρινύς),ύος deity (Fury)
Ἑρμᾶς,ᾶ person
Ἑρμαφρόδιτοι demi-gods
Ἑρμῆς,οῦ deity,person
Ἑρμότιμος person
Ἐσσηνοί Jewish sect
Ἑστία deity
Εὐβούλα person
Εὐεργέτης,ου person
Εὐήμερος person
Εὐκτήμων, ονος person
Εὐμενίδες,ων deities (Furies)
Εὐρυσθεύς,έως person
Εὔφορβος person
Εὐφράτης,ου river
Ἐφράιμ person,tribe
Ζαβουλών person,tribe

Ζεύς,Διός deity

Ἥλιος deity

Ἡλιού person

Ἡλιούπολις,εως city

Ἥρα deity

Ἡρακλείδης,ου person

Ἡρακλῆς,έους person

Ἡρικεπαῖος deity

Ἡρώδης,ου person

Ἡσαΐας ('Ησαίας),ου person

Ἡσίοδος person

Θεαίτητος person

Θεγρί angel

Θέμις,ιτος,(ιος,etc.) deity

Θεννάχ place

Θεόδωρος person

Θεοφόρος person

Θεσβῶν city (Tishbe)

Θέων,Θέωνος person

Θῆβαι,ῶν city

Θησεύς,έως person

Θούηρις,ιδος (ιος) person

Θρήξ,Θρηκός place

Ἰαήλ person

Ἰακώβ person

Ἰάρεδ person

Ἰάω deity

Ἰγνάτιος person

Ἰδουμαῖοι people

Ἰεριχοῦς,οῦντος city (Jericho)

Ἱερόπολις,εως city

Ἱεροσόλυμα ('Ιερο-) city (Jerusalem)

Ἱερουσαλήμ ('Ιερου-) city (Jerusalem)

Ἱερώνυμος person

Ἰεσσαί person

Ἰησοῦς,οῦ person

Ἰόππη ('Ιόπη) city

Ἰορδάνης,ου river

Ἰουδαῖα country

Ἰούδας,α person

Ἰουλιανός person

Ἰσαάκ person

Ἶσις, Ἴσιδος ("Ισιος) deity

Ἰσραήλ person,people

Ἰσσαχάρ tribe

Ἰωάννης,ου person

Ἰώβ person

Ἰώσηπος person

Ἰωσήφ person

Καϊαφᾶς,ᾶ person

Καῖσαρ,αρος person

Καλλινίκη person

Καλλίνικος person

Καπίτων,ωνος person

Κάσιον place,mountain

Κάσιος person

Κάσσανδρος person

Καφαρναούμ place

Κιλικία district

Κίλιξ,ικος person

Κισών stream

Κλαύδιος person

Κλωθώ,οῦς deity (one of the Fates)

Κομμαγηνή district,country

Κοπτώ,οῦς city

Κόρη deity

Κορωνίς,ίδος person

Κούρητες,ων demi-gods

Κροῖσος person

Κρόνος deity

Κυΐντος person

Κυρίνιος, (Κυρήνιος) person

Λαΐς,ίδος person

Λάμεχ person

Λαοδίκη person

Λάχεσις,εως deity (one of the Fates)

Δευείς (Λευίς),Δευεί (Λευί) person

Λίβυες,ων people

Λιβύη country

Λιταί deities

Λουκᾶς,ᾶ person

Λυσιάς,άδος place

Λύστρα place

Λῷος (Macedonian)month

Δ[.....]θίων,ωνος person

Μάγδωλος city

Μαγεδδώ city

Μαθουσάλεχ person

Μακεδονία country

Μάλκανδρος person

Μανερῶς,ῶτος person

Μάξιμος person

Μαριάμ person

Μᾶρκος person

Μαρρῆς,Μαρρείους person

Μαρώζ place

Ματθίας,ου person

Μαχαιροῦς,οῦντος place

Μαχίρ person

Μέγαιρα deity (one of the Furies)

Μελχισέδεκ person

Μενέλαος (Μενέλεως,εω) person

Μεσῆναι,ῶν (=Μεσήνη?) place

Μέσον place (Mesene)

Μέσσιος person

Μηδία country

Μησηνῶν (see Μεσῆναι)

Μιθραδάτης,ου person

Μίθρας,ου(α) deity

Μιχαήλ angel

Μοῖρα deity (Fate)

Μόλοχ deity

Μόλων,ωνος person

Μύρων,ωνος person

Μωσῆς,έως person

Μωϋσῆς,έως person

Ναβαταῖοι people

Ναζαρέθ place

Νεάπολις,εως city

Νεμανοῦς,οῦ person

Νέμεσις,εως deity

Νέρων,ωνος person

Νεφεριηρι deity

Νεφθαλίμ tribe

Νέφθυς,υος deity

Νικάτωρ,ορος person

Νίκη deity

Νικήτης,ου person

Νικόδημος person

Νίσιβις,ιος city

Νύξ,Νυκτός deity

Νῶε person

Ξένιος title of Zeus (see ξένιος)

Ὄλυμπος mountain

Ὄμηρος person

Ὀνήσιμος person

Ὄπις,ιδος deity

Ὀρφεύς,έως person

Ὄσιρις (Ὄσειρις),ιος (εως) deity

Οὐειτράσιος person

Οὐεσπασιανός person

Οὐρανός deity

Ὀφέλλιος person

Παγχαία island

Παλαιστίνη country

Παλαιστινός person

Παμύλη person

Πάν,Πανός deity

Παντωνυμίς,ιδος person

Παρθενία place

Παῦλος person

Παῦνι (Egyptian)month

Παχών (Egyptian)month

Περεγρῖνος person

Περσίς,ιδος (γῆ) country

Πέτρος person

Πηλούσιον place

Πηλούσιος person

Πιλᾶτος person

Ποιμάνδρης,ου deity

Πολύκαρπος person

Πομπήιος person

Πόντιος person

Ποσειδῶν,ῶνος deity

Πρόδικος person

Προκρούστης,οὺ person

Πρωτεύς,έως person

Πτολεμαῖος person

Πυθαγόρας,ου person

Πύρρος person

Πωλείων,ωνος person

Ῥάγοι city

Ῥαγουήλ person

Ῥαιφάν deity

Ῥέα deity

Ῥουβήν person,tribe

Ῥώμη city

Σαβάζιος deity

Σαδδουκαῖοι Jewish party

Σαλήμ place

Σαλώμη person

Σαλωμῶν,ῶντος person

Σαμά person

Σαμάρεια country

Σαμεγάρ person

Σαμουήλ person

Σανσνῶς,ῶτος person

Σαούλ person

Σάραπις,ιδος deity

Σαρδανάπαλλος person

Σάρεπτα place

Σάρρα person

Σατύρος demi-god (Satyr)

Σαῦλος person

Σάωσις,ιος person

Σεβαστή place

Σεβαστός person (Augustus)

Σεινά mountain

Σέλευκος person

Σελήνη deity

Σέραπις (=Σάραπις),ιδος deity

Σερηνίλλα person

Σερῆνος person

Σηίρ region,mountain

Σιδωνία place

Σινά mountain

Σιρβωνίς,ίδος (λίμνη) lake

Σισαρά person

Σίων (Σιών) place

Σκίρων,ωνος person

Σκυθόπολις,εως place

Σμύρνα city

Σοχνοπαῖος deity

Σολομών,ῶνος person

Συρία,ίας (ίης) country

Σωκράτης,ους person

Ταπεθεῦς,εῦτος person

Ταπόσιρις,εως place

Ταριχέαι,ῶν place

Ταῦρος place

Τελευτή deity

Τηθύς,ύος deity

Τιβέριος person

Τίγρις,ιδος river

Τίμαιος person

Τιμόθεος person

Τισιφόνη deity (one of the Furies)

Τιτάν,ᾶνος deity

Τίτος person

Τούρβων,ωνος person

Τραϊανός person

Τρωάς,άδος city

Τυφών,ῶνος deity

Τύχη deity

Τωβίας person

Τωβίτ person

'Υρκάνιον place

'Υρκανός person

Φαῖδρος river

Φάνης,ητος deity

Φαραώ title of Egyptian rulers; often as personal name

Φαρισαῖοι Jewish party

Φάρος island

Φειδίας,ου person

Φερσεφόνη (=Περσεφόνη) deity

Φῆστος person

Φιλαδελφία city

Φιλάδελφος person

Φιλήμων,ονος person

Φίλιππος person

Φλῶρος person

Φοινίκη country

Χάβερ person

Χαλδαῖοι people

Χανάαν region

Χάος,ους deity

Χάρις,ιτος deity

Χέμμις,ιος city

Χιούτ place

Χορράθ stream

Χριστός (see χριστός)

Ψενοσοράπις,ιος person

'Ωκεανός deity

'Ωρίων,ωνος person

Ὥρα deity

'Ωρομάσδης,ου title of (Persian)deity

Ὥρος deity

ἀειζώων, ουσα, ον everliving, eternal

ἀλογίστως thoughtlessly, unreasonably

ἀμβολιεργός, όν lazy, dilatory

ἀμβροσία ambrosia

ἀναζεύγνυμι yoke again, prepare to depart, march away

ἀναισθησία, ας insensibility

ἄναξις, εως raising up

ἄξων, ονος axle, wheel

ἀπερείδω fix, rest upon

ἀπιστία unbelief, disbelief, distrust

ἄπιστος, ον faithless, unbelieving

ἀπολογία speech of defense, defense

ἀποπίπτω fall off from

ἀρέσκω be pleasing to, please

ἀσθενῶς weakly, slightly

ἀσκητής, οῦ practitioner of an art or trade

ἄτε just as, as if, seeing that

ἄτη infatuation (sent by the gods), calamity, misfortune, mischief

βασιλίς, ίδος queen, princess

βαφή dipping, dyeing, dye

Βύβλιος citizen of Byblos

γαλήνη stillness (of the sea), calm, tranquillity

διανύω finish, finish a journey

διαστρέφω turn aside, distort, pervert

διελαύνω drive through, thrust through

δικαστήριον court of justice

ἐκκρουστικός, ή, όν fitted for driving out

ἐκτινάσσω shake off or out

ἐμβριθής, ές weighty, grave, dignified

ἐνδείκνυμι mark out, declare; mid. show forth, prove

ἐξαρτάω hang upon

ἐπαναστρέφω turn back upon

ἐπήκοος, ον listening, within hearing

ἐπιδέω bind, bind up, fasten on

ἐπικαλύπτω cover up, cover over

ἐπιπληρόω fill up

ἐπισείω shake at, wave at

ἐπιτέλλω command, ordain; intr. (of stars) rise

ἑστιάομαι (of a hearth or house) be founded or established

ἔσωθεν from within, within, inside

εὐδία fair weather, tranquillity

εὐκόλως calmly, carelessly

εὐώνυμος, ον of good name or omen, left side or hand

ἐφάλλομαι leap upon

θεῖος uncle

καθέζομαι sit down, sit still

κατακλυσμός flood, deluge

κατακύπτω bend down, stoop and look

κατασπουδάζομαι be earnest or serious, be troubled

καταχώννυμι cover with a mound, bury

κλάσμα, ατος fragment, piece, morsel

κόκκινος, η, ον scarlet

κόπτω strike, smite, out, out off, slay; mid. strike oneself, mourn

κυνηγετέω (see κυνηγέω)

κυνισμός philosophy or conduct of a Cynic

κώμη village, district

λῃστής, οῦ robber, pirate

μεγάλως greatly, mightily

μέτοχος, ον partaking of; ὁ μ. partaker, partner

μυθολόγος, ον mythological; ὁ μ. teller of legends

νέμεσις, εως retribution (esp. divine) indignation, avenger (see Νέμεσις)

νέφος, ους cloud

νηκτός, ή, όν swimming

οὔπω not yet, not at all

ὀψοποιός cook

παλαίω wrestle, struggle with or against

παραστάτης, ου one who stands near, defender, helper, comrade παρίημι let fall,let pass,pass by, permit,remit,forgive

περιττῶς (-σσῶς) exceedingly, re- markably

πιστός,ή,όν believed,trustworthy, credible,faithful,true,obedient

πιστόω make faithful or trustworthy; pass. be persuaded

προέρχομαι advance, go on

προσπλάσσω (-ττω) form or mold upon

προφορά expression,procession

σιγάω keep silence, be still

στεφανόω put around,wreathe,crown

στρατηγός leader,commander,general

στῦλος pillar,post,beam

συνδέω bind together

συνθλάω crush together

συνταράσσω confuse,confound,disturb

σχίζω split,divide,separate

τάρβος,ους alarm,terror,fright,awe

τοκεύς,έως father; pl. parents

τρέπω turn,alter,put to flight; mid. & pass. turn to,betake oneself

τρίβω rub,rub away,waste; pass. be busied about

τυφλός,ή,όν blind

ὑπάντησις,εως meeting, answer

ὑπεισέρχομαι go in under,enter upon unawares or secretly,assume

ὑπηρεσία assistance

ὑπηρετικός,ή,όν menial,inferior, subordinate

χειμών,ῶνος winter,storm

χῶρος place,region,district,country

Βάρβιλλος person

Λαβύρινθος place,city

Παμύλια,ίων Pamylian sacred rites

Τροία city

ADDENDA ET CORRIGENDA

(Numbers refer to page and line of Greek text. "Tr." equals "transpose") xvii,middle: "millennium." 13.18: δικαιοσύνη. 21.12: ἔλεγχος; 28: 15a. 28: Interchange dating of Sirach and I Maccabees. 37.24: text corrupt; read ὡς ἡμέρα (?). 39.19: συνεσχέθην. 54.13: καταφλέγοντες; 9: κόσμου. 77.13: τρι- βόλους. 115.9: προετοιμάσησθε. 116.6: μνημονεύετε. 134.VIII,Preface: read "C.C.Edgar." 142.6: πορεύεσθαι. 146.9: μεθιᾶσι. 147.17: ἀνοίαις. 157.16: ἀκουόντων. 207.1: Δαβυρίνθου ? (eds.); 2: ἀνωρμησάμην; 25: σύμβολον.

216. ἀντικνήμιον: shin; ἀπειροσύνη. 218. ἅπτω: add "light;" ἄρκος: add (ἄρκτος). 220. βαττολογέω: add (βαττα-). 223.δεσέρτωρ: deserter. 227.ἐκδι- κέω: read "worthily of." 228: ἐκπλήρωσις; tr. ἐκπληρόω. 233: ἐρεῖδω; ἔρημος: add ἡ ἐ. desert. 236: ἡλικιῶτις; ἥμερος. 238.ἱστορέω: add "learn." 239.καί- τοι: add "and yet;" tr. χαροῦχα. 241: κεραμεύς,έως. 243: κυνηγετέω (κυνηγέω); λαλιά: add "hearsay." 244.λυμαίνομαι: add "destroy." 246.μίμμα: read μίμημα. 248.νήφω: add "be watchful." 249.ὁμιλία: add "instruction,sermon." 250: ὁρ- κόω and tr.; ὁσφῦς: add "hip,waist." 253.παρεκτός: add "without;" παρέρχομαι: add "transgress." 255.ποιέω: add "reckon." 260: tr. σεῖω. 261.σοφίζω: add "mid. deceive." 262.σύν: add "untranslatable Hebraism (Eccles.1:14);" tr.συν- ανατίθημι. 264.ταράσσω: add (-ττω). 265: τετρακισχίλιοι and tr. 269.χάρις: "loveliness." 270.ψιλός: "bald." 271: Ἀβινεέμ (-έεμ); Ἀνανίας; Ἄρης: add (εος). 274.Ῥάγοι: add (Ῥάγη,Ῥάγαι).

Bibliography. Nilsson, 2d ed.,1948; Bauer: 4th ed.,1949-; Kittel (Fried- rich) to ὁμοίωμα (1949); Nestle: 18th ed.,1948.

NOTES

NOTES

NOTES

NOTES

NOTES

NOTES

NOTES

NOTES

NOTES

NOTES

NOTES

NOTES

NOTES

NOTES

NOTES